易简成连锁零售商学院
丛　书

超级店长训练系统

李政隆◎著

清华大学出版社
北京

本书封面贴有清华大学出版社防伪标签，无标签者不得销售。
版权所有，侵权必究。举报：010-62782989，beiqinquan@tup.tsinghua.edu.cn。

图书在版编目（CIP）数据

七天练成：超级店长训练系统 / 李政隆著. —北京：清华大学出版社，2019(2023.9重印)
（易简成连锁零售商学院丛书）
ISBN 978-7-302-52713-8

Ⅰ. ①七… Ⅱ. ①李… Ⅲ. ①零售商店—商业管理—职业培训—教材 Ⅳ. ①F713.32

中国版本图书馆 CIP 数据核字(2019)第 063157 号

责任编辑：贺　岩
封面设计：艺海鑫
责任校对：宋玉莲
责任印制：杨　艳

出版发行：清华大学出版社
　　　　网　　址：http://www.tup.com.cn, http://www.wqbook.com
　　　　地　　址：北京清华大学学研大厦 A 座　　邮　　编：100084
　　　　社 总 机：010-83470000　　邮　　购：010-62786544
　　　　投稿与读者服务：010-62776969, c-service@tup.tsinghua.edu.cn
　　　　质量反馈：010-62772015, zhiliang@tup.tsinghua.edu.cn
印 装 者：涿州市般润文化传播有限公司
经　　销：全国新华书店
开　　本：185mm×260mm　　印　张：22.25　　字　数：498 千字
版　　次：2019 年 6 月第 1 版　　印　次：2023 年 9 月第 4 次印刷
定　　价：78.00 元

产品编号：082690-01

前　言

提高门店盈利需要精细化管理，精细化管理需要数据化经营。零售数据化经营需要：(1)数据引擎；(2)数据化经营流程规范；(3)数据化经营能力。实施数据化经营，其关键在于流程规范与人员能力。完善开发流程规范与发育人员能力，企业需要外力帮助，缩短实施周期、减少试错成本。外力的形式不外乎培训、咨询，但培训偏泛偏飘，咨询偏窄偏重。本书提供了门店数据化经营的创新解决方案，一本书搞定数据化经营方法规范，一本书就可培训复制超级店长。

一、连锁零售企业提升盈利的关键——数据化经营

当前，连锁零售企业普遍感受到经营困难、盈利下滑，原因在于经营环境发生了重大变化，但企业经营能力没有随之升级。中国经济增长速度放缓、人口增长停滞、商圈快速变化、全渠道销售、消费者需求多样化、竞争加剧，这些影响外部经营环境的因素相互叠加耦合，造成了企业盈利下滑。但同时，中国经济始终在中速增长，社会零售总额也在增长。相比之前，只是增长速度放缓。由此我们可以得出结论，消费者的需求依然在增长，只是满足需求的难度加大了。

盈利增长需要进行精细化管理，精细化管理需要数据化经营。将门店的经营状况数据化，总部、区域和店长就可全面掌握门店经营状况，从而做到发现问题、定位问题、评估影响程度、找到解决方案。

中国连锁零售企业还有巨大的提升空间，以连锁零售企业的关键指标——存货周转天数为例，国外服装零售企业存货周转天数基本在 3~5 个月，中国服装零售企业存货周转天数为 10~12 个月，经营效率相差巨大。而数据化经营能够帮助企业加快存货周转速度。

二、数据化经营变革成功的关键——规范与能力

数据引擎收集、整理和挖掘数据，形成系统化、结构化、及时、准确、易于使用的集成数据。数据支撑人员绩效、商品、门店、市场的精细化管理，实现监控、评价、分析、决策、协同等功能。

数据化经营流程规范包括：运营流程、运营制度规范、运营方法、部门优化、岗位职责优化、考核激励优化等，指导规范员工如何将数据应用于经营。

数据化经营能力表现为员工运用数据、执行流程规范、改善盈利的能力。数据化经营

能力的基础是培训体系,培训体系将经营流程规范转换为员工的工作行为,包括:构建岗位知识技能图、开发培训课程、实施员工培训、改善员工绩效。

在企业变革过程中最难改变的是人的观念、习惯和能力。因此,数据化经营规范和数据化经营能力是难点。具体原因有三点。

1. 数据化经营流程规范的书面化、流程化、表单化,是部署数据引擎的前提。

2. 员工需要过程才能逐渐适应新的流程规范,其间企业需要持续培训、检查监督、奖惩激励才能确保新流程规范落地。

3. 员工需要培训才能具备执行规范、运用数据经营的能力;企业需要开发数据化经营培训课程体系,升级老员工的数据化经营能力,对新员工进行系统岗前培训。

由此可见,数据化经营规范是数据引擎部署实施的前提,员工能力是数据化经营取得效果的前提,数据化经营实施过程就是员工接受流程规范、具备数据化经营能力的过程。

三、零售企业数据化经营变革需要外力加持

绝大多数的连锁零售企业没有实施数据化经营变革的经验。实施过程必然要摸索试错,试错会延长时间、增加成本,多次试错可能会出现丧失信心、半途而废的风险。但严峻的外部经营环境,留给企业的变革时间有限;员工低迷的信心,使得企业能够承担的变革风险有限;持续下滑的门店盈利,使得企业能够承担的实施成本有限。这三个有限,注定了企业必须寻找外力加持,让数据化经营实施快速见效,缩短变革周期和成本。

外力的形式无外乎咨询、培训,都有硬伤。培训偏泛偏飘,常常是听着激动,回去了不会动,并且培训内容也难以内化为门店数据化经营流程规范、店长数据化经营能力培训体系。咨询偏窄偏重,周期长、费用高、风险大,找到能力胜任的咨询顾问需要运气,高昂的费用又让很多企业望而却步,效果也只能等实施了才知道。本书中的流程规范,以及培训课程体系,如果采用咨询定制的方式,合同金额为数百万级别。因此,咨询更适合数十亿规模以上的大型连锁零售企业。众多连锁零售企业迫切需要一种又好又经济的解决方案。

本书是一本数据化经营规范手册,提供了门店数据化经营流程规范的系统结构,以及百余数据化经营规范样例表单。连锁零售企业的经营既有共性,又有个性,共性部分参考范例就可以解决。针对个性部分,本书列出了企业需要自行开发的个性化规范清单,以及规范的开发方法,帮助企业完善开发数据化经营规范。有了规范,门店数据化经营就能够由繁难变易简。

本书还是一套超级店长培训教材,系统涵盖了店长数据化经营能力的百余知识技能点,每个技能点都有配套微课单元,包括视频微课与测验题。微课单元在书中以二维码方式呈现,看书扫描二维码就可以同步学习视频微课。教材与视频微课结合,优势互补,培

训效果更好。微课配套测验题,学习结果有检查。微课单元学习有记录,学习进度可监控,具备工作中自学的条件。员工利用工作中的碎片化时间,学习系统性内容,掌握应知应会,积少成多;同时,方便企业低成本、大批量地培养数据化经营的超级店长。

培养超级店长的过程分为两个阶段,分别是碎片化时间学习应知应会和集中训练指导考核。员工在岗工作期间,利用碎片化时间学习,完成应知应会技能点学习测验,批量大、成本低,周期大约100学时。完成应知应会学习后,集中训练指导考核1~2次,每次约3天,不超过60学时。碎片时间学习与集中训练合计时间不超过160学时,7天168小时,因此本书提出超级店长七天练就。

仅需本书与配套百多微课,就能够帮助企业完善数据化经营规范、养成数据化经营能力。对于中小型零售企业,以及个体门店,本书就是数据化经营的最佳解决方案,可谓又好又经济。

本书内容、数据来源于作者十年零售行业咨询培训实践,感谢曾经给予支持与帮助的朋友们。胡方林老师对本书内容有很多贡献,感谢他的辛苦付出。希望本书对零售企业的盈利提升有更多的帮助。

李政隆

2019年2月25日于北京

目 录

第1章 概述 \\\ 1
- 1.1 超级店长训练系统的价值 ……………………………………………… 2
- 1.2 超级店长训练系统＝规范经营＋能力培训 …………………………… 3
- 1.3 DIY开发企业门店经营规范 …………………………………………… 5
- 1.4 超级店长培训体系 ……………………………………………………… 10
- 1.5 不同规模门店适配店长训练课程 ……………………………………… 13
- 1.6 DIY开发企业培训课程 ………………………………………………… 15
- 1.7 超级店长微课索引表 …………………………………………………… 21
- 1.8 制定超级店长训练计划 ………………………………………………… 26

第2章 经营型店长 \\\ 27
- 2.1 经营型店长概述 ………………………………………………………… 28
- 2.2 经营流程 ………………………………………………………………… 30
  - 2.2.1 【范例】情景故事——门店经营流程 ………………………… 31
  - 2.2.2 【企业DIY】店长标准工作流程 ……………………………… 38
  - 2.2.3 店长月清工作流程 ……………………………………………… 50
  - 2.2.4 店长周清工作流程 ……………………………………………… 54
  - 2.2.5 店长日清工作流程 ……………………………………………… 56
- 2.3 分析制定经营策略 ……………………………………………………… 59
  - 2.3.1 【范例】门店经营策略分析过程 ……………………………… 60
  - 2.3.2 【企业DIY】门店经营策略分析规范 ………………………… 72
  - 2.3.3 门店盈利指标改善 ……………………………………………… 84
  - 2.3.4 商品盈利指标改善 ……………………………………………… 94
  - 2.3.5 会员盈利指标改善 ……………………………………………… 97
- 2.4 选择规划经营方法 ……………………………………………………… 102
  - 2.4.1 门店经营管理 …………………………………………………… 104
  - 2.4.2 门店市场促销 …………………………………………………… 108
  - 2.4.3 门店商品运营 …………………………………………………… 127
  - 2.4.4 门店商品陈列 …………………………………………………… 134

2.4.5　会员精准营销 ·· 145
　　2.4.6　【范例】【企业DIY】会员精准营销分析 ······················· 156

第3章　管理型店长　\\\ 163

3.1　管理型店长概述 ··· 164
　　3.1.1　管理型店长价值 ·· 164
　　3.1.2　管理型店长学习内容 ·· 164
3.2　店长职责 ·· 165
　　3.2.1　店长角色概述 ··· 165
　　3.2.2　店长角色转变 ··· 166
　　3.2.3　店长的角色扮演 ··· 166
　　3.2.4　店长的岗位职责 ··· 169
　　3.2.5　店长时间管理 ··· 169
3.3　门店沟通销售方式 ·· 179
　　3.3.1　门店五种沟通销售方式 ·· 180
　　3.3.2　门店与顾客沟通的五种方式的特点 ································ 181
　　3.3.3　五种沟通方式的效果 ··· 182
3.4　门店销售——广告宣传促销 ·· 183
　　3.4.1　设定目标 ·· 184
　　3.4.2　决定促销预算 ··· 185
　　3.4.3　分配促销预算 ··· 186
　　3.4.4　执行计划 ·· 186
　　3.4.5　【范例】【企业DIY】现场活动 ····································· 189
　　3.4.6　【范例】【企业DIY】促销活动计划书 ··························· 191
3.5　门店销售——人员服务 ··· 196
　　3.5.1　人员销售 ·· 196
　　3.5.2　顾客服务 ·· 198
　　3.5.3　处理投诉 ·· 204
　　3.5.4　消费者权益保护法 ·· 206
3.6　门店销售——陈列氛围 ··· 209
　　3.6.1　门店销售气氛 ··· 210
　　3.6.2　门店陈列 ·· 212
　　3.6.3　【范例】【企业DIY】陈列标准 ····································· 218
3.7　门店人事管理 ··· 223
　　3.7.1　门店人事管理的内容 ··· 223
　　3.7.2　门店客流变化趋势和人力调度 ······································ 224

    3.7.3 【范例】【企业DIY】人事管理 ······ 225
  3.8 门店财务、货品管理 ······ 230
    3.8.1 门店财务管理 ······ 230
    3.8.2 收银员职责 ······ 234
    3.8.3 防诈骗 ······ 240
    3.8.4 门店货品管理 ······ 241
    3.8.5 库管工作职责 ······ 245
  3.9 门店内外部协作 ······ 248
    3.9.1 门店突发事件处理 ······ 248
    3.9.2 【范例】【企业DIY】店铺紧急事件处理范例 ······ 249

第4章 教练型店长 \ \ \ 252
  4.1 教练型店长概述 ······ 253
    4.1.1 教练型店长的价值 ······ 253
    4.1.2 教练型店长学习内容 ······ 255
  4.2 胜任新员工培训——初级教练 ······ 256
    4.2.1 导购初级教练 ······ 256
    4.2.2 销售技能学习原理 ······ 257
    4.2.3 启动会 ······ 259
    4.2.4 模拟演练 ······ 260
    4.2.5 模拟演练点评 ······ 261
    4.2.6 知识点讲解 ······ 262
    4.2.7 训练沟通技能 ······ 263
    4.2.8 训练动作技能 ······ 264
    4.2.9 成人学习者特点 ······ 265
    4.2.10 激发学习者动机 ······ 266
    4.2.11 【范例】【企业DIY】 ······ 268
  4.3 胜任员工绩效改善——中级教练 ······ 275
    4.3.1 中级教练角色定位 ······ 275
    4.3.2 绩效提升流程 ······ 275
    4.3.3 【范例】【企业DIY】绩效改善流程实操 ······ 277
    4.3.4 绩效评估 ······ 283
    4.3.5 员工行为评估 ······ 284
    4.3.6 制定改进方案 ······ 285
    4.3.7 执行改进方案 ······ 285
    4.3.8 分析技能短板和学习任务 ······ 286

4.3.9 知识类学习任务的学习方法 ·············· 287
4.3.10 软技能类技能短板的改善方法 ·············· 288
4.3.11 态度类学习任务的学习方法 ·············· 289
4.3.12 绩效谈话 ·············· 290
4.3.13 销售技能自学时间计划表 ·············· 291

第5章 销售型店长 \\\ 293

5.1 销售型店长概述 ·············· 294
 5.1.1 销售型店长的价值 ·············· 294
 5.1.2 销售型店长学习内容 ·············· 294
5.2 店长助销技能 ·············· 296
 5.2.1 为什么需要店长助销 ·············· 296
 5.2.2 店长何时助销 ·············· 297
 5.2.3 店长助销技巧 ·············· 297
5.3 销售步骤流程图 ·············· 298
5.4 售前准备 ·············· 306
 5.4.1 为什么要进行售前准备 ·············· 307
 5.4.2 【范例】【企业DIY】售前准备事项 ·············· 308
5.5 接近要领 ·············· 308
 5.5.1 接近要领的目的 ·············· 310
 5.5.2 客户心理分析 ·············· 310
 5.5.3 接近要领的步骤 ·············· 310
5.6 探询需求 ·············· 311
 5.6.1 探询需求 ·············· 313
 5.6.2 客户购买的原因 ·············· 313
 5.6.3 问句的作用与使用次序 ·············· 313
 5.6.4 问句的类型及使用方法 ·············· 313
 5.6.5 探询客户需求的句子 ·············· 314
 5.6.6 顾客转交 ·············· 316
5.7 产品介绍 ·············· 317
 5.7.1 产品介绍 ·············· 318
 5.7.2 产品介绍的方法 ·············· 318
 5.7.3 转单 ·············· 319
5.8 顾客体验 ·············· 321
 5.8.1 顾客试穿 ·············· 324
 5.8.2 顾客试穿后的三种反馈及对应处理 ·············· 326

|　　5.8.3　试穿后赞美 ………………………………………………… 327
|　　5.8.4　生活性话题 ………………………………………………… 328
5.9　处理回应 …………………………………………………………… 328
|　　5.9.1　辨别顾客回应 ……………………………………………… 332
|　　5.9.2　回应处理方法说明 ………………………………………… 332
5.10　缔结 ……………………………………………………………… 333
|　　5.10.1　缔结知识 …………………………………………………… 335
|　　5.10.2　缔结目标与技巧 …………………………………………… 336
5.11　附加销售 ………………………………………………………… 337
5.12　客情维系 ………………………………………………………… 338

第1章

概 述

1.1 超级店长训练系统的价值

1. 挑战与机遇并存——连锁零售企业面临的经营环境

一方面中国社会零售总额不断增长,另一方面连锁零售企业普遍觉得生意难做。

机遇——社会零售总额增速快于 GDP 增速,2017 年全年,社会消费品零售总额 366 262 亿元,比上年增长 10.2%。2018 年 1~6 月,社会消费品零售总额 180 018 亿元,同比增长 9.4%,这说明零售生意的蛋糕越来越大。

挑战——零售企业面临着以下三个严峻挑战。

(1) 供需关系逆转——买卖双方关系中的主导权转到顾客一方,人口增长停滞,竞争越发激烈,使顾客对零售企业有了更多的选择余地。随着生活水平的不断提高,顾客的衣橱鞋柜已满,从而对各种产品和服务也有了更高的要求,因此以往开店就挣钱、有货就能卖的好时光一去不复返。

(2) 竞争激烈复杂——技术进步使竞争的方式和手段不断发展,甚至发生了根本性的变化。零售渠道呈现出线上、线下、O2O、社交、移动互联网、微店等多种形式。传统的线下渠道也呈现出多元化趋势,包括百货、临街店、购物中心、商超店等。竞争对手多样化、销售渠道多元化,随着中国商业地产的快速发展,线下门店已不再是稀缺资源,有铺面就挣钱的时代一去不复返。

(3) 变化速度加快——市场需求日趋多变,消费者的需求越来越难以预测,产品生命周期的单位已由"年"趋于"月",技术进步使企业的生产、服务系统经常变化,因此在大量生产、大量消费的环境下发展起来的企业经营管理模式已无法适应快速变化的市场。

2. 抓住机遇战胜挑战——零售企业需要超级店长

零售企业需要提高门店经营效率。只有提高门店经营效率,才能增加门店客流、提高成交、做大客单价;才能减少门店库存、提高门店平效和人效;才能让门店盈利持续增长。提高经营效率需要提高经营能力,经营能力表现为:更加理解顾客的需求,能够提供更符合顾客需求的品类与商品,更有效的门店出样陈列,更高效地进行门店市场促销,门店人员销售能力更强,门店安全有序运行。超级店长就是门店超级经营能力的载体,因此,提高门店经营能力、提高门店经营效率、提高门店盈利,门店必须拥有超级店长。

3. 铁打营盘流水兵——零售企业需要超级店长复制系统

人才是流动的,尤其超级店长必定为竞争对手所觊觎。超级店长个人能力不是企业能力,但超级店长复制能力是企业能力,可以稳定存续。拥有了超级店长复制系统,企业就能够源源不断地培养超级店长人才梯队,营造铁打的营盘,应对流水的兵,有效支撑门店盈利持续改善。

1.2 超级店长训练系统=规范经营+能力培训

超级店长所需具备的经营能力是高难度的,如何才能培养更多的超级店长?企业需要"规范经营+能力培训",双管齐下,就能催生更多的超级店长。

1. 开发经营规范——细化流程、明确方法、提供工具表单

"天下难事必作于易。"有了流程、方法、工具,就能做到繁事化简、难事化易。规范就是超级店长的工作流程方法,有了超级店长经营规范,店长工作有章可循、有法可依,有助于产生更多超级店长。

2. 建设培训体系——训练使用规范的能力

所谓会者不难,具备了运用规范的经营能力,成为超级店长就不难了。有了超级店长培训体系,就能源源不断地将大批员工培养为储备店长。

因此超级店长训练系统包括门店经营规范和店长训练体系两部分内容,如图 1-1 所示。

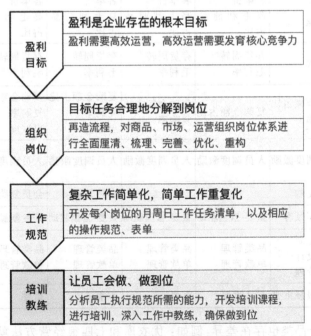

图 1-1 盈利与规范培训关系

从企业经营管理角度来看,可持续增长地盈利是零售企业经营的终极目标。达成盈利目标需要高效运营,高效运营需要配套的组织、部门和岗位。确定了组织、部门和岗位,就需要确定每个岗位的操作规范,员工按照规范操作执行就能达成盈利目标。员工需要具备知识技能，按照企业规范开展经营活动，这就需要开发完善培训课程，培训员工会做、做到位。

开发培训课程体系需要以企业门店经营流程规范为基础。基于门店经营流程规范开发的培训课程才能实现高效经营。超级店长训练系统由经营规范、培训课程体系组成。

不同的零售企业在经营方面既存在共通之处，又存在差异之处。共通之处包括：门店经营流程、经营数据分析、经营方法，以及市场宣传促销、会员精准营销、商品运营、门店管理等。

不同的零售细分品类之间存在差异，包括：经营方法、经营策略分析指标等。例如珠宝行业人员销售非常重要，而超市行业商品分析、品类管理、陈列管理非常重要，对人员销售依赖较小。在经营指标方面，服装行业因为季节变更产品下架，非常关注售罄率，而其他行业产品一年常销，更为关注存货周转、交叉贡献率。表1-1为不同细分品类，不同经营要素的侧重点示意。

表1-1 零售细分行业的经营要素分析表

要素 \ 行业		大服装	珠宝	3C家电	化妆品	母婴	商超
经营流程		相同	相同	相同	相同	相同	相同
经营策略	门店指标	客单价 折扣率	客单价 高毛利商品占比	客单价 高毛利商品占比	客单价 高毛利商品占比	客单价 高毛利商品占比	笔数 客单价 毛利率
	商品指标	售罄率	存货周转 毛利率	存货周转 毛利率	存货周转 毛利率	存货周转 毛利率	存货周转 毛利率
	会员指标	复购金额占比 复购率	复购金额占比	复购金额占比	复购金额占比 复购率 忠诚度	复购金额占比 复购率 忠诚度	复购金额占比 复购率 忠诚度
经营方法	门店运营	人员调度激励	人员调度激励	人员调度激励	人员调度激励	人员调度激励	陈列管理 人员调度
	会员营销	会员复购			会员复购	会员复购	会员复购
	市场促销	开发新顾客	重要-营销驱动	重要-营销驱动	重要-营销驱动	开发新顾客	开发新顾客
	商品管理	商品企划 商品设计 售罄管理	品类管理 单款管理	品类管理 单款管理	品类管理 单款管理	品类管理 单款管理	品类管理 单款管理
	人员技能	高档服装重要	非常重要	重要	非常重要	重要	一般

同一零售细分品类也存在差异，例如：优衣库和七匹狼经营方法就不同。优衣库是低成本战略，商品毛利低、价格低，关注销量与存货周转，超市自选式购物，不依赖于人员销售。七匹狼是差异化战略，商品毛利高、价格高，关注品牌营销、塑造差异化价值，关注订货数量，人员销售为主。

行业通用规范对员工有很大的帮助，有针对性的经营规范帮助会更大。如何才能针对本企业开发完善超级店长经营规范和训练体系？针对经营规范的开发完善，本书提供了范例与开发指导，企业可以自行开发完善本企业的规范。虽然本书尽可能兼顾所有的零售细分行业，但不同的细分行业存在差别，限于篇幅无法全面覆盖，需要企业根据自身特点进行修改、优化，改善提升超级店长培训效果。需要企业开发的规范与范例，本书都已标注为【企业DIY】和【范例】，读者可以针对本企业的特点进行DIY开发。图1-2为规范与课程开发分类。

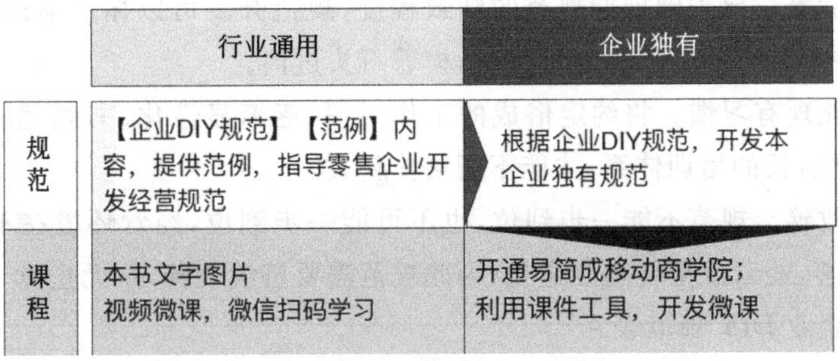

	行业通用	企业独有
规范	【企业DIY规范】【范例】内容，提供范例，指导零售企业开发经营规范	根据企业DIY规范，开发本企业独有规范
课程	本书文字图片视频微课，微信扫码学习	开通易简成移动商学院；利用课件工具，开发微课

图1-2　规范与课程开发分类

1.3　DIY开发企业门店经营规范

各企业可以本书提供的经营规范指导与范例为基础，根据企业自身情况，进行优化、调整和完善，形成本企业门店经营规范。企业开发规范的流程和方法如下。

（1）成立规范开发小组。规范的开发制定，直接关系企业运营效率、公司盈利，必须顶层设计、自上而下。因此，无论企业大小，门店规范、区域管理规范的制定，都需要企业负责人或者运营总监牵头，汇合各业务板块人员组成小组。

（2）列出规范目录。开发规范，首先需要根据公司需要，列出规范目录，这样就能了解规范开发的工作量。

（3）制定规范开发计划。针对每一个规范进行分析，制定开发计划，分析包括：有无明文、有无不成文习惯、重要性、优先级、负责人、完成时间等。

（4）书面化不成文习惯。很多企业的规范以不成文的业务习惯形式存在，虽然方便灵活，但也带来了问题——人换了业务就瘫痪了，以及新人难以培训接手、难以持续改善优化，因此需要将其显性化、书面化。

（5）开发规范。小组成员按照进度计划开发规范。

（6）应用规范。规范必须系统化，要嵌入已有的流程，更新已有的表单，培训使用人员，根据规范修改考核评估体系，与薪酬激励挂钩，确保规范能变成工作习惯，而不仅仅是一摞公文。

(7)验收规范。小组定期讨论评审规范,验收合格后,确定为正式规范。

开发规范注意事项

(1)以终为始。企业开发规范最终目的是提高运营效率、改善盈利,要以这个目标为出发点,来组织规范开发。

(2)先重后轻。经营为重、管理为轻。使用频繁为重、使用次数少为轻。以这个原则来分析,店长的月周日工作任务列表、月周日志,以及经营策略分析最为重要。

(3)先简后繁。要正确把握规范的细致程度,规范开发可以循序渐进,先初步规定,收集实际工作中的反馈意见,再逐渐细化,摸着石头过河。

(4)书面化现有习惯。将约定俗成的工作习惯,逐渐显性化、书面化,这样才能持续改善,才能建立店长的培训体系,才能不断培养新人。

(5)持续改善。规范不能一步到位,也不可能一步到位,经营环境在不断完善,经营方法在不断完善,经营规范要随之进化,因此规范需要持续改善,永无止境。

表 1-2 为企业 DIY 规范表。

表 1-2　企业 DIY 规范表

	经营要素	本书企业 DIY 经营规范指导与范例	企业 DIY 规范开发建议
经营型店长	经营流程	门店经营流程(情景故事)	整理开发本企业店长月周日工作任务清单 整理开发本企业月周日工作目标计划总结表格 整理开发本企业月周日目标跟进方法
		店长月清任务表	
		店长月志表	
		店长周清任务表	
		店长周志表	
		店长日清任务表	
		店长日志表	
		门店早会流程	
		门店周陈列效率分析表	
		门店月周日业绩改善跟进流程	
	分析制定经营策略	门店经营策略分析过程与规范	整理开发经营策略分析流程与规范
		门店整体数据分析表	整理开发门店运营数据分析流程、表单
		门店整体数据内部对标分析表	
		门店整体数据外部对标分析表	
		门店月度人员业绩分析表	整理开发门店人员数据分析流程、表单
		区域导购销售排名分析表	
		门店员工外部对标门店业绩分析表	

续表

经营要素		本书企业 DIY 经营规范指导与范例	企业 DIY 规范开发建议
经营型店长	分析制定经营策略	门店库存结构区域内部对标与外部对标分析	整理开发商品数据分析流程、表单
		门店库销比、售罄率,区域对标与外部对标门店分析	
		门店品类占比区域对标分析表	
		门店陈列效率分析表	
		门店月度折扣、毛利分析表	
		门店 TOP10 与区域 TOP10 对比分析表	整理开发会员运营数据分析流程、表单
		门店会员类别分析表	
		门店会员会龄段与年龄段购买人数分析表	
		门店会员会龄段与年龄段复购率分析表	
		门店折扣偏好与连带偏好分析表	
	门店经营	门店销售目标制定与分解方法	整理开发门店目标制定分解流程规范
		门店不同客流状态店长工作任务安排	整理开发不同客流状态店长工作任务安排指导
		门店人员绩效改进方法	整理开发人员绩效改进方法指导
	门店市场促销	促销策划书范本	整理开发本企业促销计划书范本
		时令促销案例	整理开发本企业促销方式汇总表
		另类促销案例	整理开发本企业促销案例
		各类促销方式汇总表	
	门店商品运营	门店周商品品类销售分析表	整理开发本企业商品管理流程、表单和规范
		门店周商品品类平效分析表	
		门店周商品单款畅销分析表	
		门店周商品单款滞销分析表	
		门店陈列效率分析表	
	会员精准营销	会员精准营销分析案例	开发本企业会员 RFM 模型 整理开发本企业门店会员精准营销流程、表单和规范
		RFM 模型建立标准模板	
		会员近频额度差分析	
		月度会员整体分析表	
		月度会员预警分析表	
		会员精准营销价值分析表	
		会员回访登记表	
		顾客投诉处理登记表	
		转介绍销售话术	

续表

	经营要素	本书企业DIY经营规范指导与范例	企业DIY规范开发建议
管理型店长	店长职责	【范例】店长工作说明书	整理开发本企业店长工作说明书
		【范例】门店营业流程	整理开发本企业门店营业流程
	广告促销宣传	【范例】促销活动计划书	整理开发本企业促销活动计划书本
		【范例】现场活动	整理开发本企业门店促销氛围营造操作方法
	人员服务	【范例】顾客服务标准	整理开发本企业顾客服务操作标准
		【范例】处理投诉	整理开发本企业投诉处理流程规范
	陈列氛围	【范例】门店月度陈列效率分析表	整理开发本企业门店陈列效率分析规范
		【范例】陈列标准	整理开发本企业陈列标准
	人事管理	【范例】人员招聘	整理开发本企业人员管理制度规范
		【范例】排班考勤	
	财务库存管理	【范例】门店财务管理制度大纲	整理完善本企业收银员职责
		【范例】收银员职责	整理完善本企业财务管理制度
		【范例】库存管理规范大纲	整理完善本企业库管职责
		【范例】库管岗位职责	整理完善本企业库存管理制度
	内外协作	【范例】店铺紧急事件处理范例	整理完善本企业店铺紧急事件处理规范
培训教练型店长	初级教练	【范例】新员工培训计划——学员	整理开发本企业新员工试岗快速培训计划
		【范例】新员工培训计划——教练	
		【范例】新员工入职培训记录表	
		【范例】模拟演练背景资料	整理开发模拟演练背景资料、评分表、点评操作方法规范
		【范例】模拟演练评分表	
		【范例】模拟演练点评	
	中级教练	【范例】导购绩效改善流程	制定本企业导购绩效改进制度流程
		【范例】绩效数据分析表	开发制定本企业导购绩效改进规范
		【范例】绩效目标分析表	开发本企业正式导购(员工)培训计划
		【范例】技能短板分析表	
		【范例】改善训练方法分析表	
		【范例】门店月度工作计划	
		【范例】重点帮扶员工改进总结	
		【范例】绩效谈话表	
		【范例】导购30天培训时间计划表	

续表

经营要素		本书企业 DIY 经营规范指导与范例	企业 DIY 规范开发建议
销售型店长	总体	【完整销售流程情景故事范例-珠宝行业】 【完整销售流程情景故事范例-服装行业】拆分	整理开发本企业完整销售流程案例
	售前准备	【销售案例-服装行业-售前准备】 【范例】售前准备规范	整理开发本企业售前准备规范
	接近要领	【销售案例-服装行业-接近要领】 【范例】迎宾语 【范例】自我介绍 【范例】观察顾客信息点 【范例】引发顾客谈话	整理开发本企业迎宾语、自我介绍 整理销售产品服务所需观察的顾客信息 整理本企业引发顾客谈话的方法
	探询需求	【销售案例-服装行业-探询需求】 【范例】如何利用引导性问题获取顾客信息点的范例 【范例】探询顾客需求的信息点	整理本企业销售产品所需获取的顾客信息点 整理本企业获取顾客信息的问句
	产品介绍	【销售案例-服装行业-产品介绍】 【范例】产品亮点 【范例】转单顾客导购对话示例 【范例】产品 FABE	整理企业产品亮点 整理本企业转单场景与沟通话术 整理本企业在售商品 FABE（特征、优点、利益、证据）
	顾客体验	【销售案例-服装行业-顾客体验】 【范例】试穿前 【范例】试穿中 【范例】生活性话题	整理本企业顾客体验商品时的销售规范与话术
	处理回应	【销售案例-服装行业-处理回应】 【范例】正面回应处理 【范例】负面回应处理	整理本企业销售过程中常见顾客正负面回应 整理本企业销售过程中常见顾客回应处理应对方法和句子
	缔结	【销售案例-服装行业-缔结】 【范例】推动试穿 【范例】推动购买	整理本企业推动顾客购买的步骤阶段 整理本企业推动顾客购买的句子
	客情维系	【销售案例-服装行业-客情维系】 【范例】客情维系的方法 【范例】顾客转介绍话术	整理本企业送宾、客情维系操作规范 整理本企业转介绍话术

1.4 超级店长培训体系

零售企业始终需要超级店长。企业新开门店、现有店长调职升迁、现有店长淘汰流失等原因,造成企业不断有店长岗位空缺,需要能力合格的储备店长来弥补。

但是在企业内部,让员工成长为超级店长,存在五个困难。如果不能解决困难,很难持续培养出能力合格、数量足够的超级店长。

(1) 如何开发培训内容?麻雀虽小五脏俱全,门店虽小,但经营好门店,对店长能力要求很高,从月周日经营管理到经营策略分析,从门店行政事务到市场、会员、商品、陈列、人员调度、能力培训、士气激励、团队建设,店长就是门店的"总经理""CEO"。谁来开发店长培训课程体系?如何开发?开发哪些课程?

(2) 如何学以致用?如果新店长能力不胜任,将会造成巨大的损失。如何确保经过培训后的储备店长,接手一个门店后,能够胜任工作,提高门店盈利?

(3) 如何组织培训?零售门店员工要经过大量培训才能成长为店长,但员工都分散在各自门店中工作,难以抽身,将众多员工集中培训难度大、成本高(成本包括:脱岗薪酬、差旅费、培训期间的销售损失等),如何开展店长培训?

(4) 如何匹配培训资源?培训就需要培训师,希望培训有效,就需要培训师有实战经验、善于讲课,还需要精心准备课件,开发测验、练习,这些培训师如何获得?

(5) 如何低成本大批量培养店长?店长数量多,同时人员流动性高,企业开新店也需要店长,没有合格的店长会影响门店盈利。但是企业的资源有限,不惜成本倾全力培养几名店长,虽然可以做到,但不可持续。如何低成本快速培养超级店长?

超级店长训练系统可以解决以上五个困难,帮助连锁零售企业低成本、大批量地培养店长。

一名门店员工成为一位能力合格的店长需要经过三个阶段。具体流程如图1-3所示。

(1) 学习应知应会,在工作中利用碎片化时间学习,掌握店长应知应会的知识技能,经营型店长、管理型店长、教练型店长和销售型店长的周期各不相同,全部完成需要60~70小时。工作中碎片化学习,效率高成本低,适合于低成本大批量快速培养店长。

(2) 课堂培训,参加店长训练营,在培训师的训练辅导下,练习门店经营技能的运用。店长训练营通常3天,表1-3给出了店长训练营时间安排范例,适合于教练型店长与管理型店长。

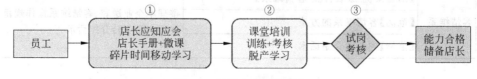

图1-3 超级店长训练流程

（3）试岗考核，见习店长在老店长监控、保护和评估下，独立管理一家门店 1~3 个月，实操所学内容，磨炼经营管理技能。经过试岗考核之后，才能成为能力合格的店长。

表 1-3　超级店长成长过程

阶段	名　　称	周　　期	组织方式	内　　容
阶段一	学习应知应会	90~150 天	工作中 碎片时间学习	《超级店长训练系统》 本书配套百余微课
阶段二	训练能力	3~6 天	脱产集中培训	技能实操、讨论指导交流、考核评估
阶段三	试岗考核	3 个月	试岗	监护下履行门店全面经营管理工作

本书内容中，包含店长岗前应知应会知识技能点，适用于店长培养的第一阶段。一名想成为店长的员工，就能够在工作中，利用碎片化时间，完成学习。学习者完成店长学习大约需要 70 学时，按照 1 天 24 小时计算，折合下来不到 3 天。学习者在 90~150 天内能够完成全部学习内容。

学员在工作中，利用碎片时间完成应知应会学习之后，需要参加店长训练营进行技能实操练习，实操需要有经验的培训师进行评估指导，帮助学员提高改善，掌握技能。店长训练营的时间安排计划如表 1-4 所示。

表 1-4　店长训练营课程安排范例

时间安排	课程内容	课时（h）	学习方式
第一天	应知应会理论测验	1.5	笔试
	企业文化	2	面授
	公司各项制度	2	面授
	门店行政管理	2	授课与讨论
	门店经营管理	2	授课与讨论
第二天	销售目标制定与分解、达成	2	案例与作业
	门店运营合规	1.5	理论与参观
	顾客体验	1.5	理论与实操
	门店突发事件处理	2	案例与讨论
	新员工培训	2	分组实操
第三天	老员工绩效改善	2	分组实操
	陈列实操	3	分组实操
	迎宾与服务实操	3	分组实操

针对超级店长训练系统，本书就是超级店长培训教材。文本图片内容优势在于构建系统、深入思考、快速翻阅查找，用什么学什么。劣势在于传递信息有限、理解困难、更新缓慢。因此，本书配套了 124 个视频微课单元，其中开放微课 29 个，每个微课单元由视频

和测验题构成。其移动端界面如图1-4所示。

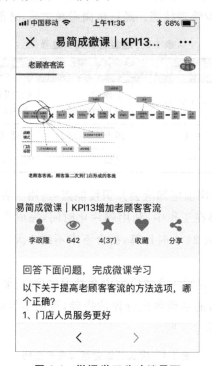

图1-4 微课学习移动端界面

在书中相应内容处有微课二维码,用微信扫描手册中的二维码,可以学习视频微课。每个视频微课单元由视频和测验题组成,完成测验题视为完成微课单元学习,学习进度被记录。

书籍易于浏览,便于检索查阅,能够方便学习者建构整体知识技能系统,方便在工作中查阅。视频课件易于理解,方便学习者深入学习知识技能点。测验能够检验评估学习者是否正确理解学习内容。手册、视频课件、测验组合起来,能够帮助学习者在工作中,利用碎片时间自学。

由于工作中碎片时间学习缺少约束,时间3~5个月兴趣容易转移,学习进度控制就非常重要。对于个人学习者,手机端的商学院课程专辑中可以记录进度,本书的微课索引表也可以记录进度。对于企业商学院学习者,学习管理员可以发布任务,每天推送一个微课,对未完成学习的学员发送消息催学,建立学习小组,制定奖惩制度,督促学习。

超级店长培训体系分为四部分内容,分别为经营型店长、管理型店长、教练型店长和销售型店长。超级店长全部知识技能可以分为零售行业通用、企业个性化两部分。零售行业通用课程告诉我们应该做什么、为什么要做,以及操作流程方法。企业个性化课程告诉学习者本企业的个性化要求、重点指标,以及经验常数等,企业个性化课程根据企业个性化规范开发而成。

全书配套微课124个,其中概述部分3个、经营型店长59个、管理型店长19个、教练型店长21个、销售型店长22个。微课分为开放微课与授权微课,随书赠送开放微课29个,其余为授权微课。详见表1-5。

表1-5 四种类型店长培训内容构成

	微课	经营规范开发指导与范例
销售型店长	本书销售型店长部分; 微课22个,包括:店长助销、销售技能七步骤	两个以成功销售为主线的销售情景故事范例; 销售各环节的行为规范和话术范例。
教练型店长	本书教练型店长部分; 微课21个,包括初级教练、中级教练	新员工培训操作方法; 老员工绩效改善操作案例、方法和工具。
管理型店长	本书管理型店长部分; 微课19个,包括:店长职责、门店销售、人财物管理、内外部协作	门店管理规范与范例,包括:促销、陈列、人事、财务、库存、突发事件。
经营型店长	本书经营型店长部分; 微课59个,包括店长月周日经营流程,经营策略、促销、门店、商品、会员经营方法	门店经营规范与范例,包括:门店月周日工作流程与范例、门店数据指标分析规范与范例、会员精准营销规范。

1.5 不同规模门店适配店长训练课程

门店的营业额、面积、人数差别巨大,年营业额小的百万元、大的近亿元,面积小的数十平方米、大的数千平方米,员工数量少的3人、多的百人,表1-6为服装行业的范例。

表1-6 超级店长的分类与适配表

门店规模	门店形式	营业额(万元)	员工数量	组织结构	门店管理岗位		
					店长	副店长	组长
小型	商场专柜	90~150	3~4		y		
小型	独立店	100~200	3~4		y		
中型	独立店	200~400	5~10		y	y	
大型	独立店	400~1000	10~20	下设2~3个小组	y	y	y
超大型	独立店	1000以上	20~100	下设多个小组(楼层)、品类	y	y	y

门店经营管理工作首先可以分为经营与管理两个部分,经营致力于提高盈利,管理致力于保障门店正常运行。经营分为市场促销、会员营销、商品经营、人员销售四个部分,门店经营月周日流程组织所有经营要素有序运作。管理包括人事、财务、库存、内外部关系,由门店营业流程组织运行。经营的目标是持续提高门店盈利,手段是策划市场促销活动、管理商品品类与单款、会员精准营销和提高人员销售能力与士气。管理的目标是门店正常运行,钱不丢、货不少、人不缺、内外和谐无麻烦,手段是人员选用育留、服务管理、陈列氛围管理、财务管理、商品管理、内外部沟通协调。门店规模差异如此巨大,持续改善盈利对店长的能力要求势必不同。

商场店,人员少、销售规模小。市场促销、商品等经营活动由区域督导负责,门店管理规范由商场负责,店长只需服从管理。店长的关键任务是带领员工做好截流、做好成交。因为员工数量少,店长需要参与销售。因此店长的销售能力和助销能力,是门店盈利持续提高的关键。

小型临街店,营业额100万元～200万元,员工3～4人,相比商场店的差别在于没有了商场的平台,门店的所有管理工作都需要店长来做,包括门店营业流程、门店顾客体验、销售气氛、人员管理、财务管理、商品管理、应对政府部门检查、处理突发事件等。因此,相比商场店,临街店店长除具备销售能力和助销能力之外,还必须熟悉门店人财物的运营管理,以保障门店正常营业。

中型临街店,营业额200万元～400万元,人员5～10人。市场促销、商品等经营活动由区域督导负责。店长的关键任务是带领员工做引流、提高成交、做大客单价,以及保障门店运营。但由于门店规模增加,客流增大,员工数量增加,店长能够参与的销售比重下降。因此,需要店长能够提高员工技能和态度,以此来提高每个员工的成交率和客单价,从而持续提高门店盈利。因此中型临街店店长的销售能力、管理能力和教练能力,是门店盈利持续提高的关键。

对于大型临街店,门店营业额400万元～1000万元、人员10～20人。店长不但要负责人员教练培训、门店运营管理,还要负责市场促销、会员、商品等门店经营工作,不同企业的要求会有所不同。由于人员规模增加,门店管理层会增加副店长和组长。组长的工作职责是领导5～10名员工完成销售任务,因此组长需要具备销售能力和人员教练能力。副店长通常要具备门店管理能力,负责门店的日常管理工作,支持店长全力开展经营工作。

超大型临街店,分工基本与大型临街店接近,但对店长的能力要求更高、更全面,店长必须能够娴熟于策划市场促销活动、开展会员精准营销、管理商品品类与单款、提高人员绩效等经营活动,能够基于月周日经营流程,有序开展经营活动。

不同门店、不同岗位对超级店长能力的需求可以分为销售型店长、教练型店长、管理型店长和经营型店长四个板块,如表1-7所示,每个板块胜任不同的工作任务。

表1-7 四种类型店长胜任力模型

类型	能力专长	工作方式	创造价值
销售型店长	销售能力店长助销	亲自参与销售和助销,提高成交率、客单价、高毛利商品占比	带领门店员工改善经营指标,持续提高单店盈利
教练型店长	培训新员工;教练提高老员工绩效	培训新员工,提高新员工能力,提高员工销售业绩;通过教练辅导老员工,提高老员工销售能力,提高其销售业绩	通过改善员工平均能力,提高人均销售收入,持续提高单店盈利
管理型店长	门店行政管理	通过:日常营业、销售与服务、人事管理、财务管理、库存管理、突发事件处理,有序运营门店,保障门店经营	通过细致有效的门店行政管理工作,保障单店盈利持续提高

续表

类型	能力专长	工作方式	创造价值
经营型店长	门店人货场全面经营	门店经营数据分析、经营目标制定、市场门店商品会员等维度经营计划制定,调度资源执行经营计划,完成经营目标	通过有效的经营方法,改善门店经营指标,持续提高单店盈利

不同规模门店、不同的门店管理层岗位所需要学习的内容不同。学习需要循序渐进,用什么学什么。你可以根据内容适配表,基于自己的岗位,选择所需要的学习内容。表 1-8 为不同门店规模的管理岗位,学习者选择其中匹配的岗位。

表 1-8　不同规模门店与岗位匹配说明

门店规模	门店形式	营业额（万元）	员工数量	岗位	销售型店长	教练型店长	管理型店长	经营型店长
小型	商场专柜	90~150	3~4	店长	必修	选修	选修	
小型	独立店	100~200	3~4	店长	必修	选修	必修	
中型	独立店	200~400	5~10	店长	必修	必修	必修	选修
				副店长	必修	选修	选修	
大型	独立店	400~1000	10~20	店长	必修	必修	必修	必修
				副店长	必修	必修	必修	选修
				组长	必修	必修	选修	
超大型	独立店	1000以上	20~100	店长	必修	必修	必修	必修
				副店长	必修	必修	必修	必须
				组长	必修	必修	选修	选修

1.6　DIY 开发企业培训课程

学习本书的内容与配套微课,就可以让一名零售行业的基层员工,掌握经营管理门店所应知应会的知识技能点。在实际工作中,还需要学习者根据本企业的特点,融会贯通应用知识技能,提高运营效率、改善门店盈利。如果能够进一步提供针对本企业特点的培训内容,将有助于更快地培养超级店长。

超级店长的全部知识技能,也可以分为零售行业通用、企业个性化两部分。零售行业通用课程告诉我们应该做什么、为什么要做,以及操作流程方法。企业个性化课程告诉学习者本企业的个性化要求、重点指标,以及经验常数等,企业个性化课程根据企业个性化规范开发而成。

行业通用课程由书中的文字图片内容和对应的视频微课单元组成。全书配套微课124 个微课,分为开放微课与授权微课,随书赠送开放微课 29 个,其余为授权微课。

企业根据个性化规范开发培训课程,培训课程由三类内容构成。

(1) 规范说明。说明规范的文档就是培训课程内容,经营规范由流程、表单和操作方法组成,具体表现为流程图、表格,以及说明分析决策方法的文档。具体呈现形式为文档。

(2) 应用案例。描述规范应用的案例,案例包括:门店经营流程案例、门店数据分析案例、门店表单填写的案例、门店订货案例、门店促销案例、门店调查表填写案例,等等。具体呈现形式为文档。

(3) 分析讲解。古语说:书不尽言。意思为写一本书也无法讲清楚全部内容。所以经营规范和应用案例需要分析讲解,讲解逻辑关系、操作思路、注意事项,这些用文本很难完全表达。同时文本内容偏于抽象,不容易理解。具体呈现形式为微课。

企业开发培训课程有两种呈现形式:文档+微课。

(1) 文档,适用于规范说明、分析讲解。Word、表格、PPT、流程图,可以是电子档,也可以是打印的讲义。

(2) 微课,适用于应用案例、应用讲解。结合PPT、文档、表格、流程图、现场图片,使用圈点、线条、板书等讲解动画,声音讲述流程、规范、表单的使用。深入浅出说明逻辑关系、分析思路、注意事项等。

学习的最佳方式为工作中用什么学什么,因此可以将微课二维码添加到文档相应位置,学习者在浏览文档的时候,可以同步学习微课。

企业开发课程的四个注意事项。

1. 形式与进度如何平衡

对于企业开发课程,有一个原则是——有就比没有好。企业个性化课程要快速开发,先追求有,再追求好。但要注意,此处讨论的是呈现形式不追求高大上,但要确保内容正确。最开始可以制作文档形式课件,之后再制作成视频微课。在应用中,逐渐积累经验、逐渐打磨内容、逐渐优化呈现形式。

2. 谁来开发

知识拥有者来开发课程,企业课程开发会有几个角色:知识拥有者、知识制作者、知识发布者。效率最高的方式就是由知识的拥有者来开发课程。对于店长培训课程,能力出众有经验的店长、区域督导就是知识的拥有者。以他为中心,协助其开发课程,这样开发出的课程最为有效。

3. 用什么工具

选择易于使用的开发工具,企业开发课程投入的人员、时间和预算有限,因此选择容易使用的课程开发工具为宜,文本格式可以使用Office,分析讲解可以使用易简成微课制作APP,便于快速制作。

表1.9 企业DIY课程表

经营要素		企业DIY经营规范指导与范例	企业DIY规范开发建议	企业DIY课程
				【文档】门店管理层岗位职业生涯通路 【文档】门店管理层各岗位学习计划 【文档】门店管理层各岗位课程匹配
经营型店长	经营流程	门店经营流程（情景故事）	整理开发本企业店长月周日工作任务清单； 整理开发本企业月周日工作目标计划总结表格； 整理开发本企业月周日目标跟进方法	【文档】店长月周日工作任务清单 【文档】制作店长经营流程情景故事 【微课】店长月周日工作任务清单讲解 【文档】店长月周日工作目标计划总结表格 【文档】店长月周日工作目标计划总结范例 【微课】店长月周日工作目标计划总结表格讲解说明 【文档】门店早会流程 【微课】门店早会流程讲解
		店长月清任务表		
		店长月志表		
		店长周清任务表		
		店长周志表		
		店长日清任务表		
		店长日志表		
		门店早会流程		
		门店周陈列效率分析表		
		门店月周日业绩改善跟进流程		
	分析制定经营策略	门店经营策略分析过程与规范	整理开发经营策略分析流程与规范	【文档】门店经营策略分析案例
		门店整体数据分析表	整理开发门店运营数据分析流程、表单	【文档】运营数据分析流程表单 【文档】运营数据分析案例 【微课】运营数据分析流程与案例讲解
		门店整体数据内部对标分析表		
		门店整体数据外部对标分析表		
		门店月度人员业绩分析表	整理开发门店人员数据分析流程、表单	【文档】运营人员分析流程表单 【文档】运营人员分析案例 【微课】运营人员分析流程与案例讲解
		区域导购销售排名分析表		
		门店员工外部对标业绩分析表		
		门店库存结构区域内部对标与外部对标分析	整理开发商品数据分析流程、表单	【文档】商品数据分析流程表单 【微课】商品数据分析流程讲解 【文档】商品数据分析案例 【微课】商品数据分析案例讲解
		门店库销比、售罄率，区域对标与外部对标门店分析		
		门店品类占比区域对标分析表		
		门店陈列效率分析表		
		门店月度折扣、毛利分析表		
		门店TOP10与区域TOP10对比分析表	整理开发会员运营数据分析流程、表单	【文档】会员数据分析流程表单 【微课】会员数据分析流程讲解 【文档】会员数据分析案例 【微课】会员数据分析案例讲解
		门店会员类别分析表		
		门店会员会龄段与年龄段购买人数分析表		
		门店会员会龄段与年龄段复购率分析表		
		门店折扣与连带偏好分析表		

续表

经营要素	企业 DIY 经营规范指导与范例		企业 DIY 规范开发建议	企业 DIY 课程
经营型店长	门店经营	门店销售目标制定与分解方法	整理开发门店目标制定分解流程规范 整理开发不同客流状态店长工作任务安排指导 整理开发人员绩效改进方法指导	【文档】门店目标制定分解流程规范与案例 【微课】门店目标制定分解案例讲解 【文档】不同客流状态店长工作安排与案例 【微课】不同客流状态店长工作安排讲解 【文档】人员绩效改进方法指导和案例 【微课】人员绩效改进案例讲解
		门店不同客流状态店长工作任务安排		
		门店人员绩效改进方法		
	门店市场促销	促销策划书范本	整理开发本企业促销计划书范本 整理开发本企业促销方式与KPI指标改善汇总表 整理开发本企业促销案例	【文档】促销计划书范本 【文档】促销方式与 KPI 指标改善表 【微课】促销与 KPI 指标改善讲解 【文档】促销案例复盘总结 【微课】促销案例讲解（当事人主讲）
		时令促销案例		
		另类促销案例		
		各类促销方式汇总表		
	门店商品运营	门店周商品品类销售分析表	整理开发本企业商品管理流程、表单和规范	【文档】门店商品管理规范 【微课】门店商品管理规范讲解 【文档】门店商品管理案例 【微课】门店商品管理案例讲解
		门店周商品品类平效分析表		
		门店周商品单款畅销分析表		
		门店周商品单款滞销分析表		
		门店陈列效率分析表		
	会员精准营销	会员精准营销分析案例	开发本企业会员 RFM 模型 整理开发本企业门店会员精准营销流程、表单和规范	【文档】会员 RFM 模型与标签说明 【微课】会员 RFM 模型与标签讲解 【文档】门店会员精准营销规范 【文档】门店会员精准营销案例 【微课】门店会员精准营销规范讲解 【微课】门店会员精准营销案例讲解
		RFM 模型建立标准模板		
		会员近频额度差分析		
		月度会员整体分析表		
		月度会员预警分析表		
		会员精准营销价值分析表		
		会员回访登记表		
		顾客投诉处理登记表		
		转介绍销售话术		

续表

经营要素	企业DIY经营规范指导与范例	企业DIY规范开发建议	企业DIY课程
管理型店长	店长工作说明书	整理开发本企业店长工作说明书	【文档】店长工作说明书 【微课】店长工作职责讲解
	门店营业流程	整理开发本企业门店营业流程	【文档】门店营业流程 【微课】门店营业流程讲解
	促销活动计划书	整理开发本企业促销活动计划书范本	【文档】门店促销氛围营造操作方法
	现场活动	整理开发本企业门店促销氛围营造操作方法	【微课】门店促销氛围营造操作讲解
	顾客服务标准	整理开发本企业顾客服务操作标准	【文档】顾客服务操作标准 【文档】投诉处理流程规范
	处理投诉	整理开发本企业投诉处理流程规范	【微课】顾客服务操作标准讲解 【微课】投诉处理操作讲解
	门店月度陈列效率分析表	整理开发本企业门店陈列效率分析规范	【文档】陈列标准
	陈列标准	整理开发本企业陈列标准	【微课】陈列标准讲解
	人员招聘	整理开发本企业人员管理制度规范	【文档】人员管理制度
	排班考勤		【微课】人员管理制度讲解
	门店财务管理制度大纲	整理完善本企业财务管理制度及收银员职责	【文档】财务管理制度、收银员职责
	收银员职责		【微课】财务管理讲解
	库存管理规范大纲	整理完善本企业库存管理制度及库管职责	【文档】库存管理制度、库管职责
	库管岗位职责		【微课】库存管理制度
	店铺紧急事件处理范例	整理完善本企业店铺紧急事件处理规范	【文档】紧急事件处理规范 【微课】紧急事件处理注意事项
培训教练型店长	新员工培训计划——学员	整理开发本企业新员工试岗快速培训计划	【文档】新员工试岗培训计划和案例
	新员工培训计划——教练		【微课】新员工试岗培训操作讲解
	新员工入职培训记录表		
	模拟演练背景资料	整理开发模拟演练背景资料、评分表、点评操作方法规范	【文档】模拟演练资料
	模拟演练评分表		【微课】模拟演练操作讲解
	模拟演练点评		

续表

经营要素		企业DIY经营规范指导与范例	企业DIY规范开发建议	企业DIY课程
培训教练型店长	中级教练	导购绩效改善流程	制定本企业导购绩效改进制度流程 开发制定本企业导购绩效改进规范 开发本企业正式导购（员工）培训计划	【文档】导购绩效改进流程规范 【微课】导购绩效改进流程讲解 【文档】导购绩效改进案例 【微课】导购绩效改进案例讲解（当事人） 【文档】导购30天培训时间计划表 【微课】导购30天培训讲解
		绩效数据分析表		
		绩效目标分析表		
		技能短板分析表		
		改善训练方法分析表		
		门店月度工作计划		
		重点帮扶员工改进总结		
		绩效谈话表		
		导购30天培训时间计划表		
销售型店长	总体	【完整销售流程情景故事范例-珠宝行业】 【完整销售流程情景故事范例-服装行业】拆分	整理开发本企业完整销售流程案例	【文档】本企业完整销售流程案例 【微课】完整销售流程案例讲解
	售前准备	销售案例-服装行业-售前准备 售前准备规范	整理开发本企业售前准备规范	【文档】售前准备规范 【微课】售前准备规范讲解
	接近要领	销售案例-服装行业-接近要领	整理开发本企业迎宾语、自我介绍 整理销售产品服务所需观察的顾客信息 整理本企业引发顾客谈话的方法	【文档】迎宾语、自我介绍、观察信息点、引发谈话方法 【微课】接近要领讲解
		迎宾语		
		自我介绍		
		观察顾客信息点		
		引发顾客谈话		
	探询需求	销售案例-服装行业-探询需求	整理本企业销售产品所需获取的顾客信息点 整理本企业获取顾客信息的问句	【文档】信息点和句子 【文档】探询需求作用与注意事项
		如何利用引导性问题获取顾客信息点的范例		
		探询顾客需求的信息点		
	产品介绍	销售案例-服装行业-产品介绍	整理企业产品亮点 整理本企业转单场景与沟通话术 整理本企业在售商品FABE	【文档】企业亮点 【文档】转单场景与应对 【文档】在售商品FABE 【微课】商品介绍注意事项
		产品亮点		
		转单顾客导购对话示例		
		产品FABE		
	顾客体验	销售案例-服装行业-顾客体验	整理本企业顾客体验商品时的销售规范与话术	【文档】顾客体验商品操作规范 【文档】顾客体验商品案例 【微课】顾客体验商品流程步骤
		试穿前、试穿中、生活性话题		

续表

经营要素	企业 DIY 经营规范指导与范例	企业 DIY 规范开发建议	企业 DIY 课程
销售型店长	处理回应	销售案例-服装行业-处理回应	整理本企业销售过程中常见顾客正负面回应 整理本企业销售过程中常见顾客回应处理应对方法和句子	【文档】顾客回应与处理规范 【微课】顾客回应处理注意事项（优秀员工）
		正面回应处理		
		负面回应处理		
	缔结	销售案例-服装行业-缔结	整理本企业推动顾客购买的步骤阶段 整理本企业推动顾客购买的句子	【文档】缔结目标与句子 【微课】缔结作用与注意事项讲解
		推动试穿推动购买		
	客情维系	销售案例-服装行业-客情维系	整理本企业送宾、客情维系操作规范 整理本企业转介绍话术	【文档】送宾、客情维系操作规范 【微课】送宾与客情维系讲解 【文档】转介绍话术 【微课】转介绍操作注意事项
		客情维系的方法		
		顾客转介绍话术		

4. 培训部门的职责

培训部门的角色主要是课程开发的组织者、培训的实施者。因此，在课程开发中，其职责更多的是规划课程开发的内容、制定开发计划，以及辅助知识的拥有者来开发课程。

1.7　超级店长微课索引表

表 1-10 为超级店长微课索引表。

表 1-10　超级店长微课索引表

模块	章节	微课	开放权限
概述	概述	超级店长训练系统	开放
		超级店长 DIY 企业经营规范	开放
		超级店长 DIY 企业培训课程	开放
经营型店长——经营流程	总体	SWF00 店长经营流程	开放
	月清流程	SWF03 店长月度流程之月度绩效点评	授权
		SWF04 店长月清流程之目标分解	开放
		SWF05 店长月清流程之目标达成	授权
		SWF06 门店月管理评估与商品计划分析	授权
		SWF07 区域运营会议流程与月总结	授权
		SWF08 月清之会员分析及促销活动的关系	授权

续表

模块	章节	微课	开放权限
经营型店长——经营流程	周清流程	SWF09 周清之商品分析及陈列调整	授权
		SWF10 周清之周志点评与门店顾客体验	授权
		SWF11 店长工作手册（营业、操作流程）	授权
	日清流程	SWF12 门店日清之员工绩效点评、教练、分析	授权
经营型店长——经营策略	总体	KPI00 门店经营策略	开放
	门店盈利指标	KPI11 增加门店客流	授权
		KPI12 提升自然客流	授权
		KPI13 增加老顾客客流	开放
		KPI14 提高门店成交率	授权
		KPI15 提高客单价	开放
		KPI18 减少门店库存	授权
	商品盈利指标	KPI20 商品盈利指标改善	开放
		KPI21 管理品类	开放
		KPI22 管理单款	授权
	顾客盈利指标	KPI30 会员盈利指标改善	开放
		KPI31 增加新会员	授权
		KPI32 留住老会员	授权
		KPI33 提高会员复购率	开放
经营型店长——经营方法	门店经营	RMS02 销售目标管理	授权
		RMS71 门店人员调度	授权
		RMS72 人员销售改进措施	授权
	市场促销	SSP01 门店促销的概念及误区	开放
		SSP02 广告促销的目标及传播工具	授权
		SSP03 门店促销方式之定价式促销	授权
		SSP04 门店促销之回报促销和纪念式促销	开放
		SSP05 门店促销之奖励式促销和临界点促销	授权
		SSP06 门店促销之另类促销和时令促销	授权
		SSP07 门店促销之限定式促销 附加值促销	授权
		SSP08 促销策划书范本	授权
		SSP09 门店促销策略与产品生命周期的关系	授权
		SSP10 门店促销与商品毛利的关系	授权
		SSP11 门店促销与零售 KPI 之间的关系	授权

续表

模块	章节	微课	开放权限
经营型店长——经营方法	商品运营	SMO01 品类管理	开放
		SMO02 单款商品管理——畅销商品	授权
		SMO03 单款商品管理——滞销商品	授权
	商品陈列	SCD01 认识商品陈列	开放
		SCD02 商品陈列原则	授权
		SCD03 陈列色彩	授权
		SCD04 商品陈列基本方法与手法	授权
		SCD05 商品陈列与销售额之间的关系	授权
		SCD06 磁石点在陈列中的重要性	开放
		SCD07 VP、PP、IP在陈列中的应用	授权
		SCD08 如何判断整体陈列的优劣	授权
	会员营销	MVD01 会员价值开发之VIP营销功能缺失	开放
		MVD02 顾客群金字塔模型	授权
		MVD03 营销理念与目标	授权
		MVD04 客户营销的核心与误区	授权
		MVD15 客户关怀策略与技巧	授权
		MVD16 客诉处理策略与技巧	授权
		MVD17 增值销售策略与技巧	授权
		MVD18 转介绍管理策略与技巧	授权
		MVD19 客户挽留策略与技巧	授权
管理型店长	管理型店长概述	RMK01 从导购到店长	开放
	店长职责	RMK02 店长职责	开放
		RMK04 店长时间管理	授权
	门店五种沟通销售方式	RMK11 门店的五种销售方式	开放
	门店销售——广告宣传促销	RMK21 门店促销计划	授权
	门店销售——人员服务	RMK31 人员销售	授权
		RMK32 门店服务	授权
		RMK33 处理投诉	授权
		RMK34 消费者权益保护法	授权

续表

模块	章节	微课	开放权限
管理型店长	门店销售——陈列氛围	RMK41 门店销售气氛	授权
		RMK42 门店销售——陈列氛围	授权
	门店人事管理	RMK51 门店人事管理	授权
		RMK52 门店客流变化趋势和人力调度	授权
	门店财务库存管理	RMK61 门店财务管理	授权
		RMK63 收银员岗位职责	授权
		RMK64 防诈骗	授权
		RMK65 门店货物管理	授权
		RMK66 库管工作职责	授权
	门店内外部协作	RMK71 门店突发事件处理 内部协作	授权
教练型店长	胜任新员工培训——初级教练	PSC01 导购初级教练	开放
		PSC02 SSV 销售技能学习原理	开放
		PSC11 启动会	授权
		PSC12 模拟演练	授权
		PSC13 模拟演练点评	授权
		PSC14 知识点讲解	开放
		PSC15 训练沟通技能	授权
		PSC16 训练动作技能	授权
		MSC21 成人学习者特点	授权
		MSC22 激发学习者动机	授权
	胜任员工绩效改善——中级教练	MSC01 SSV 中级教练角色定位	授权
		MSC10 绩效提升流程	授权
		MSC11 绩效评估	授权
		MSC12 员工行为评估	授权
		MSC13 制定改进方案	授权
		MSC14 执行改进方案	授权
		MSC23 分析技能短板和学习任务	授权
		MSC24 知识类学习任务的学习方法	授权
		MSC25 软技能类技能短板的改善方法	授权
		MSC26 态度类学习任务的学习方法	授权
		MSC27 绩效谈话	授权

续表

模块	章节	微课	开放权限
销售型店长	店长助销技能	RMK91 店长助销	开放
	销售步骤流程	RTS03 销售流程	开放
	售前准备	RTS11 售前准备	授权
	接近要领	RTS21 接近要领	授权
	探寻需求	RTS31 探询需求	授权
		RTS32 问句的作用	授权
		RTS33 三种问句	授权
		RTS34 问句正确性	授权
		RTS35 问句使用方法	授权
		RTS36 顾客转交	授权
	产品介绍	RTS41 产品推荐	授权
		RTS42 产品介绍	授权
	转单	RTS43 转单	授权
	顾客体验	RTS51 客户体验	开放
		RTS61 辨别顾客回应	授权
		TRS62 处理正面回应	授权
		TRS63 处理负面回应	授权
	缔结	RTS71 缔结概念	开放
		RTS72 缔结方法	授权
		RTS73 缔结使用技巧	授权
	附加销售	RTS74 附加销售	开放
	客情维系	RTS81 客情维系	授权

1.8 制定超级店长训练计划

表 1-11 为超级店长训练计划表。

门店规模：□ 小店　　□ 中店　　□ 大店

目标岗位：□ 店长　　□ 副店长　　□ 组长

时间计划：开始＿＿＿＿年＿＿月＿＿日——结束＿＿＿＿年＿＿月＿＿日

表 1-11　超级店长训练计划表

板块	内容	匹配	微课	时间计划
销售型店长	店长助销	□	1	
	销售技能	□	21	
教练型店长	初级教练	□	10	
	中级教练	□	11	
管理型店长	门店管理	□	19	
经营型店长	经营流程	□	11	
	经营策略	□	14	
	门店经营	□	3	
	市场促销	□	11	
	商品运营	□	3	
	商品陈列	□	8	
	会员营销	□	9	

第 2 章

经营型店长

2.1 经营型店长概述

经营型店长的核心任务是完成门店销售目标和盈利目标,完成这一任务,经营型店长需要具备以下三个能力。

1. 运营高效

道德经说:天下大事必作于细、天下难事必作于易。也就是大事化小、难事化易。门店经营工作纷繁复杂,大事化小、难事化易,就需要有清晰的流程规范,指导店长进行月周日工作安排。因此,店长应该熟练掌握每月、每周、每天、每时段,应该做什么、如何做、做到什么程度,才能忙而不乱,高效运营。门店运营流程的核心是基于目标的 PDCA 循环,包括目标、计划、执行、评估和改善五个环节。PDCA 循环按照年月周日分解、套叠。月周日运营流程串起了门店各经营要素,包括市场促销、会员营销、商品运营、陈列氛围、门店顾客体验、人员销售等,组织协同各要素,高效运营完成销售目标。

2. 方向正确

影响销售目标达成的因素很多,但是投入同样的精力、费用和资源,效果却大相径庭。因此,店长需要选择正确的方向,方向就是经营策略。选择大于努力,正确分析制定经营策略,就能够事半功倍,达成门店销售目标和盈利目标。分析制定经营策略,要以终为始,从门店盈利出发进行精细化分析。单店盈利可以分解为门店盈利、商品盈利、会员盈利,再进一步可以细分为数十个细分指标,每个指标有对应的改善策略,店长要掌握分析制定经营策略的方法。

3. 方法适宜

选择了方向接着就要高效执行,高效执行需要根据门店的具体状况、资源投入,选择最为有效、最为适宜的经营方法。经营店长要掌握市场促销、会员精准营销、商品运营、门店运营的具体方法。

做好门店经营工作,不仅需要店长具备经营技能,还需要企业经营规范的支撑,企业经营规范让门店管理有法可依、有章可循,让门店的工作井井有条。因此,本章的内容分为两部分:知识技能点和企业 DIY 规范与范例,知识技能点部分包含 59 个微课。如表 2-1 所示。

表 2-1　经营型店长学习内容说明表

模块	章节	微　　课	企业 DIY 规范
门店经营流程	总体	SWF00 门店经营流程	【店长月周日经营流程】与范例
	月清流程	SWF03 店长月度流程之月度绩效点评 SWF04 店长月清流程之目标分解 SWF05 店长月清流程之目标达成 SWF06 门店月管理评估与商品计划分析 SWF07 区域运营会议流程与月总结 SWF08 月清之会员分析及促销活动的关系	
	周清流程	SWF09 周清之商品分析及陈列调整 SWF10 周清之周志点评与门店顾客体验	
	日清流程	SWF11 店长工作手册（营业、操作流程） SWF12 门店日清之员工绩效点评、教练、分析	
经营策略	门店盈利指标	KPI11 增加门店客流 KPI12 提升自然客流 KPI13 增加老顾客客流 KPI14 提高门店成交率 KPI15 提高客单价 KPI18 减少门店库存	【门店经营分析】规范与范例
	商品盈利指标	KPI20 商品盈利指标改善 KPI21 管理品类 KPI22 管理单款	
	顾客盈利指标	KPI30 会员盈利指标改善 KPI31 增加新会员 KPI32 留住老会员 KPI33 提高会员复购率	
经营方法	门店经营	RMS02 销售目标管理 RMS71 门店人员调度 RMS72 人员销售改进措施	
	市场促销	SSP01 门店促销的概念及误区 SSP02 广告促销的目标及传播工具 SSP03 门店促销方式之定价式促销 SSP04 门店促销之回报促销和纪念式促销 SSP05 门店促销之奖励式促销和临界点促销 SSP06 门店促销之另类促销和时令促销 SSP07 门店促销之限定式促销　附加值促销 SSP08 促销策划书范本 SSP09 门店促销策略与产品生命周期的关系 SSP10 门店促销与商品毛利的关系 SSP11 门店促销与零售 KPI 之间的关系	【促销策划书范本】
	商品运营	SMO01 品类管理 SMO02 单款商品管理——畅销商品 SMO03 单款商品管理——滞销商品	

续表

模块	章节	微课	企业 DIY 规范
经营方法	商品陈列	SCD01 认识商品陈列 SCD02 商品陈列原则 SCD03 陈列色彩 SCD04 商品陈列基本方法与手法 SCD05 商品陈列与销售额之间的关系 SCD06 磁石点在陈列中的重要性 SCD07 VP、PP、IP 在陈列中的应用 SCD08 如何判断整体陈列的优劣	
	会员营销	MVD01 会员价值开发之 VIP 营销功能缺失 MVD02 顾客群金字塔模型 MVD03 营销理念与目标 MVD04 客户营销的核心与误区 MVD15 客户关怀策略与技巧 MVD16 客诉处理策略与技巧 MVD17 增值销售策略与技巧 MVD18 转介绍管理策略与技巧 MVD19 客户挽留策略与技巧	【企业 DIY】会员精准营销分析

2.2 经营流程

面对纷繁复杂的门店经营管理工作,如何高效完成工作?店长需要月周日工作流程任务规范,也就是月周日不同时间节点,店长应该做什么、如何做,月周日工作流程简称月清周清日清。绳子将珍珠穿起变成项链。在工作中,月清周清日清就如同绳子,指导店长组织人货场等经营内容,指导店长组织目标、计划、执行、评估、改善等 PDCA 循环工作任务,在不同的时间节点,指导店长选择正确的事、把事做正确。

SWF00 店长经营流程

企业经营需要以终为始,经营的终极目标就是可持续增长的盈利。门店的经营周期分为年月周日,由于消费者需求的影响,年度各月份的销售额占比不同,一年完成一个循环周期。因此,年度为门店总体目标周期,企业与门店需要制定年度目标和经营计划。通常企业以年度为周期,计算店长的目标达成率和奖励。

为了保证年度目标的达成,就需要进行过程控制。因此企业需要制定门店各月度的销售目标,围绕着月度目标组织人货场展开经营。月度是发薪周期,门店员工以月为周期发放奖金。一年有 12 个月,每个月 30 天,月度是门店经营的核心周期。

每周有五个工作日、两个休息日,也会对客流的变化产生影响,并且具有一定的周期规律。因此,月度目标与计划首先会分解为周目标计划。

人类日出而作、日落而息,每日三顿饭。门店为顾客服务,顾客行为规律,影响门店的工作流程节奏。日工作流程是门店工作的基础单元,门店早晨开店,晚上闭店。因此,周目标计划需要分解为日目标和计划。

门店销售业绩分上午、下午和晚上三个波段,每个波段完成了销售目标,一天的销售目标就能够达成。每天的销售目标达成了,每周的就能达成。每周的销售目标达成了,月度销售目标就能达成。每月的销售目标达成了,年度销售目标就完成了。因此,年度目标可以分解为 12 个月、52 周、365 天、1095 个营业波段,精细分解有助于控制过程,确保年度目标达成。

从经营角度,门店经营分为市场促销、会员营销、商品管理、人员销售、门店管理等板块,每个版块有不同的工作内容,不同的时间节奏。例如,商品运营通常以周为周期,一周中工作日、休息日,客流不同、销售额不同。通常门店库存的库销比为 4~8 周,畅销商品的库存可能不够一周销量。店长需要每周分析商品的销量、库存,制定包括退仓、补货、促销、主推出样、陈列调整等商品经营计划。

从管理角度,门店管理工作的核心是 PDCA 循环,分为目标、计划、执行、评估和改善,无论年月周日等不同周期,无论人货场等不同经营板块,都需要遵循 PDCA 循环的规律。

因此门店的月清周清日清工作流程,包括市场促销、会员营销、商品管理、门店管理等四个板块,包括目标、计划、执行、评估和改善等管理流程,帮助我们高效运营完成经营目标。

2.2.1 【范例】情景故事——门店经营流程

情景故事以 ABC 男装深圳东门步行街店的经营为背景,讲述店长李青如何使用店长日周月工作流程,高效完成经营工作,故事配有旁白说明其使用的店长经营方法、技能。

情景故事	旁白
【检查门店安全】 2018 年 9 月 16 日,礼拜天,早上 8:30,店长李青还如平时一样来到位于深圳东门步行街的 ABC 男装专卖店;因为是礼拜天,李青来得比平时早了一些。李青还是和平时一样,先是察看了一下门店外面的门头、LOGO、大门是否完好,确认无误后,随即打开了大门,开启了部分灯光,如橱窗灯、收银台照明灯、卖场部分灯光;然后对卖场和仓库进行了巡视检查,检查没问题后,开启了收银设备,如电脑、验钞机、刷卡机、饮水机等设备。	开门前准备:店长应早于营业时间 30 分钟到店

续表

情景故事	旁白
【晨会】 做完这一系列的工作,李青开始了每日流程的第二项工作——晨会; 第一项:李青登录终端POS系统和CRM管理系统,查看了昨天整个门店和导购个人的销售业绩和当天完成情况、本周和本月截至昨天的业绩完成情况,会员目标和重点工作完成情况。做完这些工作,时间已经接近9:00,门店的员工也都全部到了门店并主动打卡签到。同事们都很默契地围成一个圈,等待着店长来开晨会。店长李青拿着晨会记录本,向同事们问好,"各位家人,大家早上好",同事们回应"好、很好、非常好",声音激情饱满,李青对此很满意。然后李青开始晨会第一项工作——点到,确认员工的出勤和休假的情况。 第二项:通报业绩完成情况,包括:门店整体和导购个人昨日完成情况、本周完成情况、本月完成情况;总结昨日的成功点,今天能否继续复制;今天应该注意的事项及活动内容;今日公司下达通知。 第三项:今日的整体目标和导购个人的目标(销售目标与会员目标),今日销售主推等。 第四项:工作安排,如卫生区域分配、陈列调整及补货、迎宾及轮岗顺序等。 第五项:员工相互检查仪容仪表,相互打气加油,活跃气氛。	晨会注意事项:在这个环节中,我们要切记,晨会的目的是让大家清晰知道自己的目标和完成情况,工作上有方向,不能开成批斗大会,气氛要轻松愉悦 此时门店处于【绿色客流】,深圳的九点钟,几乎没有客人
【开始营业】 晨会结束后,店长李青、副店长李玲、收银员陈茹、仓管黄兵四个人又开了一个简单的碰头会,确定今天各自的职责。 ✓ 店长李青负责下午控场和数据分析; ✓ 副店长李玲负责迎宾引流、卖场安全、卫生检查等; ✓ 收银陈茹负责专职收银、打包及业绩播报、收银台周边卫生; ✓ 仓管黄兵负责仓库整理及找货、货品数据统计及监察导购销售补货等。 各就各位,开始工作。店长李青开启门店内所有灯光、音乐、打印机、电视播放ABC公司的花絮等,此时音乐是比较嗨的,目的是提高员工的士气。收银员陈茹开始核对银箱内金额和零钱,做好收银准备。	开始营业前一定要做好准备工作,如零钱与系统、员工状态等;此时门店处于【绿色客流】
【晨会工作检查】 时间进入上午10:00,步行街上开始有一些人逛街了,门店的同事也都各自忙完手中的工作(卫生、陈列、补货等),有的导购开始在卖场熟悉商品特性,有的导购两两培训,做着模拟演练的工作。这个时候副店长李玲开始代替店长去检查卖场的卫生、陈列补货、仓库整理等工作的完成情况,并记录。	保证结果:晨会安排的工作一定要检查,有结果保证
【产品FABE检查及培训】 上午10:00这个时间段,步行街的人是很少的,所以,店长李青就想,在客流比较少的时候,对员工的销售技巧、主推商品的FABE进行抽查和培训。店长李青首先是找到了两个正在模拟演练的导购小A和小C。这两个导购,平时的销售都是在门店前几名的,工作也相当的有激情,李青直接就让他们两个开始对主推商品的FABE进行演练,并在一旁仔细地看着。等到演练结束,李青首先对两个导购进行表扬和鼓励,同时也对过程中应该注意的事项给出了建议,李青的指导让员工发现了销售过程中的不足。类似的抽查和培训,每天都会是不定时的,有时候是针对员工的销售技巧;有时候针对整个商品的陈列及卖点;有时候是对销售数据的分析等,目的就是让员工不断地成长。这也是日常工作的中重点。	此时门店处于【绿色客流】,顾客较少,准备工作已做完,适合做培训工作

续表

情景故事	旁白
【业绩的跟进和播报】 到了上午 11:00 左右，门店开始进入一个小的客流高峰期，这个时候，各个员工的综合能力开始出现了差距，不时地有顾客买单，在顾客买单的时候，收银陈茹就会通过门店内的麦，向全场播报，"小 A 进球 4 个苹果"（内部"进球"代表成交，一个"苹果"代表100 元），听到这个播报的李青，开始通过手持麦克风对小 A 打气，小 A 也会全场跑动，和员工击掌打气。 到了 12:00 的时候，也是午餐时间，顾客逐渐少了，店长开始了今天的第一次业绩跟进，李青把导购召集在一起，通告了截止到 12:00 的个人销售业绩、完成率、剩余目标，并打气相互鼓励（这个时间段的会议，一定要控制在十分钟内结束，如果卖场很忙，可以通过麦克风进行卖场播报）。	业绩跟进：业绩跟进是重点，可设置时段任务。跟进方式可以是播麦，可以是小会议 此时门店属于【红色客流】，导购一对多，守住成交
【市场信息收集与门店问题收集】 在 12:00—14:00，卖场基本属于销售空闲期，李青开始有序地安排员工午餐、补货等。和副店长交接以后，李青也去吃午餐了，这个时间，并不是仅仅吃午餐，还要去步行街和商场看一看，竞争对手的促销活动、引流、销售等情况，并记录在工作日志中。	门店属于【绿色客流】。市场信息收集是门店做促销活动和营销策略的根本
【业绩跟进及店长助销】 到了 14:00，整个步行街开始进入人流高峰期，会一直持续到下午五六点钟，这三个小时的销售额会占到全天销售额的 50%以上。所以，如何吸引顾客进店、快速成交、提高客单价，这是考验店长的控场、人员调整、助销、团队配合的能力，其控场能力是最为关键的。 14:00 开始，李青召集所有导购，通报了整体的当日目标完成情况、上半场出现的问题及下半场需要注意的问题、员工的相互配合等。 随着步行街的人流增加，李青和副店长李玲沟通，李玲下午的主要任务就是引流。李玲带着导购在门口用手举牌、喊口号、做堆头、1元起拍等方法，吸引了大量的顾客进店。李青把业绩跟进也改为半小时播报一次，不单单是业绩，还有排名等。李青在全场来回巡场，给员工打气，帮助销售能力弱的员工销售；发现卖场的陈列是否缺少货品并安排人员及时补足货品；卫生及时打扫；指挥员工兼顾更多的顾客；李青通过音乐的调整、业绩的播报、店长的跟进和指挥，提高整个门店的销售激情和控制门店的销售节奏。	此时门店属于【红色客流】，是一天中销售最好的时间段，此时所有员工应该全力以赴的做好业绩
【周商品分析与调整】 17:00 到晚上下班这个时间段，销售并不是很忙，李青把控场工作交接给副店长李玲，17:00—19:00 是一个销售空闲期，这个时间段，副店长李玲通报目标完成情况，并安排员工吃饭，并督促在店员工进行卫生打扫、陈列补货等工作。 【周业绩分析】 而店长李青还有更重要的工作，今天是礼拜天，也是一周的最后一天，李青要做商品分析、会员分析、周业绩分析与员工点评等工作。 首先是商品分析，李青找到了仓管黄兵，两个人从 POS 系统中导出了这一周的商品销售数据。查看了各品类的动销率、售罄率和贡献率、平效等；各个单款的售罄率和贡献率、平效；公司主推商品的售罄率等，分析表如图 2-1 所示。 然后根据分析表，做相应的调整，如陈列调整、促销调整、补货等。	此时门店属于【黄色客流】，顾客与导购属于一对一的状态，店长应该做商品分析和业绩分析工作

人类	货号	上周库存	本周销售数量	销售金额	售罄率	销售占比	毛利率	策略
休闲裤	A1001001	19	12	2388	63.2%	7.5%	65.0%	维持原状
休闲裤	A1001002	17	11	2376	64.7%	7.5%	62.0%	维持原状
休闲裤	A1001003	25	19	3401	76.0%	10.7%	69.0%	补货、增加主推力度
休闲裤	A1001004	16	13	2327	81.3%	7.3%	65.0%	补货、增加主推力度
休闲裤	A1001005	11	6	1194	54.5%	3.8%	48.0%	促销调整
……	……	……	……	31686	……	……		
休闲短衬	A2001001	29	13	1469	44.8%	4.2%	52.0%	陈列调整、促销调整
休闲短衬	A2001002	17	14	1946	82.4%	5.6%	54.0%	补货、增加主推力度
休闲短衬	A2001003	21	15	2385	71.4%	6.8%	64.0%	补货、增加主推力度
休闲短衬	A2001004	17	12	1188	70.6%	3.4%	61.0%	维持原状
休闲短衬	A2001005	22	11	2849	50.0%	8.1%	70.0%	增加主推力度、调整黄金陈列
……	……	……	……	35000	……	……		

图 2-1 深圳东门店周商品分析表

续表

情景故事	旁白
【会员分析】 会员分析直接从 CRM 管理系统中导出数据。CRM 管理系统中,根据公司设定的标签,会自动筛选出顾客的折扣偏好、新品偏好、高价值顾客、高成长顾客、复购率、会员流失率、新增会员数量、会员消费占比等数据。店长要根据这些数据进行营运上的管理,如增加复购率。首先导出一周的复购金额和复购占比,是顾客自主来复购的,还是短信提醒复购的;其次,店长要根据数据给员工做熟客管理,增加顾客的复购率。同时也要每天都做会员的生日短信问候、节假日短信问候、天气变化短信提醒、会员流失短信唤醒、购物售后保养短信提醒等。 做完这些工作,时间已经接近下班了,步行街上人也很少了,进店的就更少了,副店长李玲开始安排人员打扫卫生、卖场补货、整理仓库、抽查 30% 款式的商品库存盘点。李青这个时候也是开始了当天销售数据的统计工作,准备给同事们开总结会。这个总结会,不仅仅是当天的,还有这一个礼拜的整体情况,整理后的表格数据如图 2-2 所示。	会员分析:主要是复购率、新增会员及销售占比等 此时门店是属于【黄色客流】状态

门店名称:	深圳东门步行街001店			汇报人:	李青			汇报日期:	2018.09.16
【一】日与周业绩分析									
1、填写业绩指标完成情况									
类型	日业绩	环比变化	日目标	日完成率	成交笔数	客单价	客件数	件均价	汇报当天累计周完成率
昨日	50000	30%	51500	103%	141	365	1.81	196	86.7%
类型	日业绩	环比变化	日目标	日完成率	成交笔数	客单价	客件数	件均价	汇报当天累计周完成率
今日	75000	45.65%	70000	107%	197	380	1.9	200	
类型	周业绩	环比变化	周目标	周完成率	成交笔数	客单价	客件数	件均价	汇报累计月完成率
上周	251725	42.00%	250000	101%	629	400	2.17	184	23%
类型	周业绩	环比变化	周目标	周完成率	成交笔数	客单价	客件数	件均价	汇报当天累计月完成率
本周	292755	14.00%	280000	105%	807	362	1.89	191	50%
员工日业绩分析									
姓名	日业绩	日目标	日完成率	成交笔数	成交件数	客单价	客件数	件均价	
宋怀婷	11489	8750	131.30%	27	59	431	2.21	195	
孔令改	9176	8750	104.87%	27	46	342	1.71	200	
高凯蝶	8694	8750	99.36%	23	42	379	1.85	205	
张胜男	9800	8750	112.00%	29	50	339	1.72	197	
曾小雪	8571	8750	97.95%	25	45	341	1.81	188	
……									
……									
合计	75000	70000	107.1%	197	375	380	1.90	200	

图 2-2 门店晚会数据分析表

一个合格的经营型店长,做类似数据和分析,时间应该控制在 20 分钟内。这个总结会,也可以由副店长开,一来可以培养副店长的管理和分析能力,从而减轻店长的工作负担;二来是培养副店长在员工中的威信,为下一步管理门店做准备。今天的总结,自然是由副店长李玲代开,店长李青还要做最后的门店日志。在开会之前,收银和仓管分别汇报了工作,并把营业过程中发现的问题、顾客反馈的问题做了意见的交换。	

续表

情景故事	旁白
【门店日志点评】 门店的日志，需要店长按照系统中的格式进行填写，如图 2-3 所示的格式（图为示意，不代表今日业绩），包含了门店形象、销售数据、数据分析、竞争对手活动情况、工作完成情况等。 实际上，门店日志是对整个一天中门店工作的一个总结，总结的好处是让店长清楚知道目标完成进度、门店员工的综合能力。同时也是上级主管考验店长对门店管理的复盘，达到查漏补缺的目的。 等到总结会议结束，一天的工作也告一段落，仓管黄兵检查了仓库安全和员工的背包以后，关闭了门店大部分的灯光；收银陈茹也核对完了今天的营业额、现金、刷卡、支付宝、微信金额，并做完财务报表回传给公司财务部门，同时也将现金和店长进行了交接。 一天的工作结束了，店长和仓管两个人检查完了门店的安全，关闭了营业设备，只留下了门头灯和 LOGO 灯光。在回去的路上，店长李青还在想明天的工作安排，一个礼拜结束了，明天要做周报、周目标制定、周活动分析、周市场分析、周商品分析（今日已做）、周会员分析。	此时门店是【绿色客流】，店长应做晚会准备

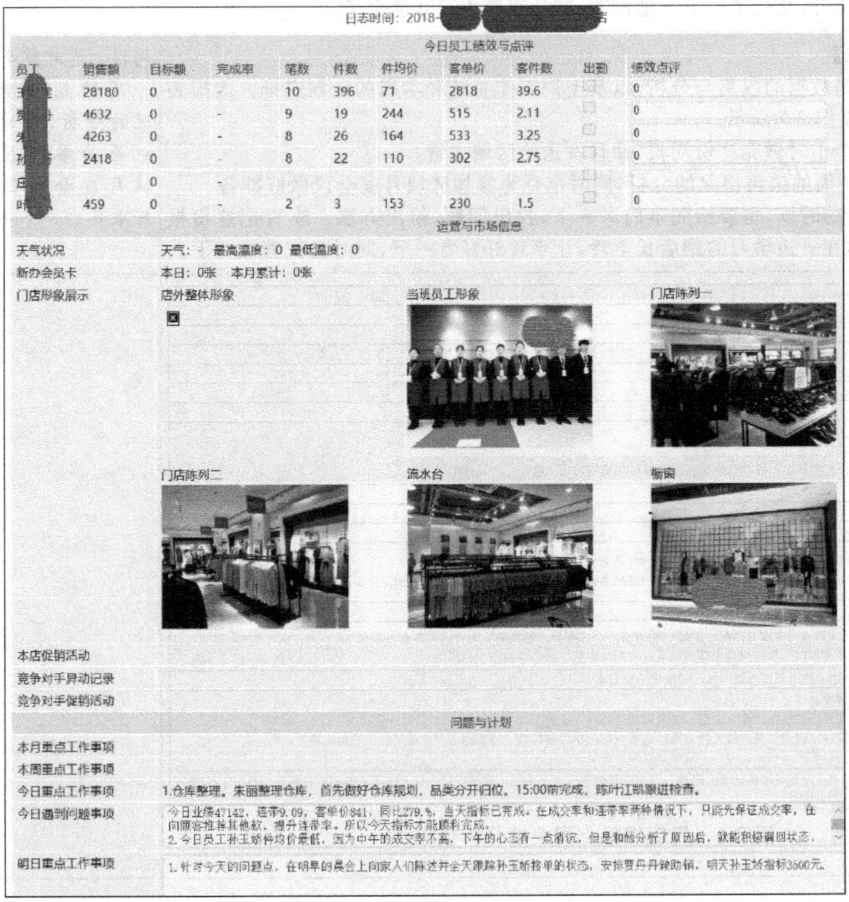

图 2-3　门店系统日志表单

续表

情景故事	旁白
9月17日，礼拜一。 **【周目标的制定与分解】** 店长李青八点五十来到门店，副店长李玲已经到店了，并且在准备晨会的数据。店长李青和副店长李玲做了沟通，特别强调了本周的销售目标和个人的目标。李玲汇报道："本月公司制定目标110万元，但我们全力冲刺115万元，前两周已经完成了55万元，前两周目标均已完成，剩余60万元，本周是17~23号，包含有中秋2天假期，24~30号，有一天中秋假期，临近国庆，29号和30号的周六日要上班，所以本周是40万元目标，本月最后一周是20万元的目标。"店长李青又问了导购的个人目标情况，副店长李玲汇报道："本周在编的导购10人，平均每个人目标是4万元，因为部分导购截止到做完前两周目标没有完成，本周的任务会滚动一次，压力会有些大，但我会注意跟进，帮助她们销售。"店长李青对李玲的回答很满意，并且对李玲说，我们不仅给目标，更要给导购完成的方法。副店长李玲说："关于这一点我也考虑了，目标做了细分，包括到客单价、连带、主推商品件数等，同时，我刚才登录OA系统，中秋的活动已经下发了通知，促销的折扣力度还不错，公司还针对中秋活动设置了礼品奖项，也能提高客单价，再加上我们的平时助销和业绩的跟进，本周的目标一定可以达成。"店长李青表扬了副店长李玲，交代了一下其他细节，就让李玲去召开晨会了。	此时门店属于【绿色客流】，街上也没有客人，周一上午要制定导购的目标与本周重点工作及计划安排
【门店周报与周志】 这一项工作主要是数据的收集与分析，以及上周工作总结和本周的计划安排。周报表的内容如图2-4至图2-7所示。 店长李青花了一个小时做完这份周报，并且发送给区域主管， 周报：是对整个一周的销售情况的分析，同时也是为参加区域月度会议做好准备。 同时，晚上总结会的时候，也要给同事们讲一下，找出问题，给出方法。李青把这份报表交给开完晨会，在一边学习的副店长李玲，让李玲好好看一下，同时尝试着做一下。	周报：是对整个一周的销售情况的分析，同时也是为参加区域月度会议做好准备。

门店名称：	深圳东门步行街001店		汇报人：	李青			汇报日期：2018.09.17	
【 】上周业绩分析								
1. 填写业绩指标完成情况								
类型	周业绩	环比变化	周目标	周完成率	成交笔数	客单价	客件数	件均价	汇报当天累计月完成率
第一周	251725	42.00%	250000	101%	644	400	2.17	184	23%
第二周	292755	14.00%	280000	105%	807	362	1.89	191	50%
2. 业绩分析								
是否完成（完成率参考性低，可参考环比提升）：								
完成：成功指标是什么，哪些措施起效								
未完成：问题指标是什么，原因是什么；成功指标和问题指标可都填写，或二选一，视具体绩效而定								
类型	分析内容							
是否完成	完成目标							
成功指标	件均价提升、成交笔数提升							
起效措施	1. 执行淡场双导服务，提升低客流时的成交率和客单价 2. 每天早会宣导高价位商品的引导销售。高价位商品的陈列调整后，整体件均价有所提升。特别是鞋类商品本周销售比例增大							
问题指标	连带和客单下滑							
造成原因	1. 每天早会都会讨论1~2个成套搭配，但没有跟进员工是否推荐，销售情况如何，顾客是否喜欢 2. 员工掌握不好附加的时机，顾客不容易接受，个别员工被顾客拒绝后就不敢再附加了							
3. 门店整体人员销售改进计划（列出上周计划内容，完成情况及效果）								
上周计划内容	1. 执行淡场双导服务 2. 推行上午前几单店长助销，保证成交，提升导购信心和一天的士气 3. 重点帮扶对象制定改进措施：每天背诵缔结话术两句，早会时检查，每天跟进员工在销售中的运用情况 4. 安排缔结做得好的员工周二、周三早会进行经验分享等							
完成情况及效果	上周计划都完成了，尤其双导助助完成得好，店铺团队销售气氛比上周出现了好转；早上的跟单助销也按照计划执行了，员工的信心和士气都有提升							

图2-4 门店周报上周业绩分析模板

情景故事	旁白

【二】上周人员绩效分析
1. 填写员工业绩指标完成情况

姓名	周业绩	周目标	周完成率	成交笔数	成交件数	出勤	日均业绩	日均笔数	日均件数	客单价	客件数	件均价
宋怀婷	24489	28000	87.46%	49	118	5	4898	9.8	23.7	499	2.41	207
孔令改	29176	28000	104.20%	88	151	6	4863	14.7	25.2	330	1.71	193
高凯蝶	26636	28000	95.13%	80	129	6	4439	13.4	21.4	331	1.6	207
张胜男	29153	28000	104.12%	94	151	6	4859	15.6	25.2	311	1.61	193
曾小雪	31571	28000	112.75%	106	168	6	5262	17.6	28.0	299	1.59	188
平均值	28205	28000	100.7%	80	143	5.8	4863	13.8	24.7	351	1.78	197

2. 上周人员绩效点评（分析每个人的绩效数据，结合数据说明导致其指标优良或不佳的行为）

姓名	绩效点评（重帮扶对象重点说明行为改进及能力提升情况）	针对性采取的措施（重点帮扶对象重点说明本周训练计划）
宋怀婷	成交笔数偏低，主要问题是不会缔结，话术少	1. 按照双导服务进行跟进，每两组店长对其进行助销 2. 每天背两个缔结话术，次日早检查。由缔结好的员工分享成功经验，进行代教，每天下午淡场半小时总结，店长组织
高凯蝶	新员工，有态度有激情，上周表现还不错，但是不会附加，做附加时需要他人助销	1. 学习销售流程，每天一章一点，背诵3个句子，第二天早会测试 2. 让其观察学习附加做得好的员工实际销售过程，学习成功经验，下午可以交流分享 3. 跟进销售成长，每天要跟单3单以上，并对接单后进行总结分享
孔令改	本周的成交率为店铺最高，特别对旺场的把握非常好，但是与标杆还有一定差距，在连带上还需要提升	参加门店培训，每天早会或淡场的时候进行培训。培训内容：周一讲处理顾客正面回应；周三讲处理负面回应；周五进行练习和考试
曾小雪	本周的帮扶对象，同时也是门店本周的标杆，完成率是第一名。但客单、连带、件均价都远低于区域，客单价与第一名客单价差200元，连带差0.82	参加门店培训，具体内容同上
张胜男	老员工，近期状态很好，表现也很积极，能力不错，业绩很少有大的波动，要不断鼓励	参加门店培训，具体内容同上

图 2-5　门店周报上周人员绩效分析模板

促销计划：就是对本周的促销效果的总结，主要指标是业绩增长，同时应分析促销对商品销售的影响。

【三】上周经营计划反馈（列出上周计划内容，完成情况及效果，制定本周计划；分为促销计划、商品计划（含陈列计划））
1. 促销计划（本周的做客流的促销宣传计划，包括：店外气氛、发传单、打电话等（如有市场竞争对手活动，请反馈，并制定应对措施））

上周计划内容	1. 每天的会员回访的目标，每天电话回访不低于80个，短信回访30个以上 2. 门口截流：淡场的时候安排员工在门口截流，看天截流人及数量多、成交量最多的员工分享截流方法
完成情况及效果	电话和短信的回访数量基本完成，但是效果不怎么好，老顾客到店的很少。截流有一些进步，本周要继续保持分享
本周计划	1. 日常会员维护及截流工作：淡场的时候安排员工在附近进行截流；每个会员的维护，每位员工每天要做十个（要有实质性内容沟通）会员回访及五个熟客记录。争取一些老会员过来消费时能直接输入到顾客的手机号，让顾客有被重视感 2. 异业联盟：跟隔壁KTV协商合作，在本店消费299元可以赠送KTV代金券，持有KTV消费凭证来本店消费，可以免费为其做形象指导，有小礼品赠送

2. 商品计划（包括：商品分析、成套搭配计划、每类商品的主推、推广方式、断码商品及处理；橱窗出样商品、形象区出样商品、每类商品区域的出样）

上周计划内容	主推款：每天讨论出1~2个成套搭配作为主推 陈列：将新品区陈列扩大，主推商品移到门口黄金区；部分断码衬衫，便宜调整至中岛，正上库存量大衬衫
完成情况及效果	商品陈列做了调整，本周新品销量有明显提升，成套搭配没有持续，连带做的不理想
本周计划	1. 主推款：选择各品类中的滞销款和库存量大的商品，周一确定4款主推款，周五讨论再调整或增加1~2款主推款，确保周末有5~6款主推款。主推商品销售目标每人每周成套在4套以上，10件以上 2. 对高价位商品进行归类陈列到边柜，同时尺码齐全的高价位商品进行主推陈列设计，时刻关注热销品的断码情况，及时跟进补货，以及对鞋类商品进行整理退货，要求增加鞋类出样和品类 3. 特价：同时对特价商品区进行价格分区，将特价价格台卡，新区的69~149元的商品调整至收银台区域。换季时通过低价商品刺激连带销售

图 2-6　门店周报上周经营计划反馈分析模板

本周目标与计划：就是本周的门店与导购的销售目标、服务目标的制定，同时要细化到KPI指标，还要根据销售目标给出具体的达成方法，如促销支持、商品调整、人员能力提升等。

【商品分析与调整、周促销活动分析】
李青拿着昨天仓管黄兵做好的商品销售分析与策略，找到了正在整理仓库的黄兵。黄兵汇报"畅销货品缺货、部分库存量小的平销货品已经申请补货，预计周三到门店。另外，滞销的货品已经筛选了几款库存量比较大的商品，需要加入到中秋活动中，做促销引流。同时，门店部分商品的陈列需要调整，可根据商品的贡献度和品类陈列效率进行分析，贡献度高、陈列效率高的5款商品需要调整至黄金陈列区，员工需要加强引导；贡献度低、陈列效率高的3款商品，需要增加陈列面积……"李青听完仓管黄兵的汇报后，同意并要求在下午5:00之前调整完毕。

情景故事	旁白

【四】本周目标与计划

1. 本周销售计划

类型	上周业绩	本周目标	成交笔数	客单价	客件数	主推商品件数	新增办卡(张)
宋怀婷	24489	40000	83	480	2.2	12	24
孔令改	29176	40000	118	340	1.8	12	24
高凯蝶	26636	40000	118	340	1.7	10	24
张胜男	29153	40000	121	330	1.7	12	24
曾小雪	31571	40000	133	300	1.7	14	24

2. 本周经营计划（汇总上面写过的本周计划，包括促销计划、商品计划、人员销售改进计划，主管确认后粘贴在周志中）

促销计划	1. 日常会员维护及截流工作：淡场的时候安排人在附近进行截流；每天会员的维护，每位员工每天要做十个（要有实质性内容沟通）会员回访及五个熟客记录。争取一些老会员过来消费时能直接输入顾客的手机号，让顾客有被重视感。 2. 异业联盟：跟隔壁KTV协商合作，在本店消费满399元可以赠送KTV代金券，持有KTV消费凭证来本店消费，可以免费为其做形象指导，有小礼品赠送。
商品计划	1. 主推款：选择各品类中的滞销款和库存量大的商品，周一确定4款主推款，周五讨论再调整或增加1-2款主推款，确保周末有5-6款主推商品，销售目标每人每周成套在4套以上，10件以上。 2. 对高价位商品进行归类陈列到边柜，同时对尺码齐全的高价位商品进行主推陈列设计，时刻关注热销品的断码情况，及时跟进补货，以及对鞋类商品进行整理退货，要求增加鞋类商品码和品类。 3. 特价区：同时对特价商品区进行价格分区，做好价格台卡，新品区的69-149的商品调整至收银台区域。换季时通过低价商品刺激连带销售。
人员销售改进计划	1. 继续执行淡场双导服务，继续推行早晨单助销制度，保证成交，提升导购信心和一天的士气。 2. 门店培训：每天早会或淡场的时候进行培训。培训内容：周一讲处理顾客正面回复；周三讲处理负面回应；周五进行练习和考试。 3. 重点帮扶对象改进措施：(1) 按照制定的双导服务进行跟进；(2) 每天早中两个时段结束，次日检查。由缩结好的员工分享成功经验，进行代教，每天下午淡场半小时总结，店长组织。 4. 新员工跟进培训：(1) 学习销售流程，每人一章一点，背诵3个句子，次日早测试；(2) 让其观察学习附加做得好的员工实际销售过程，学习成功经验，淡场的时候可以交流分享；(3) 跟进销售成长，每天要服3单以上，对接单问题进行总结分享。

图 2-7　门店周报本周业绩目标与经营计划模板

商品与促销的分析与调整：是对门店商品库存量进行分析，是否需要补充；畅滞销款是否需要调整。

【月度员工培训和重点员工帮扶】

这项工作一直以来都是店长李青比较重视的工作，门店的员工综合能力参差不齐，有的销售技巧比较好，有的商品知识比较好，还有的专业知识比较好，所以每一次培训都不太统一。店长李青思考了许久，综合了门店员工目前最急缺的知识，决定培训秋装上新的产品知识和顾客转介绍技巧。首先是培训课件的准备，秋装产品知识的课程是公司商品部下发的，主要培训方式以微课学习＋测验题＋现场抽查为主。顾客的转介绍培训，公司的培训资料库有部分内容，加上李青的销售经验，培训方式以李青的销售案例＋模拟演练为主。时间安排在本周二和下周二中午，每次时间控制在30分钟内。

在做整体门店的培训计划的同时，李青还要单独给门店一个入职两个月不到的新员工进行代教帮扶，每个月店长李青和副店长李玲都会选择一个门店销售落后的人员进行代教和帮扶工作。选择的标准可以是个人的销售完成率、客单价、连带率、成交率等KPI指标，也可以是销售技巧、心态、沟通等方面的培训。总之，目的是更好地提升员工综合能力，提高门店业绩。

细心的你，可以发现，将每一天的工作汇总在一起就是每周、每月的工作。"伟大"与"平凡"的不同之处是，一个平凡的人每天过着琐碎的生活，但是他把琐碎堆砌起来，还是琐碎的生命；所谓伟大的人，是把一堆琐碎的事情，设定一个伟大的目标，每天积累起来以后，变成一个伟大的事业。销售的工作就是日复一日地重复，也是琐碎的事情，如果你给自己设定一个目标，一步步地从日常工作中学习和成长，终有一天你会成就一个"伟大"的事业。

员工培训与帮扶：是提升终端员工能力的主要途径之一，首先是分析员工的各项KPI指标，以及通过平时的店长的观察，找出员工的薄弱点，有针对性地进行培训。

2.2.2 【企业DIY】店长标准工作流程

店长每天、每周以及每月的工作需要具体流程规范，规范或者指导店长的工作。具体内容包括店长月清表、周清表和日清表，以及门店月周日销售目标跟进重点。店长月周日工作流程表，所有内容围绕店长的工作展开。表格内容包括工作内容、类型、具体行动和时间计划安排。其中，类型说明是 PDCA 循环的具体步骤。

本章节内容为范例，企业可以根据自身情况，根据范例制定店长月清表（表 2-2）、周清表（表 2-3）、日清表（表 2-4）和月周日销售目标跟进重点

1. 店长月清表

表 2-2　店长月清工作流程说明表

编号	工作清单	类型	分析、决策、执行	时间计划
MM01	分析门店管理状态	改善	门店管理状态的 11 项指标，通过与人员沟通、监察结果分析；微课【RMS11 门店管理状态评估】	每月 28～30 日
MM02	本月门店绩效与员工绩效分析	改善	门店与员工的销售数据、人员情况分析等；人员沟通、互动；【SWF03 店长月度流程之月度绩效点评】	每月 28～30 日
MM03	制定下月的销售目标	目标计划	根据年度目标规划、月度完成情况，季节等情况，制定门店月度目标；人员沟通、互动；微课【RMS02 销售目标管理】	30 日
MM04	填写月志	总结计划	销售数据、商品数据；微课【SWF03 店长月度流程之月度绩效点评】	28 日至次月 1 日
MM05	目标分解与达成	目标计划	销售数据分析与人员能力分析；人员沟通、互动、培训、激励；微课【SWF04 店长月清流程之目标分解】【SWF05 店长月清流程之目标达成】	每月 2～3 日
MM06	门店重点人员帮扶	计划执行	销售数据、商品数据、人员情况，沟通、培训；微课【SWF12 门店日清之员工绩效点评、教练、分析】	随时
MM07	参加月度运营会议	目标执行	市场数据、商品数据、销售数据，沟通、培训分析、汇报；微课【SWF07 区域运营会议流程与月总结】	每月 5 日之前
MM08	门店培训	运营会议	市场数据、商品数据、销售数据，培训教练、激励；微课【SWF12 门店日清之员工绩效点评、教练、分析】	每月 7 日之前
MM09	市场分析与计划	改善执行	竞品信息收集、市场异动收集、会员与促销数据分析；微课【SWF08 月清之会员分析及促销活动的关系】	随时
MM10	商品分析与计划	改善执行	商品销售额、售罄率、折扣率、毛利率、库存量、存销比、平衡率、陈列效率；培训与激励；微课【SWF09 周清之商品分析及陈列调整】	28～30 日
MM11	日常行政工作	执行	门店的日常行政工作，人、货、场管理；微课【SWF11 店长工作手册（营业、操作流程），专辑【门店经营流程】【管理型店长】	每日

2. 门店月志表格范例

店长的职责是完成年度经营目标，月是完成年度目标的主要周期。店长每月要进行门店工作总结分析，制订下月目标与工作计划，简称月志表。下表给出了店长月志和填写范例。

表 2-3　店长月志表格(分为四部分)

| 门店: | 上海光明路 001 店 | 汇报人: | 王伟 | 汇报日期: | 2014.08.01 |

1. 填写业绩指标完成情况

类型	月业绩	月目标	月完成率	成交笔数	成交件数	客单价	客件数	件均价
上月	312 996	350 000	89.43%	871	1 640	363	1.89	191

2. 业绩分析

是否完成:
完成:成功指标是什么,哪些措施起效
未完成:问题指标是什么,原因是什么;

类型	分析内容
是否完成	距离完成目标还差 37 004,主要原因是成交笔数较低,环比下滑 21.8%,成交率偏低,平时工作日成交率都在 60% 以下,进来 10 组成交 5~6 组
成功指标	件均价提升明显,由上月的 178 提升至 191,在区域同类门店排第一
起效措施	实行最大单 PK 制度:每天成交最大单的导购(单笔金额最高),授予"大单之王"的称号,次日早会公开表扬,一周内有三天夺冠就奖励防晒霜一瓶,同时通过宣导鼓励员工多推荐高价位商品
问题指标	成交笔数 871 比上月 911 有明显下滑,区域平均下滑 19%,雨天比较多,区域整体有下滑,但 001 店下滑比区域平均值要高
造成原因	1. 员工掌握不好缔结的时机,顾客不容易接受,有些员工被拒绝后就不敢说了,店长和副店长也没有及时发现辅助销售 2. 缔结的话术,员工考试都会,但没持续跟进员工在实际销售中运用,发现员工还是只会说"我给你打包吧"

3. 门店整体人员销售改进计划(列出上月计划内容,完成情况及效果)

上月计划内容	1. 第一周周一到周五早会培训如何引导高价位商品,每天一个品类讲解;第二周每天进行 2 组演练,进行分析讨论;第三周、四周每天跟进两组销售,辅导员工在实际销售中运用 2. 每周坚持执行淡场双导服务,提升低客流时的成交率 3. 重点帮扶对象制定改进措施: 1)前两周,每天背推动附加销售的话术 1 句,每天加 1 句,次日早会时检查,每天跟进两组实际销售,跟进她在销售中的运用情况; 2)后两周,每天淡场时安排观摩学习附加做得好的员工是如何做的,每天学习一组,晚会时分享收获,并进行对话练习或一组实况演练; 3)第四周,每天早会分享前一天做附加的心得体会,有问题的话大家一起讨论解决
完成情况及效果	都完成了,尤其高价位商品的引导培训,加上大单 PK 活动的设置,员工表现都很积极,件均价有了明显提升

【二】上月人员绩效分析

1. 填写员工业绩指标完成情况

(注:门店销售人员数量在 8 人及以上,建议安排两个重点帮扶对象,另一个重点帮扶对象建议由副店长或店助进行跟进)

续表

姓名	月业绩	成交笔数	成交件数	出勤	日均业绩	日均笔数	日均件数	客单价	客件数	件均价
宋怀婷	59 870	149	302	27	2 217.4	5.52	11.19	402	2.03	198
孔令改	52 003	141	265	26	2 000.1	5.42	10.19	369	1.88	196
张胜男	46 758	142	261	26	1 798.4	5.46	10.04	329	1.84	179
安亚菲	49 363	133	253	26	1 898.6	5.12	9.73	371	1.9	195
管佳玲	34 222	97	192	24	1 425.9	4.04	8.00	353	1.98	178
陈桂红	30 634	83	157	23	1 331.9	3.61	6.83	369	1.89	195
曾小雪	40 146	122	235	23	1 745.5	5.30	10.22	329	1.93	170
平均值	44 713	124	234	25	1 774.0	4.92	9.46	363	1.89	191

2. 人员绩效点评(分析每个人的绩效数据,结合数据说明导致其指标优良或不佳的行为;重点说明重点帮扶对象的绩效和能力提升情况,及本月重点帮扶对象的选定、绩效短板、能力短板和训练计划)

姓名	绩效点评(重帮对象的提升、本月重帮对象绩效、能力短板)	针对性采取的措施(本月重帮对象重点说明训练计划)
宋怀婷	本月是门店的标杆,业绩很稳定,销售很有思路,连带意识特别强,很会跟顾客聊天(最近早会请她跟大家分享如何聊生活性话题)	参加门店培训,培训内容:第一周周2、3、4进行培训,每天1小时,培训附加时机并练习;第二、三、四周每天跟进2组员工销售,辅导实际销售中如何运用
孔令改	与标杆差距不大,连带跟标杆有一定差距,附加意识很强烈,就是时机抓的不太准,下月重点跟进附加时机的提升	参加门店培训,具体内容同上
张胜男	成交做得还可以,连带和高价位商品引导还有很大提升空间,比较保守,不敢推大单	参加门店培训,具体内容同上
安亚菲	上月的重点帮扶对象,主要问题是连带低,给顾客附加时老是说不好,被拒绝就不知道该怎么办,经过一个月的帮扶,附加时话术运用地挺灵活,被顾客拒绝也敢再次推荐,不过技巧还要再提升,连带由1.75提升到1.9	参加门店培训,具体内容同上
管佳玲	(新员工)之前有销售经验,刚来上班两个星期,明显比其他新员工业绩好,主要是对产品知识不是很熟悉,成交率偏低	1. 新员工之间进行PK,以天为单位,成交笔数最多且达到6笔及以上给予奖励一双丝袜 2. 安排老员工跟进,盯住每天的单数和客单价,每天要跟单3单以上,让做得好的员工早会上进行经验分享 3. 学习销售流程,每天背诵2个句子,第二天早会测试检查。第一周学习探询需求,第二周进行练习和演练,第三周学习缔结,第四周进行练习和演练
陈桂红	(新员工)成交笔数偏低,不会缔结,不知道怎么说	参加门店培训,具体内容同上

续表

姓名	绩效点评（重帮对象的提升、本月重帮对象绩效、能力短板）	针对性采取的措施（本月重帮对象重点说明训练计划）
曾小雪	是本月门店重点帮扶对象，主要问题件均价低，做单缺乏耐性，不想去给顾客推荐太高价位的衣服，怕影响成交	1. 知识学习：学习高价位商品推销，前两周每天背两条如何处理顾客回应高价位商品的话术。在每天早会的时候负责检查，安排与其他员工进行对话练习 2. 模拟演练：第一周开始学习前先拍一个模拟演练的视频，和员工一起观看分析，找出改进之处；每两周拍一个进行对比，找出进步的地方给予鼓励和肯定，提高自信心 3. 第二周开始每天跟进小雪的2组实际销售，给予及时的指导

【三】上月经营计划反馈[列出上月计划内容，完成情况及效果，制定本月计划；分为促销计划、商品计划(含陈列计划)]

1. 促销计划包括：店外气氛、发传单、打电话等(如有市场竞争对手活动，请反馈，并制定应对措施)

上月计划内容	1. 电话回访：每周对于新会员电话回访150个，询问服装的穿戴感受，收集反馈意见 2. 熟客维护：对于老顾客定期微信沟通，每周发送两套适合顾客的成套搭配，同时每周可以不定时发送服装搭配和服装保养的小常识
完成情况及效果	基本完成，但没有熟客的详细资料，发送的图片没有针对顾客的特点，效果一般，有极少部分顾客到店，不过这部分顾客成交率几乎是100%
本月计划	1. 建立熟客档案：每人每天要做3个熟客记录，成交之后，询问顾客家里衣服的风格、款式，平时的购物习惯，将熟客分类，记下顾客的尺码、风格、消费金额，以及个人喜好等信息。如果有新品或者定期有针对性地给熟客搭配服装，就用微信发送给顾客，再附上3~5句的衣服亮点或顾客利益，一定要让顾客感受到你是专门为他搭配设计的心意。以周为单位进行统计，看看哪位员工的老顾客到店购买最多 2. 淡场做有效的截流工作，以游戏的方式进行，商讨出三种截流的方法，如亮点迎宾语、人体彩绘、与顾客互动的小游戏等进行吸引顾客到店，员工之间分成两个小队进行PK，每次采用抓阄或猜拳的形式决定，输了的小队自觉门口截流，成功成单才算胜利，每两周统计一次，截流成交少的小队请成交多的小队吃饭或唱K

2. 商品计划(包括：商品分析、成套搭配计划、每类商品的主推、推广方式、断码商品及处理；橱窗出样商品、形象区出样商品、每类商品区域的出样)

上月计划内容	1. 对高价位商品进行归类陈列到边柜，同时对尺码齐全的高价位商品进行主推陈列设计，时刻关注热销品的断码情况，及时跟进补货 2. 橱窗出样：每三天进行一次更换，员工分组进行搭配PK，轮流搭配，一周统计一次，哪组搭配的销量好，授予"搭配高手"的称号，制作成胸牌的形式，贴在身上
完成情况及效果	调整了高价位商品的陈列，加上员工的积极引导，最近两周件均价有明显提升

本月计划	1. 主推款:每周选择各品类中的滞销款且库存量大的商品作为主推款,制定成套搭配,以周为单位,周一大家讨论出3套,包括介绍话术、被拒绝了如何处理回应的话术,背熟相互考试,每天晚上吃饭前讨论今天成套搭配是否推荐,顾客什么反应,怎么处理;每天跟进3套搭配的销售情况,增加或调整2套应对周六、日高峰 2. 商品陈列:区分为黄金区域和经典区域,黄金区域分别为畅销和刚到的新款,顾客来的时候可做重点介绍,经典区域就是一些商务款,较成熟的区域,适合年纪偏大或者职业有固定要求的顾客。主推款搭配陈列在黄金区和橱窗,配合主推销售

【四】本月目标与计划

1. 本月销售目标(所有人员按倍率降序排列)

类型	上月业绩	倍率	成交笔数	客单价	客件数	本月目标	倍率	成交笔数	客单价	客件数
门店	312 996		867	360	1.92	363 000		950	380	1.99
宋怀婷	59 870	19.13%	149	402	2.03	66 000	18.18%	165	400	2.20
孔令改	52 003	16.61%	141	369	1.88	61 000	16.80%	160	380	1.90
安亚菲	49 363	15.77%	122	329	1.93	59 000	16.25%	164	360	1.90
张胜男	46 758	14.94%	142	329	1.84	54 000	14.88%	150	360	1.90
曾小雪	40 146	12.83%	133	371	1.9	49 000	13.50%	140	350	2.00
管佳玲	34 222	10.93%	97	353	1.98	37 000	10.19%	105	350	2.00
陈桂红	30 634	9.79%	83	369	1.89	37 000	10.19%	105	350	2.00

2. 本月经营计划(汇总上面写过的本月计划,包括促销计划、商品计划、人员销售改进计划,主管确认后粘贴在月志中)

促销计划	1. 建立熟客档案:每人每天要做3个熟客记录,成交之后,询问顾客家里衣服的风格、款式,平时的购物习惯,将熟客分类,记下顾客的尺码、风格、消费金额,以及个人喜好等信息,如果有新品或者定期有针对性地给熟客搭配服装,就用微信发送给顾客,再附上3到5句的衣服亮点或顾客利益,一定要让顾客感受到你是专门为他搭配设计的心意。以周为单位进行统计,看看哪位员工的老顾客到店购买最多 2. 淡场做有效的截流工作,以游戏的方式进行,商讨出三种截流的方法,如亮点迎宾语、人体彩绘、与顾客互动的小游戏等进行吸引顾客到店,员工之间分成两个小队进行PK,每次采用抓阄或猜拳的形式决定,输了的小队自觉门口截流,成功成单才算胜利,每两周统计一次,截流成交少的小队请成交多的小队吃饭或唱K
商品计划	1. 主推款:每周选择各品类中的滞销款且库存量大的商品作为主推款,制定成套搭配,以周为单位,周一大家讨论出3套,包括介绍话术、被拒绝了如何处理回应的话术,背熟相互考试,每天晚上吃饭前讨论今天成套搭配是否推荐,顾客什么反应,怎么处理;每天跟进3套搭配的销售情况,增加或调整2套应对周六、日高峰 2. 商品陈列:区分为黄金区域和经典区域,黄金区域分别为畅销和刚到的新款,顾客来的时候可做重点介绍,经典区域就是一些商务款,较成熟的区域,适合年纪偏大或者职业有固定要求的顾客。主推款搭配陈列在黄金区和橱窗,配合主推销售

续表

人员销售改进计划	1. 门店培训：第一周2、3、4进行培训，每天1小时，培训附加时机并练习；第二、三、四周每天跟进2组员工销售，辅导实际销售中如何运用 2. 重点帮扶对象改进措施： 1）知识学习：学习高价位商品推销，前两周每天背两条如何处理顾客回应高价位商品的话术。在每天早会的时候负责检查，安排与其他员工进行对话练习；2）模拟演练：第一周开始学习前先拍一个模拟演练的视频，和员工一起观看分析，找出改进之处；每两周拍一个，进行对比，找出进步的地方给予鼓励和肯定，提高自信心；3）第二周开始每天跟进小雪的2组实际销售，给予及时的指导 3. 新员工跟进措施： 1）知识学习：学习高价位商品推销，前两周每天背两条如何处理顾客回应高价位商品的话术。在每天早会的时候负责检查，安排与其他员工进行对话练习；2）模拟演练：第一周开始学习前先拍一个模拟演练的视频，和员工一起观看分析，找出改进之处；每两周拍一个，进行对比，找出进步的地方给予鼓励和肯定，提高自信心；3）第二周开始每天跟进2组实际销售，给予及时的指导

3. 店长周清表

表2-4 店长周清工作流程说明表

编号	工作任务清单	类型	分析、决策、执行	时间计划
MW01	周门店绩效与员工绩效分析	改善	门店与员工的销售数据、人员情况分析等；沟通与培训；【SWF10周清之周志点评与门店顾客体验】	周一
MW02	填写周志	改善	销售数据、商品数据分析	周一
MW03	周市场分析与总结	改善	分析客流、市场调查，制定活动计划；沟通与汇报、促销调整	周一、二
MW04	周商品分析整合计划	改善执行	分析商品品类单款销售、陈列、库存制定计划、执行调货、并货	周三、四
MM05	周目标的调整与分解	计划改善	月度销售完成情况、人员完成情况；培训与激励	周一

4. 门店周志表格范例

门店客流从周一至周日规律性变化，因此，为了更好地完成月度目标需要制定周目标，一个月可以分为5~6周。店长每周要做门店上周工作总结分析，制定本周目标与工作计划，简称为周志表。表2-5给出了店长周志和填写范例。

表2-5 店长周志表（分为四部分）

门店名称：	上海光明路001店	汇报人：	王伟	汇报日期：	2014.05.19

【一】上周业绩分析

1. 填写业绩指标完成情况

续表

类型	周业绩	环比变化	周目标	周完成率	成交笔数	客单价	客件数	件均价	当天累计月完成率
上上周	67 757	40.60%	67 742	100%	194	349	1.89	185	
上周	46 025	−32.07%	50 293	92%	128	354	1.78	197	58.30%

2. 业绩分析

是否完成(完成率参考性低,可参考环比提升):
完成:成功指标是什么,哪些措施起效
未完成:问题指标是什么,原因是什么;成功指标和问题指标可都填写,或二选一,视具体绩效而定

类型	分析内容
是否完成	未完成目标,还差4268元的业绩,周末有雨,没预先做准备,连带比平时做得还差,出现了业绩(5600元)非常低的情况
成功指标	件均价提升
起效措施	1. 执行淡场双导服务,提升低客流时的成交率和客单价 2. 每天早会宣导高价位商品的引导销售。高价位商品的陈列调整后,整体件均价有所提升。特别是鞋类商品本周销售比例增大
问题指标	连带下滑
造成原因	1. 每天早会都会讨论1~2个成套搭配,但没有跟进员工是否推荐,销售情况如何,顾客是否喜欢 2. 员工掌握不好附加的时机,顾客不容易接受,个别员工被顾客拒绝后就不敢推了

3. 门店整体人员销售改进计划(列出上周计划内容,完成情况及效果)

上周计划内容	1. 执行淡场双导服务 2. 推行上午前几单店长助销,保证成交,提升导购信心和一天的士气 3. 重点帮扶对象制定改进措施:每天背诵缔结话术两句,早会时检查,每天跟进员工在销售中的运用情况 4. 安排缔结做得好的员工周二、周三早会进行经验分享等
完成情况及效果	上周计划都完成了,尤其双导协助完成的好,店铺团队销售气氛比上周出现了好转;早上的跟单助销也按照计划执行了,员工的信心和士气都有提升

【二】上周人员绩效分析

1. 填写员工业绩指标完成情况

姓名	周业绩	周目标	周完成率	成交笔数	成交件数	出勤	日均业绩	日均笔数	日均件数	客单价	客件数	件均价
宋怀婷	14 489	8 800	164.65%	29	70	6	2 415	4.8	11.67	500	2.41	207
孔令改	11 176	8 000	139.70%	34	58	5	2 235	6.8	11.60	329	1.71	193
高凯蝶	6 636	5 000	132.72%	20	32	3	2 212	6.6	10.67	332	1.6	207
张胜男	7 153	8 000	89.41%	23	37	5	1 431	4.6	7.40	311	1.61	193
曾小雪	6 571	8 000	82.14%	22	35	6	1 095	3.7	5.83	299	1.59	188
平均值	9 205	7 560	121.72%	25	46	5	1 877	5.3	9.4	354	1.78	197

续表

2. 上周人员绩效点评（分析每个人的绩效数据，结合数据说明导致其指标优良或不佳的行为）

姓名	绩效点评 （重帮对象重点说明指标改进及能力提升情况）	针对性采取的措施 （重点帮扶对象重点说明本周训练计划）
曾小雪	成交笔数偏低，主要问题是不会缔结，话术少	1. 按照双导服务进行跟进，每天两组店长对其进行助销 2. 每天背两个缔结话术，次日检查。由缔结好的员工分享成功经验，进行带教，每天下午淡场半小时总结，店长组织
高凯蝶	新员工，有态度有激情，上周表现还不错，但是不会附加，做附加时需要他人助销	1. 学习销售流程，每天一章一点，背诵3个句子，第二天早会测试 2. 让其观察附近做得好的员工实际销售过程，学习成功经验，淡场的时候可以交流分享 3. 跟进销售成长，每天要跟单3单以上，并对接单问题进行总结分享。
孔令改	本周的成交率为店铺最高，特别对旺场的把握非常好，但是与标杆还有一定差距，在连带上还需要提升	参加门店培训，每天早会或淡场的时候进行培训。培训内容：周一讲处理顾客正面回应；周三讲处理负面回应；周五进行练习和考试
宋怀婷	本周是门店的标杆，完成率、客单、连带都是第一名，业绩很稳定	参加门店培训，具体内容同上
张胜男	老员工，近期状态很好，表现也很积极，能力不错，业绩很少有大的波动，要不断鼓励	参加门店培训，具体内容同上

【三】上周经营计划反馈
[列出上周计划内容，完成情况及效果，制定本周计划；分为促销计划、商品计划（含陈列计划）]

1. 促销计划[本周做的客流促销宣传计划，包括：店外气氛、发传单、打电话等（如有市场竞争对手动，请反馈，并制定应对措施）]

上周计划内容	1. 每天的会员回访的目标，每天电话回访不低于80个，短信回访30个以上 2. 门口截流：淡场的时候安排员工在门口截流，每天截流人数最多、成交最多的员工分享截流方法
完成情况及效果	电话和短信的回访数量基本完成，但是效果不怎么好，老顾客到店的很少；截流有一些进步，本周要继续保持分享
本周计划	1. 日常会员维护及截流工作：淡场的时候安排员工在附近进行截流；每天会员的维护，每位员工每天要做十个（要有实质性内容沟通）会员回访及五个熟客记录。争取是一些老会员过来消费时可以直接输入顾客的手机号，让顾客有被重视感 2. 异业联盟：跟隔壁KTV协商合作，在本店消费满399可以赠送KTV代金券，持KTV消费凭证来本店消费，可以免费为其做形象指导，有小礼品赠送

2. 商品计划（包括：商品分析、成套搭配计划、每类商品的主推、推广方式、断码商品及处理；橱窗出样商品、形象区出样商品、每类商品区域的出样）

上周计划内容	1. 主推款：每天讨论出1~2个成套搭配作为主推 2. 陈列：将新品区陈列扩大，主推商品移到门口黄金区；部分断码衬衫，便西调整至中岛，正挂陈列库存量大的衬衫

续表

完成情况及效果	商品陈列做了调整,本周新品销量有明显提升,成套搭配没有持续写,连带做的不理想
本周计划	1. 主推款:选择各品类中的滞销款和库存量大的商品,周一确定4款主推款,周五讨论再调整或增加1～2款主推款,确保周末有5～6款主推款,主推商品销售目标每人每周成套在4套以上或10件以上 2. 对高价位商品进行归类陈列到边柜,同时对尺码齐全的高价位商品进行主推陈列设计,时刻关注热销品的断码情况,及时跟进补货,以及对鞋类商品进行整理退仓,要求增加鞋类商品出样和品类 3. 特价区:同时对特价商品区进行价格分区,做好价格台卡,新品区的69～149的商品调整至收银台区域。换季时通过低价商品刺激连带销售

【四】本周目标与计划

1. 本周销售目标

类型	上周业绩	倍率	成交笔数	客单价	客件数	本周目标	倍率	成交笔数	客单价	客件数
门店	46 025		128	354	1.78	47 000		135	350	2.03
宋怀婷	14 489	31.48%	29	500	2.41	14 500	30.85%	33	450	2.2
孔令改	11 176	24.28%	34	329	1.71	11 200	23.83%	31	370	2
高凯蝶	6 636	14.42%	20	332	1.6	7 000	14.89%	23	320	1.8
张胜男	7 153	15.54%	23	311	1.61	7 300	15.53%	24	320	1.9
曾小雪	6 571	14.28%	22	299	1.59	7 000	14.89%	24	320	1.8

2. 本周经营计划(汇总上面写过的本周计划,包括促销计划、商品计划、人员销售改进计划,主管确认后粘贴在周志中)

促销计划	1. 日常会员维护及截流工作:淡场的时候安排家人在附近进行截流;每天会员的维护,每位员工每天要做十个(要有实质性内容沟通)会员回访及五个熟客记录。争取是一些老会员过来消费时能直接输入顾客的手机号,让顾客有被重视感。 2. 异业联盟:跟隔壁KTV协商合作,在本店消费满399可以赠送KTV代金券,持有KTV消费凭证来本店消费,可以免费为其做形象指导,有小礼品赠送。
商品计划	1. 主推款:选择各品类中的滞销款和库存量大的商品,周一确定4款主推款,周五讨论再调整或增加1～2款主推款,确保周末有5～6款主推款,主推商品销售目标每人每周成套在4套以上或10件以上 2. 对高价位商品进行归类陈列到边柜,同时对尺码齐全的高价位商品进行主推陈列设计,时刻关注热销品的断码情况,及时跟进补货,以及对鞋类商品进行整理退仓,要求增加鞋类商品出样和品类 3. 特价区:同时对特价商品区进行价格分区,做好价格台卡,新品区的69～149的商品调整至收银台区域。换季时通过低价商品刺激连带销售

	1. 继续执行淡场双导服务;继续推行早晨跟单助销制度,保证成交,提升导购信心和一天的士气
人员销售改进计划	2. 门店培训:每天早会或淡场的时候进行培训。培训内容:周一讲处理顾客正面回应;周三讲处理负面回应;周五进行练习和考试 3. 重点帮扶对象改进措施:1)按照制定的双导服务进行跟进,每天两组店长对其进行助销;2)每天背两个缔结话术,次日检查。由缔结好的员工分享成功经验,进行代教,每天下午淡场半小时总结,店长组织 4. 新员工跟进措施:1)学习销售流程,每天一章一点,背诵3个句子,次日早会测试;2)让其观察学习附加做得好的员工实际销售过程,学习成功经验,淡场的时候可以交流分享;3)跟进销售成长,每天要跟单3单以上,对接单问题进行总结分享

5. 店长日清表

表 2-6　店长日清工作流程说明表

编号	工作任务清单	类型	分析、决策、执行	时间计划
MD01	门店晨会	执行	每日目标制定与分解、昨日目标总结、员工激励、激励与培训、沟通,微课【如何开好早会】 微课【RMS71 门店人员调度】	每天早上
MD02	门店业绩跟进及反馈	执行	销售目标、销售额、客单价、客件数;追踪、改善、执行、培训、助销 【RMS21 门店业绩改进措施】,微课【RMS72 人员销售改进措施】,微课专辑【门店经营策略】	红色客流 黄色客流
MD03	门店日常行政工作	执行	数据分析、信息收集、人员沟通、突发事件,微课【RMK04 店长时间管理】 微课专辑【管理型店长】	绿色客流
MD04	销售辅助与教练	执行	数据分析与人员能力分析;沟通、培训执行、激励;微课专辑【销售型店长】、专辑【教练型店长】	黄色客流 绿色客流

店长每天的工作安排,需要以客为先,根据门店的客流状态安排工作,每个门店的客流状态不同,同一门店的客流状态也是动态变化的。不能一概而论。比如员工沟通,应该安排在绿色客流状态也就是员工人数多于顾客人数的时候。店长助销,适合安排在黄色客流状态也就是导购都在接待顾客的时候。详情请浏览管理型店长时间管理部分内容。

6. 门店日志表格范例

一周7天。店长每天要分时段进行门店销售数据总结分析,营业结束后进行工作总结分析,制定下一天目标与工作计划,简称为日志表。表 2-7 与表 2-8 给出了店长日志和填写范例。

店长是现场管理,店长日工作记录表适于手写,效率更高,更方便于实操,电子表格虽然高大上,但不实用。手写表格要求每天分时段统计数据,填写表格并进行分析,事后补交对经营已失去意义,手写表格易于辨别是否分时段记录,便于监督。因此,本示例为实际应用的手填表格。

表 2-7　店长日志表 1

(手写日志表格图片)

7. 门店目标日周月跟进重点

门店经营需要以终为始,终就是门店销售目标,所有的工作计划都要从销售目标达成出发。因此,店长需要持续关注门店月周日波段目标达成状况,确保每个单元目标的达成,各单元达成了,总体目标就达成了。店长在不同时间节点的业绩跟进重点如下。

（1）每月

导购月目标,熟客记录及会员终身价值提升。

店长现场跟进及助销、培训指导、导购 PK 与激励。

（2）每周

导购周目标,客单价、连带率、商品主推目标。

陈列调整。

店长现场跟进及助销、培训指导、导购 PK 与激励。

表 2-8 店长日志表 2

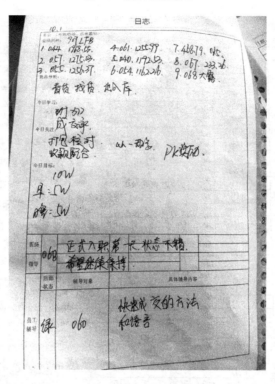

（3）每日

导购日目标,时间段目标。

门店氛围营造。

客流与人员上班时间调整匹配。

店长现场跟进及助销、培训指导、导购 PK 与激励。

确保每个时间单元目标达成需要人货场协同,高效组织市场促销、会员营销、商品管理、人员销售、门店管理等各经营板块。各业务板块的工作重点如下：

（1）市场分析：收集并提供同商圈竞争对手信息。

（2）商品分析：商品组合及连带、主推调整、陈列调整。

（3）会员分析：分析顾客连带率、折扣率、客单价,复购率,购买频率等,改善服务质量,提高顾客终身价值和忠诚度。

（4）人员销售：分析门店人员销售技巧、工作经营会议态度、短板,业绩考核为主,以效果为导向。

（5）门店管理：检查门店服务流程、标准化。

2.2.3 店长月清工作流程

在运营体系中,店长属于基层的管理者,是一店之长,门店月度考核是重点。销售具有及时性,只有及时地制定目标、考核目标、发现问题、解决问题,才能提高运营效率、提高销售业绩。月度的重点工作包含上月经营总结分析,包括:销售目标、人员绩效、商品管理、门店评估等;以及本月目标计划制定,包括:销售目标、经营目标、服务目标等。

1. 店长月度流程之月度绩效点评

企业实行绩效考核管理就是为了更好的管理企业,稳定激励企业员工,提高员工士气、改善员工能力,提高员工工作效率。因此,有效的绩效考核能帮助企业达成目标。

考核也是一个不断发现问题、改进问题的过程。考核与员工利益分配相挂钩,促进企业与员工的共同成长。通过绩效考核发现问题、改进问题,找到差距进行提升,最后达到双赢。

2. 店长月清流程之目标分解

在学会如何分解目标之前,一定要学会如何制定目标,以及制定目标的原则,这样才能在分解目标的时候避开不利的因素。门店在制定目标时考虑因素包括:同比销售数据、环比销售数据、特殊时间的修正、特殊天气的修正、已有行动或计划的影响、门店实际情况等,制定的目标一定要遵循SMART原则,SMART原则的具体内容如图2-8所示。

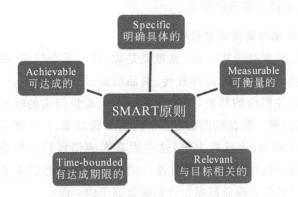

图 2-8 制定目标的 SMART 原则

成功不能一蹴而就,因此,我们需要一个大目标为自己指引方向,以便在纷繁复杂的门店经营工作中,始终坚持正确的方向,少走弯路。一个大的目标的实现往往都需要花费较长的时间,而在短时间内的效果通常不是很明显,这样,积极性就易受挫。

相对而言,人们往往容易接受短期、具体的东西,而对那些远期模糊的东西则不容易受其影响;"剥洋葱法"能够很好地解决这个问题,像剥洋葱一样,将大目标分解成若干个小目标,再将每个小目标分解成若干个更小的目标,一直分解下去,直到知道现在该干什么。

或者采用"逐步逼近思维法"来解决问题,将自己的每一步目标都控制在一个能预见和操纵的范围内,以便清晰明了地处理每一个问题。这样,上一个目标是下一个目标的前提，下一个目标将升华成上一个目标的结果，当你实现了这一个个的小目标，你的大目标的实现将会是水到渠成的事情。

3. 店长月清流程之目标达成

成功有其方法，失败有其原因。门店销售目标达成亦是如此。

目标达成的第一个层次，既要"授人以鱼"，也要"授人以渔"。门店的店长在制定和分解完目标以后，还要给员工提供方法，指导员工一步一步地实现目标。

SWF05 店长月清流程之目标达成

目标达成的第二个层次，既要"授人以欲"，还要"授人以娱"。在完成目标的过程中，注定不会一帆风顺，会受到各种因素的影响，如员工的心情、天气变化、市场竞争、新员工入职、目标过高等。这个时候我们就要给员工信心，激发员工上进的欲望，让员工树立自己的目标。同时，因为销售过程中的抢单、客诉、工作枯燥单一等因素，会影响到团队的工作氛围，店长还需要"授人以娱"，把快乐带到工作中，让员工获得幸福。

目标达成的第三个层次，既要"授人以遇"，也要"授人以誉"，在门店中，出现员工年轻化的现象，店长对员工是"打不得、骂不得、说不得"，员工只要不开心就会离职，这已经是普遍现象。所以，店长在工作中要给予员工成长、学习、发展的机遇，实现员工自我价值。

很多门店的销售目标难以达成，往往与其粗放式的无跟踪的过程管理有很大的关系，是对门店、对导购人员疏于管理的结果。

4. 门店月管理评估与商品计划分析

连锁企业门店的标准是千店一面，意思就是说，开一千个门店，每个门店都是一样，包括门店形象、品牌宣传、商品质量、服务质量等，但是很多企业往往只关注眼前的利益，把销售业绩作为衡量门店的唯一指标，忽略了潜在的问题。潜在的问题包括：门店运营效率、门店顾客体验、员工士气、员工能力、店长能力等，这些因素影响销售目标的达

SWF06 门店月管理评估与商品计划分析

成。人们常说，菩萨畏因、凡夫畏果，管理者一定要关注那些影响业绩达成的潜在因素。运营总部如何做到门店的远程监控呢？又如何做到千店一面？

远程洞察现场是零售企业核心竞争力，洞察现场需要将门店状态数据化、指标化，运用指标可以发现门店管理上的不足，及时调整，达到最优化。门店管理状态评估的指标有11项，分别是经营状态、销售气氛、薪酬待遇、培训成长……

实际上在零售的连锁体系中，总部对门店的把控是远程监控的。既有直线职能的管理，又有职权部门的辅助监控。门店的店长是门店管理状态的第一负责人。主管是第二负责人，具有监管和调控的权力，对过程和结果负责，但是受到人情、利益关系的影响，其结果也不一定是客观、公正的，所以就需要职权部门的监控，对结果负责。

5. 区域运营会议流程与月总结

月度工作总结是对月度工作进行总结、分析和研究，肯定成绩，找出问题、得出经验教训，摸索事物的发展规律，用于指导下一阶段工作。它所要解决和回答的中心问题不是

一个月要做什么,如何去做,做到什么程度的问题。而是对某种工作实施结果的总鉴定和总结论,是对以往工作实践的一种理性认识。

对于门店来说,月度总结尤为重要,而且一定要在每月 3 号之前完成。月度总结具有时效性,是指导本月工作的纲领。包括整个门店的销售目标、服务目标、经营目标的达成情况分析;门店整体人员销售改进计划完成情况分析;人员绩效分析;上月经营计划完成情况与本月经营工作安排。

SWF07 区域运营会议流程与月总结

一个优秀的工作总结是做好各项工作的重要环节。通过它,可以全面系统了解以往的工作情况,可以正确认识以往工作中的优缺点,可以明确下一步工作的方向。少走弯路,少犯错误,提高工作效率。

6. 月清之会员分析及促销活动的关系

在任何时候,只有满足顾客需求,才能使自己成功。

一个公司要想获得良好的业绩,就必须重视顾客,为顾客创造更多价值。所有的经验表明,新生意绝大多数来源于现有顾客,几乎每一种生意都是如此。

竞争如此激烈的市场,顾客已经成了稀缺资源,如何留住顾客,并且提升顾客的终身价值,是企业研究重点方向。提升顾客的终身价值有以下三种方法。

(1)延长客户生命周期;

(2)扩大每次交易规模;

(3)提高购买的频率。

SWF08 月清之会员分析及促销活动的关系

延长顾客的生命周期,从图 2-9 中可以看到,如果延长 B 点到 C 点的曲线,就会多留住顾客一段时间,从而产生更多的价值。要做到这一点,就需要研究顾客的消费习惯、商品偏好等,并且做好顾客的维护,提升顾客的满意度和忠诚度。

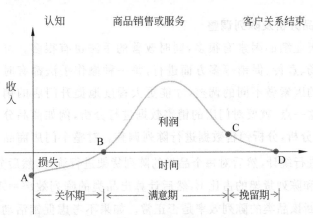

图 2-9 客户生命周期示意图

扩大每次的交易额,就是提升顾客的客单价。这一点在三种方法中最容易实现,而且最能直接体现门店人员的销售能力和公司策划能力。从大量顾客的销售数据中,分析顾客的客单价、折扣偏好、连带率、新品偏好等,发现顾客群的消费习惯与行为,形成顾客画像,及时调整商品、陈列、促销活动等,然后通过电话或者短信、朋友圈的营销,吸引顾客到来,深层次地开发会员的终身价值,从而达到利益最大化。

2.2.4 店长周清工作流程

当人们的行动有明确的目标,并且把当前状态与目标不断加以对照,清楚地知道自己所处的位置与目标相差的距离时,行动的动机就会得到维持和加强。人就会自觉地克服一切困难,努力达到目标。店长的目标管理需要以图 2-10 作为参考。

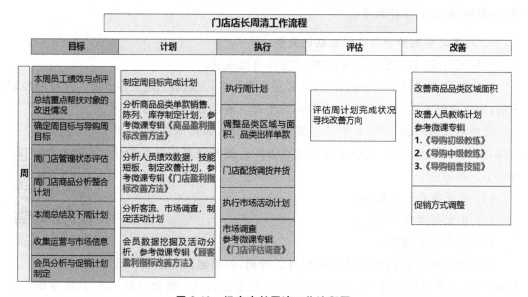

图 2-10　门店店长周清工作流程图

1. 周清之商品分析及陈列调整

影响门店销售业绩的因素有很多,同时改善的手法也有很多。可以从人、商品、卖场、宣传、促销等多方面进行,每一种操作手法都有时效性。针对不同的因素做不同的调整,才能更大程度地提升门店的销售业绩。要做到这一点,就要对门店的销售数据进行分析,例如商品分析,适合每周一次分析,分析销售数据进行陈列调整。对整个门店商品

品类的销售数据进行统计,然后对每个品类的陈列货架进行统计,然后分别计算出每个品类销售额占比 A 和陈列货架的占比 B,然后计算出品类的陈列效率＝A/B,根据数值(正常情况下是 1)判断该品类的陈列效率是否正常。如果不考虑促销活动和季节变化,当陈列效率等于 1 时,证明销售正常,大于 1 就需要增加陈列面,小于 1 时就要减少陈列面。同时,综合分析是否缺货、是否因为人员引导不够,进行针对性调整。表 2-9 是某女装门店一周的陈列效率分析。

表 2-9　门店周陈列效率分析表

品类	板仓组数	中岛组数	地架组数	类别合计组数	货架占比	每组业绩	周总业绩	件均价	类别业绩	业绩占比	陈列效率分析
C 圆领 T	9.5	2	2	13.5	23.5%	13 573	554 817	85	183 233	33.0%	141%
Z 七分裤	6	1	1	8	13.9%	13 617	554 817	142	108 935	19.6%	141%
F 风衣	6	1.5	2	9.5	16.5%	8 973	554 817	163	85 247	15.4%	93%
P 翻领 T	3.5	1.5		5	8.7%	10 961	554 817	126	54 806	9.9%	114%
K 短裤	2.5	1	1	4.5	7.8%	10 407	554 817	132	46 833	8.4%	108%
B 休闲裤	3	2		5	8.7%	6 630	554 817	151	33 150	6.0%	69%
N 鞋子	2	1	1	4	7.0%	5 074	554 817	176	20 295	3.7%	53%
D 裙子	1	2	1	4	7.0%	2 447	554 817	153	9 786	1.8%	25%
A 牛仔裤	1	1	1	3	5.2%	2 956	554 817	143	8 868	1.6%	31%
X 饰品			1	1	1.7%	1 831	554 817	29	1 831	0.3%	19%
合计	34.5	13	10	57.5	1	76 469	554 817	130	552 984	100%	79%

商品陈列的意义是方便顾客购买、利于员工导购、提升商品展示效果。通过分析商品的销售数据与品类占比，了解店铺消费群体，充分发挥陈列对销售的作用，建立以顾客为中心、需求为导向的陈列理念。根据顾客消费心理和行为习惯，采用科学的方式方法，结合经营者的目标，展示出商品的特性，达到树立形象、吸引人流、刺激消费、提升销售的目的。

2. 周清之周总结点评、门店顾客体验

店长在月初时会对整个门店的绩效进行点评，目的是做好本月的工作指引。同样，在每周也需要做周绩效总结点评，周总结点评是对上周销售目标、服务目标、经营目标完成状况的分析。分析指标包括员工业绩、客单价、连带率、联单率等，从数据中及时发现员工的不足，通过助销、帮扶等动作，针对性地弥补员工的不足之处，提升员工的综合能

SWF10 周清之周志点评与门店顾客体验

力，更好地完成门店的目标。商品陈列调整需要对员工进行指导，促销活动调整花费的精力和代价也很高，而人员的绩效分析和培训却是永久性的提升。这也就是为什么同样的门店、同样的笔数、相同数量的顾客，其销售业绩差距却很大，仔细分析数据可以发现是客单价的差别。

在做周点评工作的同时，不仅要分析销售数据，还要进行门店顾客体验评估。做生意，都知道顾客体验的重要性，因为这关乎成交率、复购率。在竞争如此惨烈的今天，顾客体验尤其重要。一家店铺的综合竞争力简单地说有三点：第一商品、第二营销、第三服务。

第一商品，在这个同质化严重的市场中，几乎没有店铺敢说自己在商品上有绝对优

势,除极个别的特例外,大部分的店铺产品都趋于同质化,这就是价格战的根本原因。第二营销,营销的优势在于资金投入,这是土豪的天下。第三就是拼服务,这是店长能够掌握的。服务的优势就在于体验,顾客体验,这是唯一需要顾客参与才能形成的竞争力,是不可复制的。门店良好顾客体验的建立是一个长期的过程,在短期内是无法被复制的,最重要的是,当你的顾客体验做到极致的时候,就会产生口碑。当顾客自发向其他的人推荐你的产品的时候,你就具备了获客能力。顾客体验评估的体系每个公司都不一样。图 2-11 是某男装公司的顾客体验评估示例。

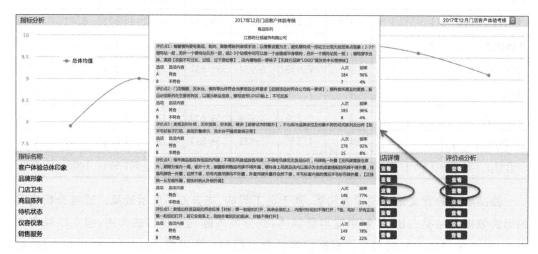

图 2-11 门店顾客体验评估示例图

2.2.5 店长日清工作流程

一年之计在于春、一日之计在于晨。店长日工作流程的核心,是教导门店员工知道每天应该做什么、忙的时候应该做什么、不忙的时候应该做什么。门店的工作基于 PDCA 循环,从目标的制定到计划、执行、检查、改善等环节,如果说月度流程主要在计划,日流程主要在执行、检查和改善环节,将每一天的工作汇总在一起,就形成了整个月度的工作。店长每日的工作可以依赖于店长的工作手册,从早上开门到晚上结束营业,这么多的工作,哪些是重点呢?销售业绩?促销分析?商品分析?卖场巡视?这些都不是关键,关键是,作为一个店长,你要知道你在什么时间该做什么、如何做、做到什么程度。图 2-12 中的流程就给店长在营业时间管理上提供了很好的参考。

1. 店长工作手册(营业、操作流程)

店长工作手册的意义是使店长清晰知道自己的职责、该做什么、做到什么程度。当零售企业的销售行为、技能、流程规范化后,再通过严格监控体系,保证员工熟练并规范使用工作手册,就会减少工作上的失误率、提高工作效率,把更多的精力放在销售上。

店长工作手册,首先要明确店长的工作职责,门店和店长的日营

SWF11 店长工作手册(营业操作流程)

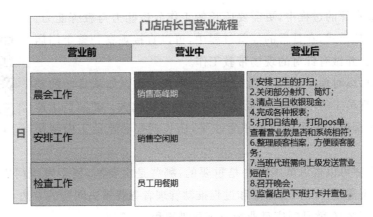

图 2-12　门店店长日营业流程图

业流程是不同的。门店的日营业流程是门店从早上开门到晚上营业结束,每一个工作环节每一个人该做什么,都应该有所规定的,即使店长不在门店,其他负责人只需要按照操作流程执行就可以了。

而店长工作流程是对门店销售业绩和人员的把控。如营业中的销售高峰期、空闲期以及员工用餐期,该如何调配人员、如何安排工作才能保证业绩最大化。

2. 如何开好早会

一年之计在于春、一日之计在于晨,好的开始等于成功了一半。优秀的早会能够激励员工、提振士气,促进团结,每天进步一点点,持续进步。

门店早会的时间最长不宜超过 30 分钟。早会的主持人可以由门店的人员轮流担当,一方面,可以让员工对整个门店的流程有很清晰的认识;另一方面,也可以锻炼员工的主持、总结能力,加深团队的凝聚力。员工主持的前提是早会的内容都需要店长的审核,会后也要对早会做一个评估。

早会的内容包含:热场、学习、工作安排、奖励、结束五个环节。

首先是热场,方式有很多种,比如做游戏、讲故事、分享快乐等。做游戏的时候,主持人带领成员组织一个小游戏,既创造了轻松愉快的氛围,同时让成员积极地参与进来,激发思考,变被动为主动,大大激发了学习热情。

其次是学习,学习的内容,可以是员工的工作心得和日常销售案例的分享,也可以是陈列搭配、色彩搭配、面料知识、新品卖点等专业知识,只要是对员工综合能力有帮助的,都可以进行分享学习,每天进步一点点,持续进步。

最后是工作安排,工作安排是对整天销售目标、工作等的安排……

3. 门店日清之员工绩效点评、教练、分析

在前面的章节里我们讲过了月度绩效点评、周绩效点评工作,月和周点评的侧重点是不一样的,其调整的对象也有所不同,月度更多的在于目标与纲领,周更多的在于具体的执行,日绩效的点评就是具体执行和改善工作。

在日绩效点评的过程中,更需要店长的工作分析能力与教练能力。店长是现场管理模式,在日常的经营过程中,可以直接观察到整个门店和员工的表现,并做有针对的现场带教工作。

同时,还可以对单个的员工做一对一的帮扶工作。如从日常的销售数据中,发现员工的不足等,从而做针对性的帮扶代教。如某员工连续几天客单价都低于整个门店的正常水平,店长就要对该员工做帮扶和代教工作。

易简成微课

SWF12 门店日清之员工绩效点评、教练、分析

日绩效点评可以告诉员工哪些是重要的,哪些是次要的,便于发现门店中存在的问题,将问题界定清楚;同时,就结果和过程推动管理者寻找解决问题的方法,最终达到改善绩效的目的,表 2-10 就是门店日业绩改善跟进流程。

表 2-10 门店日业绩改善跟进流程表

时间段	内场(销售)	外场(截流)	店长协调
8:30—8:45	1. 组织晨会/PK 划分 2. 场内分区站位,目标分解到人		1. 召开晨会/PK 划分 2. 激励 AB 两组 PK 士气 3. 观察场内/场外销售训练与截流话术代教并点评 4. 观察场内/场外工作安排到位情况 5. 根据现场情况调整策略 6. 点评时段会议成效与提升点
	时段目标跟进与达标策略宣导及代教推动	截流时段目标分解与达标策略宣导	
8:45—9:00	1. 二拍一话术代教推动; 2. 追踪 9:00—11:00 的业绩指标达成	店外截流站位部署与截流话术代教推动	
9:00—11:00	1. 追踪 9:00—11:00 业绩指标达成 2. 时段业绩目标达成以追踪成交量达标为主,根据销售实际情况调整策略,(如重点放在拿货速度/成交速度) 3. 召开推动会议,调整场内成交/主推款等销售策略	1. 追踪 9:00—11:00 截流指标达成 2. 根据实际情况调整截流策略(如站位调整/截流话术/截流工具等) 3. 召开时段截流会议,激励士气	
11:00—14:00	1. 追踪 11:00—14:00 业绩指标达成 2. 时段业绩目标达成重点放在成交量、高单价商品销售上,追踪拿货速度/主辅销配合/成交速度 3. 加大主推款的推销速度 4. 加大播麦场次 5. 召开时段会议,调整场内成交、人员配合、主推等策略、场内士气激励	1. 追踪 11:00—13:00 截流指标达成 2. 举办截流活动 3. 召开时段截流会议,激励场外同事的士气	

续表

时间段	内场（销售）	外场（截流）	店长协调
14:00—17:00	1. 追踪14:00—17:00业绩指标达成 2. 时段业绩目标达成重点放在成交量、高单价商品销售上，追踪拿货速度/主辅销配合/成交速度 3. 加大播麦场次 4. 召开时段会议，场内士气激励	1. 追踪14:00—17:00截流指标达成 2. 召开时段截流会议，激励场外同事的士气	1. 召开晨会/PK划分 2. 激励AB两组PK士气 3. 观察场内/场外销售训练与截流话术带教并点评 4. 观察场内/场外工作安排到位情况 5. 根据现场情况调整策略 6. 点评时段会议成效与提升点
17:00—19:00	1. 追踪17:00—19:00业绩指标达成 2. 调动现场销售人员的气氛，利用PK激励同事晚班冲刺 3. 关注店铺同事个人冲刺，时段业绩达成重点放在客单量及高单价商品的销售 4. 卖场同事分别打气	1. 追踪15:00—19:00截流指标达成 2. 召开时段截流会议，激励场外同事抓住每个引客入店的时机，吸引顾客进店 3. 调整截流的策略（工间操、杯水服务等）	
19:00—21:00	1. 追踪19:00—21:00业绩指标达成 2. 时段业绩目标达成重点放在成交量、高单价商品销售上，追踪拿货速度/主辅销配合/成交速度 3. 加大主推款的推销速度 4. 召开时段会议，场内士气激励	1. 追踪19:00—21:00截流指标达成 2. 召开时段截流会议，激励场外同事抓住每个引客入店的时机，吸引顾客进店 3. 调整截流的策略（工间操、杯水服务等）	
21:00—22:00	1. 当天总结会议 2. 兑现当天激励	1. 当天时段业绩达成公布、截流业绩达成公布 2. 表扬每位同事状况与所取得的成绩 3. 点评成功点与提升点	

2.3 分析制定经营策略

选择大于努力，店长掌握了月周日工作流程之后，需要高效经营达成门店销售目标，找到提高销售额的"捷径"。找到"捷径"需要以终为始，终——就是门店经营目标，所有经营工作的出发点都是完成经营目标。各门店状况不同，所以不同门店完成经营目标的策略就不同，经营策略体现为侧重点、方法等。

KPI00 门店经营策略

各门店不同的状况，表现为不同的经营指标，不同的经营目标，不同的客流量、成交率、客单价、毛利率。同时门店的资源是有限的，店长的精力有限，员工的精力有限，广告促销投入有限。

每个门店的每个环节都有改善空间，都能够提高销售额与目标完成率，提高销售额的方向包括：增加客流、提高件均价、提高客单价等指标改善,具体的方法可以是市场推广宣传、做促销调价格、调陈列、提高人员能力。

　　店长分析制定经营策略,就是寻找最佳方向和方法。最佳方向方法就是投入同样的精力、费用,但对销售业绩改善作用最大。所以,经营策略就是寻找事半功倍的经营方向与方法,利用有限的资源获取最大回报,最大限度地推动经营目标达成。

　　分析制定经营策略,首先要找到门店的薄弱环节,确定方向。方向必需精确可量化,才能实际运用。因此,数据指标能够指引门店盈利提高的方向。确定了方向,每个指标的改善有很多方法,门店可以根据自身的情况,选择合适的方法。例如提高门店客单价可以提高门店销售额,提高客单价可以从件均价、客件数两个方向下手,方法包括：调整商品组合促销、商品出样陈列、成套搭配陈列、人员能力、数据分析等。

　　分析制定经营策略,需要对盈利进行精细化分析,粗放的分析无法帮助我们找到问题,找不到问题就无法改善,导致我们看着萎靡不振的盈利,但无从下手。对盈利进行精细化分析,首先可以将盈利分解为门店盈利、商品盈利和顾客盈利,如图 2-13 所示。

　　顾客的需求是企业存在的根本,顾客不来了,生意就凉了。当前,供大于求,竞争激烈,消费者需求多样、多变。因此,企业需要关注不同的细分客群创造的盈利,敏锐发现主力细分客群需求的变化,及时调整商品组合、门店选址氛围,更好地满足主力细分客群的需求,持续改善盈利。

　　商品是零售的本质,是满足顾客需求的手段。顾客需求变化了,就要增减品类、管理单款。因此,企业要分析商品盈利,分析各品类的销售额、利润、占比和增长,在有限的客流与出样面积下,高效管理品类与单款,提高平效、存货周转,创造更多盈利。

　　门店是实现销售的场所,门店盈利也是常见的关注对象,在门店盈利方面,企业需要从原来只关注销售额转变为关注效率、关注盈利,提高客单价、毛利率、折扣率,降低成本,从而提高整体门店盈利。

　　通过精细化分析,我们就可以从门店角度、商品角度、顾客角度来全面分析门店指标,找到提高门店销售额的最佳方向与方法,完成门店经营目标。

2.3.1 【范例】门店经营策略分析过程

　　在日常工作中,无论哪方面数据,分析只是一个开始,关键是能够找出门店存在的问题及可以挖掘的潜力,指导如何开始下一步工作。这就是数据分析的重要性。通过分析,我们应该有大胆而有预见性的预测,使数据报表真正成为经营决策及行动计划的来源。

　　案例背景是一家服装企业门店,2018 年 9 月经营数据分析,经营数据分析内容分为门店、会员、商品三大部分。

2.3.1.1　门店数据分析

　　门店数据也称门店的销售数据,指在门店销售过程中,产生的数据;包括：销售目标、销售完成率、销售笔数、销售件数、客单价、件均价、连带率、成交率等。表 2-11 下是 ABC

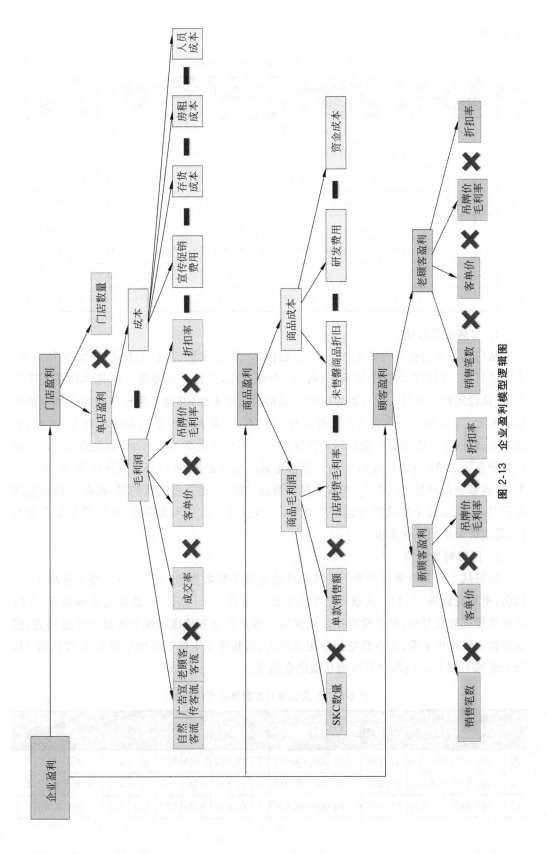

图 2-13 企业盈利模型逻辑图

男装苏州 A 店 9 月的销售数据分析表。

表2-11 A店月度销售业绩分析表

排名	姓名	出勤	入职天数	销售额	环比	月目标	完成率	日均销售	笔数	日均笔数	件数	日均件数	价均价	客单价	客件数
1	A1	21	377	83 250	99.3%	100 000	83.3%	3 964	207	10	634	30	131	402	3.1
2	A2	29	291	78 163	50.5%	100 000	78.2%	2 695	222	8	646	22	121	352	2.9
3	A3	21	366	69 702	11.7%	100 000	69.7%	3 319	181	9	586	28	119	385	3.2
4	A4	21	345	63 062	8.8%	100 000	63.1%	3 003	171	9	499	24	126	369	2.9
5	A5	21	441	61 596	48.3%	100 000	61.6%	2 933	174	8	460	22	134	354	2.6
6	A6	4	1 639	50 824	特卖	65 000	78.2%	12 706	52	13	577	144	88	977	11.1
7	A7	8	8	34 894		35 000	99.7%	4 362	76	10	246	31	142	459	3.2
合计		125		441 491	43.7%	600 000	73.6%	3 532	155	9	521	43	121	471	3.0

1. 单店内部分析

从门店月度的业绩可看出,9月A店目标60万元,实际完成44万元,完成率73.6%,未完成目标。门店在职7个导购,只有A7是新员工,其他6名导购在职基本都是1年左右,人员稳定性比较好。抛开新导购和1名特卖人员不谈,其他5名导购的完成率也都不尽如人意。5名导购的成交笔数和件均价相差不大,但客单价最高和最低相差50元;业绩表中,每一个导购都有一项指标是最高的,A1客单价最高402,A2笔数最高222,A3客件数最高3.3,A5件均价最高134;如果都用最高数据相乘,可以得出日业绩为98 168元。当然,这都是最理想的状态下,现实中是不可能达到的,这么做的目的是,将各个指标之间进行对比,找出每个导购的最薄弱的环节,加以提升。就如木桶原理,决定桶里装多少水的,是木桶最低的那块木板。

2. 区域对比分析

店长从主管那里拿到了整个区域9月的业绩销售数据表(表2-12)。整个区域11个门店,平均完成率75.1%,区域低于平均完成率的有5个门店。从整体完成率来看,A门店虽然没有完成目标,但也没有拖区域后腿。客单价和客件数在整个区域中遥遥领先,但从折扣和件均价上看,A店数据指标相差较大,折扣率5.1低于区域平均5.6,件均价121低于区域平均163,门店很有可能在做清仓活动。

表2-12 A店区域月度销售业绩分析表

门店	销售额	同比	环比	目标额	完成率	人数	人均	件数	件均价	客单价	客件数	库存量	月库销比	折扣率
A	441 491	−33.9%	43.7%	600 000	73.6%	7	63 070	3 648	121	387	3.0	16 051	4.4	5.1
B	142 929	−48.3%	34.2%	270 000	52.9%	9	15 881	734	195	419	2.2	5 960	8.12	6.1
C	168 312	−1.3%	29.5%	190 000	88.6%	7	24 045	902	187	322	1.7	7 805	8.65	6.1

续表

门店	销售额	同比	环比	目标额	完成率	人数	人均	件数	件均价	客单价	客件数	库存量	月库销比	折扣率
D	278 821	8.7%	76.2%	280 000	99.6%	7	39 832	1 143	244	497	2.0	4 872	4.26	6.5
E	99 175	−46.4%	−42.2%	200 000	49.6%	9	11 019	580	171	323	1.9	6 163	10.63	5.9
F	157 514	—	26.7%	150 000	105.0%	7	22 502	1 293	122	336	2.8	13 441	10.4	5.1
G	136 852	−28.8%	−13.9%	210 000	65.2%	7	19 550	1 042	131	320	2.4	7 933	7.61	5.2
H	116 369	−3.6%	−43.7%	150 000	77.6%	7	16 624	822	142	267	1.9	6 844	8.33	5.4
I	230 117	−15.1%	4.8%	300 000	76.7%	10	23 012	1 432	161	296	1.8	8 024	5.6	5.6
J	198 896	−12.5%	−8.1%	250 000	79.6%	11	18 081	1 186	168	358	2.1	12 358	10.42	5.6
K	168 848	−25.3%	−8.1%	250 000	67.5%	7	24 121	1 109	152	315	2.1	13 741	12.39	5.3
合计	2 139 324	−21%	9%	2 850 000	75.1%	88	25 249	1 263	163	351	2.2	9 381	8.3	5.6

3. 单店同比环比数据分析

从系统中，导出2018年8月和2017年9月的数据（表2-13）。门店8月业绩307 218，环比增长43.7%，2017年9月667 841，同比下滑34%。环比分析，2017年9月环比和2018年9月的环比都是增长，而同比却在下滑。环比增长的原因，服装属于季节性比较明显的商品，随着时间的推移，天气会越来越冷，顾客需求增加，销售进入旺季；另一方面，9月因为天气原因，商品的件均价也会增加，这是环比增长的原因。有明显季节性的商品，门店在分析整体业绩的时候，环比的意义不大，作为参考。

从导购在职人数上分析，2018年9月只有7人，而2017年有14人，2018年人均比2017年人均高出近2万元，那么是不是说，只要增加人员，门店的销售就一定会增长呢？理论上是可以的，但实际上是不可能的，业绩的增长相关于门店的商圈、商品组合企划与价格组合策略、市场销售策略、品牌推广策略、门店经营管理和门店面积，缺一不可。当商圈固定的时候，没有其他方面的调整，业绩很显然是不可能有很明显的增长。商圈就好比是一个蛋糕，蛋糕是固定的，商圈内的众多竞争对手都在瓜分蛋糕。一般而言，商圈和市场的固定，如果没有外力推动，各个竞争对手的份额是比较固定的，要想获取更大的份额，要么蛋糕做大、要么蛋糕加厚、要么抢占别人的份额，三种都是需要外力推动的。而对于单个门店来说，人员的数量在一定程度上是影响业绩的，但是这有一个平衡点，人员过多会摊薄人均业绩，造成抢单、小团体意识增加。同时，人均业绩的减少，也意味着提成和薪资的降低，这就会影响人员的销售和工作的积极性，增加人力成本和管理成本；人员太少就会人手不够，忙不过来，造成顾客流失、跑单、服务跟不上的现象发生。所以，门店人员的多少，不是决定业绩的主要因素，但合理的人员数量，会使得整个门店的团队协作程度和销售业绩增加。这一点，可以从区域其他门店的人数和人均销售看出，A店的人均销售是区域最低人均销售的5倍，是区域整体的2.5倍。

表 2-13 A 店月度业绩同比和环比分析表

日期	销售额	环比	同比	人数	目标额	完成率	日均	人均	笔数	件均价	客件数	客单	库存量	月库销比	均折扣
2018年9月	441 491	43.7%	-34%	7	600 000	73.6%	14 716	63 070	1 083	121	3.0	387	16 051	4.4	5.1
2018年8月	307 218	-20.5%	-43%	9	486 000	63.2%	9 910	34 135	939	103	3.2	327	14 792	4.9	4.9
2017年9月	667 841	24.3%		14	755 000	88.5%	22 261	44 523	1 275	112	4.7	524	45 059	7.6	4.6

从折扣分析,2017 年同比折扣 4.6 折,2018 年 9 月折扣 5.1 折,在折扣上提高了 0.5 个点;件均价同比增加了 8%;这两点的增加,导致客件数的下滑,间接导致成交率的下滑,客件数下滑 1.7,客单价下滑 137 元,下滑幅度 26%。从库销比和客件数上分析,可以得出去年公司主要是以清库存为主,促销活动力度大,今年公司的经营策略在发生变化。

综合表 2-11、表 2-12、表 2-13 中的数据,在经营管理板块可以做如下调整。

(1) 如果 A 店是公司设定的工厂店,就另当别论,如果是活动的因素,那么在后期,门店要注重新款的销售,虽然卖旧款成交率和客单价、客件数高,但是一件新款价格相当于 2 件甚至 3 件旧款的价格。

(2) 门店的导购人数不够,需要增加人数,新增 2～3 名为宜。

(3) 人员各个 KPI 指标上还有很大提升空间,可以实施代教和帮扶策略。

2.3.1.2 商品销售数据分析

商品销售分析是对商品销售业务经营活动的分析。商品销售是商品流转的终结,商品指标是零售企业的核心指标。商品分析主要数据来自销售数据和商品基础数据,分析思路以结构分析为主线。主要分析维度有商品的品类结构、价格结构、毛利结构、商品广度、商品深度、新品占比、重点商品、畅销商品、滞销商品、季节商品等,以及动销率、售罄率、库销比、周转率、TOP10、陈列效率等指标。通过对这些维度指标的分析来指导品类与单款出样、陈列、补货调货、促销、出清,加强商品竞争力。

1. 品类分析

首先来分析门店的品类销售与结构。A 门店 9 月,在门店内产生销售额的品类有 44 类,为了数据的有效性和针对性,选取销售额排名前 20 的品类进行分析,其数据表如表 2-14 所示。

在选取的销售额排名前 20 的品类中,我们可以发现,整个门店内业绩贡献率最高的是休闲裤、牛仔裤、休闲长衬、短袖 T 恤和夹克,这样刚好符合 9 月的季节销售趋势。从库销比分析,各品类的商品库存,都很充足。套西、鞋子、单西虽然高库存,但季节性没有那么明显,可是随着新款的补充,如果不调整销售策略或者减少 SKU 数量,库存有可能会继续增加。羽绒服和皮衣也是高库存,但属于应季商品,商品刚进入导入期,随着时间推移,

表 2-14　A 店月度商品品类销售明细表

排名	类别	销售额	销售量	销售占比	件均价	毛利润	毛利润率	平均折扣率	库存	库销比
1	休闲裤	68 292	562	15.9%	122	699	10%	50.4%	1 767	3.1
2	牛仔裤	51 204	404	11.9%	127	6 940	13.6%	57.7%	1 022	2.5
3	休闲长衬	47 312	443	11.0%	107	3 725	7.9%	54.1%	915	2.1
4	短袖T恤	41 285	460	9.6%	90	−1 325	−3.2%	48.3%	608	1.3
5	夹克	29 237	153	6.8%	191	−622	−2.1%	48.9%	580	3.8
6	正装长衬	23 473	213	5.5%	110	1 196	5.1%	52.5%	423	2
7	羊毛衫	22 502	230	5.2%	98	−6 671	−29.6%	38.5%	982	4.3
8	卫衣	18 267	136	4.3%	134	5 387	29.5%	70.6%	613	4.5
9	正装套西	17 221	26	4.0%	662	6197	36.0%	78.0%	296	11.4
10	鞋子	14 222	41	3.3%	347	7 439	52.3%	88.6%	422	10.3
11	棉服	11 406	72	2.7%	158	−5 772	−50.6%	33.1%	98	1.4
12	休闲短衬	7 366	93	1.7%	79	−541	−7.3%	46.5%	111	1.2
13	羽绒服	7 049	60	1.6%	117	−3 841	−54.5%	32.3%	1 087	18.1
14	毛衫	7 000	114	1.6%	61	−2 671	−38.2%	36.1%	335	2.9
15	羊绒衫	6 667	23	1.6%	290	−1 060	−15.9%	43.1%	90	3.9
16	皮衣	6 339	26	1.5%	244	227	3.6%	51.8%	162	6.2
17	单西	6 324	15	1.5%	422	2 788	44.1%	89.2%	201	13.4
18	休闲单西	6 173	38	1.4%	162	−3 039	−49.2%	33.5%	189	5
19	长袖T恤	4 423	67	1.0%	66	−2340	−52.9%	32.6%	132	2
20	连衣裙	3 725	26	0.9%	143	−1 744	−46.8%	34.0%	39	1.5

天气变冷,销售会越来越好。短 T、短衬和连衣裙的库销比很低,主要是天气变冷,商品也属于商品周期中的衰退期,公司未补货,库存也符合整体趋势。但是,单看这些数据是发现不了问题的,要和区域整体销售,以及 2017 年同比销售数据进行对比,其对比明细如表 2-15 所示。

表 2-15　A 店月度品类销售同比、区域对比分析表

排名	类别	销售额	销售量	销售占比	区域占比	门店2017年占比	区域对比	门店2017年同比
1	休闲裤	68 292	562	15.9%	18.5%	16.3%	−2.5%	−0.3%
2	牛仔裤	51 204	404	11.9%	12.4%	10.4%	−0.5%	1.5%
3	休闲长衬	47 312	443	11.0%	9.7%	11.3%	1.4%	−0.3%
4	短袖T恤	41 285	460	9.6%	8.0%	6.5%	1.6%	3.1%

续表

排名	类别	销售额	销售量	销售占比	区域占比	门店2017年占比	区域对比	门店2017年同比
5	夹克	29 237	153	6.8%	8.4%	4.4%	−1.6%	2.4%
6	正装长衬	23 473	213	5.5%	4.6%	3.7%	0.9%	1.7%
7	羊毛衫	22 502	230	5.2%	2.7%	4.2%	2.6%	1.0%
8	卫衣	18 267	136	4.3%	4.5%	0.4%	−0.3%	3.9%
9	正装套西	17 221	26	4.0%	4.5%	5.1%	−0.5%	−1.1%
10	鞋子	14 222	41	3.3%	5.6%	5.3%	−2.3%	−2.0%
11	棉服	11 406	72	2.7%	0.8%	—	1.9%	
12	休闲短衬	7 366	93	1.7%	1.4%	2.0%	0.3%	−0.3%
13	羽绒服	7 049	60	1.6%	1.6%	4.2%	0.0%	−2.5%
14	毛衫	7 000	114	1.6%	1.3%	2.7%	0.3%	−1.0%
15	羊绒衫	6 667	23	1.6%	0.6%	0.2%	0.9%	1.3%
16	皮衣	6 339	26	1.5%	2.1%	1.4%	−0.6%	0.1%
17	单西	6 324	15	1.5%	2.2%	1.6%	−0.7%	−0.1%
18	休闲单西	6 173	38	1.4%	0.9%	2.3%	0.5%	−0.9%
19	长袖T恤	4 423	67	1.0%	0.3%	0.4%	0.7%	0.6%
20	连衣裙	3 725	26	0.9%	0.2%	1.1%	0.7%	−0.3%

从对比区域和同比2017年商品销售数据，可以发现，品类占比的前5名，乃至前10名，都是一样的。虽然品类占比排名有所变化，证明前10的品类是当季的主流商品。同比2017年单店，休闲裤、休闲长衬、套西、鞋子的销售占比在下滑，而牛仔裤、短T、正装长衬、夹克等在增长。下滑的原因，有可能是天气原因，或者品类的SKU数量不够等，具体原因要具体分析。

对比区域的商品数据，休闲裤、牛仔裤、夹克、卫衣、套西、鞋子低于区域占比，而休闲长衬、短T、正装长衬、羊毛衫高于区域占比。门店与区域之间，不存在天气变化和款式的问题，单店应该和区域的整体趋势差不多，产生差异的原因，需要从品类陈列出样、Top10、主推等方面进行分析。

品类的差异，还可以根据品类陈列的专柜数量，以及每个专柜所贡献的销售额进行对比，这个比值称为陈列效率，当陈列效率等于1时，说明陈列是合理的，大于或小于1都需要具体情况具体分析，详细分析，请参考本书商品运营板块的陈列效率分析。

2. TOP10分析

TOP10，翻译过来就是热卖的意思，实际上是指门店销售量最好的10个款式。一般而言，TOP款平铺每个门店。单店的TOP10与区域和公司整体的TOP款整体趋势应该是一致的。但各个区域和门店，由于商圈、消费者偏好的不同，会有一些偏差。当然，也不排除门店没有相应的款式。表2-16是A店所在区域的TOP10和A店的TOP10的销售数据对比。

表2-16 A店TOP10与区域TOP10销售对比表

区域 TOP10				A店 TOP10			
款型	销量	折扣	库销比	销售数量	销量	折扣	库销比
休闲长袖衬衫/AG30467	119	0.84	2.7	休闲长袖/AMZ31350053	55	0.32	1.7
棉羊绒/A3270001	101	0.32	1.3	棉羊绒/A3270001	44	0.32	1.9
正装长袖衬衫/AG10085	94	0.82	3.1	休闲长袖衬衫/AG30467	34	0.83	1.3
休闲长袖衬衫/AG30590	78	0.81	2.5	毛衫/AMZ31210007	32	0.36	0.9
正装长袖衬衫/AMZ11330008	75	0.85	2.2	正装长袖衬衫/AMZ31330016	30	0.41	1.7
休闲长袖衬衫/AG31030	74	0.85	2.7	牛仔裤/AMZ11550022	27	0.35	0
牛仔裤/AG30430	65	0.93	2.6	羊毛衫/A4090057	26	0.34	0.6
休闲裤/AG30592	57	0.83	2.8	休闲长袖衬衫/AMZ31350034	25	0.36	0.7
休闲长袖衬衫/AMZ11350001	56	0.46	1.5	正装长袖衬衫/AMZ31330014	23	0.39	2.1
休闲裤/AG30615	50	0.99	3.7	正装长袖衬衫/AG10085	22	0.85	1.3

从TOP10的对比表中，可以看出，A店的TOP10的款式与区域的TOP10只有3款重合。从折扣率上可以发现，区域的TOP都是今年的新款，而A店的TOP10，有7款是旧款，属于促销清仓导致的销售数量的提升。

TOP10的偏差如此之大，是不是在A店没有铺货呢？表2-17是区域TOP10在A店的销售数据。

表2-17 区域TOP10在A店销售明细表

	区域 TOP10				A店销量	
排名	款型	销量	折扣	库销比	销量	库销比
1	休闲长袖衬衫/AG30467	119	0.84	2.7	34	1.3
2	棉羊绒/A3270001	101	0.32	1.3	44	1.9
3	正装长袖衬衫/AG10085	94	0.82	3.1	22	1.3
4	休闲长袖衬衫/AG30590	78	0.81	2.5	13	3.2
5	正装长袖衬衫/AMZ11330008	75	0.85	2.2	8	6.3
6	休闲长袖衬衫/AG31030	74	0.85	2.7	11	3.5
7	牛仔裤/AG30430	65	0.93	2.6	10	1.9
8	休闲裤/AG30592	57	1.03	2.8	7	2

续表

排名	区域 TOP10 款型	销量	折扣	库销比	A店销量 销量	库销比
9	休闲长袖衬衫/AMZ11350001	56	0.46	1.5	19	0.1
10	休闲裤/AG30615	50	0.99	3.7	2	9.5

通过对比发现,门店有铺货,只是销量比较少。从库销比的数据分析,A店TOP10与区域的TOP10重合的3个款式,单款销量很高,库销比都低于平均值,可以考虑区域内调货补充。而其余的7个款中,正装长袖衬衫/AMZ11330008的库销比是6.3,按照销量计算,库存是偏高的。休闲裤/AG30615的库销比9.5,但销量只有2,单款库存属于正常。休闲长袖衬衫/AMZ11350001库销比只有0.1,但销量却达到了19件,属于库存不足,也可以考虑调货补充。

TOP款的分析,可以是分析整个门店的前10款,不分品类,只看销量。也可以精细到每一个品类,在分析单个品类的时候,就不需要分析TOP10,可以分析TOP3。横向对比的数据可以是区域、可以是公司整体。然后根据差异找出原因,造成的原因有可能是门店没有这个货品、陈列位置问题、主推不够等。这些问题就需要店长逐个分析调整。

商品分析还可以细分门店的畅滞销款的情况,将畅滞销分为畅销高库存、畅销低库存、滞销高库存、滞销低库存四类,具体的策略请参考本书商品运营板块的描述。

2.3.1.3 会员数据分析

会员数据分析一方面可以指导销售营运,另一方面可以提高营销的精准度。会员数据分为静态数据和动态数据,静态数据就是会员的基本信息,比如:年龄、性别、职业、邮箱和地址等;动态信息包含购物时间、消费商品种类、花费金额和购买频率等。最常用的分析指标是新增会员数、开卡率、复购率、复购金额、活跃会员数等。表2-18是A店与A店所在区域的9月会员数据。

表2-18 A店与区域会员月度分析表

大项	A店9月会员数据分析表									
	会员总价值	新入会员价值	会员总量	有效会员量	人均价值	新增会员	开卡率	复购率	复购占比	活跃会员
本月数据	5 110 687	49 473	15 499	10 122	330	170	76.90%	41.7‰	72.30%	1 428
上月数据	5 218 089	35 383	15 326	10 308	340	136	77.70%	40.8‰	76.30%	1 658
环比变化	−107 402	14 090	173	−186	−10	34	−0.80%	0.90%	−4%	−230
环比增长	−2.10%	39.80%	1.10%	−1.80%	−2.90%	25%	−1%	2.20%	−5.20%	−13.90%
去年同期	4 411 154	0	10 209	9 115	432	134	77.50%	47‰	32.70%	428
同比变化	699 533	49 473	5 290	10 122	−102	36	−0.60%	−5.30%	39.60%	1 000
同比增长	15.90%	—	51.80%	—	−23.60%	26.90%	−0.80%	−11.30%	121.10%	233.60%

续表

大项	会员总价值	新入会员价值	会员总量	有效会员量	人均价值	新增会员	开卡率	复购率	复购占比	活跃会员
本月数据	37 029 912	279 571	131 530	62 559	282	1 222	81.50%	51.5%	69.60%	9 940
上月数据	37 358 624	257 778	130 295	63 412	287	1 093	80.80%	57.5%	71.50%	11 359
环比变化	−328 712	21 793	1 235	−853	−5	129	0.70%	−6%	−1.90%	−1419
环比增长	−0.90%	8.50%	0.90%	−1.30%	−1.70%	11.80%	0.90%	−10.40%	−2.70%	−12.50%
去年同期	21 515 302	0	52 957	46 954	406	1 244	81.70%	43.4%	38.50%	1 943
同比变化	15 514 610	279 571	78 573	62 559	−124	−22	−0.20%	8.10%	31.10%	7 997
同比增长	72.10%	—	148.40%	—	−30.50%	−1.80%	−0.20%	18.70%	80.80%	411.60%

区域 9 月会员数据分析表

A 店开业已经 5 年以上,按公司规定,每万元,开卡 4 张;9 月份 A 店业绩 44 万,对应开卡 44×4=176 张卡。但按照上表,9 月新增 170 张,没有完成开卡任务;同时 A 店的开卡率是 76.9%,也就意味着,9 月,购买顾客为 170/0.77=221 个,有 51 个顾客没有用会员卡消费,没有享受到会员卡的优惠服务,现在会员属于稀缺资源,没有了二次、三次的服务机会,更不用说后期的顾客潜在价值了。与区域的开卡率差了 5 个百分点。

单店复购率是 41.7‰。复购金额占比是 72.3%。我们在书中讲过,复购金额占比增加 1%,业绩就会增加 2%,所以,复购金额占比是相当重要的。复购率可以看出顾客与企业之间的黏性。对比区域的复购率少了 1 个百分点,复购金额占比增长 3 个百分点,同比去年少了 6 个百分点。

A 店的活跃会员数是 1 428,占有效会员的 14.1%,区域的活跃会员数是 9 940,占有效会员的 15.9%,活跃会员占比少了 1.8 个百分点,相对庞大的会员体量,1.8 个点能再增加很多的活跃会员数。会员的人均价值同比去年 9 月下滑 102 元,环比 8 月下滑 10 元,横向同比区域却是高出 48 元。

会员消费次数分析是以消费次数进行划分的,以单店和区域、公司横向做比较,分析单店与区域的差距,如果老店,各层级的占比基准是一致的,新店就不能用横向比较的方法。

表 2-19　A 店会员整体消费次数分析表

会员类别	A 店客结构分析		A 店所在区域结构分析		区域对比
	数量	占比	数量	占比	
一次/新顾客	5 840	40.50%	38 619	38.50%	2%
二次/回头客	2 458	17%	15 681	15.60%	1.4%
三次/成熟顾客	1 374	9.50%	8 792	8.80%	0.7%
四次/黏性顾客	940	6.50%	5755	5.70%	0.85%

续表

A店客结构分析			A店所在区域结构分析		区域对比
会员类别	数量	占比	数量	占比	
五次及以上/粉丝顾客	2 546	17.60%	16 143	16.10%	1.1%
无购物	1 279	8.90%	15 425	15.40%	−6.5%

A门店已经开业5年以上,从表2-19的第一列可以看到,表格是按照顾客在单位时间内的消费次数分类的,反映的是顾客的消费意向强弱;A店和A店所在区域的会员同比,我们看到消费一次的占比为40.5%,高于区域2个百分点,同时比公司整体的25.8%高出14.7个百分点,一次消费属于新顾客,也就意味着,这些顾客没有进行第二次消费,二次到五次以上的消费占比均高于区域整体;同时门店还有8.9%的无购物占比,这说明,顾客办理了会员卡但未消费的占比是8.9%,除去无购物占比的8.9%,新顾客与老顾客的占比差不多。整体说明:(1)门店与顾客之间的黏性不强;(2)门店对会员的新增重视度不够,会员成本意识不足;(3)会员之间的互动性需要加强,需要引导消费。

会员的贡献度是RFM模型中的M值,M值考核的是会员对企业的贡献度,也可以衡量会员终身价值。F值往往与M值是有关联的。下表是A店半年内会员的贡献度的占比。

表2-20 A店会员贡献度分析表

特征子类别	A店		A店区域		公司整体		对比区域	对比公司
	数量	占比	数量	占比	数量	占比		
极高贡献客户	1 771	11.2%	9 887	7.4%	103 196	4.3%	3.8%	6.9%
较高贡献客户	2 537	16.1%	15 236	11.4%	183 930	7.6%	4.7%	8.5%
中等贡献客户	2 913	18.5%	18 908	14.2%	278 844	11.5%	4.3%	7%
低贡献客户	8 559	54.2%	89 145	66.9%	1 854 458	76.6%	−12.75	−22.4%

从表2-20可以发现,A店在极高贡献客户、较高贡献客户、中等贡献客户三个层级上,均高于区域、公司整体同比,而低贡献度客户占比低于区域和公司整体数据。这说明A店会员在单次交易的客单价均值,相比公司和区域是比较高的。但A店低贡献度的客户占比远远大于其他三个层级的占比,A店应努力将低贡献度客户向上一层级转化,对极高贡献度客户保持占比同时进行扩大,对较高和中等贡献的客户优先进行价值开发、层级跃迁,最后对低贡献度客户进行价值开发。对低贡献度客户,应该参考其平时的折扣偏好、消费频率,将一部分潜力客户转化为中等贡献度客户,同时从资源投入角度放弃一部分客户,因为他们会占用公司的服务资源。客户的贡献度的层级跃迁,可以通过会员的RFM模型、客户矩阵模型、折扣偏好分析,进行一对一精准营销,减少服务和营销成本,增

加顾客价值,增加与顾客之间的黏性。

会员消费频率决定了会员的忠诚度。忠诚度主要体现在:

(1)客户对企业品牌的高度认可;(2)客户在同一品牌中的重复消费次数和消费额的不断加大;(3)客户在其影响圈中为企业品牌做出自愿推广服务。

根据统计,当企业挽留顾客的比率增加5%时,获利便可提升25%到100%。客户对品牌的认可和对品牌的推广,会带动周边朋友来购买,无形中会扩大门店的销售额。可见,客户的忠诚度对企业来说是很重要的,表2-21是A店会员的忠诚度的占比分析:

表2-21 A店会员的忠诚度的占比分析表

会员类别		A店		A店区域		公司整体		对比区域	对比公司
	购买次数	数量	占比	数量	占比	数量	占比		
高忠诚客户	5次及以上	1 014	6.4%	6 942	5.2%	88 214	3.6%	1.2%	2.8%
中等忠诚客户	3到4次	1 617	10.2%	10 163	7.6%	133 696	5.5%	2.6%	4.7%
低忠诚客户	1到2次	13 149	83.3%	116 071	87.2%	2 198 518	90.8%	−3.955%	−7.55%

从表2-21可以发现,高忠诚度和中等忠诚度占比均高于A店区域和公司整体,而低忠诚度占比也低于区域和公司整体。说明A店在经营的过程中,客户的满意度很高,导购能力和商品服务都很好。基于这样的情况,门店可以做会员的转介绍和交叉销售。转介绍能为门店带来更多的会员和销售额,交叉销售能提高会员的价值。

综上销售数据、商品数据、会员数据,可以制定以下经营策略。

1. 门店经营方面

(1)门店导购人员数量不足,需增加有销售经验的导购;

(2)在职导购的各KPI指标之间存在差距,能力不均衡,需要代教和导购互助。

2. 商品经营方面

(1)门店活动需要调整,目前阶段是以清仓为主,旧款的销售冲淡了新款的销售,需要进行新旧款的陈列规划和分区;

(2)门店品类与区域整体品类之间存在差异,有可能是旧款清仓活动造成,但部分品类需要进行调整;

(3)Top10的销售需要进行陈列出样、主推、人员销售引导的调整;

(4)大部分单款库存充足,少部分销量大的单款需要增加库存,考虑同区域进行整合。

3. 会员经营方面

(1)新增会员力度不够,在开卡率提高的同时严格控制门店的无效开卡,导购的开卡话术及引导也需要加强;

(2)活跃会员占比对比区域占比下滑,复购率对比区域下滑,可以通过系统短信、邮件、熟客管理、电话回访等方式激活会员的活跃程度,增加与会员之间的黏性;

（3）会员的人均价值同比去年下滑太多，可以通过活动（但不是打折活动），增加顾客的购买件数，或者高价值的商品，提升顾客的单月价值；

（4）利用客户的高忠诚度，通过转介绍和交叉销售，提高会员的终身价值；

（5）提高门店的服务水平和导购专业技巧，提升门店会员的满意度，从而增加会员的忠诚度。

2.3.2 【企业DIY】门店经营策略分析规范

2.3.2.1 KPI指标表

表 2-22　零售 KPI 指标含义说明

指标	含义说明	变化规律	改进措施
销售额	销售商品所产生的收入额	销售额与人流、进店率、成交率、客单价密切相关	销售人员的能力和态度，对老顾客人流、进店率、成交率和客单价会产生促进作用
环比变化	是今年某日、周、月的销售数据同当年上一个日、周、月的销售数据的比较分析。（是上一个统计周期数据）	当日、周、月的销售额超出上一个日、周、月的销售额的比例越大，环比变化值越高；反之则越低	通过提高销售额，可以提高环比变化值，每个销售周期做好总结，及时在下个周期做好改进，可以使环比增加
目标额	目标完成的销售额		
目标完成率	实际销售额和目标销售额之比	日销售额越高，日目标完成率越高；周、月目标完成率亦是如此	每天结束总结好的方面继续保持，找出需要改进的方面及时改善
人数	销售人员的数量		
人均	平均每个销售人员的销售额	每个销售人员的销售笔数、客单价、客件数越多，单人销售额越高，销售人员数量越少，人均销售额就越高	在销售人员的数量适应销售需求的基础上，每个销售人员通过学习销售技巧提高销售笔数、客单价、客件数等来提高个人销售额，进而提高人均销售额
笔数	成交顾客的笔数	与客流量和成交率密切相关	提高客流量和成交率能够提高销售笔数

续表

指标	含义说明	变化规律	改进措施
客件数	每个顾客购买的平均件数	商品计划：制定有吸引力的商品计划能够提高客件数 季初季末会有影响：换季时人们购买的衣服比较多，客件数较高 区域购买力：购买力较强的区域购买的产品较多 导购的销售技能：主要是附加销售能力和缔结能力较好，顾客买的件数会更多；服务好、产品介绍到顾客的心坎里、赞美多、顾客高兴；多和顾客聊一些生活性的话题；和顾客更贴近、负面回应处理好都能够让顾客获得更好的体验，客件数就能够更多 门店的连带陈列：将具备连带关系的产品进行相邻摆放，刺激消费者潜在的购买欲望，提升客件数	附加销售能力的专项培训 找出导购最欠缺的能力且易于改变见效最快的技能专项培训，制定相应的培训方案 门店陈列：多一些成套出样；配饰的摆放 成交时，收银的附加销售专项培训
件均价	顾客购买的平均每件商品的价格	不同的季节会有影响，服装冬天单价产品贵，件均价本身偏高 区域购买力：购买力较强的区域购买高价值产品较多 导购的意愿：导购多引导顾客消费高价位的产品，顾客购买的可能性更大，件均价会更高 导购的销售技能：件均价和员工产品介绍、缔结能力密切相关，同时服务好、赞美多顾客高兴、多和顾客聊一些生活性的话题、和顾客更贴近、负面回应处理好都能够让顾客获得更好的体验，件均价高点顾客也能欣然接受	找出导购最欠缺的能力且易于改变见效最快的技能专项培训，制定相应的培训方案 改变员工的意愿：积极推荐高价值产品
客单价	某个销售周期内每个顾客购买的平均金额	与客件数和件均价密切相关	提高客件数和件均价能够提高客单价
进店率	进入门店的人数在经过门店的人数的占比	橱窗陈列：橱窗里陈列的衣服的款式、搭配、价格都会影响顾客进店的可能性 区域购买力：购买力较强的区域进店率越高 销售人员的能力和态度：销售人员热情迎宾，可以感染顾客，增加进店率	橱窗是店面给顾客的第一印象，制作有吸引力的橱窗至关重要 改变销售人员的态度，使其具有积极的情绪迎接顾客

续表

指标	含义说明	变化规律	改进措施
成交率	顾客购买数占总进店顾客的比例	导购的销售技能：成交率和员工产品介绍、缔结能力密切相关，同时服务好、赞美多顾客高兴，多和顾客聊一些生活性的话题，和顾客更贴近、负面回应处理好都能够让顾客获得更好的体验，更有可能购买	找出导购最欠缺的能力且易于改变见效最快的技能专项培训，制定相应的培训方案
库存量	商品的库存数量		
库销比	在一个周期内，店铺即时库存或期末库存件数与周期内总销售件数的比值。库存量/销售数量	库存数量和销售额与商品的库销比密切相关	提高销售能力，较少库存，改善库销比；滞销高库存商品进行调价或者捆绑促销，调整陈列用畅销商品连带销售，作为门店人员主推商品；畅销高库存商品，增加出样陈列

2.3.2.2 指标分析方法

1. 经验值

经验值是通过观察各时段的历史数据而得出的一个常值。

2. 同比

（1）同比概念，是今年某月的销售数据同上一年该月份的销售数据的比较分析（是历史同期数据）。

（2）同比增长，和上一时期、上一年度或历史相比的增长（幅度）。

（3）同比增长计算公式，同比增长率＝（本期数－同期数）÷同期数。

（4）同比分析的作用，可以排除一部分季节因素。

3. 环比

（1）环比概念，是今年某月的销售数据同当年上一个月的销售数据（也可以是上半年与下半年销售数据）的比较分析（是上一个统计周期数据）。

（2）环比增长，反映本期业绩比上期业绩增长了多少。

（3）环比增长计算公式

环比增长速度＝（本期数－上期数）/上期数×100%

环比发展速度＝本期数/上期数×100%

环比发展速度是本期业绩与前一期业绩之比，反映前后两期的发展变化情况。

（4）环比分析作用，可以更直观地表明阶段性的变换，但是会受季节性因素影响。

4. 内部对标

内部对标是在小区/门店内部树立标杆，其他小区/门店/人员与标杆的各项指标进行比较、分析、判断找到差距，进而改进提升。

例如：苏州区将业绩一直排在前面的【苏州步行街店】设为苏州区的内部标杆，那么苏州区的其他门店都要与【苏州步行街店】的各项指标进行比较、分析、判断找到差距,进而改进提升。

5. 外部对标

当某个区域门店的整体水平接近,这样内部对标意义不大;外部对标是横向市场环境相同门店进行比较。外部对标是在自己小区/门店以外的其他小区/门店中找到业绩最好的作为标杆,从各个方面与标杆小区/门店进行比较、分析、判断,通过学习他们的先进经验来改善自身的不足,从而赶超标杆,不断追求优秀业绩的良性循环过程。

例如:苏州区各个KPI最好的区域是【苏州步行街店】,但是与其市场环境各方面相同的【常熟步行街】(常熟步行街店属于常熟区的)相比在某些指标上还有差距,把【常熟步行街店】设为外部标杆,那么苏州步行街店的各项指标都要与【常熟步行街店】的各项指标进行比较、分析、判断,通过学习【常熟步行街店】的优点、经验来改善自身的不足,从而赶超【常熟步行街店】,不断追求优秀业绩的良性循环。

再如,标杆区的101店的市场环境与旗舰店的110店市场环境各方面都类似,它们可以互相为外部的标杆,进行对比分析。

2.3.2.3 月周日绩效分析方法

在绩效分析过程中需要把握先总体再个体、先整体再具体的原则。

看数据流程:先看"月绩效",再看"周绩效",最后看"日绩效"。

月-周-日相结合绩效分析方法

(1)每次数据都要先看月绩效的完成情况,然后再看周绩效,最后看日绩效。

(2)如果月绩效完成的还不错,在分析某一周绩效的时候,暂时落后的可以先不做重点跟进对象,主要跟进月绩效完成较差的对象;同理分析日绩效。

(3)每周跟进数据、每天跟进数据的最终目的都是更好地完成月目标。

1. 门店整体数据分析

(1)从IPOS系统导出本月的销售数据,形成销售数据分析报表(表2-23),报表应包含:销售目标、实际完成业绩、完成率、笔数、件数、件均价、客单价、连带率;从各个指标分析未完成原因。

(2)门店内部对标,同比去年、环比上一个月(排除季节影响),找出同比、环比差距,从天气、人员、节假日、促销、商品等因素分析(同比、环比应以销售额绝对值对比)。

表 2-23 门店月度销售数据分析表

月份	销售额	月目标	完成率	环比业绩	环比	同比业绩	同比	笔数	件数	价均价	客单价	客件数
9月	83 250	100 000	83.3%	41 625	99.3%	94 322	−13.30%	207	634	131	402	3.1

(3)区域内部对标,对比区域其他门店、区域整体,找出门店之间、区域整体之间的差

距,借鉴其他店铺优势加以复制。其表格形式如表 2-24 所示。

表 2-24 门店区域月度销售数据分析表

门店	销售额	同比	环比	目标额	完成率	人数	人均	件数	件均价	客单价	客件数	库存量	月库销比	折扣率
A	441 491	−33.9%	43.7%	600 000	73.6%	7	63 070	3 648	121	408	3.4	16 051	4.4	5.1
B	142 929	−48.3%	34.2%	270 000	52.9%	9	15 881	734	195	419	2.2	5 960	8.12	6.1
……	……	……	……	……	……	……	……	……	……	……	……	……	……	……
合计	2 139 324	−21%	9%	2 850 000	76.0%	88	25 249	1 263	163	351	2.2	9 381	8.3	5.6

(4) 门店人效分析,同比去年人均业绩差距,分析进店率、成交率、人员销售能力,分析门店客流、人员调配是否合理,是否是因为人员不足,接单忙不过来,导致成交率低等因素,或者导购太多,抢单、人员没有积极性。

(5) 分析门店各员工的月完成情况,将各员工月完成率进行对比(表 2-25),找出排名靠后的员工,重点分析是哪个指标出了问题。

表 2-25 门店月度人员业绩分析表

排名	员工姓名	销售额	月目标	完成率	环比	同比去年人均销售	区域人均销售	对比倍数	价均价	区域均值	客单价	区域均值	客件数	区域均值
1	A1	83 250	100 000	83.3%	99.3%	82 000	70 000	1.2	131	145	402	420	3.1	2.6
2	A2	78 163	100 000	78.2%	50.5%	82 000	70 000	1.1	121	145	352	420	2.9	2.6
……	……	……	……	……	……	……	……	……	……	……	……	……	……	……
合计		355 773	600 000	76.2%	43.7%	82 000	70 000		126	145	372	420	3.0	2.6

(6) 导购销售的各项指标区域对标,如表 2-26 所示,对销售额、完成率、客单价、连带率、销售件数等进行排名,并告诉导购,让导购知道自己在区域内处在什么水平,激励导购(排名以完成率计算,门店位置不同,面积不同,则导购的业绩差距是很大的,门店面积和位置好,则目标高,销售额也高,但完成率可以避开这些)。

表 2-26 门店导购在区域导购销售排名分析表

排名	门店	姓名	销售额	月目标	完成率	环比	价均价	客单价	客件数
1	E	E1	71 596	65 000	110.1%	18.3%	134	354	2.6
2	A	A1	93 250	100 000	93.3%	19.3%	131	402	3.1
3	B	B1	88 163	95 000	92.8%	10.5%	121	352	2.9
4	A	A3	77 702	85 000	91.4%	11.7%	119	385	3.2
5	C	C4	87 062	100 000	87.1%	8.8%	126	369	2.9
……	……	……	……	……	……	……	……	……	……
平均			70 000	82 000	85.4%	43.7%	124	377	3.0

(7) 门店外部各项指标对标，找到与自己门店环境相近的门店，对门店整体和导购的各项指标进行对比，找出差距与优势，加以改善。其分析表模板如表 2-27 所示。

表 2-27　门店员工外部对标门店业绩分析表

A 店员工业绩分析表								
排名	姓名	销售额	月目标	完成率	环比	价均价	客单价	客件数
1	A1	83 250	100 000	83.3%	19.3%	131	402	3.1
2	A2	78 163	100 000	78.2%	10.5%	121	352	2.9
……	……	……	……	……	……	……	……	……
合计		161 413	200 000	80.7%	14.9%	126	377	3.0
M 店员工业绩分析表								
排名	姓名	销售额	月目标	完成率	环比	价均价	客单价	客件数
1	M1	89 702	100 000	89.7%	11.7%	144	460	3.2
2	M2	83 062	100 000	83.1%	8.8%	148	385	2.6
……	……	……	……	……	……	……	……	……
合计		172 764	200 000	86.4%	0.102 5	146	426	2.92

(8) 将竞争对手各项数据作为参考。

2. 商品运营数据分析

(1) 商品分析的数据指标包括：商品结构、库存量、SKU 宽度与深度、库销比、周转率、动销率、售罄率、齐码率、折扣率、毛利、品类占比、畅滞销款、陈列效率、促销效果。

(2) 商品结构分析，从销售数据中分析，如表 2-28 所示：新老款销售占比、上下装销售占比、季节销售占比、区域内部对标、区域外部对标等，新老款和季节销售会影响门店商品折扣、影响新款销售；上下装销售影响陈列、采购、连带。

表 2-28　门店库存结构区域内部对标与外部对标分析

A 店库存结构对标区域、外部门店分析											
	A 店				A 店区域				M 店		
大类	销量	销售额	新款	旧款	销量	销售额	新款	旧款	销量	销售额	新款	旧款
上装	41%	46%	68%	32%	43%	49%	71%	29%	45%	45.20%	69%	31%
下装	49%	52%	75%	25%	48%	48%	72%	28%	49%	53%	55%	45%
配饰	10%	2%	55%	45%	9%	3%	59%	41%	6%	1.8%	60%	40%
品类结构分析											
	A 店				A 店区域				M 店		
大类	销量	销售额	新款	旧款	销量	销售额	新款	旧款	销量	销售额	新款	旧款
牛仔裤	11%	15%	68%	32%	13%	16%	71%	29%	15%	20.00%	69%	31%
……	……	……	……	……	……	……	……	……	……	……	……	……

(3) 库销比整体分析，整体库销比指标正常，不代表品类与单款的库销比正常，要细分到单款。对比区域与公司，库销比是否正常，对库销比异常的单款进行货品陈列调整、人员引导与主推、退仓、归并。

(4) 库存量的分析，库存量过高会造成资金积压，过低会导致不能及时供货，无法满足销售与陈列，因此要每天检查库存量。门店库存量合理，不代表品类和单款合理。新品上市和换季时，库存量会增加，属于正常现象。这个指标的分析可以同比去年库存数据。对标区域和外部、环比的意义不大。

(5) 动销率分析，动销率是门店所有商品单款动销情况，比如门店有 200 个 SKU，本月有 160 个 SKU 有销售，那么动销率就是 160/200＝80%。滞销商品会拉低动销率。对动销率分析时要考虑商品缺货（断码）、商品停销、虚拟库存（退仓、来货在途未审核）、同质商品过多、品种结构问题、陈列问题等因素，找出问题后进行相应调整，商品动销率不必进行内部、外部对标。

(6) 售罄率与齐码率，售罄率是反应某种货品的销售量占总进货量的比例，帮助门店确定货品销售到何种程度，何时进行折扣销售清仓处理。售罄率是判断商品是否属于畅滞销、是否需要补货的依据。分析商品售罄率时，要考虑促销活动、SKU 深度、齐码率等因素。对单款商品商品而言，售罄率过高，就需要补货，过低需要销售策略调整、陈列调整。对商品品类，则进行 SKU 增减与组合销售调整。可以进行内部、外部数据对标，做表 2-29 分析。

表 2-29　门店库存量、库销比、售罄率，区域对标与外部对标门店分析

类别		A 店				A 店区域				外部对标 M 店			
品类	单款	销量	库存量	库销比	售罄率	销售量	库存量	库销比	售罄率	销售量	库存量	库销比	售罄率
牛仔裤	牛仔裤 A	3	6	2.0	33.3%	33	95	2.9	25.8%	5	5	1.0	50.0%
	牛仔裤 B	3	7	2.3	30.0%	22	88	4.0	20.0%	4	7	1.8	36.4%
	牛仔裤	6	6	1.0	50.0%	38	93	2.4	29.0%	5	7	1.4	41.7%
休闲裤	休闲裤 A	6	18	3		36	108	3.0	25.0%	8	18	2.3	30.8%
	休闲裤	……	……	……	……	……	……	……	……	……	……	……	……
……													……
合计		758	2 678	3.5	22.1%	4 889	21 456	4.4	18.6%	749	2 780	3.7	21.2%

(7) 品类占比分析（表 2-30），实际上就是品类的贡献度，衡量品类销售是否合理，要对品类销售占比与品类库存占比、陈列效率进行分析。如某品类销售占比 15%，而库存占比 22%，说明销售不足，但不能说整个品类都差，要找到是品类里的哪个 SKU 差，是价格问题、陈列问题、库存问题，还是款式问题等，然后进行区域内部对标和外部对标，看看是否是类似问题导致了品类或单款销售差，进而进行相应的调整。

表 2-30　门店品类占比区域对标分析表

品类	销售额	销售占比	库存金额	库存占比	区域销售占比	区域库存占比
C 圆领 T	183 233	33.0%	93 430	27.5%	29.5%	25.3%
合计						

(8) 陈列效率分析(表 2-31),陈列效率就是销售占比与陈列面积占比的比值,如品类销售占比 15%,品类陈列占比 10%,则陈列效率 150%,陈列效率反应陈列资源利用效率。对陈列效率的分析,首先是要保证分析时间内的陈列占比不变,如果中途发生了变化,则需要在变化之日进行分阶段统计。品类的陈列效率大于 1 或小于 1 时,要细分查看哪一款影响了销售效率,影响的因素是什么,然后进行调整。陈列效率分析不必进行区域内部、外部的对标分析。

表 2-31　门店陈列效率分析表

品类	类别组数	货架占比	每组业绩	周总业绩	件均价	类别业绩	业绩占比	陈列效率
C 圆领 T	13.5	23.5%	13 573	554 817	85	183 233	33.0%	141%
Z 七分裤	8	13.9%	13 617	554 817	142	108 935	19.6%	141%
F 风衣	9.5	16.5%	8 973	554 817	163	85 247	15.4%	93%
P 翻领 T	5	8.7%	10 961	554 817	126	54 806	9.9%	114%
K 短裤	4.5	7.8%	10 407	554 817	132	46 833	8.4%	108%
合计	57.5	1	76 469	554 817	130	552 984		

(9) 折扣、毛利分析,折扣会影响毛利(表 2-32)。折扣的高低会对不同折扣偏好的会员产生影响。同时滞销款的促销、老款的促销都会对折扣率产生影响。因此在分析时,要

表 2-32　门店月度折扣、毛利分析表

类别	销售额	销售量	平均折扣	毛利润率	库存	库销比	新款金额	新款折扣	库存	库销比	老款金额	老款折扣	库存	库销比
休闲裤	84 188	726	52%	3.6%	1 882	2.6	58 932	85%	1 057	2.8	25 256	60%	825	2.4
夹克	75 362	314	59%	15.4%	539	1.7	48 985	88%	387	2.4	26 377	60%	152	1.0
羊毛衫	67 947	739	56%	38.2%	1 336	1.8	42 807	86%	849	2.1	25 140	50%	487	1.5
羽绒服	65 949	611	70%	66.3%	1 294	2.1	51 440	88%	689	2.2	14 509	68%	605	2.0
休闲长衬	62 242	574	59%	14.8%	769	1.3	36 100	80%	490	1.6	26 142	60%	279	1.1
牛仔裤	50 989	403	67%	25.1%	1 051	2.6	35 182	86%	674	2.8	15 807	65%	377	2.3
……	……	……	……	……	……	……	……	……	……	……	……	……	……	……
合计	406 677	3 367	60.3%	27.2%	6 871	2.0	273 446.5	85.5%	4 146	2.3	133 230	60.5%	2 725	1.7

将新老款、滞销商品剔除后再进行分析。正常情况,同区域的活动是一致的,所以对标内部、外部是没有必要的。

(10) 畅滞销分析,在进行畅滞销分析时,要剔除干扰因素,如特殊活动造成某款商品销售增加,或者陈列位置不对导致滞销等。

判断畅滞销的标准在不同岗位的人眼中是不一样的。零售运营人眼中的畅销品,是销售贡献最大的商品,所以零售运营人员只看销售额或销售量来确定畅销品。商品运营人眼中的畅销品,是产出最大化,包含销售和库存两个维度,销售不错并且能持续提供库存支持的商品才是畅销品,对应的指标是销售额和销售量、库存量和库存周转天数。财务人员都是比较现实的,他们不但关注销售,还关注利润。他们对畅销品的定义是三维的,包含销售、库存和利润三个方面。对应的指标有销售额和销售量、库存天数、库存周转率、毛利率等。只有能持续给公司创造销售和利润,并且占用最优资金量的商品才是畅销品。各个店的库存情况不同,区域内部、外部对标时不一定准确(畅滞销款分析表,请参考TOP款分析表)。

(11) TOP款销售情况,需要对比内部、外部指标,如表2-33所示。自己门店的TOP款与区域是否一致、与公司整体是否一致,差距在哪里,找出问题点在哪里,然后做相应的调整,如陈列位置变化、门店主推、人员引导、目标制定等。

要注意,商品数据分析并不是单一的某一个指标进行分析,而是指标的关联分析,如售罄率与动销率、售罄率与畅滞销、库销比与周转率等,不同的几个指标组合在一起,分析的维度是不一样的。

表2-33 门店TOP10与区域TOP10对比分析表

区域 TOP10				A 店 TOP10				区域 TOP10 A 店销售	
款型	销量	折扣	库销比	销售数量	销量	折扣	库销比	销量	库销
休闲长袖衬衫/AG30467	119	0.84	2.7	休闲长袖衬衫/AMZ31350053	55	0.32	1.7		
棉羊绒/A3270001	101	0.32	1.3	棉羊绒/A3270001	44	0.32	1.9		
正装长袖衬衫/AG10085	94	0.82	3.1	休闲长袖衬衫/AG30467	34	0.83	1.3		
休闲长袖衬衫/AG30590	78	—	2.5	毛衫/AMZ31210007	32	0.36	0.9	13	3.2
正装衬衫/AMZ11330008	75	0.85	2.2	正装衬衫/AMZ31330016	30	0.41	1.7	8	6.3
休闲长袖衬衫/AG31030	74	—	2.7	牛仔裤/AMZ11550022	27	0.35	0	11	3.5
牛仔裤/AG30430	65	0.93	2.6	羊毛衫/A4090057	26	0.34	0.6	10	1.9
休闲裤/AG30592	57	1.03	2.8	休闲长袖衬衫/AMZ31350034	25	0.36	0.7	7	2
休闲长衬/AMZ11350001	56	0.46	1.5	正装长袖衬衫/AMZ31330014	23	0.39	2.1	19	0.1
休闲裤/AG30615	50	0.99	3.7	正装长袖衬衫/AG10085	22	0.85	1.3	2	9.5

3. 会员数据分析

会员经营分析的指标有会员总量、新增会员、年龄段、会龄段、开卡率、复购率、会员人均价值、会员终身价值、有效会员、活跃会员、流失会员、沉默会员、会员贡献率、会员忠诚度、会员折扣偏好、新品偏好、连带偏好、客单偏好等。最常用的指标分析解读如下：

（1）会员总量，是衡量门店所在商圈，来消费办卡的顾客数量。如果只看这个数据是没有意义的，数量的多少并不能衡量顾客为门店所带来的价值。在这个会员数量中，要剔除无效会员、流失会员，剩下的活跃会员和沉默会员才是门店真正意义上的会员，有价值的会员。会员总量的多少只能证明过去有多少人开卡，不代表现在和将来能够为门店创造多少价值，因此只在内部分析。

（2）活跃会员、沉默会员、流失会员、无效会员分析。四种会员的界定是以RFM模型中的R值来界定，R值代表的顾客上次购物到当前的时间间隔，比如上次购买距离今天在3个月之内属于活跃会员，3~6个月是沉默会员，6~12个月属于流失会员，办卡但从来都没有消费的属于无效会员。每一个零售行业，或者同行业的不同品牌之间，对R值的界定都不同，奢侈品牌和大众品牌，消费间隔时间肯定是不同的。活跃会员占总会员的多少，决定了会员复购率。活跃会员占比越低，说明会员与门店之间的黏性越低，需要进行会员回访、亲情问候、会员营销等活动来增加黏性，沉默会员可以通过短信和回访来唤醒会员，而流失会员则需要建立会员流失预警模型，发现流失会员并挽留会员。如果是开店两年以上的店铺，四种会员的占比的分析（表2-34），都需要通过与区域内部对标、外面对标，来判断自己门店的各项占比是否合理，然后加以调整。

表2-34 门店会员类别分析表

会员标签	当月数据	上月数据	环比变化	环比增长	去年同期	同比变化	同比增长	当月占比	区域占比
流失会员	1 547	1 289	258	20.0%	1 272	275	21.62%	12.7%	10.6%
休眠会员	3 487	3 423	64	1.9%	3 162	325	10.28%	28.6%	28.1%
沉默会员	4 080	4 081	-1	0.0%	3 178	902	28.38%	33.4%	33.4%
活跃会员	3 088	3 409	-321	-9.4%	2 997	91	3.04%	25.3%	27.9%

（3）会员结构分析，包括会员年龄段、会员会龄段两个指标，如表2-35所示，分析会员结构，需要收集顾客的姓名、性别、出生年月日、手机号码、邮箱、通讯地址、微博账号、微信账号、月收入、工作单位性质等，收集这些数据是为了后期的分析和营销。会员年龄段的占比，能看出门店的商品是哪一个主力年龄段的顾客购买的，是否符合公司的定位，比如公司的年龄定位是25~40岁，在实际上在销售过程中，主力客群应该是25~40岁的人群居多。如果偏差太大，有可能是会员登记过程中资料不准确，开卡时店长没有审核资料。也有可能是公司在定位上不太符合当地客群，需要进行调整。

会员会龄段分析，则可以通过会员入会的时间，来判断哪一个会龄段的会员属于购买商品主力会员，这个判断可以用作精准营销的标准。会龄段和会员年龄段的分析，每个零售公司标准都不一样,零售超市的商品属于易消耗性商品,在一个月内分析的次数会多一些。年龄段的划分也各不相同,商品风格定位跨度比较小的细分行业,划分的会更细致,有可能 2 岁就是一个年龄段,划分的标准依据公司商品受众人群的年龄跨度和敏感性。

表 2-35　门店会龄段与会员年龄段购买人数分析表

会龄段分析									
	A 店会龄段(人数)				A 店区域会龄段(人数)				比增长百分点
会龄段	会员量	有效会员	购买人数	购买占比	会员量	有效会员	购买人数	购买占比	
1 个月内	179	157	38	24.2%	1 571	1 043	239	22.9%	1.3
1~3 个月	386	313	57	18.2%	1 893	1 401	117	8.4%	9.8
3~6 个月	1 000	855	95	11.1%	4 610	3 241	123	3.8%	7.3
……	……	……	……	……	……	……	……	……	……
合计	15 499	10 122	619	6.1%	112 625	44 187	2 625	5.9%	1.7
年龄段									
	A 店年龄段(人数)				A 店区域年龄段(人数)				对比增长百分点
年龄段	会员量	有效会员	购买人数	购买占比	会员量	有效会员	购买人数	购买占比	
19~23	370	238	37	15.5%	3 557	1 694	269	15.9%	−0.4
24~30	3 284	2 036	143	7.0%	22 874	9 586	520	5.4%	1.6
31~35	3 898	2 705	125	4.6%	22 321	10 189	473	4.6%	0.0
36~40	2 637	1 659	109	6.6%	16 280	6 636	403	6.1%	0.5
……	……	……	……	……	……	……	……	……	……
合计	10 189	6 638	414	6.2%	65 032	28 105	1 665	5.9%	0.2

(4) 新增会员和开卡率的分析(表 2-36)。随着竞争的加剧,很多商家对会员的入会要求越来越低,导致会员卡只起到收集信息的作用。即使如此,还是有很多的顾客不愿意办卡。每个公司对开卡都有要求,比如 ABC 公司的要求是:开业 6 个月内的门店,每 1 万元业绩办卡 12 张。6~12 个月,每 1 万元业绩 10 张……广州某运动品牌,消费满 399 元,就可以办卡,立刻享有 8.8 折。办卡这一硬性标准,可以检测出导购的开卡技巧和销售能力,同时也能了解顾客不办卡的原因,可以作为会员服务标准制定和会员政策的依据。在这个过程中,店长要严格控制无效会员卡的开卡。

(5) 会员的复购率与复购金额占比,复购金额占比与会员活跃度、满意度、忠诚度、终身价值有关。会员月复购率=当月复购人数/有效会员数,会员复购金额占比=会员复购金额/门店营业额。复购金额占比增加 1%,业绩就会增加 2%,可见会员复购的重要性。

复购率的高低可以检测出会员的活跃度、满意度、忠诚度。满意度越高,则忠诚度越高,忠诚度越高,则顾客价值越高,相应的会员的复购率和复购金额占比越高。

会员与门店的黏性越高,带来的潜在价值和潜在顾客就越多。因此,门店应该用熟客管理、亲情问候、短信微信互动、会员活动,增加与会员的黏性提高复购。同时复购率、忠诚度、满意度、顾客价值都可以内部、外部对标,同比与环比进行数据的比较。复购率分析表格,以会龄段和会员年龄段两个指标为纵坐标,以复购人数、复购率和复购金额占比为横坐标,反映每个会龄段中复购人数、占比的情况。如表2-36中6～12个月、12～18个月、18～24个月,这三个会龄段的复购人数占比是8.1%,但是复购金额达到了27.6%,这就说明,这三个会龄段对品牌的认可度比价高,相对的单次购买的客单比较高,则满意度和忠诚度上也比较高。

表2-36 门店会龄段与会员年龄段复购率分析表

会龄段	A店会龄段复购率				A店区域会龄段复购率			
	有效会员	复购人数	复购率	复购金额占比	有效会员	复购人数	复购率	复购金额占比
1个月内	157	29	18.5%	13.0%	1 043	139	13.3%	15.1%
1～3个月	313	23	7.3%	5.9%	1 401	117	8.4%	6.1%
3～6个月	855	23	2.7%	6.0%	3 241	123	3.8%	5.4%
6～12个月	2 185	55	2.5%	8.3%	9 310	323	3.5%	12.0%
12～18个月	1 339	46	3.4%	9.9%	7 443	421	5.7%	11.3%
18～24个月	1 127	25	2.2%	9.4%	4 633	114	2.5%	8.8%
2～3年	1 154	55	4.8%	5.5%	4 800	341	7.1%	10.3%
3年以上	2 992	166	5.5%	7.4%	12 316	1 317	10.7%	6.9%
合计	10 122	422	4.2%	8.2%	44 187	2 895	6.6%	9.5%

(6)会员折扣偏好、新品偏好、客单价偏好、连带偏好分析,不同的行业和不同地区的折扣偏好、连带偏好取值不同,同行业也有可能不同。如服装行业,高端时装和大众品牌会有不同,大众品牌连带正常为1.8～2.4,好一些的都在2.4以上,如表2-37所示的案例。奢侈品牌很少打折,即使有折扣,也是9.8折、95折。这些指标的分析,是用来做会员的精准营销分析决策。折扣偏好、连带偏好、客单偏好等指标在分析时,可以两两组合,也可以三三组合。如新品上市时,需要商品快速融入市场,提高市场占有率,就可以选择折扣偏好弱且新品偏好强的会员。如做清仓促销,可以选择折扣偏好强且连带偏好强的会员,这样就会更精准地锁客户群体,避免资源的浪费。这样做的优势是,一方面可以快速增加商品的流动性;另一方面可以精准锁定顾客群营销。同时,这些数据的分析,可以反映出当地消费群体的特征,为商品配货、活动策划做参考依据。这些数据可以内部、外部对标,但意义不大,因为每个商圈的支柱产业不同、消费理念、时尚度不同,如深圳市和苏州市,根本就没有可比性。

表 2-37 门店折扣偏好与连带偏好分析表

特征子类别	折扣	数量	占比	特征子类别	连带率	数量	占比
折扣偏好强	8折以上	5 960	57.09%	连带偏好强	2.4以上	1 597	15.30%
折扣偏好中等	6～8折	2 024	19.39%	连带偏好中	1.8～2.3	2 390	22.89%
折扣偏好弱	6折以下	2 455	23.52%	连带偏好无	1.8以下	6 452	61.81%
合计		10 439	100.00%			10 439	100.00%

两个指标组合在一起,就会形成折扣偏好强且连带偏好强、折扣偏好强且连带偏好中……9类顾客偏好类型,根据不同的营销需求,进行组合筛选。

2.3.3 门店盈利指标改善

零售企业的盈利＝单店盈利×门店数量,门店数量就如同杠杆,放大单店盈利,单店盈利是零售企业的核心指标,单店盈利提高,就可以扩大门店规模;单店盈利下降,就只能关店止损。

单店盈利＝毛利润－成本,毛利润受客流、成交率、客单价、毛利率和折扣率等指标影响。成本受存货成本、宣传促销费用、房租成本、人员成本等指标的影响。提高单店盈利,需要针对性地分析改善指标。单店盈利的逻辑图如图2-14所示。

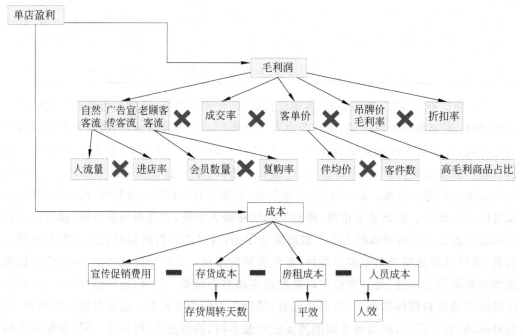

图 2-14 企业单店盈利模型逻辑图

2.3.3.1 增加门店客流

顾客对任何一个零售企业来说都是非常重要的,任何一个零售生意存在都有三个要素,特定的顾客群、满足顾客群的商品、扩大竞争优势的策略,特定顾客群的表现就是客流。公司的利润=毛利-成本,而毛利则和销售额、折扣率有关联,销售额=客流量×进店率×成交率×客单价(件均价×连带率),由此可见,改善影响销售额的任何一项指标,都能提高门店的销售额,下面我们来看一下增加客流量来提升销售额。

客流量分为自然客流、广告宣传客流、老顾客客流。自然客流就是在门店选址不变的情况下,从门店门口经过的自然进店的顾客;广告宣传客流就是公司利用广告、明星代言等手段吸引的顾客;老顾客客流就是门店的忠实会员,重复到店购买的顾客;无论是实体店还是网店,客流都是来自这三个方面。

当前实体店整体感觉到客流下降,哪种客流下降的比较多?哪种客流提升空间较大?

(1) 广告宣传客流

持续下降,因为广告宣传效费比不断降低,导致同等营销费用产生的客流不断下降。

(2) 自然客流

持续下降,因为商业地产、电子商务过剩,以及线上线下分流。

(3) 老顾客复购客流

可持续增长,老顾客客流受企业经营效能的影响,可控、可持续。

提升任何一项的客流量都可以改善整个门店的销售业绩,那么每一项客流量该用哪些方法来提升呢?

2.3.3.2 提升自然客流

门店客流=自然客流+广告客流+老顾客客流,而自然客流受到人流量和进店率两个因素的影响,具体如何做才能提升门店的自然客流呢?

从战略层次上有门店选址和门店形象两个要素,门店选址受到零售业的地域性限制,很难找到理想的网点,大型步行街核心地段的店铺和不处于这些地带的店铺相比较,其顾客资源要丰富很多。因此好地段就成了各个商家竞争的焦点,你不一定能够在你看中的地点开店。而近年来,连锁企业的快递发展,各个商家都已经意识到网点是不可再生的资源,因此都在迅速的扩张网点,这就使得找到一个特别理想的网点十分困难,好的位置的店铺就像是金矿可以源源不断地产生利润。

因此在不改变地理位置和形象的条件下,门店经营层面的改变就成了首选。从门店的经营层面来看,受店长控制的因素有门店橱窗、门店促销活动等。

首先是门店橱窗。门店橱窗扮演着重要的角色——顾客与品牌及其产品的最初的视觉联系。橱窗可以让路人停下他们的脚步并把他们吸引到门店中来。大部分的品牌只是用门店橱窗来陈列产品。奢侈品品牌可以告知它们的顾客和所有的过路人更多的信息。应该利用奢侈品的橱窗来证明其唯一性并建立情感上的关系。在橱窗展示中,利用道具和灯光来营造服饰的场景氛围,营造服饰内在品质和展示其最美的一面。最成功的橱窗设计应该是既要抓住过客的视线,又能表达品牌的品质和内涵。同时,门店的橱窗属于VP陈列点,利用好橱窗的展示,就一定能够吸引顾客进店。

其次是门店的促销活动。当前市场环境下,顾客消费趋向于理性化,供大于求,使得竞争更加激烈。如何吸引更多的顾客进店,促销就随之产生了,促销活动并不是想怎么做就怎么做的,需要来自一线门店的信息反馈和市场调查,还要根据整个企业会员的销售数据对折扣偏好、连带偏好、历史活动的效果等进行综合分析,再确定不同的主题,同时还要准备商品和调整陈列、布置卖场的促销氛围、人员的引导、礼品的准备等,每一项都有很多需要注意和调整的内容。

2.3.3.3 增加老顾客客流

门店客流=自然客流+广告客流+老顾客客流,唯有老顾客客流可持续发展增长,因为人口增长停滞、商业地产过剩、电商流量减少。老顾客客流是整个门店最为重要的客流,同时也是顾客对门店忠诚度的一种体现。在买方市场环境下,顾客已经成为稀缺资源,特别是老顾客。留住一位老顾客的成本远低于开发一位新顾客的成本,企业需要想尽手段来留住老顾客,这同时也在提升老顾客的流量。

从营销的本质上分析,老顾客是第二次来门店消费的顾客,形成二次消费的前提是,顾客对品牌或者门店有着一定的满意度,这种满意度可以表现为对商品的满意度、对顾客服务的满意度、对门店促销方式的满意度、对购买体验的满意度等。

从销售指标分析,老顾客的二次购买,其实就是复购率、复购金额占比指标,门店的销售额增长和复购金额增长相关,图2-15中可以看到,如果门店的复购金额从20%增长到50%,那么门店销售额增加60%。从这一点上可以看出,老顾客对整个门店盈利的影响,如果要做到这一点,离不开公司对整个会员价值体系的开发与完善。

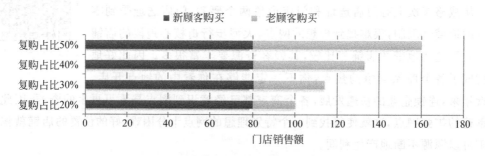

图2-15 老顾客复购率、复购金额占比分析

如何提升门店的老顾客的客流量呢?从战略层次操作的手法是开发会员的价值体系。从门店经营层次的操作手法有门店商品服务企划、会员营销、顾客体验,图2-16详细说明了门店提升老顾客客流的方法。

2.3.3.4 提高门店成交率

门店开业后,首先要解决的就是客流的问题,只有吸引了大量的客

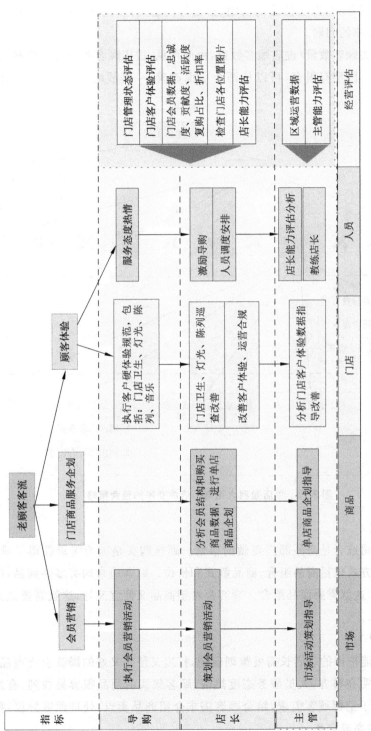

图 2-16 门店提升老顾客客流方法

流,才谈得上销售业绩。有了客流,就需要考虑成交率的问题。有了成交率,你才能去谈客单价、连带率、联单率,以及商品的动销、售罄等问题,所以仅仅解决客流的问题是不够的,还要解决成交率的问题。

成交率=购买顾客数量/进店顾客数量,由此可见,进店顾客的成交率越高,销售就越好。影响成交率的因素有很多,可以从两个层面改善,一是战略模式;二是门店经营,如图 2-17 所示。

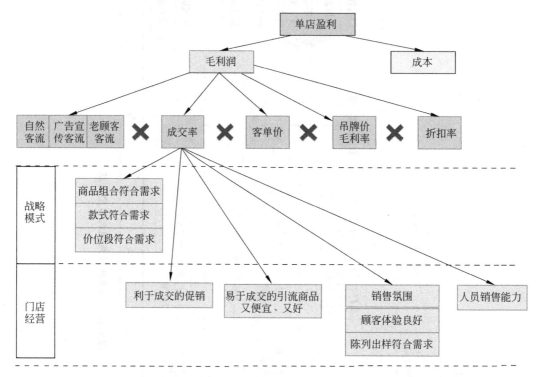

图 2-17 单店盈利之提高门店成交率的经营策略

1. 战略模式

可以说是公司或者是商品部门要做的事情。顾客购买是因为需求获得了满足,门店满足顾客需求的方式包括商品组合、商品款式和价位。顾客通常购买多件商品,顾客想买的商品门店都有,这就需要商品组合。顾客都希望商品又便宜又好,这就需要款式符合需求,价格符合需求。

2. 门店经营

是店长层面能把握的。店长需要策划促销,打造又便宜又好的爆款引流商品,提高成交率。门店干净明亮整齐,人员服务态度热情,顾客想买的商品很容易找到,有助于提高成交率。导购善于把握顾客需求,结合顾客需求介绍商品卖点,处理顾客异议,推动顾客购买,也有助于提高成交率。

2.3.3.5 提高客单价

顾客购买了、成交了，就需要考虑顾客购买的金额，顾客购买的平均客单价越高，门店销售额就越高，客单价与销售额成正比关系。有很多门店，在推广店铺的时候只是追求店铺销量，忽略了客单价，结果发现店铺有人气没盈利，虽然店铺销量很高，但是却赚不到钱。

KPI15提高客单价

如果这个情况长久延续下去，店铺最终只会走向末路。因此，店铺推广不能只考虑销量，而是应该在兼顾店铺客单价的基础上来提升店铺销量，最终使店铺获得最大的盈利。

客单价＝销售总额÷顾客总购买笔数。或者是，客单价＝客件数×件均价，可以发现，只要改变客件数和件均价其中任何一个变量都能提升客单价。

从图 2-18 中可以发现，在战略层面，件均价和客件数受商品价位段企划和商品组合因素的影响。在门店经营层面，影响客单价的因素包括：门店经营的促销活动、门店高价位商品的出样、门店成套商品陈列、人员高价位商品引导和人员的成套销售能力等。

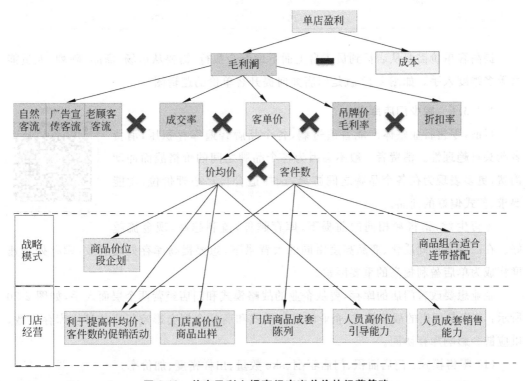

图 2-18 单店盈利之提高门店客单价的经营策略

不同门店、不同导购,客单价相差数倍,门店客单价有很大的提升潜力。相同成交笔数,客单价决定了销售额高低,表2-38是某男装公司门店员工日销售业绩,从中可以看到门店员工,客单价最高的为1 442元共6笔销售额8 650元、客单价最低为482元共12笔销售额5 783元,客单价相差三倍。如果最低客单价的员工能够提高客单价至1 442元,该员工销售额可以提高近万元。

表2-38　员工日绩效分析表

姓名	销售额	笔数	件数	件均价	客单价	客件数
朱丽	6898	7	21	328	985	3
宋奎艳	6447	8	21	307	806	2.63
李冬雪	8486	10	22	386	849	2.2
李雪	8650	6	24	360	1442	4
张寒	5510	8	16	344	689	2
陈肜	5785	12	36	161	482	3
张圆福	7156	7	24	298	1022	3.43
叶江凯	6419	8	25	257	802	3.13
孙晨旭	6638	7	21	316	948	3
庄艳	4499	5	24	187	900	4.8
洪超	5897	5	19	310	1179	3.8

提高客单价需要从店长到员工自上而下地配合执行,需要从市场、商品、陈列、人员能力等多维度入手。如图2-19就是门店如何提升客单价的逻辑图。

2.3.3.6　减少门店库存

目前,零售行业整体产能普遍过剩,各个品牌普遍库存积压,消费者购买日趋理性。消费者一般不会因为各个品牌之间的价格战而冲动消费,更多表现为在各个品牌之间游离,选择适合自己心理价位、功能要求、款式偏好的商品。

KPI18减少门店库存

零售生意,销售额相同的前提下,库存越低,盈利越高,现金流越好。在品牌高度同质化、商品高度雷同的大背景下,想要提高库存处理成效,库存处理速度将成为单店盈利提高的重要因素。

企业想要改善门店的库存,要从企业的战略模式和门店经营两个层面入手,如图2-20所示:首先是门店的战略模式,企业的零售模式和商品企划会影响门店的日均库存件数、供应链会影响库存协同。

(1) 零售模式:门店面积、门店氛围、skc数量、出样密度、加价率。

(2) 商品企划:总体商品计划,品类、单款、订货数量与结构。

(3) 供应链:销售拉动的弹性供应链。

从门店经营的角度,要加快商品的周转,可以从市场宣传促销、单店商品企划、门店商品运营、人员销售等方面改善,图2-21为门店存货周转天数改善策略。

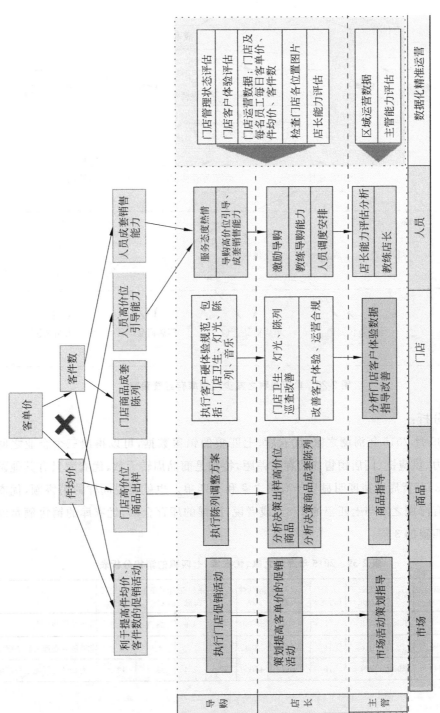

图 2-19 单店盈利之提高客单价逻辑图

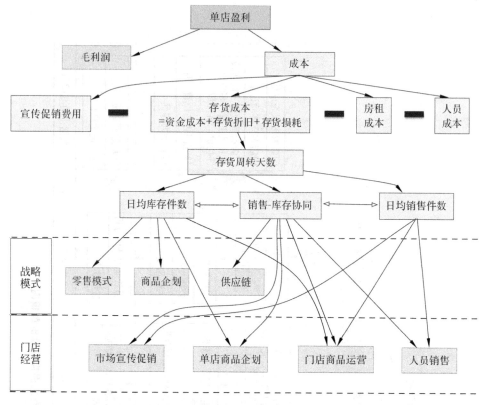

图 2-20 单店盈利之减少门店库存经营策略

案例分析：

表 2-39 是 2015 年海澜之家、优衣库、七匹狼的销售数据，可以得出三个企业之间的商品竞争力、供应链、门店销售能力存在差距，特别是商品周转天数，优衣库只有其他两个企业的 1/3，存货周转速度明显快于海澜之家和七匹狼。也就是说同样的销售额，优衣库的库存只有海澜之家与七匹狼的 1/3。或者说，同样的库存金额，优衣库的销售额是海澜之家与七匹狼的 3 倍。

表 2-39　2015 年海澜之家、优衣库、七匹狼的销售分析表

	单店销售额（万元）	面积	平效（万元）	人效（万元）	存货周转天数	陈列件数	SKU	单位面积SKU	单位面积件数	SKU出样件数	地点
海澜之家	563	160	3.5	51	316	4500	730	4.6	28.1	6.2	江苏吴江步行街
七匹狼	188	72	2.6	31	300	350	88	1.2	4.9	4.0	北京回龙观西大街华联商厦
优衣库	2643	1100	2.4	76	105	41000	2680	2.4	37.3	15.3	上海松江开元地中海广场店

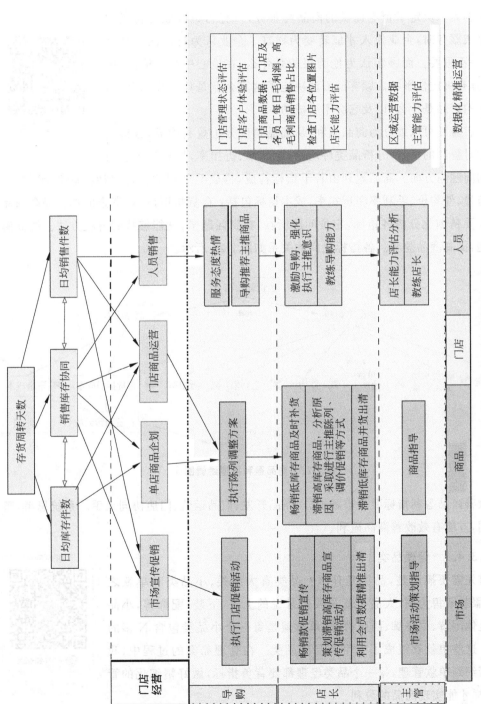

图 2-21 门店存货周转天数改善策略

2.3.4 商品盈利指标改善

顾客需求决定了企业提供的商品与服务，只有当顾客愿意付钱购买商品或服务时，企业投入才能转变为财富。企业认为自己的产品是什么，并不重要。而顾客认为他购买的是什么，在他心中的"价值"何在，却具有决定性影响。顾客的看法决定了这家企业是什么样的企业，它生产的产品是什么，以及它会不会成功。

门店盈利可以细分为商品盈利，从商品角度分析盈利构成，分析品类单款对盈利的贡献，分析品类件均价、毛利率、折扣率，找到门店盈利改善的问题与方向。商品盈利由若干指标构成，构成毛利润的指标包括：品类、单款、平均销售量、件均价、毛利率和折扣率，成本指标包括：存货折旧成本、资金成本。提高商品盈利需要精细化分析各指标，定位问题所在，找到问题了，就能够找到解决方法。继而解决问题，提高商品盈利。各指标之间的关系如图2-22所示。

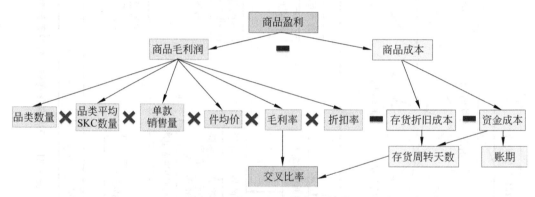

图 2-22 商品盈利模型逻辑图

改善商品盈利指标要从市场细分、商品开发、商品运营、门店协同入手。系统思考，整体协同，方能有效改善商品盈利。

2.3.4.1 管理品类

首先需要搞清楚，品类是什么？品类有大品类、小品类和单款之分，以服装零售为例，大品类就是我们常说的上装、下装、配饰等，小品类就是休闲裤、牛仔裤、西服裤等，单款就是每一个小品类包含N多的款式。这些单款就组成了整个商品的品类。在管理品类的过程中，我们要精细到单款管理，每一个品类经理都要背负指标，做好精细化的管理，这样才能实现商品的盈利。

在公司层面的品类管理中，要分析商品生命周期。任何一种商品进入市场，经过推广，销量逐渐增加，受消费者需求变化和市场竞争的影响，最终被新的商品所代替，任何商

品都有这一过程。这个过程如同生物的生命一样有周期性,分为引入、成长、成熟、衰退期。在每一个阶段,都会有不同的管理策略去推动商品的销售,以实现商品利润最大化。如果以时间为横坐标,以经济效益(利润)为纵坐标,则商品生命周期一般呈侧 S 形曲线,如图 2-23 所示。

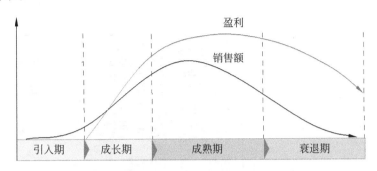

图 2-23　商品生命周期模型

引入商品的生命周期,可以有效地制定和完善商品的经营策略,为增加品类或者减少品类做好参考。

那么,在众多的门店里,所有门店的品类数和款式数相同吗?商品的品类和门店的规划之间有什么区别呢?门店又是如何管理品类呢?品类管理具体原则如下:

(1) 选择的依据:细分客群需求、门店选址与定位、会员购买数据、顾客反馈、销量利润库存周转数据、外部数据、市场调查。

(2) 限制条件:门店出样面积、平效、存货周转速度。

(3) 决策范围:品类增减、品类总体盈利目标、各区各店盈利目标、品类管理、商品组合优化、增加新品、调整定价、促销资源、不同门店陈列面积。

2.3.4.2　管理单款

我们会发现,每个零售门店中都有很多的款式,即使是同样品牌,各门店的商品也不完全一样,那么这些商品的款式是从何而来的呢?又是如何选择和管理,从而使得单款商品产生盈利呢?

品类盈利由单款盈利构成,单款盈利有高有低、有盈有亏,如何管理单款提高盈利?

零售企业可以从市场细分、商品开发、供应链、销售促进等几个方面入手。商品开发的基础是顾客需求,顾客千千万万,管理顾客需求需要进行市场细分,将顾客分为若干有共同需求的细分群体,这样就能够管理顾客需求,针对顾客细分开发商品、销售促进,这样就能够做到有的放矢。在市场细分方面的操作流程如图 2-24 所示。

(1) 首先,收集会员购买数据,分析单款与目标细分客户群的匹配度。

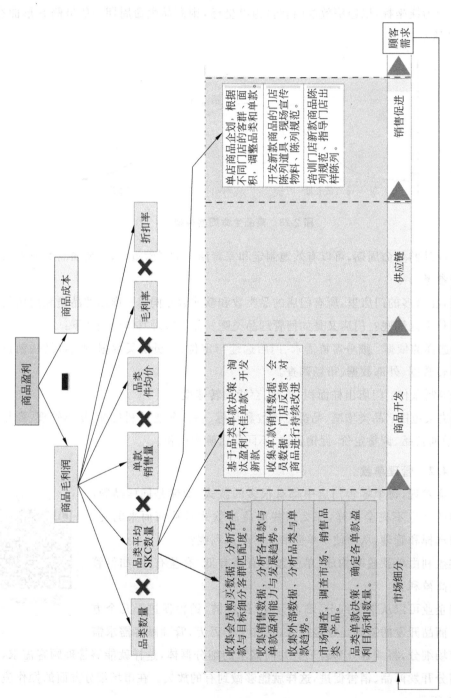

图 2-24　商品单款管理策略

（2）其次，收集销售数据，分析单款销售额与单款盈利能力、发展趋势。

（3）再次，收集外部数据，分析品类与单款销售趋势。

（4）最后，市场调查，单品类决策，确定各单款盈利目标与数量。

在商品开发的环节中，根据市场和销售数据的分析，基于商品单款决策，以盈利为标准淘汰盈利不佳的单款，开发新款。同时，收集单款的销售数据，对商品持续改进。

在门店销售促进方面，要从单店商品企划，根据不同门店的客群、面积、调整品类和单款；其次是开发新商品的陈列道具，现场宣传和陈列规范等；最后是培训门店新款陈列要点、面料知识、销售卖点等。

最终的选择，还是以顾客的需求为出发点，开发和定制符合顾客需求的商品，使得利益最大化。

2.3.5　会员盈利指标改善

很多时候门店销售下滑，店长找不到原因，从会员盈利维度有可能找到答案。如果门店的商品和服务偏离了顾客需求，新商圈分流顾客，就会导致一部分老顾客不再到店。这些潜在问题，通过会员盈利指标分析，可以定位问题，找到解决方法。因此分析制定经营策略，不但需要分析门店指标、商品指标，还需要分析会员盈利指标。

精细化运营必须以顾客为中心，顾客是企业存在的基石，只有顾客才能创造盈利。每个顾客的需求不同，顾客多了就要细分，才能更好地满足细分客群的需求，创造盈利。顾客盈利逻辑如图 2-25 所示：顾客盈利＝新顾客盈利＋老顾客复购，提高老顾客复购需要开发顾客价值，需要改善复购率、复购客单价等一系列指标。提高老顾客复购，要深入分析老顾客需求，更好地满足老顾客需求，提高满意度，才能提高复购率。

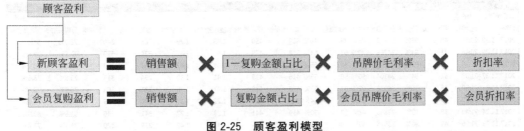

图 2-25　顾客盈利模型

零售企业想要盈利，首先要对盈利的影响因素进行细分，如果你对企业的盈利分析是粗大的、抽象的，你就只能看到今年的盈利同比下滑了 10%，但是哪一部分下滑了？为什么下滑了？该怎么解决呢？如果不精细化地分析，这三个问题是无解的，企业盈利可以细分为顾客盈利、门店盈利、商品盈利三类。商品盈利就是商品本身的价格与成本之间的差值，门店盈利是门店自身因聚客成交带来的盈利，而顾客盈利就是消费者的终生价值的体现,也就是说我们的商品卖给了谁,哪一部分商品最受顾客喜爱,顾客能为我们创造多少价值。顾客是影响企业盈利最根本的要素,离开顾客,商品和门店就没有存在的意义。

顾客的盈利可以分为新顾客盈利和会员复购盈利,新顾客的盈利就是每天非会员和新办理会员卡的顾客带来的利润,而会员复购盈利就是减去新顾客购买的盈利。在人口红利下滑、商业地产过剩的市场中,顾客成为稀缺资源,企业想要盈利,一方面是增加新会员,另一方面是留住老会员,但是开发一个新会员的成本远大于留住一个老顾客的成本,所以,更多的企业就把留住老会员放在了首位。

老会员的复购直接影响门店盈利,从图 2-26 中可以得出,新会员的销售额不随着老顾客的复购金额占比的变化而变化的,新会员的销售受到自然客流和广告客流的影响。但是,当老顾客的复购率从 20% 增长到 50% 的时候,门店的业绩提高到 1.6 倍,老顾客的购买取决于企业的会员管理水平和精准会员营销系统,是受人为因素控制的。

图 2-26　新老顾客复购占比分析

在分析老会员的复购率的时候,可以从会员的复购金额、复购笔数、复购客单价、复购折扣和平均客单价、笔数占比、平均折扣等进行对比分析,图 2-27 是某服装公司商业智能系统的销售数据,复购的金额占比和笔数占比均大于 50%,甚至更高。由此可见,复购对门店的业绩和盈利是很重要的。

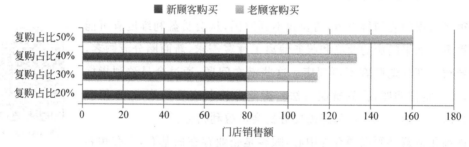

日期	统计时间	新增会员	开卡率	复购金额	占比	复购笔数	占比	复购客单价	平均客单价	复购件数	平均件数	复购件均价	平均件均价	复购折扣率	平均折扣率
2017.11.30	20:59	40	95%	29872	45%	73	49%	409	450	1.33	1.29	308	349	78.9%	81%
2017.11.29	20:46	21	84%	34705	70%	67	64%	518	479	1.6	1.41	324	339	77.6%	78.4%
2017.11.28	21:06	20	91%	19080	65%	48	65%	398	395	1.48	1.42	269	278	83.6%	80.9%
2017.11.27	21:33	31	94%	24104	50%	58	53%	416	439	1.41	1.39	294	315	75.5%	78.6%
2017.11.26	21:50	45	90%	34031	52%	81	53%	420	430	1.47	1.39	286	308	76.3%	78.6%
2017.11.25	21:57	46	92%	29939	47%	82	54%	365	414	1.22	1.27	299	325	74.6%	74.9%
2017.11.24	21:40	38	93%	23866	48%	57	50%	419	441	1.23	1.27	341	346	81.8%	80.9%
2017.11.23	21:56	49	96%	33515	52%	84	60%	399	454	1.43	1.42	279	320	75.1%	77.8%
2017.11.22	21:27	32	84%	33744	54%	74	56%	456	471	1.49	1.44	307	326	74.6%	77.8%
2017.11.21	21:49	36	97%	33727	58%	66	54%	511	479	1.47	1.39	348	344	76.5%	74.9%
2017.11.20	21:13	39	89%	29261	57%	49	54%	597	571	1.49	1.5	401	381	93.8%	87.7%
2017.11.19	21:12	73	88%	53122	52%	87	52%	611	606	1.63	1.55	374	392	88.8%	84.9%

图 2-27　某服装公司商业智能系统的销售数据

2.3.5.1 增加新会员

市场竞争加剧,所有的资源都过剩,生产过剩、门店过剩、品牌过剩,唯有顾客是稀缺的。但是,因为人口迁徙、生老病死,老顾客流失是常态。企业想要继续盈利,在维持老顾客关系的同时,也要吸引更多新顾客。

有效会员数量＝新增会员数量－流失会员数量,当新会员的增加速度大于老会员的流失速度时,企业有效会员数量才能稳中有升。在图 2-28 中阐述了如何才能增加新会员。

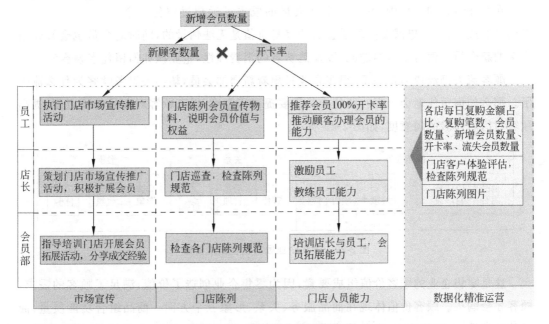

图 2-28　增加新会员经营策略

增加新会员,首先是要吸引顾客进店、成交后才能使顾客成为我们的会员,由此倒推销售流程,可以发现,增加新会员,可以从客流量和开卡率两个方面入手。

增加客流量,需要改善市场宣传和门店陈列。企业要做好品牌推广和宣传工作,提升品牌在市场上的知名度,让品牌成为顾客潜意识中首选品牌。同时,终端门店也要做好品牌维护和服务工作,做好口碑效应,橱窗陈列也要积极地利用,吸引更多的顾客进店。

在门店陈列方面,商品陈列是重点,商品陈列可以促进成交率,有成交就意味着有开卡的希望;同时,还要做好会员的相关宣传陈列,如会员宣传的物料海报等,说明会员的价值与权益。这种宣传陈列位置一定要醒目,如收银台、门店门头等,会员部门和主管也要及时地对会员物料的陈列进行检查,确保门店的有效执行。

做完了上述的工作,会员购买了,难道就一定就会办卡吗,答案是否定的,因为顾客害怕你会无休止地"骚扰"他。所以,除了在会员卡的权益上吸引顾客以外,还考验着销售人员的开卡能力,如员工主动开口向顾客推荐办卡、解说会员卡的权益等,同时还要有一定的激励政策,开卡和绩效挂钩等。在这么多的环节中,会员部门还要及时对会员的各项数据进行监控,发现问题及时整改。

2.3.5.2 留住老会员

中国人口不增加了,商业地产过剩,商圈分流严重,这些导致新顾客减少,顾客就成了稀缺资源。

有效会员数量=新增会员数量-流失会员数量,留住老顾客,减少流失会员,就能增加有效会员数量。

在企业运营的过程中,开发一个新会员的成本远远超过留住一个老会员的成本,一个忠诚度高的老会员的终身价值是无法估量的,同时老会员也会转介绍更多的新会员。面对竞争的加剧,以及消费者的消费理性,企业该如何留住老顾客?

顾客流失已经成为常态了,很多企业只想着新增加会员,却不去思考顾客为什么流失了。那么如何留住老会员呢?留住会员需要提高满意度,提高顾客对商品的满意度,提高顾客对门店体验的满意度,如图 2-29 所示。

图 2-29 零售企业顾客价值组成要素

这是零售企业的顾客价值组成要素,因为零售企业创造了价值,满足了顾客的需求,顾客才会购买。顾客价值体现在商品服务、关系、形象三个方面。商品组合功能质量、商品的独特性、上新的速度、服务的项目、价格的高低,以及广告宣传、会员管理、门店的选址是不是容易接近,还有品牌形象是不是被顾客喜欢、门店的销售气氛是不是被顾客喜欢、门店的体验是不是感觉良好,这些是顾客所需要的,称之为顾客价值。每一个门店要改善这些方面,更好地满足顾客的需求,自然就能留住会员。但实际执行起来,因为门店数量很多、店长精力有限,店长能力又存在差异,意识也有不到位之处,所以各个门店之间就会有差别。如果想每个门店都做好,就需要一套检查控制系统——顾客体验评估。

2.3.5.3 提高会员复购率

顾客是零售的根本,供大于求加剧,都过剩了,唯有顾客稀缺。顾客不来了,生意就凉了。

老顾客复购提升1%,门店营业额大约提升2%。所以,提高复购率,让顾客多来、多买,就能提高门店销售额、盈利。

让老顾客多来,需要会员精准营销,提高会员活跃度、忠诚度、贡献

度。让老顾客多来,需要更好地满足顾客需求,分析细分客群购买商品数据,优化门店商品品类、单款、价位段,更好地满足顾客需求。让老顾客多来,需要提供更好的体验,提高顾客满意度。

实际工作中门店之间的复购率存在巨大差异,从表 2-40 中我们可以看到某个零售企业同一区域各门店的复购率,最高为 13‰,最低为 1.1‰,相差 12 倍,由此可见改进空间之大。

表 2-40 某零售企业同区域各门店复购率明细

门店	区域	复购金额	复购占比	复购率	环比变化
安徽芜湖■■■店	■■区	7737	71.4%	13‰	-16.6%
郎溪■■■店	■■区	5564	88.5%	10.5‰	80.3%
天长■■■店	■■区	22282	92.2%	7.6‰	30.4%
天长■■店	■■区	6467	84.1%	7‰	82.1%
南京六合■■店	■■区	13638	87%	6.5‰	114.8%
安徽宣城■■店	■■区	3106	66.3%	6.3‰	37%
芜湖■■店	■■区	4195	69.4%	5.6‰	-40.5%
芜湖■■店	■■区	3661	63.7%	4.8‰	53.5%
南京■■店	■■区	9499	61.3%	4.4‰	-41.5%
南京■■店	■■区	10706	92.7%	4.2‰	9%
郎溪■■店	■■区	7895	59.7%	4.2‰	51.6%
芜湖■■店	■■区	7641	86.2%	3.9‰	120.5%
江苏■■■店	■■区	726	18.7%	3.3‰	-82.2%
安徽蚌埠■■店	■■区	7133	53.3%	2.3‰	-5.9%
安徽滁州天■■店	■■区	4955	76.1%	1.1‰	472.2%

提高复购率,需要进行会员精准营销,改善会员活跃度、会员忠诚度、会员贡献度。

1. 活跃度(recency)

最近一次消费距离今天的时间长度。上一次消费时间越近的顾客,价值越高。最近一次消费的时间长度是持续变动的,上次消费过后,每过一天,会员活跃度都在降低。近期购买你的商品、服务或是光顾你商店的消费者,更有可能再向你购买东西的顾客。

2. 忠诚度(frequency)

顾客在限定的期间内所购买的次数。最常购买的消费者,忠诚度也就最高。最近一次购买之后,随着时间增加,忠诚度不断降低。

3. 贡献度(monetary)

顾客在限定期间内的购买金额。最近一次购买之后,随着时间增加,贡献度会不断降低。20%的顾客创造 80%的盈利,4%的顾客创造 64%的盈利,0.8%的顾客创造 50%的盈利。

改善以上三个指标,需要进行会员价值开发。会员价值开发的策略包括:挽留、唤醒、激励和关怀。对应的会员价值开发手段包括:复购敏感期复购促销、激活休眠会员、奖励忠诚度、会员关怀活动。三者之间的逻辑关系如图 2-30 所示。

在所有活动中,针对高贡献度顾客,提高其忠诚度(购买频率)的营销活动最为有效,

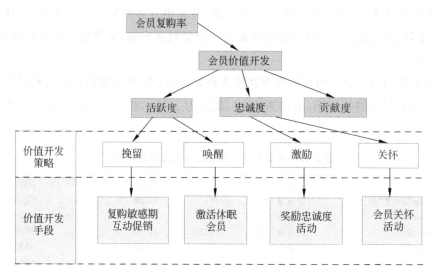

图 2-30　会员复购率之会员价值开发模型

因为贡献度高就意味着购买力强,具备顾客价值提高的客观条件,提高忠诚度就能增加购买频率,就能提高复购金额占比、复购率,有效提高门店盈利。

2.4　选择规划经营方法

一名店长掌握了门店经营月清周清日清流程,掌握了分析制定经营策略的方法。在实际工作中,店长需要规划具体的工作方法,例如会员精准营销如何操作、市场促销有哪些方法、门店商品如何订货、门店人员如何调度安排、门店日常管理如何做等。

图 2-31 说明了各个经营板块如何影响门店销售收入,门店销售收入可以分解为客流量、成交率、客单价,会员营销和市场促销对客流量有很大的影响,门店商品、门店经营、门店行政管理对成交率、客单价有很大的影响。作为店长需要掌握各业务板块的具体操作方法,根据门店的具体情况,分析决策,有效制定实施计划,改善门店盈利。

店长需要掌握的经营方法涉及四个方面。

1. 门店经营管理

门店有月周日经营流程,执行流程需要对销售目标进行分解、对门店进行评估、对人员进行调度安排,店长还需要对自己的时间进行安排管理,这些内容包括在门店经营管理业务板块中。

2. 门店市场促销

门店需要经常举行促进销售的活动,通过活动与门店覆盖的顾客群进行沟通互动,让顾客乐于到店、乐于购买、乐于多买。促销活动能够增加门店客流量,提高成交率和客单价,这部分内容包括在门店市场促销业务板块。

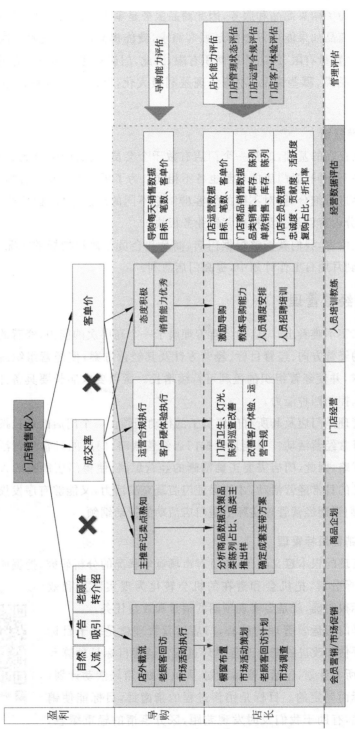

图 2-31 影响门店销售收入的因素

3. 门店商品运营

顾客到店是为了购买商品和服务，因此商品服务是零售生意的本质，是顾客与企业之间连接的纽带。商品如果能更好地满足顾客需求，就能提高门店销售额。顾客的需求很多，但是本地顾客数量有限、门店陈列面积有限，因此，门店只能出样陈列有限的商品。门店出样陈列哪些品类、哪些商品，才能实现盈利最大化，这就是门店商品运营板块中的内容。

4. 会员精准营销

顾客是门店存在的基础，通常一个门店有数千个会员，大店的会员数量有数万名，这些会员的需求各不相同，对门店的贡献也各不相同。为了更好地满足顾客需求，经营管理者就需要对顾客进行细分，针对不同的顾客群制定不同的改进措施，留住会员、让会员多来、多买。这部分内容就是会员精准营销业务板块。

掌握了以上内容，我们就能够根据门店、商品和会员各盈利指标的状况，设计具体的行动方案，安排到月周日工作计划中，提高门店盈利。

2.4.1 门店经营管理

从"经营"二字不难看出，门店的经营管理属于一个高层次的能力，经营的任务是通过调整经营组织的经营方向、经营目标、经营方针及其经营方案，使经营组织适应经营环境变化的发展要求，并使经营组织的盈利可持续增长。所以要求店长要具备计划、组织、领导（指挥、协调）、控制四种能力。

门店经营管理是门店及其所有门店员工的行动纲领。一个门店的店长按照什么准则来安排门店的日常经营活动？只能是依据门店经营战略，门店的日常经营活动必须服从于自身的经营战略，因此，门店需要正确清晰的经营思路，使得门店所有的人都能按照经营目标安排自己的日常经营活动，才能保证门店既充满活力，又能够有序发展。正是从这个意义上讲，我们强调经营管理实际上是门店活动的行动纲领。

2.4.1.1 销售目标管理

销售目标管理的根本意义在于，通过对市场竞争状况的分析研究，挖掘所有可能的机会点，并通过目标分解，把机会和潜在的机会转化为现实销量和效益。企业的目标很明确，就是要实现预期的销量和效益任务。

销售目标是门店运营管理的核心，门店运营管理就是基于目标的计划、执行、评估和改进的绩效改善循环过程。销售目标是预算和计划的指挥棒，所有计划，包括：商品计划、人员计划、市场活动计划，都是为达成目标而制定的。目标是销售过程的指南针，目标能使销售过程更加明确，有助于我们及时发现差距，区分事情的轻重缓急，调节工作重点。因此，目标使企业具有强大的管理能力，使得企业资源配置最优化。

目标制定有以下四个原则。

(1) 双向互动，从上向下、从下向上双向沟通制定目标。
(2) 可达成，员工相信目标经过努力可以达成。
(3) 可跟踪，完成目标的过程可以被跟进检查。
(4) 可评估，目标完成的结果可以被检查评估。

目标制定的过程。如图 2-32 所示：通常由上下级各自制定目标，或者上级下发目标、下级认领目标。上下级之间存在目标缺口，需要上下级进行沟通，商定方法措施，协调配置资源，形成工作计划，之后由下级执行。

总体目标分解为过程目标。通常目标是销售额，销售额需要分解为过程目标，过程目标容易把握，有助于实际操作。完成了过程目标，就完成了结果目标。过程目标数量 1~5 个，有可能是客流量、成交率、客单价、客件数、会员重复购买率等指标。

年目标分解为月目标、周目标、日目标、时段目标，每时段目标完成日目标才能完成，每日目标完成周目标才能完成，每周目标完成月目标才能完成，每月目标完成年目标才能完成。年度目标可以分解为 12 个月、53 周、365 天、1095 个营业波段，精细分解有助于控制过程，确保年度目标达成。时间的流逝不可逆，失去了就不再有了，一天的业绩缺口需要其他工作日完成得更多来弥补，因此我们需要努力完成每一个工作日的销售业绩。

目标分解越具体越有助于完成，其分解的流程如图 2-33 所示。

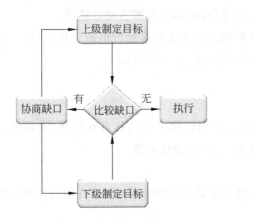

图 2-32　目标制定流程图

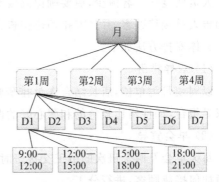

图 2-33　月度目标细分流程

2.4.1.2　门店人员调度

门店的导购数量都是相对稳定的，而客流是不断变化的，如图 2-34 所示。通常我们根据顾客人数和导购人数的对比分为高中低三个时段，用红黄绿三种颜色来代表。店长要根据客流量的不同进行人员的调度，以实现业绩的最大化。同时，也要随着客流的不同及时调整门店的工作重心。

店长要根据客流量的不同进行人员调度，如表 2-41 所示。

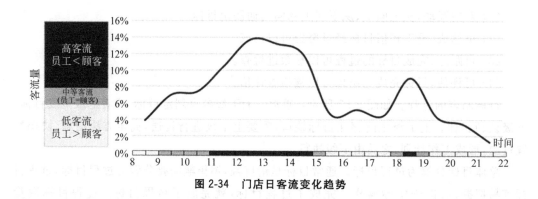

图 2-34 门店日客流变化趋势

表 2-41 门店客流时段人员调度表

类型	人员调度	状态	关键 KPI 指标
二对一	两位销售人员接待一组顾客	低客流	最大程度提高成交率、客单价
一对一	一位销售人员接待一组顾客	中等客流	确保成交率、客单价
一对多	一位销售人员接待多组顾客	高客流	守住成交率

1. 低客流时段——绿色状态

人员情况——顾客数量少,很多销售人员是空闲的,没有顾客可以接待。

人员调度——客流少,更要确保高成交率和每组成交顾客的价值最大化,尽量安排优秀销售人员接待顾客,并且安排两位销售人员共同接待一组顾客。

具体安排方法如下。

(1)双导排班

以周或月为单位,店长结合人员排班情况,根据销售人员的能力和风格,安排好固定的双导组合,如性格比较急的和耐心好的两人一组,互补优劣势。

(2)早会宣导

每天早会及两个班次的员工交接班时,开会明确今天的双导组合,引导组合中的两人沟通如何接待顾客,进行分工。

(3)执行双导

绿色楼面时,执行双导服务,两人一组共同接待一组顾客;如果其中一人有其他事情不能接待,店长或副店长辅助销售。

2. 中等客流时段——黄色状态

人员情况——顾客数量和销售人员数量持平。

人员调度——客流中等,要及时观察卖场(前场),调整人员站位,确保每位顾客都有人接待,尽可能地提升成交率和客单价。

具体安排如下。

(1)轮流接待,进入黄色状态,安排销售人员轮流接待进店顾客,一位员工接待一组顾客,门口迎宾位置必须有销售人员站位,顾客进店后跟随服务,已经结束服务的销售人员到迎宾处补位。

(2) 调整站位,随时观察卖场,发现无人接待的顾客,及时安排空闲的销售人员上前接待。

3. 高客流时段——红色状态

人员情况——顾客数量较多,销售人员一对一忙不过来。

人员调度——客流大,店长要全力参与销售,同时还要控制全场的人员安排,确保每一组顾客都享受及时的响应和相应的服务。

具体安排如下。

【第一种情况】客流量较大,是销售人员的2倍以内。

(1) 一对二:每一位销售人员要同时接待1~2组顾客,要快速了解顾客需求,推荐产品,推动顾客体验,在第一组顾客体验的时候再接待另一组顾客。

(2) 店长占位:店长守住成交或者顾客聚集停留的关键区域,如试衣间、真机体验区。在销售人员忙不过来,顾客需要响应的时候辅助销售。

【第二种情况】客流量非常大,是销售人员的2倍以上,甚至数倍。

(1) 一对多:(销售人员区域站位)每个产品区安排1~2位销售人员,1位负责接待顾客,1位负责找货、仓库取货。顾客需要体验时,转接给守在体验区的店长,再回到销售区;需要了解其他类别产品时,转接给其他区域的销售人员。确保进入每个区域的顾客都有人接待。

(2) 店长站位:店长守住成交或者顾客聚集停留的关键区域。此时销售人员需要在销售区接待顾客,店长要全力负责关注顾客体验,并引导成交;顾客有疑问需要回到销售区时,再转接给相应区域的销售人员。

2.4.1.3 人员销售改进措施

在人员销售改进过程中,首先要让员工有目标、有士气、有效率、有能力,单单地给目标还是不够的,同时要对未完成的员工进行分析和鼓励,更要给解决办法。

1. 让员工有目标

制定员工每天的销售目标,包括:销售额、笔数、客单价、客件数、件均价等。分时段跟进员工的目标完成情况,就其已达成的目标进行鼓励,就其未达成的目标分析原因,给出解决办法。

2. 让员工有士气

当员工开单时,对开单员工进行个人激励,喊口号鼓舞门店士气。员工沟通,及时发现情绪低落的员工,与其沟通,解决员工情绪上的波动;表扬员工的优点,提高员工的积极性。PK赛,组织小组PK赛和个人PK赛。

3. 让员工有效率

以客为先,人员的排班方面,保证员工出勤的数量合理;优秀导购的时间安排方面,低客流时保证优秀导购接待顾客的数量尽量多;店长的作息时间方面,店长休息时间与客流高峰错开。

4. 让员工有能力

产品知识培训，断码产品、新品在早会统一培训，产品基础知识不足的，采取师傅带徒弟的形式，主管、店长抽查，不合格者师傅、店长连带处罚。

2.4.2 门店市场促销

同样的商品结构，地理位置及门店面积都大致相同的门店，经常进行促销活动，卖场氛围浓厚，生意兴隆。很少进行促销活动，店面布置也冷冷清清，商品虽然丰富，但生意惨淡。

为什么看似一样的门店，经营状况却相去甚远呢，最主要的原因就是促销的成功与否，随着人们生活水平的提高，商品极大地丰富，消费者选择的余地也越来越大，门店的营销也越来越需要有计划、有效果的促销手段。促销是门店与顾客互动沟通的方式，是促进顾客购买的方式，直接影响到门店经营状况的好坏。

门店促销包括促销活动和企划两部分，如果把直接的促销活动称为狭义的促销的话，通过宣传、店内标识与标志物、营造卖场氛围而产生的作用就是广义的促销。二者都有一个共同的目的，那就是刺激和促进顾客的消费。

在竞争日益激烈的环境中，有效的促销不仅依靠新颖的创意，更需要强有力的执行和规范操作才能达到最佳的促销效果，创造良好的经营效益。

2.4.2.1 门店促销的概念及误区

在社会化大生产和商品经济背景下，一方面，生产者不可能完全清楚顾客的全面需求，需求包括：谁需要什么商品、何时需要、何地需要、何价格消费者能够接受等；另一方面，广大消费者也不能完全清楚什么商品由谁供应、何地供应、何时供应、价格高低等。正因为客观上存在着这种生产者与消费者间"信息分离"的"产""消"矛盾，企业必须通过沟通活动，利用广告、宣传、人员推销等促销手段，把生产、产品等信息

传递给消费者，以增进其了解，信赖并购买本企业产品，达到扩大销售的目的，这就是广告宣传促销的作用。

所谓的广告宣传，就是告知信息的手法。广告当然是其中的一种方法。通过传单、传媒而达成广告的目的。而促销则是营销者向消费者传递有关本企业及产品的各种信息，说服或吸引消费者购买其产品，以达到扩大销售量的目的。广告宣传促销，就是以广告宣传的方式达成促销的目的。

促销的作用如图2-35所示：(1)缩短产品入市的进程；(2)激励消费者初次购买，达到使用目的；(3)激励使用者再次购买，建立消费习惯；(4)提高销售业绩；(5)侵略与反侵略竞争；(6)带动相关产品市场；(7)节庆酬谢。

促销对于企业短期销售目标的达成是一种行之有效的利器。但在促销活动为企业带来利益的同时，往往也造成巨大的负面影响。有些时候这些损伤不易在短时间内察觉，因

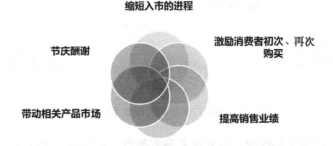

图 2-35 门店促销作用

此极易被忽视。大多数的企业对促销的认识不够,为了追求短期的目标,伤害了企业品牌,企业对促销的误区主要表现在以下几个方面:(1)把促销做成常态;(2)跟风做促销;(3)促销活动方式单一;(4)促销缺乏创新与针对性;(5)缺乏对目标消费者的市场细分;(6)一味降价不创新;(7)"一锤"买卖眼光短;(8)赠品不懂顾客心;(9)单纯追求销量和形式;(10)错误地规划促销时间。

在促销活动中,除了要做好背后工作、看准时机、仔细统筹计划外,还要注意不能让自己的促销活动陷入误区。若是陷入了误区,就会让促销的方向发生改变,从而让自己付出的努力无效,更别提获得利润了。

2.4.2.2　广告促销的目标及传播工具

企业常常用广告作为其提升销售业绩的手段,利用广告来强化企业和广大消费者之间的沟通联系,高效率地向目标顾客传递有关企业和产品的信息,影响和改变他们对产品和企业的看法和态度。

SSP02 广告促销
的目标及传播工具

企业做广告促销的目标分为两种。一种是销售成长目标,企业的营销目标无非是提高销售获取利润。达成销售目标有很多操作方式,包括:提高企业形象、让消费者认识产品用途、让消费者产生兴趣、认定品牌、增加使用量、开拓新的用途、其他需要用广告进行的专项说明,从这些操作方式中选取一个,就成了广告运作的具体目标。

另一种是传播效果目标。传播效果在对广告目标内容加以衡量和说明时,一般从广告的传播程度和与消费者达到的沟通效果出发,由四个方面来给予确认,如图 2-36 所示,包括暴露度、知名度、态度、行为促动。这一目标主要是针对广告的信息传播属性。在具体策划操作中,广告目标还涉及广告的信息特点和表现特征,因此根据实际需要,广告目标的设定往往要对这四个方面作进一步细化和具体化,它与广告运作的其他环节有着密切的关联。

促销的传播工具包括商业广告、营业推广、公共关系、人员推销和直复营销五类。

1. 商业广告

是以销售为导向,介绍商品的质量、功能、价格、品牌、生产厂家、销售地点以及该商品

图 2-36　企业广告促销传播效果评估维度

的独到之处,给人以何种特殊的利益和服务等有关商品本身的一切信息,追求近期效益和经济效益的一种传播方式。其方式包括:影视广告、广播广告、户外广告、海报与传单、包装广告、门店陈列广告。

2. 营业推广

也称销售促进,是一种适宜于短期推销的促销方法,是企业为鼓励购买、销售商品和劳务而采取的企业营销活动的总称。其方式包括:抽奖、竞赛与游戏、赠品、样品、赠券、折扣、展销会。

3. 公众关系

不论是其字面意思,还是其实际意思基本上都是一致的,都是指组织机构与公众环境之间的沟通与传播关系,这个定义反映了公共关系是一种传播活动。其方式包括:报刊稿件、演讲、研讨会、慈善捐款、出版物、年度报告、企业刊物、事件、关系。

4. 人员推销

指通过推销人员深入中间商或消费者进行直接的宣传介绍活动,使中间商或消费者采取购买行为的促销方式。其方式包括:对组织推销、对个人推销、展销会、销售会议。

5. 直复营销

它是个性化需求的产物,是传播个性化产品和服务的最佳渠道。其方式包括:网上销售、电话销售、电视购物、E-mail。

不管是哪一种传播方式,但促销的中心思想是以通过企业与顾客的沟通,来满足顾客需要为价值取向。确定企业统一的促销策略,协调使用各种不同的传播手段,发挥不同传播工具的优势,从而使企业实现促销宣传的低成本化,以高强冲击力形成促销高潮。

2.4.2.3　门店促销方式之定价式促销

综观零售门店花样百出的促销活动,无论是促销活动的内容还是形式,不经过认真组织策划的活动,总是会有对手的影子,促销同质化已经成为一个很大的弊病。促销方式需要创新,下面介绍零售门店促销策略。

从市场营销的角度来看,价格是可以随时随地根据需要而变动的,定价也可以根据整个市场的变化作出灵活的反应,价格必须根据消费者能否接受为出发点,以维持和提高市场占有率。定价促销就是企业暂时将其产品价格定得低于目录价格,有时甚至低于成本从而达到促进销售目的。定价促销的最终目的是提高成交率、减少服务时间、减少成交时间。

一般情况下,定价促销包含三大类,包括:统一价促销、特价式促销、满额促销。

1. 统一价促销

顾名思义就是零售终端的某一品类的商品价格一样,这种定价促销的方式多用于换季促销时,如夏末清仓门店 T 恤全部 59 元,甚至还有 2 元店,全部商品都是 2 元。这样的好处就是利用低价格,提高成交率,同时因为价格统一,顾客就不会来问导购价格的问题,减少了导购服务顾客的时间。

2. 特价式促销

短期内通过降价的方式,以低于正常价位的价格来优惠顾客,由于特殊价格对顾客有特殊的吸引力和很强的视觉冲击力,普遍被很多零售企业采用。在开展促销的时候,要给特价促销一个合适的理由,不能让消费者认为是因为商品质量问题或者商品滞销问题才降价。而特价促销的幅度判断也是一个难题,幅度太小,很难吸引顾客,幅度太大,短期内是营业额增长,但利润损失太大,得不偿失。如新店开业,可以做 1 元起拍的促销方法(起拍价为"1 元",主持人宣布 1 元起拍后,客户每次以举手的形式自由叫价,出价最高者拍得该项物品;每次报价,即表示价格递增一档),这种方法可以大量地聚集顾客,达到吸引客流进店和宣传的目的。

3. 满额促销

顾名思义就是在消费时,消费满足一定的金额即可享受一定优惠的促销活动,又分为满减、满送两种。满减就是购买金额达到设定额度,就会减一定的金额,如满 599 元减 100 元。满送就是消费金额达到一定的额度或者件数,就赠送礼品或者商品,如满 599 元送保温杯一个,买 2018 年秋季新款 T 恤两件,送 1 件指定夏季 T 恤。满额促销的目的是增加连带率和客单价。

2.4.2.4 门店促销之回报式促销和纪念式促销

1. 回报式促销

回报式促销是商家借用某种名义,让顾客觉得自己占便宜的一种促销手法。初看是顾客得到了实惠,实际上并没有。回报式促销手法包括免费送促销、回扣返利促销、拼单折扣等。

重点讲一下免费式促销,免费式促销有免费试用、免单等。又称之为体验式营销,是从消费者的感官、情感、思考、行动、关联五个方面,重新定义、设计营销理念,给消费者一种感觉、一种精神上的体验。通过全方位体验和感受,启发消费者的思想,激起其好奇心,让其产生联想并形成长久的印象,最终促使其购买。主要操作如消费者获取试用品(目的:品牌曝光,提升知名度)、体验试用品(目的:获取消费者数据,挖掘销售线索)、消费者反馈评论(目的:口碑创造,客观而真实的反馈)、评论分享传播(目的:口碑传播,跨平台式的传播)。

其特点包括以下几点。

(1)加强了互动性,提升了品牌曝光及传播;

(2)注重与自身实体资源结合或行业深度延伸;

(3)注重消费者口碑创造环节,对口碑质量有所把关;

(4)注重量化数据,量化口碑传播效果。

当前口碑传播环节都处于跨平台的实践阶段,至少口碑已非停留状态,而处于传播状态。

2. 纪念式促销

纪念式促销是指在特定节日期间,利用消费者节日消费的心理,综合运用广告、公演、现场售卖等营销手段,进行商品、品牌的推介活动,旨在提高商品销售力,提升品牌的形象。归属上,它是整个营销规划的一部分,而不是短期售卖活动,对于一些节日消费类产品来说,节日营销的意义显得更为重要。

纪念式促销包含节日促销、会员式促销、纪念日促销、特定周期促销等。我们重点讲述会员式促销。企业拉动群体消费,稳定销售业绩,会员有着不可忽视的作用。通过筛选一批有消费能力的固定顾客群体来稳定销售基础,有效的会员营销不是凭借一张会员卡就可以完成的,还需要针对会员群体设计符合其需求的促销活动。一方面,提升会员的价值;另一方面,通过会员和活动吸引更多的顾客加入成为会员。最简单的方式就是针对会员,可以享受一定的折扣等。更深入一点,可以做会员评鉴会,如新品上市,门店内选择一天时间,以闭店的方式,只邀请会员来门店进行选购,不接待会员以外的消费者。会员式促销不仅能让会员享受到更多优惠,还能享受比别人更特别的礼遇,从而提升会员的满意度和忠诚度。

2.4.2.5 门店促销之奖励式促销和临界点促销

1. 奖励促销

奖励促销,企业通过有奖征答、有奖问卷、抽奖(开式、递进式、组合式)、大奖赛等手段吸引消费者购买企业商品、传达企业信息的促销行为,包括:买赠、买减、抽奖等方式。目的是吸引顾客进店,造成聚集效应,从而达到提升门店销售氛围和提升门店业绩。

奖励式促销包含三大类,分别是抽奖式促销、互动式促销、优惠券促销。抽奖式促销,就是利用消费者的侥幸、追求刺激和以小赢大的心理,通过抽奖来转化购买欲望。抽奖活动的受众范围广,会有众多的消费者参与其中。

抽奖式促销是依靠奖品去吸引消费者的一种促销手段,因此奖品的设置是抽奖活动的关键所在。一般来说要根据商品的价格来设置奖项,奖品要有特色。同时设定的奖品的数量也要合适,中奖率要高,特等奖和一等奖一定要吸引人,二、三等奖品可以设置为购买门店商品的等额代金券而非现金,这样更有利于销售,同时减少企业投入成本。

一个好的奖品选择,必须考虑两个方面的因素:

(1)奖品的价值。在设计奖品价值时,应以小额度、大刺激为原则,同时由于《中华人民共和国反不正当竞争法》中规定,对抽奖促销的最高资金不能超过 5000 元,奖品不能靠高额度的大奖取胜,而应靠奖品的新奇和独特性取胜。

（2）奖品的形式。奖品组合中一定要有一两个诱惑力很大的大奖,二等奖的数量要稍多一些,并与头等奖的价位不能相差太多,这样有利于调动顾客的积极性,更好地加入到活动中来。决定顾客参加抽奖的消费金额通常以顾客平均客单价为基准再向上酌增。例如平均客单价为 300 元,则可设定为 369 元或 399 元。抽奖品的金额,通常为促销活动预估增加营业额部分的 5%～10%,或依厂商赞助奖品的情况来酌量。

优惠券促销,即顾客凭门店发行的优惠券购物,可享受一定折让金额的活动。例如,凭券至某品牌购买商品,消费满 399 立减 50 元。这种活动的一般做法如下:由于折扣券实施期间通常 3～7 天,应事先规划预定好与之相配合的商品。应选择低周转率及降价幅度大的商品,才具有吸引顾客来店购买的效果,从而更好地提高商品周转率并降低滞销库存的可能性。为避免零售商大量采购而使一般顾客买不到商品的情形,每张折扣券应限量使用。为达到限期促销特定商品的目的,折扣券应限期使用。

优惠券促销也是一种常见的消费者营业推广工具。优惠券可以印在杂志的插页上,或夹在报纸中随报附送,或附在产品的包装上,或放置在商店中让人索取,有时甚至可以派人在街上分送。优惠券的本质其实是一个短期刺激消费的工具,它与积分刚好构成了日常营销的基本工具。消费者使用优惠券的目的不言而喻,当然是为了省钱。而同时,也为商家做了无形的广告。

2. 临界点促销

临界点促销顾名思义就是讲商品的价格卡在某一个顾客能接受的峰值上,吸引消费者的同时,最大限度地提高销售额和成交率。临界点促销有极端式促销、最低额促销、最高额促销。我们去逛街,经常可以看到某零售门店挂着全场最高 59 元,或者全场最低 3 折这样的海报,这是利用顾客的贪小便宜的心理,顾客都会想平时都是不打折,现在打 3 折,很便宜呀。实际上你到门店去逛的时候,你会发现,参加 3 折促销活动的款式有限,即使有也是旧款。这样做的目的,一是处理滞销款;二是博眼球,吸引顾客进店。即使没有顾客喜欢的 3 折款式,在门店闲逛的时候总会有一些款式吸引顾客,促使顾客购买。这个就是临界点促销的效应。

2.4.2.6　门店促销之另类促销和时令促销

1. 另类促销

门店的另类促销是在促销中加入一些新元素,旨在通过新奇古怪的手法来引起消费者的注意力。如悬念式促销、反促销式促销、通告式促销、稀缺性促销、模糊式促销、纯视觉式促销等。

悬念促销就是制造悬念,比如商品不标价格,或者让顾客自己给出价格等。

【案例分享】

图 2-37 是苏宁易购在双十一的时候,在平台推出的一项另类促销活动,猜商品的价格,其活动规则如下:

(1) 活动时间：11月10日即苏宁易购S码抢购日。

(2) 每个易购用户初始有3次参与机会，点击分享即可获得更多参与次数。

(3) 神秘价是在一定的区间内系统随机生成的价格，与网站购买价格无关。

(4) 奖品设置：

a. 第一位猜中神秘价的用户，可直接获得免单大奖；

b. 猜对在范围内的用户，可获得S码一枚；

c. 未猜中用户可参加一次大转盘抽奖，可能更惊喜哦。

(5) 每人获奖次数限制：

a. 一等奖每人活动期间最多获得3个；

b. 二等奖每人活动期间最多获得6个。

(6) 请中奖用户填写正确手机号码、收货地址等信息，以便工作人员联系，并安排奖品发放。

(7) 活动仅限个人用户。

图2-37　苏宁易购在双十一促销活动海报

【案例分享】

朋友前两年开了一家服装店，前段时间看着店里积压的服装，心里很郁闷，一度向我抱怨疯狂的网购断了他的财路。记得刚开店的时候，服装是超市效益增收的重要品类，因为周边的超市都没有经营服装。但是，随着电商的日益昌盛，很多消费者都青睐于网购，实体店的服装经营更是受到严重冲击，朋友的服装店也面临着销量直线下滑。今年进的夏装销售比例比去年几乎下降2/3，马上进入秋天，看着那些积压的夏装，朋友心里很着急。

光抱怨是没有用的，必须想个办法把这些衣服处理掉，回笼资金，减少库存。在处理积压商品的时候,大多数人会想到降价处理,打折处理,或者捆绑处理。这些方法朋友都用过,但是效果并不是很明显。因为对于降价服装来说,一部分人觉得是样子不时尚,或者衣服有瑕疵才处理;有一部分人会觉得衣服越是便宜,越是与自己身份不相符,面子上又过不去;而还有一部分人即便是低价处理了,还是喜欢在购买的时候讨价还价。所以折腾了一段时间,积压的服装依然还有很多。

朋友想了一种另类的促销手段:让顾客自己给喜欢的衣服打价格。于是,朋友把衣服标价重新做了修改,大多数服装的价格比原来的价格还要高一些,然后开始在LED屏和社区群打广告,广告内容并不是处理服装,而是与顾客做互动。只要顾客进店免费体验穿衣服活动,就可以获得一次给自己喜欢的衣服标价格。换句话说,"顾客穿着合适,看着喜欢,你们说这件衣服多少钱,就给我多少钱"。朋友在群里发了这个互动活动,我们都表示他"疯了",万一顾客就给你十元一件咋办?朋友说,放心吧,我们拭目以待看结果。朋友在群里发了信息之后,不到十分钟,对面果脯厂的老板娘带着她的工人们直接到了朋友的店里,她们开始试服装,选到自己喜欢的衣服就问我多少钱?"我说过,只要参与活动的人都可以获得一件自己说衣服价格的机会。既然你看好这件衣服了,你说多少钱就给我多少钱。""真的假的?我说多少钱就给你多少钱?"顾客说着看了一下衣服的标签,上面写了99元,顾客想了一下,直接给了我65元,问朋友行不行。接着很多顾客都开始按照衣服上的价格标签,有的给一半,有的也就是少给10块,也有的顾客看好了之后直接按原价付款,当然也有顾客给的价格很低。给多给少,朋友都照单全收,这种促销模式很快传出去了,过来试衣服的人特别多,不仅滞销衣服处理得很快,就连其他商品也提高了销量。本来朋友打算最坏的结果大不了赔钱甩卖,但是到最后算下来,滞销的衣服基本卖空,但比之前降价处理的利润空间还要大。

另类促销的效果是很不错的,但其中的技巧有很多。

(1)越是新颖的促销手段,越是能吸引顾客关注。

(2)在做宣传的时候,不要让顾客觉得这是在促销,而是在与顾客情感互动。因为现在花样百出的促销活动会让顾客觉得商家是为了赚钱而做的活动,很多人没有多大兴趣。

(3)这种顾客自己给喜欢的商品喊价,会觉得商家很用心,很在乎顾客,从内心来讲,既温暖又有面子,所以一般定价不会给的太低,会给商家留一定的利润空间。

(4)当然,这种商品之前的价格就不能很透明了。

(5)另类的促销手段不能长期使用,而且要根据特定商品因地制宜。

2. 时令促销

就是根据季节的变化来做活动的促销方式,如秋装上新、夏季清仓等。现在企业,尤其是做时令性商品的企业,由于商品不是一年365天天天有人买,严重的时限性要求企业在决策和执行决策的过程中,必须要保证投入和产出平衡。在做时令促销的时候,我们也应该考虑以下几个问题:在销售旺季开展时令促销,对商品的销售量提高到底有哪些的影响?时令促销会不会使销售成本急剧增加,加重企业的负担?怎样控制促销成本?时令促销对品牌建设有何影响?促销形式严重同质化,那么怎么避免促销同质化,创新促销形式？对于形形色色的促销活动，消费者的心理反应如何？

2.4.2.7　门店促销之限定式促销和附加值促销

1. 限定式促销

是指对某一商品进行限定时间或者数量的促销方式，其目的是吸引客户的好奇心，提高购买欲，有利其产品提价销售或为未来大量销售奠定客户基础。

在日常生活和工作中，常常碰到这样一些现象，买新车要交定金排队等候，买房要先登记交诚意金，甚至买 iPad 还要等候，还常常看到什么"限量版"、"秒杀"等现象。在物质丰富的今天，为什么还存在大排长龙、供不应求现象呢？大家的解释是"刚性需求"所致。"饥饿营销"就是属于限定式促销的一种。

限定式促销不适用于所有的商品，决定是否能采取限定式促销的因素有三：市场竞争不充分、消费者心态不够成熟、商品综合竞争力和不可替代性较强。否则，只能是商家一厢情愿。所以说，限定式促销比较适合一些单价较高，不容易形成单个商品重复购买的行业。同时，商品或服务有一定的差异化或优势，已形成一定范围的品牌黏性。如苹果手机新款上市，你会看到排了很长的队伍。

2. 附加值促销

附加值促销的关键点就是在附加的基础上，进行更高层次的附加值创新，是解决利润下滑的有效手段。集聚可感知的附加值，进行商品开发和品牌推广。谁的附加值营销做得好，谁就会超越竞争对手，让消费者感觉非常划算或者物超所值，从而获得更持久、更高的利润回报和市场占有率。附加值促销方式有服务型促销、口碑式促销、品牌性促销等。

我们重点讲一下服务性促销，服务型促销的经营者一般都提供比较个性化的贴心服务，使消费者对品牌容易产生好感，更有可能主动为你介绍其他客户。由于附加值的服务大多雷同，不易形成差异化，因此需要经营者利用产品特性挖掘一些更具特色的服务项目。

2.4.2.8　门店促销之营销策划案

策划案也称策划书，即对某个未来的活动或者事件进行策划，并展现给执行者的文本。策划书是目标规划的文字书，是实现目标的指路灯，详细内容包括：策划内容的详细说明，策划实施步骤以及各项具体分工：时间、人员、费用、操作等，策划的期望效果与预测效果，策划中的关键环节，策划实施中应注意的事项。

2.4.2.9　【企业 DIY】促销策划书范本

一、市场分析

1. 总则
2. 促销调查主要观点
3. 市场预测及建议

二、分析营销机会

1. 管理营销信息与衡量市场需求

(1) 营销情报与调研；

(2) 预测概述和需求衡量。

2. 评估营销环境

(1) 分析宏观环境的需要和趋势；

(2) 对主要宏观环境因素的辨认和反应(包括人文统计环境、经济环境、自然环境、技术环境、政治法律环境、社会文化环境)。

3. 分析消费者市场和购买行为

(1) 消费者购买行为模式；

(2) 影响消费者购买行为的主要因素(包括文化因素、社会因素、个人因素、心理因素等)；

(3) 购买过程(包括参与购买的角色、购买行为、购买决策中的各阶段)。

4. 分析行业与竞争者

(1) 识别公司竞争者(行业竞争观念、市场竞争观念)；

(2) 辨别竞争对手的战略；

(3) 判定竞争者的目标；

(4) 评估竞争者的优势与劣势；

(5) 评估竞争者的反应模式；

(6) 选择竞争者以便进攻和回避；

(7) 在顾客导向和竞争者导向中进行平衡。

5. 确定细分市场和选择目标市场

(1) 确定细分市场的层次、模式、程序、细分消费者市场的基础、细分业务市场的基础、有效细分的要求；

(2) 目标市场的选定、评估细分市场、选择细分市场。

三、促销目标

促销目标分为市场目标和财务目标，一般来说，针对消费者的促销目标有以下几项。

(1) 增加销售量、扩大销售；

(2) 吸引新客户、巩固老客户；

(3) 树立企业形象、提升知名度；

(4) 应对竞争、争取客户。

促销目标要根据企业要求及市场状况来确定，促销目标可以确立单个目标，也可以确立多个目标。

(1) 总体目标；

(2) 目标分解。

四、促销提案

1. 方案细则

(1) 促销主题

主题是方案设计的核心。促销主题是方案设计的核心、中心思想,是贯穿整个营销策划的一根红线。任何一项策划总有一个主题。主题明确,方案设计才会有清晰而明确的定位,使组成促销的各种因素能有机地组合在一个完整的计划方案之中。促销主题是通过"主题语"来表现的,如2002年家乐福"三八"促销活动的主题为"世界因你而精彩"。

主题确立要求。促销主题确立需要考虑的:

① 主题必须服从和服务于企业的营销目标;

② 主题必须针对特定的促销及其目标;

③ 主题要迎合消费者心理需求,能引起消费者的强烈共鸣。

主题语表现。促销主题语表现:

① 明确的利益、情感诉求点;

② 突出鲜明的个性;

③ 具有生动的活力;

④ 简明易懂。

主题确立要创意。促销主题确立是一项创意性很强的活动,又是有一定难度的操作,是促销的重点,通过这样的训练来强化市场专员的创意能力。

(2) 促销时机和持续时间

促销时间的安排一般10天为宜,跨2个双休日。从星期五周末开始至下周日为止。如果是大的节庆活动,促销时间可以安排长些,但一般不要超过一个月。

(3) 促销对象

活动针对什么样的消费群体,要对顾客群进行细分。

(4) 促销地点(区域)

促销活动的地点选择很重要,是区域性还是整体。

(5) 促销产品

确定促销范围。以节日商场促销来说,一切促销活动最终目的是扩大销售。在设计具体方案前首先要确定选择哪些商品、多少数量作为这次促销的主力商品。

(6) 促销方法

选择促销方式,进行合理组合。根据确定的促销商品范围,来设计具体的促销活动方案。在商场促销中,促销组合的几种方式都要考虑运用,但当前运用较多的,消费者最受欢迎的有"特价促销"、"赠送促销"、"公关促销""有奖促销""服务促销"等。在方案策划中,可以采用多种形式,但要注意促销方式的"有效性"。

2. 详细的促销说明

五、广告配合方式

包括选择什么样的广告创意及表现手法,选择什么样的媒介进行宣传,按照怎样的节奏播发广告等。

促销活动的宣传是全方位的,要把促销的信息告知消费者,在销售场所要营造促销气氛,在促销中要展示企业形象,必须运用好广告宣传、商品陈列和商场广播。

1. 广告宣传

当前用得较多的促销广告有"媒体广告"、"DM 广告"、"POP 广告"。

(1) 媒体广告。在激烈的市场竞争中,媒体广告所起的促销作用无疑是巨大的,通过媒体广告能将产品促销信息传递出去。在运用媒体广告时要注意:

① 确定广告目标。企业应该根据自己的促销目标,确定广告内容。两者应该保持统一。

② 选好广告媒体。广告媒体的种类很多,选择哪一种最适当,这就需要设计。应该根据产品特点、企业条件来选择最适当的媒体。一般来说,首推的是电视广告。当然,其他广告媒体的作用也很显著。广告媒体的选择还必须考虑费用支付,只有适合企业经济承受的广告媒体才是理性的。

③ 注意广告语的设计。一条具有鲜明个性、深受吸引的广告能开辟一个大市场。这是广告促销设计的重点和难点。

(2) POP 广告。在商场促销中,POP 广告形式用的更多,促销的实际效果更好。在课业训练中,要注重 POP 广告的运用。POP 广告是指售货点和购物场所广告,又称售点广告。这种广告的运用范围很广泛,主要有:宣传标语、商品海报、招贴画、商场吊旗、特价赠送指示卡、门面横幅招旗、气球花束装饰等。

POP 广告不仅在向消费者传递商品信息,充当无声的售货员;它们还能极力展示商场特色和个性,来营造浓烈的购物气氛,树立良好的企业形象,从而吸引消费者进入商店,诱发他们的购物欲望。这正是 POP 广告的魅力所在的作用。

在促销广告策划中要根据具体促销主题、要求及其费用预算,来确定促销采用的广告形式,要最大限度地发挥其作用。参考范例的有关内容。

2. 商品展示

把促销商品用最佳的形式来进行展示,这是一种有效的促销宣传,使顾客一进门就能看到吸引人的商品展示,从而激发消费者的购买欲望。商品展示可以采用"特别展示区"、"展台"、"端头展示"、"堆头展示"的方式,并运用照明、色彩、形状及装置或一些装饰品、小道具,制造出一个能够吸引顾客视线集中的商品展示,营造出促销气氛,顾客的需求及购买欲自然会增大。

3. 商场广播

促销广播,可以传递促销信息,还可以使店内的气氛更加活跃,带动销售业绩的成长。促销广播可以考虑每隔一段固定时间就广播一次。广播词力求通畅,广播音量要适中,音质要柔美,语速不急不缓。注重背景音乐播放,可以播放一些慢节奏的、轻松柔和的乐曲来鼓励消费者静下心来仔细选购商品。

六、促销实施进度安排

为了保证促销计划得以顺利实施,必须对整个计划实施过程予以控制。在促销方案的最后部分,要求设计促销实施进度安排。

1. 促销实施的两个阶段

促销实施是一个过程，一般包括两个阶段，前期促销准备阶段和后期促销进行阶段。整个促销实施过程需要有效控制，从组织上、制度上、人员上和时间上，充分保障促销活动如期有效地开展。

2. 促销实施的主要事项

门店促销准备一般常规需要两个月左右时间，准备的事项有：

(1) 门店商品备货；

(2) DM 广告的制作和发放；

(3) POP 广告的制作和布置；

(4) 促销商品陈列和环境布置；

(5) 促销活动准备。商场促销进行期间也有大量的工作要做，许多活动要组织。

3. 制定"促销实施进度安排表"

在方案设计中必须拟定一张"促销实施进度安排表"，明确安排这些工作、活动何时做，由谁做，有什么要求。这样，使计划方案由单纯的构思创意转为具体的实施计划，它也可作为计划实施活动进行控制的检查标准。可见，促销实施安排进程表是促销计划得以实施的必要保证。

七、促销活动步骤

1. 前期准备

(1) 人员安排

在人员安排方面，要做到"人人有事做，事事有人管"，无空白点，也无交叉点。谁负责与政府、媒体的沟通，谁负责文案写作，谁负责现场管理，谁负责礼品发放，谁负责顾客投诉，各个环节都需要考虑清楚，否则会造成临阵时顾此失彼。

(2) 物资准备

在物资准备方面，要做到事无巨细，大到车辆，小到海报、POP，都要罗列出来，然后按单检查，确保万无一失。

(3) 实验方案

由于活动方案通常是在经验的基础上确定下来的，因此有必要进行一定的市场实验来判断促销工具的选择是否正确，刺激力度是否合适，传播媒介和方式是否理想等。市场实验可以采取询问消费者、收集调查表，或在特定的区域实施促销方案。

2. 中期操作

中期操作主要包括活动纪律和现场控制。纪律是战斗力的保证，是方案得以完美执行的先决条件，因此在方案中应对参与人员的纪律做出详细规定。现场控制是把促销活动中各个环节的时间、程序安排清楚，做到有条不紊，忙而不乱。同时，在方案的实施过程中，还要及时对促销范围、强度和重点进行调整，保持对促销活动的实时监控。

3. 后期延续

后期延续主要是媒体宣传的问题。例如，对这次活动将采取何种方式，在哪些媒体上进行后续宣传。

八、意外防范

每次活动都有可能出现一些意外。比如政府部门的干预，消费者的投诉，甚至天气突变导致户外促销活动无法正常进行等，因此，需要对各种可能出现的意外事件事先做出人力、物力、财力方面的防范准备。

九、促销预算

1．预算计划

确定促销的总预算和各项分类预算，包括管理费用、销售费用、附加利益费用，以及预算使用的原则、要求和预算管理办法等。预算费用是促销方案设计必不可少的部分，对方案设计的促销活动必须进行费用预算。

费用预算设计列在两处。费用估算设计部分不能只有一个笼统的总金额，它应该列在两个地方，一是在促销活动方案中凡涉及费用的都要估算列出，二是以各方案预算为基础再设计独立的"促销总费用预算"，这样能使人看了一目了然。

费用预算内容。促销费用预算一般要考虑的费用有："广告费用""营业推广费用""公关活动费用""人员推销费用"等。

费用预算与促销方案须平衡。促销活动需要费用支持，促销费用估算与各促销方案设计是密不可分的，任何促销方案都要考虑到它的费用支出。不顾成本费用，无限制地拔高促销方案或加强方案力度实际上是纸上谈兵，根本无可操作性可谈。促销方案和费用预算匹配，费用要能够支持促销活动开展。促销方案和费用预算的平衡也是衡量方案设计水平的一个标准。

费用预算要求。在方案设计中费用预算要注意：

（1）了解促销费用；

（2）尽可能细化；

（3）尽可能准确；

（4）求得最优效果。

2．资金费用来源

十、礼品准备

（1）具有表现力或说服力，能充分准确展现品牌理念；

（2）能够使目标消费者认同，潜在消费者青睐；

（3）有震撼力，新奇而不平凡；

（4）具有良好的情感性；

（5）一致性好。

十一、效果评估

预测本次促销活动能否达到预期的促销目标，并对投入产出比进行分析，以便活动结束后与实际状况进行比较，并从刺激强度、促销时机、促销区域、促销媒介等方面进行评估。

备注：范本内容非常完整，具体操作时可以根据情况删减

2.4.2.10 门店促销策略与商品生命周期的关系

门店的促销活动并不是想做就可以做的,促销活动的标准是依据商品在不同时间段的数据指标来制定。如果在错的时间里做促销,投入了成本不说,利润也会降低。比如,在换季的时候,商品依旧保持原价,或者新品上市就直接打折等错误促销方式。

企业的根本目的是盈利,企业要想保持这种长期盈利的现状,要想获得可持续的发展,就需要增强商品的生命力。商品是企业焕发生命力的源泉,它与人的生命有相似性,主要体现在像人的生命一样具有周期性,会经历由盛到衰的过程。当一个商品具有较强的生命周期,就证明了企业的销售总量大,也意味着企业能获得更多的利润。本章将主要从商品生命周期是什么,以及在不同的商品生命周期阶段,需要采取的营销策略这两个方面出发,对商品生命周期与营销策略的关系进行研究。希望能够将商品的开发和投入时间缩短,将商品的成长和成熟期拉长,同时推迟商品衰退期的到来,从而实现企业盈利的目的。

商品的生命周期分为导入期、成长期、成熟期、衰退期;每一个时期,商品所表现出来的特征是不一样的,其营销的策略也不同。商品的特征和策略,我们可以用利润曲线、销量曲线、价格曲线、成本曲线和促销曲线来表示,如图2-38所示。

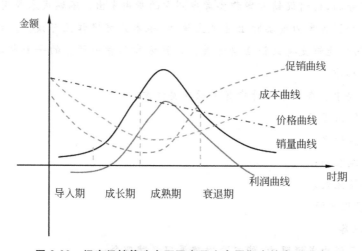

图2-38 门店促销策略在不同商品生命周期内的表现形式

1. 商品的导入期

商品导入期一般又分为研发期和引进期。研发期的关键点在于前期大量的市场需求调查,商品的卖点也是这时候确定。引进期也叫"教育期",因为在此期间需要较为专业的销售人员为消费者宣传商品的功能、优点、特性等。这个时候尤其要做好消费者对商品的认知体验,服装市场的时装发布会就是一个例子。还有如今的明星企业——小米,在这个方面做得非常出色。在这个阶段中,如果前期宣传没能让消费者知道、接受商品,成本会一直居高不下。新商品的上新,一般为了快速占领市场份额,促销力度不会太大,促销活动主要以商品上新的宣传为主,目的是让顾客知道和接受,吸引人流。比如新品上市,两件9折,保持价格和利润空间。促销力度不大,也就证明价格不会降低,随着商品进入市场的时间,销量也会逐渐增长。

2. 商品的成长期

在市场慢慢接受了这个商品之后,商品的销售量就会快速增长,此时主要工作就是打通销售渠道;还要注意的是"山寨"商品来袭,仿制品将快速滋生,瓜分市场。这个时候广告与铺货率也要随之跟上。所以,销量曲线处于增长趋势,因为经过了导入期,消费者已经接受了新商品,广告的投入和宣传相对导入期有所下降,成本曲线开始下滑,但还是要有宣传,促销力度不需要加大,成本曲线下滑和销量曲线增长,导致利润曲线的增加。这个时期的促销主要是成交率、客单价为主。

3. 商品的成熟期

这个时期,商品的销量将会达到最大化,成本最低、利润最大化,促销的力度一般,主要是以高成交率、客单价、连带率为主。价格保持平稳。同时伴随技术的更新,其他好的商品将会诞生,或者消费者的需求开始分化,这个时期的长短往往受外界影响较多,商品要做的就是不要在销售方面犯大错误。

4. 商品的衰退期

商品逐渐被市场淘汰,即使你做得足够好,将成熟期延长的足够长,你也得有此心理准备。这个时期,你不能做太多的促销活动,要做的就是对老客户的维护和服务。促销力度的加大和老客户的维护,会造成成本增加、价格下滑、销量下滑、利润下滑,直到商品退出市场。这个时期的促销主要是销量和连带率为主,解决库存和断码等问题。

2.4.2.11　门店促销与商品毛利的关系

随着市场经济的发展,商业竞争也趋于白热化,商业促销手段更是层出不穷,可是经过多年的商业促销活动以及伴随着顾客心理的逐渐成熟,促销活动已经很难引起"立竿见影"的轰动效果。但市场的竞争逼着企业不得不做促销来保持市场的份额。

在实际操作中,各店为了吸引顾客,增加销售,会对部分商品或品牌以低毛利,甚至负毛利方式促销,同时以其他品类销售的毛利来弥补损失。为有效控制这部分低毛利活动的影响,在做促销方案时,如何利用商品的组合和策略来提高综合毛利,让企业盈利的同时,也达到销售的目的,就显得格外重要。

在促销商品的组合上,如图2-39所示。选择50%的形象商品、20%的销售商品、20%的效益商品和10%的毛利补充商品。形象类商品的功能价值是吸引客流,提高竞争能力,塑造口碑,渗透顾客,分析带动客流的占比,也就是利用形象商品告诉顾客,我们的商品非常便宜。在销售中要注意陈列,也要根据店内销售情况确定,总体原则就是客流高陈列隐蔽,客流低陈列突出。销售类商品的功能是利润商品,属于以增加毛利为第一目标的商品类别。效益类商品的功能就是通过交叉、捆绑等销售方式提升连带和毛利。补充性结构商品,销售中毛利定价不能过高,定价可以高于对手,陈列面较小,根据季节或商品培

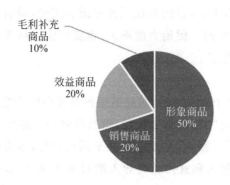

图 2-39　促销商品品类组合占比

养程度尽量向形象和销售类商品转换,销售占比一般在 15% 以下。各类商品的特点和目的如表 2-42 所示。

表 2-42　促销各类组合商品的特征

商品细分	特　　点	目　　的
形象商品	低价、优质、生活必需品、吸引客流	惊爆、广告效益、超值、低价
销售商品	主力商品、周转量高、应季品或成熟商品	货源、陈列、可持续性平价
效益商品	个性化商品、关联性商品、较高的毛利率	商品组合、冲动性购买
毛利补充性商品	互补性产品	连带和毛利的提升

评价一个促销活动是否成功的指标有三项,即销售额、销售增长、毛利额。假设完美的促销各要素总和为 100%,三个因素分别占比:销售额 60%、销售增长 20%、毛利额 20%。在做促销方案的时候应力求把握以下三大原则:抓住消费心理的出奇制胜原则、利用产品特征突出优良形象原则、利用利益诱惑消费的导向原则。

2.4.2.12　门店促销与零售 KPI 之间的关系

门店的促销活动并不是营销部门单独可以发起的活动,它和商品、顾客价值、市场、财务相关联。任何一个促销活动,必须要考虑针对哪些顾客群体、哪些商品、哪些市场和什么时间投放。图 2-40 中的因素是相关联的,缺少了任何一个支持,促销活动都不会成功。促销活动的效果分析不是单独看某个促销商品的指标,而是看促销后对整个品类或店内的其他品类的带动效应。任何一种促销方式都会带来相应的结果,比如提高成交率、吸引客流量、提高连带、提高客单价等。

有人问,门店可以不做促销活动吗?答案是当然可以不做。纵观整个零售市场,不做促销的品牌很多,但那些都是奢侈品或者国际知名品牌,且知名度很高,消费群体从来就不缺少,而且不需要靠人口红利支撑。对于大多数的零售企业来说,合理的促销活动是有必要的。从整个门店盈利模型可以看出,门店的盈利是和成本及毛利润相关的。毛

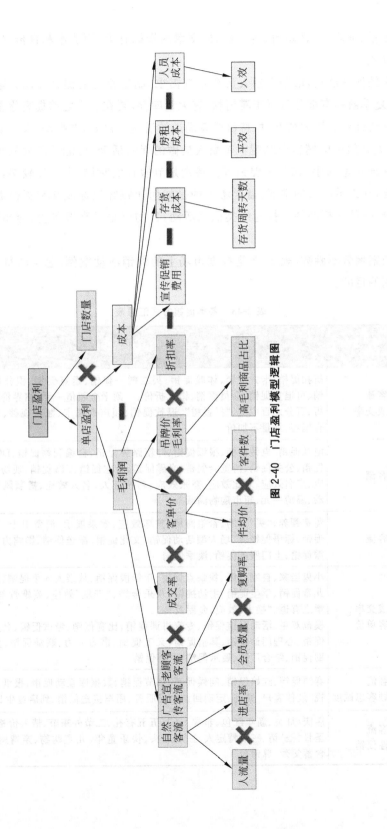

图 2-40 门店盈利模型逻辑图

利润和人流量、进店率、件均价、客件数、成交率的指标有关,而成本和宣传、生产运输、人员房租等有关。

每一次的促销活动,市场企划人员会根据需求,制定相应的促销互动方案。例如,商品部提出,夏季商品有部分款属于滞销款,有大量库存,要在季末之前提高售罄率,那么企划部可能就会针对这样的情况,做特价或者满送的活动。再如,在夏季,天气非常热,客流很少,如何提高门店的销售业绩呢?企划人员做的促销活动,可能就需要从吸引人流、提高客单价和连带率入手,如奖励促销等。特别是节假日的时候,人流比较多,不需要考虑人流的情况,在人员有限的情况,需要考虑的是如何让顾客快速成交和买得更多,那么就需要一口价、一件8折两件7折这样类似的活动,目的就是提高客单价,容易让顾客接受和成交。

类似的案例数不胜数,表2-43是根据市场上的促销活动案例,总结的每一种促销活动能够达到的目的。

表2-43 各类促销方式汇总表

促销大类	促销目的	促销形式
常规促销	提升客流 提升成交率	折扣促销、卡式促销、体验促销、买二赠一促销、返点促销、积分促销、次数促销、可退货促销、会员促销、错觉折价、一刻千金超值一元、临界价格、降价加打折、百分之百中奖、"摇钱树"、退款促销、超市购物卡、账款规整、多买多送、组合销售、加量不加价
广告促销	提升客流	电视促销、电话促销、报纸促销、灯箱路牌促销、自编刊物促销、DM促销、派单促销、公关促销、博览会促销、光碟促销、杂志促销、CIS促销、现场效应、暗示效应、点名效应、对比效应、夸张效应、巧用证人、名人效应、搭顺风车、在重大活动、温情一元、超市购物满减
公关促销	提升客流	免费领养、"买"来的、希望商场、破坏效应、效果展示、消费卫士、传声筒、命名促销、标语促销、广场大型活动促销、文化促销、派送促销、影响力中心促销、外派促销、上门服务促销、淡季促销
人群促销	提升成交率 提升客单价	小鬼当家、自嘲自贬、找缺点促销、年龄段促销、从亲人入手促销、从儿童入手、儿童促销、学生促销、主动挑错、欢乐金婚、"寿星"效应、英雄救美、挑选顾客、赠之有道、"换人"效应、爱屋及乌 模范双星、活动联谊促销、专家讲课促销、比赛促销、考试促销、名人促销、路游促销、心理门诊促销、募捐促销、义工促销、借力使力、联动促销、大店品牌、赞助促销、结合厂家、展示促销、网站促销
人情促销	提升客流 提升顾客忠诚度	春酒促销、红娘促销、问候促销、细节促销、数据库互动促销、报纸促销、电台电视、最佳客户、顾问、定期回访贴身服务、用车接送促销、到店过生日、质量促销
节庆促销	提升客流 季节性促销	店庆/月突、新年红包、非常1+1、五五有礼、二节外来节、情人价格、平安是福、圣日"圣"请、三节特定人、三八彩头、快乐童年、儿童购物、亲情厨房、母亲节、含蓄父爱、尊师台

2.4.3 门店商品运营

随着零售行业的发展,特许连锁经营的方式被更多的企业和市场认可,品牌专卖店随处可见。近几年,伴随电商的崛起,很多实体店受到强烈冲击,有的甚至不堪重负而倒闭。但也有部分实体店因为能把握消费者的需求,开发出新产品,并通过大力降低成本,在价格上获得和电商同样的优势,获得了飞跃发展。

把握消费者的需求就能保持企业的稳定发展吗?答案是否定的。零售企业的经营管理上有三大要素,即商品管理、营运管理、市场管理。商品管理是商品订货管理、日常货品归并管理、货品营运管理;营运管理是人员管理、销售管理、客户管理、店务管理;市场管理包含门店选址、租金扣点、工程装修、市场推广等;三个要素无法单独运转,必须相辅相成,在市场竞争如此激烈的微利时代,只有做好店铺各个环节的管理,才能得以生存和发展,才能战胜竞争对手。

今天我们抛开营运管理和市场管理两个部分不谈,来分享下从"货"的角度来看商品运营。商品运营其实是从传统的 4P 理论出来的一种玩法,传统的零售业对这个非常熟悉。那么,什么是商品的营运管理呢?

商品运营就是对商品管理流程中的商品订购(订货/补货/退货)、商品陈列、库存管理、商品销售、信息反馈等要素所作的全面经营管理。即要解决以下问题:

(1) 商品卖给谁?
(2) 商品怎么组合?
(3) 商品在什么时间购进?购进多少?
(4) 商品如何陈列?如何表现?
(5) 如何传达商品信息和销售信息?

面对日益激烈的竞争,零售企业对店长的定位已经发生了改变,店长已经从管家开始转向商人的角色。作为商人,最终目标是盈利,店长的最高职责是营业目标的实现及如何盈利,控制和运营门店的相关资源,管理店内营业活动并实现营业目标。这些是一个店长所要考虑的问题,如果因某种原因没有达到预计销售额,那就是店长的责任。

对于店长来说,达成销售目标,首先要解决商品问题。因为,满足顾客需求是零售的基石,顾客光顾门店是为了购买称心如意的商品。商品是满足顾客需求的方式,是零售的核心。

解决商品问题,首先要考虑,为了更好地满足需求、为了盈利最大化,门店应该出样陈列哪些品类和单款,完成陈列后,店长还要关注商品销售的动态,根据畅滞销状况,对商品组合进行优化调整,畅销品及时补货,滞销款及时促销出清。这些就是本章内容要解决的问题。

2.4.3.1 品类管理

商品运营管理要从大到小,从上到下。因此,首先从品类管理开始,之后再进行单款商品管理。品类管理是门店满足消费者不断变化的需求,以顾客为中心的方法。对于整个企业来说,商品的结构是大致固定的。不同的零售企业品类存在差异,销售男装的公司,品类有休闲裤、牛仔裤、衬衫等。超市有纸巾、生鲜、水果、坚果、牛奶等品类。对于一些大的公司,品类数量可能达到几十种、甚至上百种;在日常的销售过程中,如何管理这些品类,使这些品类的销售和利润达到最大化呢?

SM001 商品运营之品类管理

任何品类在市场销售中都有生命周期,都必然会存在导入期、成长期、成熟期和衰退期,导致其产生的因素最主要的是顾客需求。当前消费者需求变化速度加快,品类的变化也加快,企业需要关注新生品类,及时删减衰退品类。不同门店顾客群不同,需求存在差异,因此品类的销售状况也存在不同。

对一个门店来讲,首先要分析不同品类对营业收入的贡献程度,其次分析不同品类的增长速度。因此品类可以从营业收入占比、增长速度两个维度进行分析。营业中的短期分析,以销售占比为主。

我们以服装为例,ABC男装公司,在秋末冬初,假设商品品类有风衣、羊毛衫、牛仔裤、休闲裤、羽绒服、衬衫、西装等。苏州某专卖店,在10月10日对整个门店的周商品销售进行了分析,如表2-44所示。

表2-44 门店10月第一周商品品类分析表

品类	销售数量	销售金额	库存	库销比	占比	售罄率	公司售罄率	历史同期销售数量	同比
羊毛衫	45	10 332	110	2.4	14.5%	29.0%	27.0%	37	21.6%
衬衣	18	3 154	26	1.4	4.4%	40.9%	46.0%	24	-25.0%
风衣	44	16 509	91	2.1	23.2%	32.6%	36.0%	56	-21.4%
羽绒服	36	10 379	104	2.9	14.6%	25.7%	28.0%	45	-20.0%
牛仔裤	88	13 666	147	1.7	19.2%	37.4%	35.0%	83	6.0%
休闲裤	101	17 208	163	1.6	24.2%	38.3%	37.0%	95	6.3%
……	……	……	……	……	……	……	……	……	……
合计	332	71 247	641	2.0		34.1%	34.8%	340	2.4%

从一周的数据分析,休闲裤和牛仔裤销量,同比销量增长,贡献率都是属于最好的,售罄率也高于公司的售罄率,属于整个门店中的畅销品类。但是羽绒服和风衣这两类冬季商品,销售并不理想,销量同比下滑、售罄率低于公司整体水平,库销比极高。从这些数据看,至少在这一周里,风衣和羽绒服销售量下滑,那么如何调整能够让这些品类盈利最大化呢?

这个时候,就需要门店进行一周销售的复盘工作,造成这样的原因是什么?天气原因?尺码问题?人员主推力度不够?门店引导不够、陈列面积问题等?只有系统地找出原因才能进行合理的调整。

接下来就要分析商品品类陈列占比与销售占比之间的关系,我们称为陈列效率。如表 2-45 所示。

表 2-45　10 月第二周商品品类平效分析表

品类	销售数量	销售金额	库存	库销比	占比	售罄率	公司售罄率	陈列柜	陈列占比	陈列效率
羊毛衫	45	10 332	110	2.4	14.5%	29.0%	27.0%	3	13.6%	106.3%
衬衣	18	3 154	26	1.4	4.4%	40.9%	46.0%	0.5	2.3%	194.8%
风衣	44	16 509	91	2.1	23.2%	32.6%	36.0%	4.5	20.5%	113.3%
羽绒服	36	10 379	104	2.9	14.6%	25.7%	28.0%	4	18.2%	80.1%
牛仔裤	88	13 666	147	1.7	19.2%	37.4%	35.0%	5	22.7%	84.4%
休闲裤	101	17 208	163	1.6	24.2%	38.3%	37.0%	5	22.7%	106.3%
……	……	……	……	……		……	……	……	……	……
合计	332	71 247	641	2.0		34.1%	34.8%	22	100.0%	

备注:图标中的品类 SKU 数量,历史同期数量相同、统计时间相同。

从一周的数据可以看出,风衣和羽绒服属于滞销品类,但是从陈列效率上看,羽绒服的陈列效率小于 1,也就说单位陈列面积的销售额不够,在保持陈列面积不变的情况下,增加销售额就需要对商品做主推和引导销售。另外风衣和毛衫在秋末冬初的时候,是公司的主推商品,陈列面积虽然足够了,应该增加门店导购对这两类商品的引导力度。门店应该在橱窗、模特上进行调整,有意识引导消费者购买。同时,在陈列上,要进行关联陈列,如把毛衫和休闲裤、牛仔裤陈列在一起,以裤子的销售带动毛衫的销售。

商品品类的分析,无非就是从商品盈利的角度找到售罄率、库销比、同比、绝对销售额、陈列效率等指标的关联性,制定改善的策略。改善调整的方法包括:陈列引导、人员主推、促销、陈列面积调整……,甚至是合理地优化商品品类数量等,目的是让各品类的销售最大化。

2.4.3.2　单款商品管理——畅销商品

二八法则同样适用于商品销售分类,即 20% 的商品销售可以占到全部销售利润的 80%。而剩下的 80% 的商品的销售只占到整体利润的 20%,我们把 20% 的商品称为畅销商品。

畅销商品的统计方法主要有:

1. 历史资料统计法

又称经验法,是指专卖店参考历史同期的销售数据,统计出销售额排名前 20% 的商品。作为畅销商品,这种统计方法适用于已经建立大量的历史数据,但尚未形成信息化管理的门店。按历史资料法选择畅销商品一定要注意历史统计资料时间上的一致性,严格按季节进行。

2. 竞争对等法

竞争对等法就是通过大量市场调查,统计竞争对手的畅销商品的情况,而确定自己畅销商品的情况。这种方法适用刚成立的,但又没有形成历史同期销售数据的专卖店。这种方法简便易行,但调查容易受到竞争店店员的阻挠,且带来一定的偶然性。按竞争店调查法选择畅销商品要注意竞争店店址、卖场面积、经营品种等因素应具有相似可比性,以保证参照借鉴的实效性。

3. 数据信息统计法

数据信息统计法是利用公司信息系统汇集历史同期的销售数据来选择畅销商品的方法。这些数据主要是:销售额、销售贡献率、周转率、毛利率。这四个指标之间存在密切正相关性,核心指标是销售额。根据销售额(或销售贡献率、周转率、毛利率)排行榜,挑选出排行靠前的20%的商品作为畅销商品。

畅销商品的衡量指标有销售额、库销比、贡献率、毛利率、售罄率,所以,对于畅销品,我们平时监控就要更仔细一点。下面有一个案例,说明了畅销品监控的细节,也是评估畅销品缺失销售机会的一个角度。

有几款商品,在刚上市的一周,要进行试销,要看一周的实际数据来初步判读顾客对款式的反应。如表2-46所示,问:谁更畅销?

表2-46 10月第二周商品单款畅销分析表

款式	销售数量	销售金额	库存	库销比	销售占比	售罄率	公司售罄率	陈列柜	陈列占比	陈列效率
A	11	2 409	3	0.27	11.8%	78.6%	47.0%	3	12.2%	96.5%
B	12	3 060	15	1.25	15.0%	44.4%	46.0%	3	12.2%	122.6%
C	17	2 839	13	0.76	13.9%	56.7%	56.0%	4.5	18.4%	75.8%
D	8	4 704	17	2.13	23.1%	32.0%	28.0%	4	16.3%	141.3%
E	16	2 864	13	0.81	14.0%	55.2%	59.0%	5	20.4%	68.8%
F	21	4 515	7	0.33	22.1%	75.0%	51.0%	5	20.4%	108.5%
……	……	……	……	……	……	……	……	……	……	……
合计	85	20 391	68	2.0		57.0%	47.8%	24.5	100.0%	

一周汇总数据中,A款售罄率最高,库销比最低,属于畅销款,但贡献率最低;D款,绝对销售额最大,业绩贡献率最高,也属于畅销款,但库存最高,售罄率最低;但F款绝对销量最多,也属于畅销款。

但我们把日数据打开来看,就是另外一片天地,如表2-47所示。B款在周一、周二没有销售,实际销售只有5天,而E款周一到周三都没有销售,实际销售只有4天,若果将两个款,按照一周的日均销售量,补齐前几天没有销售的,那么B款售罄率是62%,而E款式达到惊人的96.6%,营业额是5012元,按照这个推算,B和E款也是畅销款。

表 2-47　10 月第二周商品单款畅销日销售分析表

款式	销售数量	销售金额	库存	日销量							售罄率
				周一	周二	周三	周四	周五	周六	周日	
A	11	2 409	3	1	1	2	1	1	2	3	78.6%
B	12	3 060	15	0	0	1	2	2	3	4	44.4%
C	17	2 839	13	2	2	1	1	4	3	4	56.7%
D	8	4 704	17	1	1	0	1	0	2	3	32.0%
E	16	2 864	13	0	0	0	3	3	4	6	55.2%
F	21	4 515	7	1	2	3	2	4	4	5	75.0%
……	……	……	……	……	……	……	……	……	……	……	……
合计	85	20 391	68	5	6	7	10	14	18	25	57.0%

看到这里,很多人就疑惑了,到底哪一个是畅销款呢?这里我们就要将畅销款进行细分,畅销高库存和畅销低库存两类,两类的营运策略也存在不同。

1. 畅销高库存

很容易理解,就是库存量高的畅销款。为什么还会出现这样的情况呢?原因一,商品的单价很高,虽然在整体的销售过程中,销量很少,但是却对门店的业绩贡献率最大,属于门店的高毛利商品;原因二,如上表中 E 款,在一周中,销售业绩对门店的贡献率一般,售罄率也一般,属于平销中的畅销款。但是展开后发现,在一周中,只卖了 4 天,前面 3 天没有销售;没有销售的原因或者是陈列位置问题,或者是员工引导不够,或者是门店主推调整,或者是产品刚进入试销期顾客还没有接受,以及天气突变的问题等,至于是哪些原因,就需要考虑整个门店的整体因素了。高库存是相对于门店单款平均库存,而不是说这个款在门店的库存量很大。

针对畅销高库存商品,如上表的 D 商品,其门店层面的商品营运策略是:

(1) 陈列面积和位置进行调整至黄金陈列区,加大陈列面积,重复出样等;

(2) 将该产品调整至门店的橱窗和模特上,进行视觉引导和营销;

(3) 加大导购的引导,给导购销售目标;

(4) 淡场时加强销售技巧训练、模拟演练,找出该款的适用客户群体。

2. 畅销低库存

顾名思义,就是好卖但是库存量比较低的款式,如上表中的 A 和 F 款,A 款销量在整个单款中并不是最大的,但是库存低,只有 3 件,也有可能是尺码不合适留下的;按照 0.27 的库销比计算,不考虑尺码问题,只需要 1.9 天就能卖完,公司的补货速度若是跟不上,那么就会造成 2 天以后断货,顾客想买也买不到的局面。这个时候,门店层面商品营运的策略是:

(1) 检查库存,准备补货。绝不能等一周结束后公司补货,因为这个时候就已经晚

了,影响营业目标达成;

(2) 在门店找替代款,款式、颜色、价格、面料、风格等比较相似的,进行替代。在顾客选购的时候,如果没有合适的尺码,就要用替代款代替,替代款不少于3款,并且导购都要提前培训好;

(3) 考虑和其他滞销款进行关联陈列,如畅销外套和滞销的毛衫或者裤子进行组合搭配;

(4) 同区域或邻近区域调货,统一款式,因为有可能该款在同区域的其他门店并不是畅销款。

公司层面的商品营运策略是:

(1) 时刻监控整体的销售数据,对畅销低库存的商品及时进行补单;

(2) 及时对门店进行补货、并货等商品运营措施;

(3) 针对畅销高库存商品,及时调整陈列和主推方式,设定目标和奖励;

(4) 适当地调整促销策略,借势销售。

2.4.3.3 单款商品管理——滞销商品

滞销商品的产生有四个原因。

一是市场变化迅速,如过季、过时等,导致曾经畅销的商品积压。

二是市场需求量比较小,长期占用门店资金的商品,此类商品对门店的贡献率小。

三是过度竞争,在一定商圈内,同质商品的市场容量是有限的,竞争对手都有类似商品,顾客可选余地多,市场稀释。

四是商品营销因素组合不当,如价格太高。

众所周知,产品组合、价格组合、分销组合和促销组合等形成商品营销组合因素。同质商品,可有多种营销因素组合。不同的营销因素组合则会产生不同的市场效应:畅销、平销和滞销。因此如何处理滞销商品就是专卖店的重点工作。我们先来看一个案例,苏州某专卖店,在10月第四周对整个门店的商品销售进行了分析,如表2-48所示。

表2-48 10月第四周商品单款滞销分析表

款式	销售数量	销售金额	库存	库销比	销售占比	售罄率	公司售罄率	毛利率	折扣
长袖衬衫A	7	1 533	27	3.86	6.2%	20.6%	47.0%	40%	0.68
保暖内衣B	5	995	3	0.60	4.0%	62.5%	78.0%	59%	0.80
圆领毛衫C	16	5 424	15	0.94	21.8%	51.6%	46.0%	63%	0.85
V形毛衫D	10	2 990	21	2.10	12.0%	32.3%	49.0%	60%	0.81
羽绒服E	10	5 880	18	1.80	23.7%	35.7%	51.0%	62%	0.88
休闲裤F	16	2 864	13	0.81	11.5%	55.2%	59.0%	59%	0.79
牛仔裤E	24	5 160	7	0.29	20.8%	77.4%	51.0%	58%	0.79

续表

款式	销售数量	销售金额	库存	库销比	销售占比	售罄率	公司售罄率	毛利率	折扣
……	……	……	……	……	……	……	……		
合计	88	24 846	104	2.0		47.9%	54.4%	0.57	0.80

备注：上表中的长袖衬衫 A、保暖内衣 B……都是单款，不是指品类。

从一周的数据中不难发现，单纯以库销比看，长袖衬衫和 V 形毛衫是门店滞销款；如果以门店售罄和公司售罄对比，羽绒服和保暖内衣都是滞销款。

从销售量和库存两个方向分析，乍一看，这两大类的观点是矛盾的。但是，具体问题具体分析，滞销商品可以分为，滞销高库存和滞销低库存两个维度。

1. 滞销高库存

顾名思义，就是商品属于滞销商品，但是库存量很大。苏州的 10 月底，已经进入了冬季，气温比较低。

羽绒服和羊毛衫作为冬季的保暖首选商品，应该是畅销款的，但是上表中羽绒服 E 和 V 形羊毛衫，虽然对门店的业绩贡献是最高的，但售罄率远低于公司的整体水平，折扣保持在公司的整体折扣之上。造成滞销的原因可能是：出样陈列、销售人员引导和主推不够、款式不被市场认可。

长袖衬衫，销售量很低，但在前几周都是畅销的商品，其原因是天气变冷，市场的需求变小，畅销商品转变为滞销商品，属于滞销高库存。

其门店层面商品营运的策略是：

（1）调整陈列面积，重复出样。

（2）关联陈列，和畅销商品进行组合，如把 V 形领羊毛衫和牛仔裤、休闲裤进行组合搭配，以畅销带动滞销。

（3）给导购定销售目标，加大导购的主推力度。

（4）加大门店引导力度，如橱窗、模特的陈列等。

公司层面的商品运营策略：

（1）给门店设定销售目标，针对量大、单价高的款式实行员工奖励，奖励要慎重。

（2）对库存量大的商品，根据商品进入市场的时间和商品的生命周期，进行促销活动。

（3）公司的商品和培训部，可以制作商品的 FABE 和指导手册，门店进行培训，在商品专业化上进行支持。

（4）在订货层面，公司如果无法准确预测市场畅销商品，对于不确定商品，可以进行试销，小批量、高频率地订货和配货。

2. 滞销低库存

字面理解就是商品属于库存量低的滞销商品。保暖内衣是冬季必选的商品，从公司的整体售罄率可以看出，保暖内衣必定是属于畅销商品；但在过去一周，门店只销售了 5

件,库存量也不高,细分析可以发现是尺码问题造成了销量低,这类商品属于滞销低库存。

门店层面商品营运策略是:

(1) 及时检查库存情况,同区域或者邻近区域进行调货、并货,互换尺码。

(2) 利用公司 CRM 系统或者熟客记录,找到目标顾客群体进行精准营销。

公司层面调整:

(1) 低折扣商品降价促销等。

(2) 公司及时补货,控制补货周期。在商品企划的时候就需要考虑尺码的企划。

门店在长期经营的过程中,通过大量的历史销售数据,可以识别出畅销、滞销、平销商品。同时,市场需求和商品营销组合等也会引起不同的商品反应。其目的就是通过调整三类商品的结构比重,达到最适合的商品组合。此外,对于商品的战略调整也起到市场信息收集的作用。

2.4.4 门店商品陈列

2.4.4.1 认识商品陈列

何为商品陈列?商品陈列指以商品为主体,运用一定艺术方法和技巧,借助一定的道具,将商品按销售者的经营思想及要求,有规律地展示、摆设,以方便顾客购买、提高销售效率的重要宣传手段。

合理地陈列商品可以起到展示商品、刺激销售、方便购买、节约空间、美化购物环境等重要作用。通过商品的摆设布置将商品的最佳效果展现给消费者,可以使消费者对商品产生更深刻的印象,刺激购买欲望。

SCD01 认识商品陈列

商品陈列的作用包括以下几点。

1. 展示商品

商品陈列是为了达到美化店面、刺激消费者的作用,而不是把商品简单地摆放在一起。良好的商品陈列布局可以营造出"精品"的氛围。例如,服装在展示外在美方面表现最突出,其陈列效果也很容易体现。一件高档时装,如果把它很随意地挂在普通衣架上,其高档次就显现不出来,顾客就可能看不上眼。如果把它"穿"在模特身上,用射灯照着,再配以其他的衬托、装饰,其高雅的款式、精细的做工就很清楚地呈现在顾客面前,顾客就很容易为之所动。

2. 提升品牌形象

众所周知,商品陈列是促成终端销售的机会之一。调查表明:科学、专业、适应消费者心理和需求的商品陈列,往往能带动 30%~40% 的销售增长。而商品陈列又是最为廉价、最为基本的促销方式。它不需要投入大量费用(甚至是免费的),只需要静下心来,重新审视经营的商品特点、消费者的购买习惯等,从审美的角度对商品摆放进行艺术加工,就可能获得更大的效益。好的商品陈列,要把货架上的商品放在易于消费者接近的位置,尽可能让消费者产生接触商品的冲动。因此,陈列对店铺销售起到促进作用,对顾客购物起到引导作用,对品牌形象起到维护作用。

3. 营造品牌氛围

我们知道一个卖场的整体氛围包含:橱窗装饰、货品陈列摆放、光源、色彩搭配、POP等,如服装商品本身不会说话,但我们可以利用陈列手法、造型艺术和灯光让其生动起来。

4. 可以提升销售额

"好的陈列和差的陈列,对销售额的影响至少在10%以上。"这是众多品牌和商家极度重视商品陈列的原因之一。据统计,店面如能正确运用商品的配置和陈列技术,销售额可以在原有基础上提高10%。想要充分发挥陈列对销售的作用,商品陈列就要做到以消费者为中心,以消费者的需求为导向,根据消费者的消费心理和行为习惯,采用科学方式展示商品特性,从而达到树立形象、吸引人流、刺激消费、提升销售的目的。还可以通过对促销商品的特殊陈列,使店铺显得生机益然,具有强烈的感观刺激,并由此形成良好的商品形象,以点带面,带动人流提升销售。

除此之外,陈列还有更为重要的价值。

(1)提高商品的附加值。让你的商品增值,使企业获得更高的利润,增强企业的竞争力,占有更多的市场份额。

(2)生活方式的改变。针对目标消费群层次,加强商品视觉效果的展示,可以引导顾客购物,并影响和提升消费群的审美度,并引发消费和生活方式的改变。

(3)维护商家的信誉。有利于维护企业的信誉,提高商品的可信度,使消费者易于接受商品的各种信息,加深对商品的印象,增加购买机会,形成潜在利润。易于使消费者产生对品牌的认同感和信任感,从面提升企业的知名度。

2.4.4.2 商品陈列原则

商品陈列以顾客需求为第一,不同的商圈,不同的商品结构,甚至不同的经营目标,会产生不同的陈列模式。但陈列是以什么为原则,其标准中的共性如何来寻找,这个问题的答案是多种多样的。陈列应适应和满足消费需求,以服务于消费需求为原则,具体包括以下几点。

SCD02 商品陈列原则

1. 安全性原则

"安全第一",这个在任何行业都是放在首位的,商品的陈列同样也适用,确保陈列稳定性,确保商品不易掉色,确保卫生清洁。如超市行业,生鲜肉类,要保证不会出现过保质期、鲜度低劣、味道恶化等情况。

2. 易见易取原则

所谓易见,就是要使商品陈列容易让顾客看见,并让其做出购买与否的判断。要做到商品陈列使顾客易见易取,就要做到以下几点。

商品要正面面对顾客,特别是商品的价格标签要正面朝向顾客,POP吊牌要制作清楚,摆放准确,每一种商品不能被其他商品挡住。

以超市便利为例。易见,一般以水平视线下方20度点为中心的上10度、下20度范围,为容易看见的部分。易取,就是要使商品陈列容易让顾客触摸、拿取和挑选,与此关系最密切的是陈列的高度及远近两个问题。依陈列的高度,可将货架分为五段,分别是:上段、中上段、中段、中下段和下段。

中段为手最容易拿到的高度,男性为 70cm～160cm,女性为 60cm～150cm,我们称这个高度为黄金位置,一般用于陈列主力商品或公司有意推广的商品。

中上、中下段为手可以拿到的高度,中上段男性为 160cm～180cm,女性为 150cm～170cm,中下段男性为 40cm～70cm,女性为 30cm～60cm。一般用于陈列次主力商品。中下段,须顾客屈膝弯腰才能拿到商品,所以中下段销售效果欠佳。

上段和下段为手不易拿到的高度。上段男性为 180cm,女性为 170cm 以上,下段男性为 40cm 以下,女性为 30cm 以下。一般用于陈列低毛利,补充性和体现量感的商品,上段还可以有一些色彩调节和装饰陈列。

有关远近的问题,那一定是放在前面的东西要比放在后面或里面的东西容易拿到手,为使里面的商品容易拿取,常用的办法是架设阶层式的棚架,但要考虑到安全性,以免堆高的商品掉落下来。

3. 区分定位原则

所谓区分定位,就是要求每一类、每一项商品都必须有一个相对固定的陈列位置。商品一经配置后,商品陈列的位置和陈列面就很少变动,除非因某种营销目的,而修正配置图表,这既是为了商品陈列标准化,也是为了便于顾客选购商品。

4. 关联性原则

我们在会员价值开发的章节里提到,会员的数据挖掘也有关联分析。关联陈列就是把不同类型但有互补作用的商品陈列在一起,称为关联陈列法,关联陈列的目的是当顾客购买商品 A 后,也顺便购买陈列在一起的关联商品 B 或 C。关联陈列法大大增加了顾客购买商品的件数;关联陈列的原则是商品之间必须有很强的关联性和互补性,要充分体现商品在顾客消费使用时的连带性。

关联性陈列有个"啤酒与尿布"的故事。沃尔玛超市在统计分析购物筐数据时,发现店内的啤酒和尿布经常被顾客同时购买。经过分析,原来是做了父亲的年轻人经常在给小孩买尿布的同时,自己也捎带上瓶啤酒,于是沃尔玛超市就把啤酒和尿布这两样看起来风马牛不相及的商品摆放在一起。这个故事站在消费者的角度来看,并不一定适合您的门店,但它反映了陈列关联性的方法和重要性。

5. 货架丰满整齐的陈列原则

货架一定要饱满,才会给顾客货源充足的感觉,如果门店货架经常是空的,会给顾客一种负面消极的感觉,不能有效吸引顾客。货架陈列饱满,还能够减少库房的库存,加速库存周转。在经营中我们可以观察到,服装店导购销售商品之后会及时出样,超市里总会看到工作人员在不断补货。

6. 容易辨别(判断)原则

能让顾客很容易地判断出来这是什么商品,商品的类别、价格等一定要分门别类地规划清楚。

7. 配色协调原则

配色是指具有某种相同特性（冷暖调，明度，艳度）的色彩搭配在一起，色相越全越好。如超市相邻商品之间颜色、形状、大小反差不应过大。纵向陈列的商品，上下之间的颜色反差不应过大。一般由暖至冷色调过渡（冷暖交替陈列应注意配色的和谐），配色标准就是让顾客在视觉感官上很舒服。

8. 陈列量与销售量及采购量相协调的原则

依据价格中心线的原理指导陈列、调整商品结构和采购。确保主力商品的货架空间和规模优势，减少替代性商品对主力商品的影响。主力商品优先采购、优先陈列、优先销售。

2.4.4.3 陈列色彩

俗话说"远看色，近看花。"也就是说当人们在远处看到一件商品时，最先映入眼帘的是商品的色彩，走近了才能看清商品的花形。色彩是能引起我们共同的审美愉悦的、最为敏感的形式要素。色彩是最有表现力的要素之一，因为它的性质直接影响人们的感情。丰富多样的颜色可以分成两个大类，无彩色系和有彩色系。无彩色系是黑、白、灰；有彩色系是除去黑白灰的色彩，如赤橙黄绿青蓝紫……

在这么多的色彩中，不同的色彩能制造不同的感受。色彩本身并无冷暖的温度差别，是视觉色彩引起人们对冷暖感觉的心理联想。我们将色彩分为暖色、冷色、中性色。暖色，以红色为中心，如紫、橙、黄等，令人联想到火或太阳，心理感觉温暖的颜色。冷色，包括蓝色、紫蓝、青绿等，令人联想到水与天空，心理感觉寒冷的颜色。绿色或紫色，是既不感到温暖也不感到寒冷的中性色。色彩的这些特性，使它在卖场陈列中担负着重要的作用，也引起广大商家和陈列师们的重视。

无论是线上，还是线下，色彩对店铺都是尤其重要的。良好的陈列配色，能够起到增加门店对顾客的诱惑、提升陈列效果与业绩、稳定导购情绪、提升工作效率等益处。

表 2-49 为服饰行业体形、肤色的色彩搭配经验。

表 2-49 不同体形与不同肤色的色彩搭配

体型	不适合色彩	适合色彩
胖体形	过于鲜艳，高纯度、高明度的色彩	中等纯度、低明度的中间色调，如砖红色、橄榄绿、蓝灰色等
		低明度、低纯度的深暗色，如深蓝色、深灰色、深棕色及黑色
		不规则或小花形图案、花纹
瘦体形	深暗的冷灰色	高纯度、高明度的鲜艳色彩，如红色、黄色、绿色、橙色等
矮小体形	色彩过多	鲜艳、明度高的色彩，色彩明快，简洁
高大体形	高纯度色调、色彩面积过大	中等色调，如橄榄绿、青蓝色、紫色、灰色、驼色等

续表

体型	不适合色彩	适合色彩
肤色偏黑	深暗色调，如深黑色、深紫色、黑灰色	明快、洁净的色彩，如浅黄、浅蓝、米色、象牙白
肤色偏白	近似于白色的冷色调，浅绿色、草绿色	纯度偏高的色彩组合，如玫瑰红、粉红、橙黄、紫红
肤色偏黄	绿色	明快的暖灰色调、蓝灰色调
肤色偏红	绿色调	轻淡的色彩，如浅蓝灰色、浅驼色、白色
		深暗的色彩组合，如藏蓝色、深灰色

2.4.4.4 商品陈列基本方法与手法

松下幸之助说："要不时创新，美化商品的陈列，这是吸引顾客登门秘诀之一。"相关资料显示，符合消费心理和消费需求的商品陈列，能带动30%~40%的销售增长，远远大于促销所带来的销售提升。市场经济时代的主要特征之一是眼球经济，只有掌握一定的陈列技巧，使自己的产品在众多的商品中脱颖而出，才能吸引消费者的目光。

SCD04 商品陈列的方法与手法

商品陈列的基本方法可分为量感陈列、展示陈列两大类。

1. 量感陈列

量感陈列一般指商品陈列的数量多寡。这种陈列的观念在逐步发生变化，从只强调陈列数量的多少，逐步转变为重视陈列技巧，使顾客在视觉上感觉商品很多。譬如，所要陈列的商品是50件的话，通过量感陈列让人觉得不止50件商品。所以，量感陈列一方面是指"实际很多"，另一方面指"看起来很多"。

量感陈列一般适用于食品杂货，陈列的具体方法很多。例如，服装店内的堆头、花车、流水台等，超市内的售货车及整箱大量陈列等。量感陈列一般应用于：低价促销、季节性促销、节庆促销、新品促销、媒体大力宣传、顾客大量购买等情况。

2. 展示陈列

展示陈列一般指，商店内为了强调特别推出的商品的魅力，而采取的陈列方法。这种陈列一般适用于服装、食品、百货类，能吸引顾客的注视和兴趣，营造店铺的气氛。但浪费陈列空间，空间成本比较高。常用的陈列场所有：门店橱窗、店内正挂背板、模特、POP画等。体现展示陈列的魅力的基本要求有以下几点：

（1）明确展示主题，弄清楚要向消费者传递什么。如橱窗就是最好的展示位，一般这个地方都是陈列公司畅销商品、本季主推商品、初上市新品，进行引导宣传。

（2）注意构成方法，要求商品陈列的空间结构、照明与色彩相互有机配合，例如优衣库的仓储式陈列，横平竖直，看起来很震撼。

（3）注意表现手法，采用一些独特的陈列手法吸引顾客的注意力。

陈列有很多方法，基础陈列方法如下。

1. 主题陈列

重点突出主题,想要通过陈列给顾客传递什么信息。如服装店,给服饰陈列设置一个主题的陈列方法。主题应经常变换,以适应季节或特殊事件的需要。它能使专卖店创造独特的气氛,吸引顾客的注意力,进而起到促销商品的作用。主要陈列区是模特、橱窗。

2. 整体陈列

将整套商品完整地向顾客展示,整体陈列形式能为顾客作整体设想,便于顾客的购买。如为了提高商品的连带,将服装组合在一起,用模特的形式表现,省去顾客挑选的时间。

3. 整齐陈列

按货架的尺寸,确定商品长、宽、高的数值,将商品整齐地排列,突出商品的量感,从而给顾客一种刺激,整齐陈列的商品通常是店铺想大量推销给顾客的商品,或因季节性因素顾客购买量大、购买频率高的商品等。在超市,经常看到牛奶、纸巾、洗浴用品等,都是整箱地堆叠得很高,吸引顾客购买。

4. 随机陈列

就是将商品随机堆积的方法。它主要适用于陈列特价商品,为了给顾客一种便宜的印象。随机陈列法一般用于门店的断码清仓、换季促销等,可以在门店门口用花车、堆头的形式表现,另外还要带有表示特价销售的提示牌。

5. 盘式陈列

实际上是整齐陈列的变化,表现的也是商品的量感,一般为单款式多件排列有序地堆积,这样可以加快服饰陈列速度,也在一定程度提示顾客可以成批购买。最著名的莫过于优衣库的仓储陈列了,卖场的陈列都是叠装堆积、颜色丰富,给人以震撼、丰满的感觉。主要技巧有层叠堆积、堆码陈列、阶梯陈列、断头陈列等。

6. 定位陈列

指某些商品一经确定了陈列位置后,一般不再做变动。需要定位陈列的商品通常是知名度高的名牌商品,顾客购买这些商品频率高,购买量大,所以需要对这些商品给予固定的位置来陈列,以方便顾客,尤其是老顾客。

7. 关联陈列

指不同种类但相互补充的商品陈列在一起。运用商品之间的互补性,可以使顾客在购买某商品后,也顺便购买旁边的商品。它可以使得专卖店的整体陈列多样化,也增加了顾客的购买概率。关联性商品应该陈列在通道两侧,或者陈列在同一通道、同一方向、同一侧的不同货架上。对服装店而言,模特是最好的展示道具。

8. 比较陈列

将不同商品按不同规格和数量予以分类,然后陈列在一起。它的目的是利用不同规格包装的商品之间价格的差异,来刺激顾客的购买欲望,促使其因价廉而做出购买决策。

9. 分类陈列

根据商品的质量、性能、特点和使用对象进行分类,可以方便顾客在不同的花色、质量、价格之间比较挑选。

10. 岛式陈列

在店铺入口处、中部不单单是设置中央陈列架,也会配置特殊陈列用的展台。例如中岛台和中岛架等,以服装店运用居多。

陈列手法还要配合门店的光线、色彩、音乐、卫生、服务等,才能达到最优的效果。总之,要充分发挥陈列对销售的作用,以顾客需求为中心,根据商圈目标群体的消费心理和行为习惯,采用合适的方式、方法,结合经营者的目标,展示出商品的特性,从而达到树立形象、吸引人流、刺激消费、提升销售的目的。

2.4.4.5 商品陈列与销售额之间的关系

终端陈列在商品同质化的时代,已经成为无言的促销师。越来越多的企业开始意识到终端表现对品牌传播、销售业绩提升带来的诸多优势。

1. 商品陈列面积大小和销售额之间的关系

对于相同的商品来说,店铺改变商品陈列面,会使商品销售额发生变化。陈列的商品越少,顾客见到的商品的机会就越小,购买概率就低。即使见到了,如果没有形成聚焦点,也不会形成购买冲动。实践证明:由4货位减少到2货位,销售额减少48%。3货位减少到1货位,销售额减少68%。由2货位增加到4货位,销售额增加40%,并且单款商品的陈列面积与其市场占有率成正比。以上是普通产品的陈列和销售关系。作为中高档以及奢侈品的陈列不是堆砌,不能臃肿,是要精美独立;有层次、有色彩、有艺术、有文化。要把最美的、最好的形象陈列出来。

下面我们看一个商品陈列与销售分析案例,如表2-50所示。

表2-50 10月第二周商品单款畅销分析表

款式	销售数量	销售金额	库存	库销比	占比	售罄率	公司售罄率	陈列柜	陈列占比	陈列效率
A	11	2 409	3	0.27	11.8%	78.6%	47.0%	3	12.2%	96.5%
B	12	3 060	15	1.25	15.0%	44.4%	46.0%	3	12.2%	122.6%
C	17	2 839	13	0.76	13.9%	56.7%	56.0%	4.5	18.4%	75.8%
D	8	4 704	17	2.13	23.1%	32.0%	28.0%	4	16.3%	141.3%
E	16	2 864	13	0.81	14.0%	55.2%	59.0%	5	20.4%	68.8%
F	21	4 515	7	0.33	22.1%	75.0%	51.0%	5	20.4%	108.5%
……	……	……	……	……	……	……	……	……	……	……
合计	85	20 391	68	2.0		57.0%	47.8%	24.5	100.0%	

整体分析一周的销售数据,以库销比,A、F款属于畅销款,以贡献率判断,D也属于畅销款,但库销比比较高。C和E款属于平销与畅销之间的款。对单款商品具体分析如下。

A款,属于畅销款,但是对门店的贡献率并不高,属于低毛利商品,陈列效率接近1,因此在陈列上无须调整。

C款,对门店贡献率不高,陈列效率低于正常水平,但销售量和库存量大,可以增加陈列面积,作为丰富商品。

D款,销量不大,但对门店的业绩贡献率高,陈列效率虽然高于1,对于这种库存量大且单价高的高毛利商品,可以保持现有陈列面积,或者适当增加陈列面积,并加以主推引导。

F款,销量最大,且业绩贡献率也高,陈列效率1.08,属于畅销且极具潜力商品,如果补货及时,增加陈列面积销售业绩也会增加。

根据分析结果对门店陈列进行调整,又进行了一周销售,将数据进行前后对比分析,数据如表2-51所示。

表2-51 门店陈列面积调整前后数据对比分析

款式	10月第二周					10月第三周(陈列面积调整)					环比	
	销售数量	销售金额	陈列柜	陈列占比	陈列效率	销售数量	销售金额	陈列柜	陈列占比	陈列效率	陈列柜环比	业绩环比
A	11	2 409	3	12.2%	96.5%	11	2 409	2.5	10.2%	115.8%	−16.7%	0.0%
B	12	3 060	3	12.2%	122.6%	13	3 315	3.5	14.3%	113.8%	16.7%	8.3%
C	17	2 839	4.5	18.4%	75.8%	19	3 173	5	20.4%	76.2%	11.1%	11.8%
D	8	4 704	4	16.3%	141.3%	10	5 880	4	16.3%	176.6%	0.0%	25.0%
E	16	2 864	5	20.4%	68.8%	16	2 864	4	16.3%	86.0%	−20.0%	0.0%
F	21	4 515	5	20.4%	108.5%	23	4 945	5.5	22.4%	108.0%	10.0%	9.5%
……	……	……	……	……	……	……	……	……	……	……	……	……
合计	85	20 391	24.5			92	22 586	24.5			0	10.8%

整体的陈列面积没有发生变化,总业绩增加10.8%。A款和E款,陈列面积下滑,但对业绩无影响。B、C、F三款陈列面积增加,销售业绩也跟着增加。D款陈列面积没有发生变化,因为人员的引导,业绩也在增加。由此可见,对商品陈列进行数据分析决策,调整单款商品的出样陈列数量,能够促进销售额提高。

2. 商品陈列时间和销售额之间的关系

陈列时间的变化,也会引起销售额的变化。一项调查结果显示:店铺陈列的促销效果第一天为100%,第二天90%,第三天降为80%,第四天为60%,第五天为35%,第六天仅为30%。可见,保持陈列新鲜感很有必要。

同时,很多行业的商品都具有季节性变化比较强的特点,其生产、流通都需要控制在极短时间内完成。如服装、水果蔬菜、食品等零售细分行业,以及针对端午、中秋、春节等时间点的节庆商品,陈列时间的合理性,对商品的销售影响非常大。如水果蔬菜,肯定是越新鲜越好销售。端午、中秋、春节的商品,在节日前肯定是最好卖的,过了节降价都不一定有人购买。因此,什么时间该陈列什么样的商品,对销售的影响巨大。

3. 商品陈列高低和销售额之间的关系

对于超市便利店来说,商品陈列高低不同,会有不同的销售额。依陈列的高度可将货架分为三段,中段为手最容易拿到的高度,男性为 70cm～160cm,女性为 60cm～150cm,有人称这个高度为"黄金位置",一般用于陈列主力商品或有意推广的商品。下端一般用于陈列次主力商品,其中次下端为顾客屈膝弯腰才能拿到的高度。上端要举起手,如果过高,不容易取,一般用于陈列低毛利,补充性和体现量感的商品,上端还可以有一些色彩调节和装饰陈列。根据实践经验证明:在平视及伸手可及的高度商品售出概率约为50%,在头上及腰间高度,售出概率为30%,高或低于视线之外,售出可能性仅为15%。

2.4.4.6 磁石点在陈列中的重要性

在"眼球经济"的大环境下,只要让顾客的眼睛能在店铺多停留几秒,门店就比竞争对手多一倍的成交机会!如何才能让顾客停下来呢?这里不得不提一个决定进店的关键——VP,以及 IP 和 PP 点。VP、IP、PP 属于 VMD(商品计划视觉化)的三种陈列形式。

SCD06 磁石点在陈列中的重要性

1. VP(visual presentation)

全店最大的氛围景观,注重情景氛围营造,强调主题。VP 是吸引顾客第一视线的重要演示空间,一般位于顾客视线触及的陈列橱窗或舞台,有人也会把它称为整个店铺在商圈里的展示区。VP 包括橱窗、中心舞台、进门区域等地方,用这些地方来表现卖场主题、流行趋势、季节变换,涵盖了商品战略、品牌特征、企业文化和时尚理念等内容。主要是在向顾客传达着品牌精神,能够与顾客产生共鸣并且达到顾客认可。通常选择流行趋势强,色彩对比度强,能够强调季节性的产品为主。如服装门店,往往在橱窗通过服装款式、面料、色彩以及人体模特展演效果等手段,提高卖场和商品的形象,整体表现主题。其功能在于展示、吸引顾客驻足观看,进而走入店内进行选购。主要陈列区有橱窗、卖场入口、中岛展台、平面展桌等,由设计师、陈列师进行陈列。

2. PP(point of sales presentation)

又叫要点陈列,也叫售点陈列。销售要点陈列通俗地理解可以称为重要陈列或对销售起到重要作用的商品的陈列,如果从商品策略的角度来讲,也可以理解为重点推广的商品陈列,其所陈列的区域也可以称为卖场要点展示区域。PP 区是顾客进入店铺后视线主要集中的区域,是商品卖点的主要展示区域,展示的原则"就近原则",是商品卖点的主要展示区域。例如,高背架的正挂或搁板上的展示。有时也会把它叫视觉冲击区。PP 是卖场内部局部区域的"展示窗口",是协调和促进相关销售的有魅力的空间,是商品陈列计划的重点,起到展示本区域商品形象,引导销售的作用。主要陈列地方有展柜、展架、模特、卖场柱体等,由导购进行陈列调整。

3. IP(item presentation)

单品陈列,以商品摆放为主。IP 是主要的储存空间,也是顾客最后形成消费的必要触及的空间,有人会把它叫容量区。卖场中至少80%以上数量的货品陈列在这个区域。IP涵盖了店内的所有货架,按照色彩、尺寸、面料等分类方式分区陈列商品,便于顾客观看和选择,目的在于向顾客销售商品。主要的陈列区域有展柜、展架等,以导购陈列为主。在陈列的过程中,展示的商品采用正面陈列;让顾客挑选、购买的商品采用侧面陈列,并要考量两者间的平衡。

VP、PP、IP三者在陈列本质上是有一定区别的,橱窗是VP重要区域,是品牌或卖场采用视觉演示陈列最重要的区域,它一般通过商品情景演示或其他视觉手段设计来吸引顾客的注意力与兴趣。VP中演示的商品在卖场里务必要齐色、齐码,否则很可能影响销售。PP与VP最大的区别就在于PP主要用于展示商品本身,并引导顾客购买,而VP则是演示商品,激发顾客欲望。而PP中的模特展示的商品用IP的形式陈列在其周边,当顾客接近时,先看到PP展示的重点商品,同时顾客可以在IP区域里(叠装)拿取相应的商品。我们可以说VP是品牌或卖场的"广告",而PP则是卖场的"导购员"。

2.4.4.7 VP、PP、IP在陈列中的应用

顾客在购买的心理过程是"AIDMA"法则,其包括关注(attention)—兴趣(interest)—需求(desire)—记忆(memory)—行动(action)。而销售额=进店率×成交率×客单价。从这两个公式中,可以发现,顾客购买的"AIDMA"法则与陈列之间是存在着关联性的,只要商品在陈列技术上可以满足顾客的购买过程,就可以促进销售。那么在陈列中该如何运用三大陈列点呢?

SCD07 VP、PP、IP在陈列中的应用

(1) 根据整个门店的平面图,区分出VP、PP、IP区域,并确定三大区域的货品类别。

(2) 在出样时,先做IP出样,如展柜、展架、中岛等,将需要展示的商品用挂架挂出来并分类,从中挑选出正面展示、叠装展示的商品。

(3) 从已经做好的IP商品中挑选出价格适中、面料材质流行、当即主推、受众人群广的商品,做PP出样,如卖场模特、正挂出样、卖场柱体等。

(4) 最后再从IP产品里挑出最能表现当季主题的货品做VP出样。VP出样时,"先主后辅再氛围"(主题商品、辅助商品、装饰品)。

(5) 调整卖场的灯光照明,重点突出,整理细节。

(6) 巡视、检查、调整、拍照(全景、分区、模特),然后通过照片再检查是否需要调整。

(7) 在陈列后的一周内,要持续观察顾客在每一个点的关注率、停留时间、行走动线,同时也要了解公司其他门店和竞争对手同类商品的情况,通过陈列展示,力求达到"易进入、停留时间长、易购买"的目标。

2.4.4.8 如何判断整体陈列的优劣

1. 重视陈列细节

店长面对多种陈列技法,纠结怎么摆放,却忽略了对陈列细节的注重。商品陈列的主

要目的是吸引消费者,让消费者看到商品最好的一面。假如不重视细节,时间久了会导致很多客户的流失。例如门店销售了没有及时补货,灯光昏暗,还有产品无系列化搭配,无感染力,未能表达消费概念等问题都要关注。

SCD08 陈列的注意事项

2. 留出空间,控制商品数量

喜欢中国画的朋友都知道,中国画的最高境界在于水墨留白,这一点也很适用于商品的陈列。在卖场陈列的时候,总是会摆很多的货品,以为越多为好,将货品尽可能多地展现在顾客面前,其实这样效果并不好。要利用现有的空间合理布局,突出焦点商品。数量太多就会显得拥挤和廉价,太少则会显得冷清,激发不起购买欲望。适当的留白和宽松的氛围,能给消费者一种镇定、闲逸的心态来面对商品,让其在店铺中停留的时间延长,在一定程度上增加了购买的机会。

通常,按照最高陈列量的80%进行陈列即可,这样既能吸引顾客,又不会显得拥挤和杂乱。店铺的销量不是你陈列得越多,就会卖得越多。以服装店为例,太多的商品堆积在一起,会给人一种廉价感,或产生"滞销"的嫌疑。反而有些店铺陈列件数极少,但摆放错落有致、层次分明,不仅能体现店铺的品位与格调,同时给人很愉悦的进店体验。商品展示的件数与顾客购买件数是不成正比的,对于高档服装店来说,只有严格控制陈列件数,才能充分显示产品价值。这是一个产品过剩的年代,选择过多顾客会感觉焦虑,顾客需要的是从其需求出发挑选出的商品。

3. 排列和角度要体现节奏感

例如卖场的模特,是一个很好展示商品特性和吸引顾客眼光的道具。通常会看橱窗里的模特,是一组好几个的方式存在。其奥妙在于,每个模特之间采用等距离的方式,节奏感较强,由于穿着的服装类似,比较抢眼。这种陈列适合促销活动以及休闲装的品牌使用,缺点是有一些单调。为了改变这种局面,最常见的做法是移动模特的位置,或改变模特身上的服装进行调整。两种改变都会带来一种全新的感觉。

4. 避免复杂化

陈列要注意取舍。不要想着把所有的特性都在一个空间里表现出来。而是选择一个主题,简单明了地向顾客传达信息。陈列没有规则,事实上,当你学到了完整的陈列规则和手法之后,就要懂得从顾客的需求出发,打破规则,做出创新的陈列作品。

5. 辅助设施的控制

如灯光、音乐、POP等。例如灯光的控制,店铺的灯光不仅影响顾客的进店体验,更直接影响店铺销量。一个好的陈列,有了灯光的加持,不仅让店铺变得明亮或者有氛围,也可以更好地突出重点商品的陈列。利于视线的聚焦,让人感觉有层次感、轻重感,主次分明,更好地促进新品的销售。利用灯光形成明暗对比,让商品成为全场的焦点。橱窗的照明亮度高于店铺整体,吸引眼球。明亮的灯光让店铺整体看起来干净明亮,商品一览无余。

6. 学会使用陈列道具和技巧

氛围道具在陈列时起到的作用照样不容小觑,合适的氛围道具不止会让整个店铺的空间充满生机,更加有活力,还能有效地吸引消费者的注意力,使其受到吸引而注视到所展示的商品。使用氛围道具时,也要注意整体的风格和色调,以及店铺种类的不同。最好要不时地进行更换,给人以新鲜感。例如男装店的陈列,色调比较稳重,笔者曾经服务过的公司,选用马作为氛围道具,既能体现帅气的感觉,也和店铺的整体风格比较搭。童装店整体色彩鲜艳,颜色跳跃又活泼,使用带有童话色彩的道具来装饰店铺,更容易吸引小孩子的注意力。

7. 保持商品的整齐和整洁

一家店铺在进行陈列布置的时候,有序整洁是最基本的原则。整齐、明朗、划分细致的店铺商品陈列,不仅可以方便消费者挑选、购买商品。并且从心理角度来看,井然有序、整齐清爽的店铺往往也更能吸引消费者,促使他们长时间地在店铺内游逛体验。

2.4.5 会员精准营销

门店还是原来的门店,商圈还是原来的商圈,顾客也还是原来的顾客,那么如何提高门店的经营效益呢?

人、货、场的管理是门店经营的三个因素,更好地满足顾客需求,是人货场改进的方向。改善商品组合,需要分析会员购买数据和属性数据。卖场氛围和体验的改善,需要以提高顾客满意度为目标,需要与会员营销结合。

顾客开发与增值,能够帮助企业实现利益最大化、成本最小化。一定量的会员不但可以维持企业基本运作,保证稳定的收入来源,还可以通过会员自身的宣传力度,转介绍更多会员加入,从而实现以点带面的零成本推广,可谓一举多得。

在这一章节,我们学习了解会员管理的理论基础和操作方法,帮助门店更好地进行会员精准营销,提高门店盈利。

2.4.5.1 会员价值开发之 VIP 营销功能缺失

VIP 顾客在卖场中占据着极其重要的地位,一名 VIP 客户为店铺创造的价值往往相当于普通客户的十倍。毫不夸张地说,VIP 顾客管理的好坏直接反映了店铺的盈利状况。每一个企业的发展都离不开老客户的支持和信任,我们都知道留住一个老客户比挖掘一个新客户更难,客户挽留是指运用科学的方法对将要流失的有价值的客户采取措施,争取将其留下的营销活动。它将有效地延长客户生命周期,保持市场份额和运营效益。但是现在会员流失率越来越高,会员营销的效果越来越差、会员管理费用越来越高;这些问题的出现,迫使零售经营者重新思考,如何让会员营销更加有效?

MVD01 会员价值开发之VIP营销功能缺失

通常建立会员制,发放 VIP 卡是商家发展和维护客户的主要手段,也是培养客户忠诚度最直接、最简捷的方式。但随着发卡力度和范围的加大,商家原本期待的顾客忠诚度和消费潜力并没有被有效放大,甚至在发展和维护客户上遇到了种种"瓶颈"。

首先是会员卡的失效。调查显示,在零售连锁企业中,60%的业绩是由会员创造的,且这一比例还在不断地提升。商家就自然认为,会员数量的增加就会增加营业额,因此发放会员卡、推广会员制就成了争夺客户的重要手段,会员数量也成了衡量一个商场质量的重要指标。但事实真的如此吗?

为了不断地吸收新会员,企业开始降低了加入会员的标准,甚至只要填写资料就可以加入。使得原本高不可攀的入会变成了人皆可以的局面,而象征身份地位的VIP卡已经失去了原有的尊贵。企业就落入了发卡越多、休眠卡也就越多、会员流失越严重的怪圈。

其次是促而不销或销而无利。VIP客户享受的是特殊化的服务,这样才能显示出会员的价值。而目前众多的企业依然采用的是大众化的营销,所提供的购物打折、积分兑换等活动是人人都可以享受的,而这些服务每个商家都有,从而变成了没有意义的鸡肋。一边是商家辛辛苦苦地搞促销活动,另一边则是会员的冷眼旁观,准确来说,这些活动在某些程度上可以刺激会员的激情,拉动业绩的增长,但没有关注到会员的需求。

最后是会员卡管理的缺失,有名无实。一家公司建立一套VIP系统和数据库要花几十万甚至上百万,投入了大量的人力物力。VIP卡存在的价值就是收集和分析客户的信息。忽视系统的存在,或者没有数据分析能力,VIP营销就是"无水之源、无本之木",特别是存在大量的休眠卡,商家无疑是切断了信息来源,进而也无法对客户进行实质地追踪和个性化营销。

VIP客户营销的种种困境,折射出了众多商家盲目扩张会员制,忽略了顾客关系管理的心态。目前来看,单纯追求会员卡数量不是根本之道,通过数据库管理,提高会员的购买力和持续消费力,将会员服务营销的着力点放在VIP营销的"质"上,才是根本的解决之道。

2.4.5.2 顾客群金字塔模型

零售企业成功的关键决定于顾客,在当今时代,客户已经成为稀缺资源,而且客户之间的差异,导致客户群存在金字塔结构,很显然并不是所有的客户都能为企业带来更多的利润。

顾客群金字塔模型(图2-41)是美国著名营销学者隋塞穆尔等人于2002年提出。顾客金字塔模型就是根据顾客盈利能力的差异,细分出顾客层级(白金层顾客、黄金层顾客、钢铁层顾客、重铅层顾客)。帮助企业寻找、服务和创造能带来更多盈利的顾客,以便企业把资源分配到盈利能力产出最好的顾客身上。这种方法比以往根据使用次数来细分市场更好一些,因为它跟踪分析顾客细分市场的成本和收入,从而得到细分市场对企业的财务价值。界定出盈利能力不同的细分市场之后,企业向不同的细分市场提供不同的服务。设想顾客按盈利能力不同而一层一层地排列起来,盈利能力最强的顾客层级位于顾客金字塔模型的顶部,盈利能力最差的顾客层级位于顾客金字塔模型的底部。

不同系统和不同层级的顾客划分都很有用。所有企业都或多或少地知道顾客的盈利能力不尽相同，尤其是小部分顾客带来大部分销售或利润的企业。一旦建设大型数据库系统来进行顾客分类，那么，就能得到更多层级的顾客细分，从而能针对不同顾客层级提供不同的服务。顾客层级的数目也可以超过四个。不过某些情况下，层级细分越多，就越难以处理，应用顾客金字塔模型的效果也就会大打折扣。下面我们来细看一下，每个层级顾客的特点。

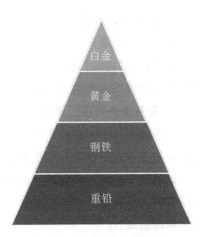

图 2-41　顾客群金字塔模型

1．白金层级

白金层级顾客代表那些盈利能力最强的顾客，他们对价格并不十分敏感，愿意花钱购买，愿意试用新产品，对企业比较忠诚。

2．黄金层级

黄金层级的顾客希望得到价格折扣，盈利能力没有白金层级顾客那么高，但仍然是重要用户。他们往往在多家零售企业购买，忠诚度不高。

3．钢铁层级

钢铁层级包含的顾客数量很大，能消化企业的产能，但他们受消费支出水平、忠诚度以及盈利能力等因素制约，企业并没有对他们采取"特殊对待"。

4．重铅层级

顾客要求往往超过了他们的消费支出水平和盈利能力，有时他们是问题顾客，向他人抱怨，消耗企业的资源，不能给企业带来盈利。

企业细分出顾客层级之后，除了将资源配置到盈利能力产出好的顾客身上，应该懂得如何利用自身服务与优势将顾客"升级"。如何利用顾客金字塔模型，提高顾客关系的质量，增强顾客忠诚度，提升顾客价值，是企业能否真正有效管理的关键。

2.4.5.3　营销理念与目标

随着社会的发展，以产品价值为导向的经济模式逐渐让位于以客户需求为导向的经济模式。企业的管理理念也逐渐从生产观念、产品观念、推销观念过渡到市场细分营销观念，这种管理观念更要求企业以目标市场的需求为出发点来整合企业的各种资源，比竞争者更有效地满足客户的需求，从而产生了 VIP 营销的概念。所谓 VIP 营销就是商家把贡献率最大的一部分客户作为一个特殊的消费群体（通常称为会员），为其发放带有特定标识的会员卡，存储会员详细的个人信息和消费记录，在营销、服务方面给予会员以特殊待遇，从而提高这一部分客户的忠诚度和消费金额，以获取更多商业利润的一种营销方式。VIP 客户营销的导入主要有以下几个方面。

1. 来自市场的逼迫

原来同一商圈只有一家门店,活得很滋润,潇潇洒洒,不愁客源,不愁业务,随着市场竞争的加剧,同样的门店一下子开了 10 多家,每家都在抢生意,原来的生意被打劫,原来的客户不断流失……生意一落千丈。

2. 来自竞争对手的逼迫

开店就不得不面对各式的同行。大家都开始数据化营销了,你还在手工记账,明显跟不上节奏了。会员精准营销逐渐成为市场的共识,同行竞争对手都在搞。尽管我们不知道做这些会不会带来明显的效益,但不做肯定是落伍的,在这个时代落伍意味着什么大家都很清楚。不求有功,但求无过,大家都在这么玩,我们也要上,这是相当一部分门店做会员营销的初衷。

3. 来自客户的逼迫

在买方市场,客户是大爷,很多门店很早就意识到了客户资料的重要性,也在不断收集这些资料。但很多时候是我们知道这些资料重要,但对于这些资料我们不会利用,想到了利用的方法,但没有效果……积攒了一大堆客户资料却发愁怎么进行客户的开发。守着金山却吃糠咽菜,致使我们不得不学习会员精准营销。但是如何对这些数据分析和开发呢?人工肯定是无法实现的,随着近年来信息技术的进步,数据挖掘、数据仓库、数据智能等广泛的利用,也为 VIP 营销奠定了基础。

VIP 营销实际上是一个漫长的过程,如图 2-42 所示,从最开始的与客户的相遇,吸引客户进行消费体验;到与客户相识,获取客户的资料,形成初次消费;再到与客户的相知,数据挖掘分析、提升二次消费和购买;然后是与客户的相爱,公司对会员关怀服务,增加会员黏性,提升重复购买率,提升客户归属感。最后是与客户的相守,建立会员经营体系,形

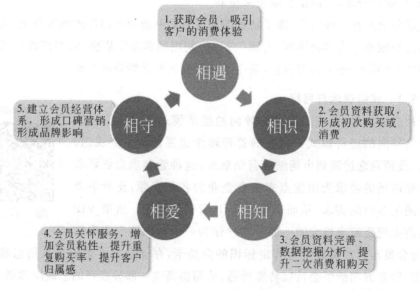

图 2-42 VIP 营销的过程与目的

成口碑营销,形成品牌影响。经过相遇、相识、相知、相爱、相守这一系列的过程后,通过与会员建立富有感情的关系,不断激发并提高他们的忠诚度。

2.4.5.4 客户营销的核心与误区

VIP客户营销的核心是顾客忠诚,无论是提升顾客的复购率,还是提升顾客的终身价值,都需要以较高的顾客忠诚度为基础。在营销实践中,顾客忠诚度被定义为顾客购买行为的连续性,是指顾客对企业的产品或服务的依恋或爱慕的感情,主要通过顾客的情感忠诚、行为忠诚和意识忠诚表现出来。其中情感忠诚表现为顾客对企业的理念、行为和视觉形象的高度认同和满意,行为忠诚表现为顾客再次消费时对企业的产品和服务的重复购买行为,意识忠诚则表现为顾客对企业产品

和服务的消费意愿,不同顾客的意识忠诚度差别较大。不同行业的客户忠诚度也各不相同,其主要的量化指标有关系的持久性、消费金额和情感因素。

如今几乎所有的企业都在实行会员制营销,但不是所有的商家都真正领悟到了会员的核心。会员制是一种人与人或组织与组织之间进行沟通的媒介,它是由某个组织发起并在组织的管理运作下,吸引客户自愿加入,目的是定期与会员联系,为他们提供有较高感知价值的利益包。会员制营销是一种深层次的关系营销,是维系会员的一种营销方式,一种能抓牢会员的心、提高会员忠诚度的营销手段。

目前市场上大部分企业在会员营销方面存在误区。第一个误区就是VIP营销就是打折销售。现在你只要去逛街,你就会发现几乎每一家门店都会有会员卡出现,会员卡已经从身份和地位的象征,转变成了普通的打折卡,你消费的越多,打折的优惠力度就越高。随着技术手段的应用,甚至连卡都不需要出示,只需要手机号码就可以。VIP营销不是打折,VIP客户营销是针对顾客的个性化服务。

第二个误区是留住老客户就能留住利润。在前面的章节里我们讲过,老客户中有很多只是经常来购买,但是对门店的业绩和利润的贡献不大。他们对价格很敏感,只会在做促销的时间来消费,反而会消耗大量的资源和服务。

第三个误区是客户越多越好,越大越好。很多的企业和商场,把会员的数量当成衡量企业质量的标准,觉得会员数越多企业的业绩就会越高,企业的利润就会越高,会员创造的价值理论值可以达到80%,但未必所有的会员都能为企业带来利润。对于一些大企业来说,会员越多,利润越高,也没有什么不对,但是对大多数企业来说,资源是有限的,不可能无限地为客户提供优质服务,企业的各项投资都要用在刀刃上、提高投入产出。在此基础之上,管理者要区分哪些是高价值的顾客,哪些是低价值的顾客,哪些是没有价值的顾客。

还有一些误区分别是:VIP营销就是会员制、实施部署软件系统就是VIP营销、VIP营销就是尽可能地回避客户投诉、一次向客户售出商品越多越好等,这些误区都偏离了正确的方向,难以为企业创造盈利。

2.4.5.5 客户关怀策略与技巧

客户关怀（customer care）是零售业 VIP 客户营销的一种重要服务策略，也是客户关系管理的一种思想。最初，客户关怀发展的领域是服务领域，注重客户关怀可以明显地增强服务效果，为企业带来更多的利益，于是客户关怀不断地向实体产品销售领域扩展。以往，客户关怀的发展都同提高改进服务质量紧密联系在一起，贯穿始终。如今，零售企业已经开始广泛研究并应用客户关怀，许多企业都成立了客户关怀部门，以给予客户更多的个性化的服务。

MVD15
客户关怀策略与技巧

实际上，在我们的日常生活中，总会收到很多的信息，如生日的时候会收到一些生日祝福的短信，还有消费后的日常保养、促销短信、节假日的问候信等，其实这些都可以认为是客户关怀。

客户关怀管理真正体现了"以客户为中心"的现代企业经营理念，是企业市场细分营销系统的重要组成部分，也是企业打造持续的市场竞争力、实现可持续发展的基本要求。所以在整个的客户关怀过程中，要遵循以下几个原则：

首先是"急客户之所急"的原则，在前面的章节里，我们讲到了客户的期望，包含价值、赠品、便利、速度、个性、信息等六种，急客户之所急，就是满足顾客的期望，甚至超越顾客的期望。如在火车站的时候，都会有应急通道，专门给因为时间比较紧的顾客进行安检；如笔者有一次在广州出差，在一家茶餐厅吃晚餐，点了菜，但是等了一会儿没有上来。因为我们要赶飞机，就和服务员说，能不能给我先安排。服务员很有礼貌地答应，并帮我们和厨房进行了沟通，优先保证了我们的菜品是提前上来的，这样的处理方式，瞬间提升了我们对酒店的满意度，相信下次来出差，还是会选择到他们酒店用餐，并且会向我的朋友推荐这个酒店。

其次是"给客户惊喜"的原则，客户的期望的选项中，有一项是赠品。顾客购买商品是因为对商品的需求，选择某一商家的商品，也是经过了多家的比较才做的决定。所以，有没有赠品不是顾客购买的决定性因素，但在购买完后，商家赠送了赠品，这就是意外之喜，结果是天差地别。

再次是"精准化关怀"，不是所有顾客的需求和偏好都是一样的，顾客都是独立的个体，所处的环境也不同，在做顾客关怀的时候，要对顾客的性别、年龄、职业、购物偏好进行细分；如做打折清仓促销信息的推广，不是所有人都喜欢打折的商品，这就需要我们从CRM 系统中，提取折扣偏好比较高的顾客进行针对性的营销，既节约时间成本又节约经济成本。同时，顾客也都喜欢个性化的服务，"精准化关怀"就是顾客期望中的"个性化"期望。

最后是"以顾客为中心"的原则，管理学大师彼得·德鲁克说过，企业存在的目的就是创造顾客。如何创造顾客？只能依靠产品和服务。产品和服务是连接企业与客户的天然纽带和必然桥梁。企业依靠持续不断生产满足客户需求、符合客户价值主张的优质产品和服务来创造客户、留住客户并建立客户忠诚度。

客户的关怀策略是贯穿整个营销过程的，一般是从客户服务、商品质量、服务质量、售后服务四个方面开始;不同阶段,所采取的策略也是不一样的,其关怀的手段方式多种多样,亲情问候、日常问候、产品推荐、群体活动、个性化服务、客户俱乐部、联合推广、公关活动等,定期温馨问候及祝福,是最廉价的投资,也是最超值的服务。

2.4.5.6 客诉处理策略与技巧

客诉处理在顾客管理上是很重要的,据统计,当你得罪一位顾客,就等于有 25 位消费者对你的店产生不良的印象。客诉处理不当,会直接影响企业形象。

根据顾客投诉冰山理论,顾客每 4 次购物就会有 1 次不满意,只有 10% 以下的客户会向企业提起投诉。如果把顾客投诉比作一座冰山,投诉的那一部分顾客,只是露出海面的一角,有更多的顾客保持沉默(图 2-43)。我们看不到,没有接到投诉,并不代表不存在,沉默不代表没有话说,只是没有表达出来。

图 2-43　顾客投诉冰山理论示意图

何为客诉?客诉是顾客在自身权益范围内,对零售商所提供的产品和服务,因不符合其期望而出现的不满、抱怨及对抗等行为。

从某种意义上讲,所有实物商品都是服务的附属物,因为所有的价值都是借助于服务实现的。服务营销不同于普通的商品营销,它要求服务者必须以客户需求为中心,倾听顾客的心声,建立和推进客户关系,设计和传递优质服务产品,切实履行服务承诺,并能在出现服务瑕疵的时候提供正确的服务补救,这就对服务者提出了更高的要求,特别在面对客户投诉时,他们必须具备高超的表达和沟通能力,具有强烈的自动自发的服务意识。

据有关调查显示,引起顾客投诉和抱怨的原因有以下四种:

1. 商品质量问题

这是在众多顾客投诉原因中最主要,也是最多的一个问题,属于顾客期望中的"价值期望"。包括商品的瑕疵、破损,商标不全、衣服褪色严重等。在线下商店购买商品,发生的质量问题不多,因为顾客在试穿、试用体验的过程中,都会对产品触摸、辨识等。但随着网购的出现,客诉也越来越多。网购只能看到图片,只有拿到产品后才能对产品有一个真实的感观。

2. 服务人员的服务方式、态度不良

因为服务人员的服务能力有限、服务人员不能像机器始终保持统一水准,服务过程中难免会出现错误。有些时候因为服务人员的应对不得体,把个人情绪带到工作中,对顾客产生影响;有些时候是服务人员对产品和促销不熟悉、收银工作出错等,都会造成顾客的投诉。

3. 购物环境、设施原因

购物环境是顾客体验和满意度的一个重要硬性指标,良好的购物环境会给顾客带来良好的购物体验,从而增加顾客的满意度,所以各大商场一直以来都是顾客喜欢逛的地方。如果出现因地板太滑导致摔倒、买单因为机器故障排队很久、夏天商场太热、物品柜太少、卫生间设置不合理等情况,就会让顾客产生不满抱怨,导致投诉。

4. 客户自身原因

因为顾客的期待是主观的、顾客的情绪是变化的、顾客的需求是复杂的。企业和顾客的期望永远都不可能对等。顾客希望企业能为其提供一系列的服务,而企业希望顾客能遵循公司的经营策略,两方各有自己的衡量标准,就会导致客诉的产生。

不少企业把顾客投诉当作一种负担,甚至在客诉的处理上手法相当粗糙。但从某种意义上来说,顾客的投诉对企业来说是一种好事,因为顾客的每一次投诉都是基于顾客的期望产生的,而企业的商品也是根据顾客的需求而设计的,所以,顾客的每一次投诉都会对营销和商品带来改进,因此,企业对待客户的态度,应该是:没有"客户投诉",只有"客户机会"。客户投诉产生的价值如下:

(1) 客户投诉有效阻止了客户流失。
(2) 客户投诉有助于减少负面影响。
(3) 客户投诉是企业的免费市场信息来源。
(4) 客户投诉可以有效预警企业危机。

2.4.5.7 增值销售策略与技巧

说到增值销售,大家并不陌生,在我们的日常生活中有很多。如我们去麦当劳买甜筒的时候,第二个甜筒总会是半价;当你点完单后,服务员总会问你,可以加1元换购一大杯的可乐,虽然1元很少,可麦当劳凭借这1元,一年可以增加数亿元的营业额。还有去商场买衣服,商家推出一件9折,两件8折,3件7折的活动;其实这些都是简单的增值销售策略。

通常来讲,零售业可以通过三种途径来实现客户终身价值的提升:

(1) 延长客户生命周期;
(2) 扩大每次的交易额;

(3)提高购买的频率。

在前面的章节里我们讲述了顾客的生命周期模型,以客户开始对企业进行了解,或企业欲对某一客户进行开发开始,直到客户与企业的业务关系完全终止,且与之相关的事宜完全处理完毕的这段时间。分为三个阶段:关怀期、满意期、挽留期。如果不考虑顾客服务的成本,只以顾客的消费金额计算顾客的价值,其顾客的生命周期示意图如图 2-44 所示。

从图 2-44 中,我们可以看到,浅色线条是在没有做增值策略之前的生命周期,我们记为 AD,深色线条是公司通过客户维护等手法延长了顾客在企业消费的时间,这一个阶段的生命周期,记为 AE,可以明显地看出,深色线和浅色线之间的空白区域就是增值销售之后所增加的顾客价值。首先,在顾客生命周期的满意期中,是最容易实施顾客增值销售策略,也是最容易成功的。而延长顾客生命周期的增值销售是贯穿整个生命周期的,不是每一个阶段都会产生价值,但一定会产生且价值比较高。

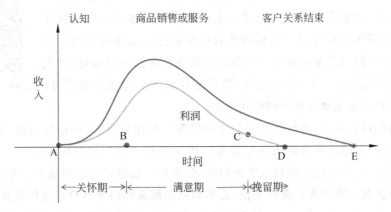

图 2-44 客户生命周期示意图

其次是增加每一次的交易额,这一点可以理解为增加客单价,客单价是由件数和件均价构成,让顾客尽可能地多买并且购买价格更高的商品,且在三种途径中,这一项是投入产出最高的。这种途径中,有两种方法,分别是交叉销售和向上销售。

交叉销售是借助 CRM(客户关系管理),发现顾客的多种需求,并通过满足其需求而销售多种相关服务或产品的营销方式。

向上销售指根据现有客户过去的消费喜好,提供更高价值的产品或服务,刺激客户做更多的消费。如向客户销售某一特定产品或服务的升级品、附加品,或者其他用以加强其原有功能或用途的产品或服务,向上销售也称为增量销售。这里的特定产品或者服务必须具有可延展性,追加的销售标的与原产品或者服务相关甚至相同,有补充、加强或者升级的作用。

最后是增加顾客的购买频率,也就是提高顾客忠诚度,顾客全部购买中,只有一部分选择了本企业,如果能够让顾客在本企业进行更多的购买,就会增加顾客购买频率,同时提高顾客忠诚度。

交叉销售和向上销售可以有效增加企业的销售额和利润,因此受到各零售企业的追捧。具体而言,增值销售有以下优势:

(1) 成功率比较高;

(2) 销售成本比较低;

(3) 能够提升客户忠诚度;

(4) 可以增加利润。

要使增值销售产生效益,就要对增值销售进行有效的管理,不同的管理措施带来的收益也是不同的。同时,增值销售也要遵循一定的原则,才能获得成功,详细内容请学习微课视频。

2.4.5.8 转介绍管理策略与技巧

客户转介绍是客户开拓的最主要方法,具有耗时少、成功率高、成本低等优点,是销售人员最好用的优质客户扩展手段。只要能提供客户满意的服务,就会得到其转介绍的机会。如果要求客户为你做转介绍,就会得到更多的转介绍。感到满意的顾客会把快乐体验介绍给他们的朋友,并与他的朋友们分享。因为这样做会让他们感觉很好,这也是在帮助他们的朋友。但是,要记住,除非你要求客户去做行动呼吁,否则你的客户不会主动为你去做转介绍的。

转介绍的威力巨大,为什么?因为你的老客户对你认可、对你信任的话,通过老客户的背书和传播,可以让更多的人来信任你。因为信任是可以传递的,当一个人信任你之后,信任他的人也因为他的传递来迅速信任你,所以这就是转介绍的威力。与其花更多的时间和精力去找到陌生客户来成交他,还不如来挖掘我们的老客户来为你转介绍,因为开发一个新客户的成本是维护一个老客户的 10 倍以上,每家零售企业、每个门店员工都有一个巨大的宝藏,那就是我们的老客户。

尽管我们一直都觉得转介绍的效果是巨大的,但是一直以来零售业的转化效率很低。之所以出现这样的原因,还是我们的销售人员对转介绍存在一些误区:如顾客已经完成了购买,不好意思再开口请客户转介绍;转介绍是强迫营销;联络准客户越快越好等误区。

转介绍的前提是客户认同公司和品牌,认同商品的质量。同时我们自己也要相信公司、相信商品、相信服务、相信自己、相信品牌,以及具备看到客户背后的客户的眼力。转介绍共分为五步。

第一步是取得客户对商品和服务的认同。在卖方市场下,企业之间竞争的不仅仅是商品,更重要的是服务,良好的购物体验感会让顾客对品牌产生极高的满意度,换句话说,如果连你自己都不相信自己的服务和商品,怎么让顾客相信你以及给你做转介绍呢?

第二步是强化客户对公司和商品、服务和价值感。这一步实际上就是把客户和公司绑在一起,重点强调客户对企业发展的重要性,加深客户对品牌价值和企业精神的印象和理解,为要求转介绍做准备。

第三步是要求客户进行转介绍。要求顾客进行转介绍,并不是说要强制性或者很直接地让顾客进行转介绍,要找准合适的机会,如顾客做出购买决定的时候,顾客提供一些重要信息的时候等。在表述的时候,语言一定要清晰和轻松,不能似是而非,否则顾客会不知道从哪里开始,导致转介绍失败。

第四步是要求客户转介绍更多的人。转介绍当然是越多越好,一般情况下是5~6人。大多数人都是抱着多一事不如少一事的心态,不愿意多介绍。这个时候你必须明确客户转介绍带来的利益,并且反复强调,深入人心。你要跟你的客户明确转介绍对其的利益,每个人做任何事都需要利益的驱动。客户认可你的产品那是不错,他答应给你做转介绍,如果没有利益,他可以给你做转介绍,也可以不给你做转介绍。他如果给转介绍,说明他很热心,如果他没有转介绍那也很正常。但这个时候你需要跟他利益捆绑,比如说转介绍之后有什么样的利益给到他,你要给到他这种利益感,或者说有一个明确的结果给到他,这个时候他才愿意给你转介绍。同样,当更多的人给你做转介绍成功之后,你要及时去兑现你的转介绍的利益给到客户。

第五步是向客户表示感谢。当拿到转介绍名单后,你要及时地对他表示感谢,做一些回馈的表示,及时地兑现承诺,如赠送一些小礼物、短信祝福等。

做转介绍仅靠这些步骤是不够的,你还必须有一个简单易操作的成交方案,让客户的转介绍变得轻松和有效,详细内容请参考学习微课。在销售型店长的客情维系章节,有具体操作方法介绍。

2.4.5.9 客户挽留策略与技巧

笔者在和一个企业的运营人员谈论会员管理的时候,我问企业有多少会员,他们会很兴奋地说我们有接近一百万的会员;我再问企业有多少活跃的会员呢?他们说大概有30%。这说明,有70%的会员在沉睡、休眠或者说已经成为流失会员,这个时候的会员只是一堆数据而已。

每一个企业的发展都离不开老客户的支持和信任,我们都知道留住一个老客户比挖掘一个新客户更难,客户挽留是指运用科学的方法对将要流失的有价值的客户采取措施,争取将其留下的营销活动。它将有效地延长客户生命周期,保持市场份额和运营效益。那么如何挽留客户呢?

1. 建立会员系统

在会员系统中,我们做好标签,标签可以运用顾客 RFM 模型来建立,将顾客分为多种类型;每一种类型的顾客的营销策略是不一样的。挽留顾客首先就是要从这些类型中,筛选出哪些是已经流失的会员,哪些是将要流失的会员。对于前者,我们需要通过一定的策略来重新激活。后者则需要通过会员的维护,来加固会员与企业之间的关系。很明显,后一种比前一种的价值更大,当顾客已经流失了再去重新激活的成本,远比维护一个活跃客户的成本要大得多。

2. 建立顾客预警机制,分析客户未来终身价值

挽留客户,并不是挽留所有的客户,一些大一些的公司会员动辄上百万,甚至上千万,如果每一个都要去挽留,显然是不现实的。对于那些"负价值"的顾客就不必花太多的精力来挽留,同样那些贡献度比较低的顾客也可以选择放弃。这个时候就要分析顾客的未来终身价值,可以用前面章节讲到的 RFM 模型,或者顾客金字塔模型等。

3. 找到客户流失原因

任何一个运营的组织,都无法阻止顾客的流失,流失不可怕,可怕的是不知道是什么原因流失,挽留就更无从谈起了。一般情况下,顾客的流失原因分为以下 3 类,如图 2-45 所示。

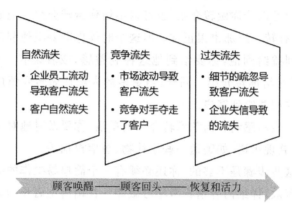

图 2-45　会员流失原因分析

（1）自然流失：这类的客户是由于自然原因而非人为原因流失的,比如自然死亡、迁徙搬迁,以及企业员工流动导致的客户流失等,这样的流失是不可避免的,但这在会员数据中所占比例极小。

（2）竞争流失：这种客户的流失类型是由于市场竞争而流失的客户,主要表现在商品和服务上；如有性价比更高的品牌商品选择、竞争对手的服务质量的提高等。

（3）过失流失：这种顾客流失的类型是因为企业在整个交易的过程中,因工作失误而造成的流失。比如企业的形象不佳、口碑较差、服务态度不良、商品质量感到不满意,并且通过直接或间接的渠道投诉而没有得到解决,这些客户都会转移到竞争对手那去。过失流失是三种类型中流失比最高的,不过也是最容易通过一些手段来挽回的。

4. 挽回流失的客户

顾客模型细分了顾客群体,便于及时预警顾客流失。终身价值的计算是确定哪些是需要挽留的顾客,寻找流失的原因,接下来就要采取措施,重新与这些客户建立联系,并采取一定措施激活这些客户。

2.4.6　【范例】【企业 DIY】会员精准营销分析

零售包括服装、母婴、珠宝、家电通讯数码、药妆等不同的细分行业,每个细分行业中的企业战略定位分为差异化、低成本。因此,不同细分行业、不同战略企业的经营特性不同,企业需要根据自身情况制定会员精准营销分析规范,下面给出了范例和说明,提供思路,指导帮助企业 DIY 制定本企业的数据分析规范。

范例包括:RFM 模型取值分析表(建立取值范围、具备分析基础条件)、会员近频额度差分析表(分析会员活跃度、忠诚度、潜在价值)、会员月度整体分析表、月度会员预警分析表、会员精准营销价值分析表、会员回访登记表、顾客投诉处理登记表和转介绍销售话术。

1. RFM 模型取值分析

RFM 模型是衡量顾客价值的重要工具和手段,模型通过顾客最近一次购买日期、购买频率以及消费金额三项指标来描述该顾客的价值状况,为一对一精准营销沟通提供了依据。

不同零售企业的 RFM 取值范围不同,企业可以根据自身特点设置不同的取值范围,表 2-52 就是 RFM 模型建立的模板。

例如 R 活跃度,对于便利店,近 3 天内光临门店取值为 5,对于服装店,3 个月内光临门店取值为 5。

例如 F 忠诚度,对于便利店,每天一次光临门店取值为 5,对于服装店,每年 4 次光临门店取值为 5。

例如 M 忠诚度,对于便利店,每次平均 50 元以上取值为 5,对于服装店,每次购物 500 元以上取值为 5。

表 2-52 RFM 模型建立标准模板

R(距今)	得分	F(一年来)	得分	M(一年累计,元)	得分
1 个月内	5	多于 12 次	5	大于 5 000	5
1～3 个月	4	9～12 次	4	3 000～5 000	4
3～6 个月	3	5～8 次	3	1 000～3 000	3
6～12 个月	2	2～4 次	2	500～1 000	2
12 个月以上	1	1 次	1	500 以下	1

R 值越大,会员越有可能与企业达成新的交易。
F 值越大,会员越有可能与企业达成新的交易。
M 值越大,会员越有可能与企业达成新的交易。

2. 会员近频额度差分析(分析会员活跃度、忠诚度、潜在价值)

RFM 模型在反映会员价值方面具有良好的表征性,帮助使用者来分析洞察会员的消费行为和消费意向。通过模型,筛选会员消费记录进行统计分析,得到近度差(近度减去平均近度),频度差(频度减去平均频度),额度差(额度减去平均额度)这些数据,如表 2-53 所示。分析这些数据了解到会员的消费、消费频率、消费金额情况,评估顾客价值。

表 2-53　会员近频额度差分析(分析会员活跃度、忠诚度、潜在价值)

会员卡号	会员姓名	会员性别	手机号码	会员级别	近度R值(天)	频度F值(次)	额度M值(元)	近度差 平均近度 41.2	频度差 平均频度 2.2	额度差 平均额度 2420
12345678	张名	男	186……	钻石卡	15	3	4 500	−26.2	0.8	2 080
12345679	李光	男	186……	金卡	45	2	2 300	3.8	−0.2	−120
12345680	王雅	女	186……	金卡	49	3	1 900	7.8	0.8	−520
12345681	陈雄	男	186……	普卡	75	2	100	33.8	−0.2	−2 320
12345682	胡灵	女	186……	白金卡	22	1	3 300	−19.2	−1.2	880
……	……	……	……	……	41.2	2.2	2 420			

说明：
1. 近度差越大会员越久没来消费，会员的活跃度越低，越可能成为流失会员，近度差越小会员越有可能与企业达成新的交易，相对的会员活跃度越高；(对于活跃度低、可能流失的会员，可通过赠送"电子优惠券"等形式将其重新唤醒)
2. 频度差越大会员的消费意向越高，活跃度越高同时也意味着忠诚度越高，频度差越小会员的消费意向越低，有可能会流失这部分会员；(对于消费频度低的会员，可通过到店兑换礼品、参加免费活动、会员活动日等方式增大会员的到店频率)
3. 额度差越大会员产生的价值越高，是商家的主要盈利点，额度差越小会员的购买力越低或者购买欲望越低。(对于消费额度低的会员，可设置套餐购买、消费满多少送多少、办理储值卡等模式拉大客单价)

通过对这 3 个指标去制定营销方案拉动消费意向低的会员多消费，拉动消费额度低的会员提高消费额度等方式来提升 RFM 三项指标的状况，从而为企业创造更大的价值。

3. 会员月度整体分析表

会员月度整体分析表(表 2-54)，包含的数据指标有门店会员总价值、新入会员价值、会员复购增值、会员总量、有效会员量、人均价值、新增会员、开卡率、复购率、复购占比、储值会员人数、储值金额等。会员总价值、会员人数与人均价值，衡量会员总体与人均购买力。复购率和复购金额占比反映企业与顾客之间的黏性。储值人数与储值金额，可以锁定顾客消费，让自己拥更多的忠诚顾客，储值了就只能在商家那里消费，储值的同时也是说明了顾客对商家的认可，对店铺的营业额有着稳定的保障，是满意度和忠诚度的表现，也是门店与会员之间互动的表现。

4. 月度会员预警分析表

据不完全统计，一个服务行业店铺每年约有 1/3 以上的顾客流失，新增一个会员的成本远高于挽留一个老顾客的成本，因此需要进行会员预警分析。在顾客流失预警分析中，对顾客进行维护和售后服务非常必要，要及时避免老顾客的流失。流失会员的标准，可以会员多长时间没有来门店消费划分，也就是 RFM 模型中的 R 值。比如，对百货商场、超市、便利店、专卖店等需要设置不同的值。对超市和便利店而言，一周之内是活跃的；百货商场和专卖店，两周或者一个月算是活跃的。通过分析 R 值，可筛选出较长时间没

表 2-54 月度会员整体分析表

	会员总价值	新入会员价值	会员复购增值	会员总量	有效会员量	人均价值	新增会员	开卡率	复购率	复购占比	储值会员人数	储值金额
本月数据	403 377 956	4 948 021	39 186 065	2 415 163	891 848	167	17 217	89.5%	48.6‰	67.9%	358	405 000
上月数据	393 611 253	3 606 621	32 943 894	2 397 868	891 299	164	19 554	91.8%	45.9‰	67.1%	399	470 000
环比变化	9 766 703	1 341 400	6 242 171	17 295	549	3	−2 337	−2.3%	2.7‰	0.8%	−41	65 000
环比增长	2.5%	37.2%	18.9%	0.7%	0.1%	1.8%	−12.0%	−2.5%	5.9%	1.2%	−11.5%	13.8%
去年同期	335 151 190	9 662 094	46 498 629	1 874 139	862 276	179	50 468	84.1%	57.1‰	47.7%	899	960 000
同比变化	68 226 766	−4 714 073	−7 312 564	541 024	891 848	−12	−33 251	5.4%	−8.5‰	20.2%	641	455 000
同比增长	20.4%	−48.8%	−15.7%	28.9%	—	−6.7%	−65.9%	6.4%	−14.9%	42.3%	−71.3%	47.4%

有来店消费的顾客,提醒商家及时唤醒即将流失的会员。表 2-55 中沉默、休眠、流失会员占比越多,则流失的可能性就越大。

表 2-55　月度会员预警分析表

数值	会员总量	有效会员量	有效率	人均价值	活跃会员	流失会员	休眠会员	沉默会员
本日数据	2 415 163	891 848	36.9%	167	142 894	1 523 315	339 620	409 334
昨日数据	2 397 868	891 299	37.2%	164	138 459	1 506 569	328 426	424 407
环比变化	17 295	549	0.0%	3	4435	16 746	11 194	−15 073
环比增长	0.70%	0.10%	0.0%	1.80%	3.20%	1.10%	3.40%	−3.60%
去年同期	1 874 139	862 276	46.0%	179	72 115	1 011 863	545 493	—
同比变化	541 024	891 848	—	−12	70 779	511 452	−205 873	409 334
同比增长	28.90%	—	—	−6.70%	98.10%	50.50%	−37.70%	—

5. 会员精准营销价值分析

会员精准营销是,通过信息数据系统,筛选出符合促销活动的会员群体,制定一对一促销方案,通过微信、电话、短信等不同方式通知会员活动信息,与会员进行一对一沟通。每一种方式反馈的效果是不一样的(表 2-56),就目前的通知方式来看,微信是最经济划算,且回复率最高的方式。这样的会员精准营销,首先是要确定活动类型,筛选出符合活动类型的会员群,然后是通知,最后统计复购人数,评估活动效果。

表 2-56　会员精准营销价值分析表

标签会员	短信通知人数	到店成交人数	成交均值	微信通知人数	到店成交人数	成交均值	电话通知人数	到店成交人数	成交均值	通知总人数	成交均值	平均折扣
活跃会员	100	7	423	100	11	437	50	10	471	250	446	0.72
高价值会员	50	11	535	50	16	578	100	18	540	200	552	0.88
重点会员	50	6	488	50	5	512	50	8	499	150	499	0.81
……												

6. 会员回访登记表

会员回访的意义是通过回访,了解会员对我们的工作的满意度、听取用户的建议和意见,加以改进,同时也能增加与会员之间的互动和黏性。会员的回访方式可以是电话、短信、微信等,回访的内容可以是售后服务、节日问候、活动通知等。门店每个导购都应该有自己独立的会员回访等级表,如表 2-57 所示。

表 2-57　会员回访登记表

回访时间	会员姓名	性别	联系方式	会员标签	回访方式	回访主题	顾客建议
10.15	李圣	男	186……	重点会员	☐短信 ☐微信 ☑电话	☐售后保养 ☐节日问候 ☑活动促销	选择到店

7. 顾客投诉处理登记表

出现顾客投诉并不可怕，问题是如何正确地看待和处理顾客的投诉。顾客投诉的问题很多，有些门店能够立刻解决，有些需要其他部门协调解决，如何快速平息顾客投诉，挽回顾客，需要一套顾客投诉处理流程。顾客投诉处理登记表（表 2-58）的意义是，了解顾客投诉的内容后，要判断顾客投诉的理由是否充分，投诉要求是否合理。如果投诉不成立，可以用委婉的方式答复顾客，取得顾客谅解，消除误会，让顾客感受到我们重视的态度。

表 2-58　顾客投诉处理登记表

投诉顾客姓名	王先生	电话	186……	会员标签	高价值会员
受理日期	18.10.15	投诉类型	☑商品　☐服务　☐其他		
购买日期	18.10.13	商品名称	羊毛衫 AG1005156　175/100A　599		
投诉原因	顾客在穿着的过程中，严重褪色，穿了一天，内衬衣服都有染色，衣服洗涤过程，掉色严重，有图片为证				
客户要求	退货				
投诉受理	☑受理 ☐不受理	承诺解决时间 理由	18.10.18		
经办人意见	门店目前已销此款商品未出现类似现象，也未见类似投诉，但同区域门店也出现一例类似案例。可以尝试换货处理，协商不成可以退货				
营销部门意见	协调尝试换货处理，协商未果可以退货，但需申请				
商品部门意见	此款商品出现类似现象不多，有可能是个例现象，请将此款商品快递回公司，公司做质量检测				
客服部门意见					
备注					
顾客签字	王先生	负责人签字	李青	主管审核	陈辰

8. 转介绍销售话术

开发十个新顾客，不如维护一个老顾客。老顾客转介绍率对门店业绩提升具有非常重要的作用，因为口碑的力量，往往会带来连锁反应，以及利润的成倍增加。开发新顾客的成本要远远大于老顾客的维护,所以要重视老顾客的服务与维护,并提升老顾客转介绍率。

(1) 买单完成后的转介绍

"李姐,感谢您对我的信任。好的东西要与朋友分享,您多次购买了我们的商品,对我们商品的质量都是很了解的,我们的服务也是最好的,您可以介绍您身边的朋友过来购买,我们现在有介绍奖励积分的活动,您介绍一位朋友来购买,我们奖励您100积分,这样,您既帮助了您的朋友购买了满意的商品,又能得到一些积分奖励,这是双赢的,您看这样行吗?"

(2) 售后产品时转介绍

"李姐,非常感谢您对我的信任。我做保险真是很幸运,一是因为有很多像您这样好的客户不断给我信任和鼓励;二是能把保障送到我认识的每一户家庭,我工作起来觉得真的有意义。可是,我们周围还有很多人没有保险,其实是他们没有真正了解保险,您身边肯定也有这样的朋友.您应该介绍我认识他们。李姐,经过这次交往,您应该了解我了。我会为您的朋友作免费的保险咨询,买不买保险,无所谓。您放心,我不会给您丢脸。"

(3) 销售过程中的转介绍

"王哥,通过与您接触,我觉得您办事严谨、热情豪爽,人缘肯定很好,下周三我们店做会员日活动,到时候会有礼品相送,现在会员邀约才刚刚开始报名,名额还比较宽松,您可以带两个朋友一起去参加,到时候大家还可以交个朋友。您看您带哪两个朋友去,这边写一下他们的姓名电话,帮他们先报个名吧!"

(4) 锁定范围

"美女,您的皮肤属于比较敏感(干燥),周围有没有像您一样,一到气候转变肌肤变红、痒、红血丝特别多(被这些问题困扰)的朋友呢?"

"既然有,是您的朋友(闺密、同事)对吧,我们专门为她准备了试用装,麻烦您送给她好吗,就算是我们的一片心意。"

(5) 约定再见,锁定时间

"您看,您用的产品很好,我也希望在半个月后您的皮肤(的变化)更漂亮了,您半个月后回来柜台给我看看好吗?可以带朋友一起,××时间找我是最方便的,谢谢您!"

第3章
管理型店长

3.1 管理型店长概述

3.1.1 管理型店长价值

门店管理实际上是对整个门店人、货、场管理的统称,是整个门店能够正常运转的根本,也是经营门店、提升销售和利润的基础。店长要根据门店的规章制度和手册,及时安排工作。在正确的时间、用正确的方法做正确的工作,有序安排员工工作,解决门店问题。用通俗的话说,钱不丢、货不少、人不缺、有序运营就是门店管理的最终目的。图3-1形象说明了门店行政管理的具体内容。

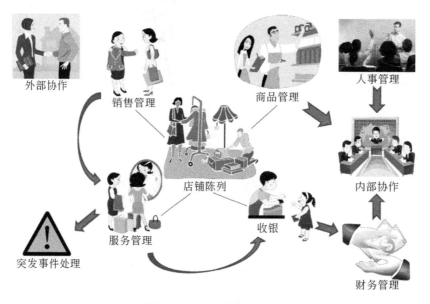

图3-1 门店行政管理职责

门店管理工作包括:店长角色认知、广告宣传促销、氛围陈列、人员销售、顾客服务、财务管理、货品管理、内部协作、外部协作、突发事件处理等。

3.1.2 管理型店长学习内容

做好门店管理工作,店长不仅需要具备技能,还需要企业管理规范的支撑,企业管理规范让门店管理有法可依、有章可循,让门店的工作井井有条。因此,本章的内容分为两部分:知识技能点和企业DIY规范与范例,如表3-1所示。

表 3-1 管理型店长学习内容匹配与企业 DIY 规范

章节	微课	企业 DIY 规范
店长职责	RMK01 从导购到店长 RMK02 店长职责 RMK04 门店时间管理	【范例】门店营业流程大纲 【范例】店长工作说明书 【范例】门店日营业流程、开店流程、闭店流程、周营业任务清单、月营业任务清单
门店五种销售方式	RMK11 门店五种销售方式	
门店销售——广告宣传促销	RMK21 门店促销计划	【范例】促销活动计划书
门店销售——人员销售服务	RMK31 人员销售管理 RMK32 门店服务 RMK33 处理投诉 RMK34 消费者权益保护法	【范例】顾客服务标准规范 【范例】投诉处理流程
门店销售——氛围陈列	RMK41 门店销售气氛 RMK42 门店陈列	【范例】陈列标准
门店人事管理	RMK51 门店人事管理 RMK52 门店人力资源调度	【范例】门店人事管理制度大纲 【范例】人员招聘规范 【范例】店长工作职责
门店财务库存管理	RMK61 门店财务管理 RMK63 收银员职责 RMK64 防诈骗 RMK65 门店货物管理 RMK66 库管职责	【范例】门店财务管理制度大纲 【范例】收银员岗位职责 【范例】库存管理制度大纲 【范例】库管岗位职责
门店内外部协作	RMK71 内部协作	【范例】店铺紧急事件处理范例

3.2 店长职责

3.2.1 店长角色概述

每一家门店都是一个相对独立的经营实体，是企业的盈利单元。而这个经营实体如何良性发展，以及如何在商业竞争中立于不败之地，店长扮演着举足轻重的角色。

每天面对林林总总、千千万万使人眼花缭乱的商品，繁繁杂杂、千头万绪的事情，川流如涌、摩肩接踵的顾客，形形色色、忙忙碌碌的员工，如何抓住重点，保证门店有序运作，实现经营目标，最大限度地提高公司业绩，是每个店长必须具备的能力。

RMK01 从导购到店长

门店全体员工是一个有机协作的工作团队，而作为这个团队的带头人，店长的使命不仅在于全面贯彻落实公司的营运规则，创造优异的销售业绩，提供良好的顾客服务，还在于如何领导、布置门店各部门的日常工作，最大限度地激发员工的积极性，从而创造一个令全体同事心情愉快的工作环境。

店长的工作是繁重的,大至商品规划、库存管理、成本控制,细至员工出勤、门店清洁,店长都必须身体力行、督促落实。店长的工作是全面的,一个成熟的店长,不仅要有销售、顾客服务、内外联络的能力,还应当掌握财务、电脑以及保安、防火等方面的专业知识。店长的职位要求决定了这是一个富于挑战的角色。可以毫不夸张地说,在这个岗位上成长起来的管理者,将有能力去面对各行业最苛刻的要求和挑剔。因为,这个职位会把你铸造成管理行业中的强者。

3.2.2 店长角色转变

何为店长?店长又从哪里来?

很多店长在基层工作了很长时间,因为善于销售,业绩突出,对公司整体比较了解,就被提升为店长。但不曾接受过正规的培训,只能算是一个"领比较高的工资,挂比较高职级的店员"。因为善于销售并不是一个超级店长最重要的素质和能力。作为店长,还肩负着更为重要的职责。

从导购到店长的跨越,不仅仅是岗位的转变,更重要的是心态与身份的转变。导购是执行者,接触的都是顾客和店长,以业绩作为衡量标准。

而店长是一个基层的管理者,向下要负责整个门店团队的管理,平行要对顾客和一些合作的部门负责,向上则需要配合服从公司的区域主管和各职能部门,考核店长的是整个门店的业绩和团队的管理状况。

从本质上来说,店长是要对整个店的经营管理,人员工作调配,效益的评估、预算、实施、总结负责,起到整个店的牵头作用。所以说,从岗位职责、角色扮演、考核标准、综合能力来说,导购与店长的区别如图3-2所示。

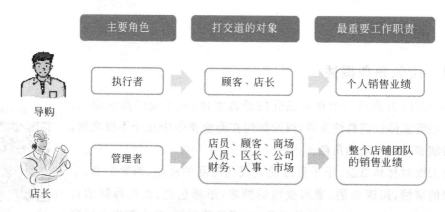

图 3-2 导购与店长角色与职责上的区别

3.2.3 店长的角色扮演

一个店就像一个家,店长就是一家之长,家长要操心这个家的所有问题:人员调配、顾客服务、商品销售库存、商品陈列、店铺卫生、营业目标等。

作为一个店的领导者、店铺的核心,店长不仅要协调和激励员工做好店内的营业工作,带领他们以团队精神塑造店铺特色,同时也要负责店铺内的人员管理培训,以及同其他地区的商业伙伴建立良好的关系。

此外,店长还要将店铺所在地域的情况和消费动态向总部反馈,以便总部及时了解市场情况,对应市场变化做出相应调整。综上所述,如图3-3所示,店长共有八个角色。

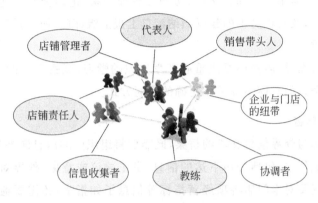

图 3-3　店长角色扮演示意图

1. 企业文化的传播者

企业文化会影响每一位员工的思想和行为,员工也有义务在实际工作中贯彻落实企业文化。零售企业的大部分员工都工作于终端门店,店长作为企业和门店的桥梁,也是企业文化传播的重要的人选。

2. 员工与企业的纽带

店长的首要任务是领导团队完成公司下达的销售指标,他更是中间人,是整个门店的关键人物,是组织内部沟通的桥梁。优秀的店长善于发现工作中的问题,并能及时解决问题。

3. 销售带头人

店长必须是销售高手,从导购晋升到店长的考核标准,销售能力是硬性指标。所以导购在开始晋升店长的时候,是一个销售型的店长,然后经过工作的磨炼和经验的积累,逐步转变为管理型店长。最后,经过思维、管理的转变和不断的学习,成长为一个经营型店长,而经营型的店长一直以来都是公司最需要的。

4. 店铺管理者和经营者

作为一个管理者,要具备计划、决策、执行、总结的能力。涉及制度、人才、激励的问题,就是"如何让别人把你想做的事做好",而不是"自己把所有的事做好"。因此,店长要懂得如何分配、指导、监督、鼓励店员做好店里的每一项工作。

店长要使自己在门店和公司中不断成长,可以向区域经理或者督导学习,学习他们处理问题的得当之处,学习他们思考问题的方式,即"像老板一样思考"。只有这样才会使自己的能力得到提升，才会使自己离成功越来越近。

5. 组织的协调者

店长应具有处理各种矛盾和问题的耐心与技巧，如与顾客沟通、与员工沟通、与总部沟通等方面，这些是店长万万不能忽视的。店长在上情下传、下情上传、内外沟通过程中，应注意方式方法，多运用技巧和方法，以协调好各种关系，正确全面传达公司的文件及会议精神和政策导向，及时将员工的建议归纳汇总上报上级部门，协调员工内部因工作或私人关系引发的矛盾。

协调能力因人而异，店长还要注重心理学知识的学习，观察下属的性格特点和风格，以便能够针对每个人的具体情况采用正确的沟通方式。

6. 信息的收集者

作为组织内部与外界信息交流的桥梁，既需要将组织内的信息向外界传递，也需要将外界的信息向组织传递，包括公司下达的信息、员工建议或意见、外界对店铺或对公司的意见等。店长不仅要对本门店各项经营指标等信息了如指掌，还需要通过传统媒体和网络媒体，及时了解和掌握本行业的发展变化。

更为重要的是，店长要及时了解和掌握本店所处的商圈商业布局、竞争对手动态、关联行业等信息资料，对所辖市场竞争态势、宏观经济环境、风土人情、风俗习惯、区域消费习惯、交通状况、气象状况等都要做深入研究。这样，有利于总体把握影响门店经营的各项因素，因地因时因事采取应对策略，以维持门店整体经营良性稳定，并及时为总部和分部提供有效信息。

7. 员工的教练

为了使下属能够胜任本职工作，通过运用培训、教练手段对下属进行培养，以保证下属的工作绩效，能够持续提高。教练下属的行为表现为：在工作中指出员工的不足、在工作中培训员工有关的知识和技巧、帮助员工解决心理问题、鼓励员工积极的工作、分享调节情绪的方法等。

8. 标准规范的执行者

连锁企业门店的有效运转，需要店长不折不扣地执行总部和分部的政策体系、经营标准、管理规范和经营目标。每天要亲力亲为，参与销售工作，了解和掌握门店销售情况；负责组织早会、夕会等门店会务和拓展活动。及时做出合理的工作部署，检查各项工作进度和完成情况，认真协调、修正员工在工作中出现的偏差和问题。善于整合现有资源，并使之作用最大化，以满足顾客的需求，实现本门店的经营目标。

即使店长对总部的某些决策存有异议或有建设性意见，也应当通过正常的渠道向总部相关部门提出。店长切不可在下属员工面前表现出对总部决策的不满情绪或无能为力的态度。从这个方面来讲，店长在门店工作中必须体现出作为管理者的重要性，要以门店的营运与管理工作为首要，确保连锁企业门店经营目标的实现。

3.2.4 店长的岗位职责

俗话说"开不开店看老板,赚不赚钱看店长",由此可见,店长对门店盈利的巨大作用。店长全面发挥影响,肩负六大职责。

1. 制订计划

店长是门店的经营者,所以要全盘掌控每个时间段,要做什么事情、做到什么程度,只有这样才能更好地为员工指引工作的方向与目标。

2. 销售管理

门店存在的意义就是销售和盈利,销售是重中之重。店长在做销售管理的时候,不仅要制定销售目标,更要学会如何分解目标,给员工达成目标的方法,指引员工去完成销售目标。

3. 货品管理

门店的管理聚焦在"人、货、场"三个方面,由此可见,货品的重要性,"巧妇难为无米之炊",导购的能力再强,门店的促销活动再好,销售氛围营造的再好,没有库存的保证、正确的出样主推、合适的陈列,一切都是空谈。

4. 人事管理

如果说把货品比作"子弹",那么店铺的导购就是拿着枪的战士,在店铺的人事管理上,不仅要做好人员的"选、育、用、留、送"的工作,更要激发员工的工作热情和欲望。

5. 服务管理

当今顾客的消费趋向于理性化,品牌的竞争加剧、严重的商品同质化,导致顾客成为稀缺资源,而顾客的消费体验和门店的优质服务则成为吸引客流的方式。门店的服务包含了顾客服务、处理投诉的能力以及客情的维系。

6. 门店日常管理

除了上述的店长职责外,还有整个门店的日常管理工作,日常的管理工作是保证整个门店能够正常运转的前提。门店日常管理工作包括以下内容:门店的货品、财务及现金安全工作,门店的设施设备能否正常的工作、门店的账务是否正确、门店的员工沟通及公司各部门的沟通等。

3.2.5 店长时间管理

店长如何高效安排门店的经营管理工作?一方面,门店客流起起伏伏,忙时喘口气的时间没有,闲时门可罗雀。另一方面,人货场等繁多的门店工作,哪一样都不能落下。高效完成,就需要店长具备时间管理能力。

店长制订时间计划,安排每天各个时间段要做的工作,这样进行时间管理对吗?这样做是错的,这种做法忽视了店长工作的根本目标——提高门店盈利,提高门店盈利需要以客为先,抓进店、抓成交、抓客单价。如果门店客流很多,导购忙不过来,店长却根据时间计划在后场进行数据分析、与员工谈话,这显然是错误的。有人说:是不是可以根据客流提前计划安排,这样做听起来正确,但不符合实际。客流虽然有规律,但客流具有随机性,客流是波动的、是动态变化的,只能预测到趋势。正确的店长时间管理方法是以客为先、是动态地管理时间,区分门店的客流状态,以及每项工作任务应该在何种客流状态时执行,进行动态匹配。这样才能真正做到以客为先,同时有序安排执行门店工作。

根据门店的顾客数量与员工数量对比,可以将门店中的客流情况分为三种情况:高客流、中等客流和低客流,分别用红色、黄色和绿色表示(图3-4)。高客流状态(红色店面)时顾客数量多于员工数量,这时店长要全力参与销售。中客流状态(黄色店面)时顾客数量等于员工数量,这时所有的员工都要在岗,店长要关注销售,可以执行员工在岗的一些工作任务,例如,观察评估员工销售能力,进行顾客访谈,了解顾客反馈。低客流状态(绿色店面)时顾客数量少于员工数量,这时店长可以执行离开门店的工作任务,例如,市场调查;执行离开前场的工作任务,例如:数据分析、工作计划,等等;还可以执行员工离开岗位的工作任务,例如,员工谈话、员工会议、员工培训。

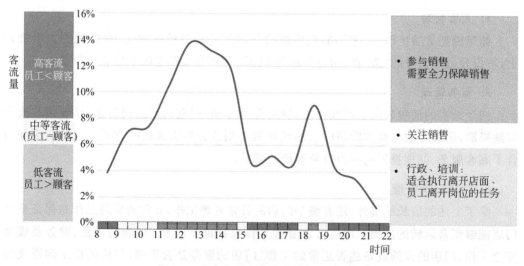

图 3-4　门店客流变化与员工调配示意图

需要注意的是,客流是动态变化的,虽然有规律,但有时也偏离规律。因此,店长时间管理需要以客为先,基于客流变化动态安排工作(表3-2)。区分不同的门店客流状态,匹配不同的性质工作任务,才能做到门店高效运营。

表 3-2 门店客流状态与工作任务安排表

客流状态	人数对比	工作任务安排
高客流	顾客＞员工	重点：店长参与销售，全力保障销售 ✓ 调配人员，协助销售，接待顾客 ✓ 关注顾客体验 ✓ 关注防损高发区域，关注潜在损耗
中客流	顾客＝员工	重点：店长关注销售 ✓ 根据现场情况调整员工站位，每个顾客都有员工服务； ✓ 观察员工实际销售，进行工作中量化测评，对员工进行指导； ✓ 接待顾客，执行顾客访谈，了解顾客反馈； ✓ 关注防损高发区域，关注潜在损耗；
低客流	顾客＜员工	重点：店长关注管理，店长可离开卖场，员工可离开岗位的任务 ✓ 完成日常行政工作，门店会议，与员工进行沟通、辅导、培训员工，进行模拟演练

3.2.6 【范例】

营业流程目录

1.1 每日营业流程

1.2 开店流程

1.3 闭店流程

1.4 周营业任务清单

1.5 月营业任务清单

3.2.6.1 【范例】【企业 DIY】店长工作说明书（表 3-3）

表 3-3 企业 DIY 店长工作说明书

岗位名称	店长	所属部门	运营中心	岗位编号	OD001
文件名称	店长岗位工作说明书			文件编号	OD00101Jdep_20140512
直接上级	区域主管		直接下级		门店员工
岗位概述	在公司、区域总体计划的基础上，分解、制订并执行门店销售计划，管理、辅导管辖门店及员工的销售工作，带领员工完成门店的销售计划和目标				
工作职责描述（具体工作请参见区域主管标准工作流程 SOP）					
职责	描述				
制定销售计划	在公司、区域年度计划的基础上，结合对门店市场需求的分析研究以及门店的历史数据，制定门店月度销售计划，并合理分解给员工				
督促实施销售计划	分析并制订门店、销售人员具体的销售目标。督促、检查销售计划完成情况，出现偏差及时纠正，确保门店销售目标的完成及超额完成				
市场分析与计划	研究行业市场竞争环境，及时掌握市场信息及需求动态，对销售计划的完成提出合理化建议				

续表

职责	描述
商品分析与计划	分析商品畅滞销、存销比、售罄，及时调整陈列，主推销售，申请补货，针对具体原因制定改进措施
团队建设	在公司、区域年度发展计划的基础上，结合门店需求变化，制订门店人员年度招聘计划，协助或独立进行导购的招聘、培训、考核等工作
培训、教练员工	培训员工掌握产品知识、销售技能，并在日常门店销售过程中教练、辅导员工，促使其不断改进

任职资格要求			
学历	高中及以上	专业	无特别要求	经验	2年以上零售相关经验
能力要求	1. 对数据比较敏感，具有一定的运营数据分析能力，能发现数据中的异常 2. 具有良好的计划、控制能力，能够独立承担门店运营、管理门店日常事务，执行销售计划，达成销售目标 3. 具有良好的沟通能力，能够向上级合理反馈建议、需求，与下级有效沟通事务、解决问题 4. 具有一定的独立解决问题的能力，遇到具体问题或突发事项，能够快速分析原因，采取及时、有效的解决方案 5. 具备一定的学习能力，能够快速学习和掌握新知识，并结合工作做出改进 6. 具有一定的行业敏锐度，及时掌握行业的需求动态，了解竞争对手信息及其产品的优劣			

协作要求	
内部关系	公司各部门
外部关系	VIP客户

3.2.6.2 【范例】【企业DIY】店长工作职责范例

店长工作职责

店长主要工作职责为管理好店铺人员、货品、财务，提升店铺业绩，保障店铺正常运营。

营业前：

1. 提前10分钟到店，打卡上班。监督员工与收银员进行卫生清扫工作。

2. 在卫生清扫完后，进行早会召开，开会时要提高员工气势，合理制定和分配当日目标。

营业中：

1. 员工当日工作安排完后，进行巡场工作，巡查内容有：门外、橱窗、模特、挂件、货架排位、货品、灯光、库房，如有问题及时改善。

2. 根据当日会议内容，做好当日目标跟进。

（1）业绩目标；

（2）服务目标。

3. 随时调整员工工作状态,带领员工积极完成最高业绩。

4. 当日银箱钱超过1万时及时与收银员交接,放入店铺保险箱内。

5. 处理售后服务:遇到顾客售后时,在提升顾客满意度的同时,保证公司利益。

6. 外部沟通:以公司代言人的身份协调好店铺与外界的关系,建立起良好的合作关系,如银行、工商税务、房东、派出所等。

7. 信息收集:积极收集当地市场信息,并及时向上级反映,做出正确的商业部署。

8. 处理危机工作:随时留意店内外潜在危险,防患于未然,当问题发生时正确处理,防止问题再次发生。

9. 上传下达:将公司政策、销售目标等资讯正确快速地传达给店铺每一个同事。

10. 管理者工作:统筹规划,带领同事共同完成销售目标。

11. 保安工作,保护好店内设施、货品等公司资产。

营业后:

开晚会:总结员工当日业绩目标及服务目标,解决当日卖场问题。

宿舍管理:

1. 协调好宿舍内人员关系;

2. 保证宿舍安全及卫生。

3.2.6.3 【范例】【企业 DIY】门店营业流程

每日营业流程

1. 签到前准备工作

更换制服、佩戴工作牌、修饰好仪容仪表,完毕后方可签到。

2. 早会

a. 店长(或主管)对昨日的工作进行总结;

b. 传达公司的最新资讯;

c. 同事之间相互交流工作经验;

d. 介绍昨日的畅销货品及营业额;

e. 了解工作现存的问题并及时解决;

f. 店长(或主管)对工作进行布置及设定目标;

g. 调整员工心态。

3. 清点货品数量

每日营业前导购员对卖场货品进行清点,由组长(高级导购员)核对数量,如数量不对,应及时进行核查。

4. 清洁及整理

a. 地面、收银台、货架、衣架、橱窗的卫生;

b. 擦门、玻璃,使保持干净明亮;

c. 检查衣服上是否有灰尘,并及时处理干净;

d. 检查衣服陈列是否符合要求,并进行整理(注意:合格证、吊牌、价格牌)。

5. 补货

针对销售及存货情况,由组长汇总补货单给仓管员,进行卖场货品的补足

6. 销售中

a. 顾客服务

按公司服务规范接待顾客,进行售货;

妥善处理好顾客的投诉和异议,维护品牌形象;

以销售为中心,努力完成营业指标;

一轮销售结束后,及时做好归置工作,包括整理货架(货品归位、挂件整理、货架补货),熨烫衣服,换模特;

提高警惕,防止卖场货品丢失。

b. 收银工作

店长监督收银员将营业款存入公司指定的账户,并做存款确认;

收银柜的钥匙,只允许店长、收银员持有;

接待顾客作结账服务及包装商品;

及时做好点账工作。

c. 即时清洁

营业期间随时保持货品、货柜及卖场场地的清洁,并及时进行整理。

d. 补货

货品售出后,导购员应及时补足货品,确保货品充足、货架饱满;

顾客需要的货品及时向直营部物流课请求调配。

e. 用餐

店长编定午、晚餐就餐时间,店员应轮流用餐,用餐时间不得超过30分钟。

f. 交接班

店长根据实际情况编排店员的上班时间表;

交接班须对卖场货品进行清点、交接;

接班导购员须提前15分钟到岗,对货品按区域或种类进行清点,并详细填写交接班表;

数目清点有误,由交班导购员进行复核;复核仍有误,由店长或组长签字确认,先履行交接班程序保持正常营业,并于事后第一时间查明原因;

交接班时,收银员核对账务、现金、票据等,及时按规定交接营业款,特殊事宜应及时转告。

7. 下班前

a. 收银员结算

结算销售量和销售额;

核对销售小票、清点现金及其他票据。

b. 清点货品/道具

店员清点货品,由店长或组长复核清点,做到账物相符。

c. 整理卖场

对卖场、货品、货架等进行清洁、整理。

d. 下班例会

由店长(或主管)对当日工作进行简单总结。

e. 离店下班

店长(或主管)检查卖场及仓库的所有门、窗、水、电等,并确保全部关闭;

离店时不允许带走店内所有物品(如手提袋、包装袋、物料等),不允许借用、挪用店内货品或营业用具;

店铺人员离店时,由店长(或主管)检查所有员工手袋,更换工作服,店员离店;

确保所有人员离店,店门上锁。

每日开店流程

1. 正式营业前45分钟,店长、收银员到店,换上工装,佩戴工作牌,修饰仪容仪表并打卡。店长开启所有电源。收银员收回卷帘门钥匙,开银台灯、二排大灯、试衣间灯,同时开启电脑、打印机,播放轻音乐,传送昨天的销售报表给公司会计。

2. 正式营业前40分钟,其他所有员工报到,开始更换制服、佩戴工作牌、修饰仪容仪表,完成后打卡,期间收银员对店员换工装、打卡的过程进行监督(如遇周六日,收银员还要帮助导购化彩妆)。员工修饰仪表的准备工作完成之后,收银员提醒员工上交手机,各员工上交手机并登记在《手机放置登记表》中,收银员检查手机确认手机均已静音或关机。手机上交完成后,店长检查员工的考勤及仪容仪表、个人状态等。

3. 正式营业前30分钟,店长(或主管)召开早会。

a. 早会的目标在于:提高员工当日气势,合理制定和分配当日目标。

b. 早会的具体流程有:第一,店长(或主管)对昨日的工作进行总结;第二,店长向各员工传达公司的最新资讯;第三,同事之间相互交流工作经验;第四,店长介绍昨日的畅销货品及营业额;第五,店长向各员工了解工作现存的问题并及时解决;第六,店长(或主管)对当天工作进行布置,确定目标;第七,店长对员工心态进行调整激励。

c. 其他员工要准时参加早会,并在早会中积极配合店长。对于重要内容,各员工要积极做好记录。在店长(或主管)给导购制定今日目标的环节中,导购要配合定出今天自我销售目标,并填写《目标进度表》。库管要了解卖场销售情况,及时做好出货补货的准备。

d. 早会期间如有顾客来,切记以客为先。

4. 早会后,店长带领员工进行开工仪式。

a. "向快乐出发",各员工去各自负责区域站位准备;

b. 店长使用各种方式,调动气氛、打造个人激情;

c. 店长带领大家喊开工口号;

d. 开工。

5. 开工仪式后，导购员对卖场货品进行清点，由组长（高级导购员）核对数量，如数量不对，应及时进行核查。整个过程时间最好不超过五分钟。

6. 导购员清点卖场货品的同时，店长安排员工进行卫生打扫、货品、陈列整理及备用零钱。

a. 员工进行卫生打扫准备的时间为十分钟，十分钟清洁时间过后，员工要完成所有清洁工作，店长（副店长或收银员）要完成对所有区域卫生的检查。清洁打扫工作的具体分工为：

收银员打扫前台卫生并做收银准备，包括：核对银箱底钱580元，POS机签到，完成后放嗨曲音乐，打开麦克，做问早广播激励员工卖货。

导购清点完卖场货品后，先打扫自己所负责区位的卫生，包括货架、背板、橱窗、试衣间、地面和员工休息室，同时擦门、玻璃，使其保持干净明亮；再检查衣服上是否有灰尘，并及时处理干净；最后检查衣服陈列是否符合要求，并进行整理（注意：合格证、吊牌、价格牌）。

库管打扫好仓库的地面、窗台、货架、办公桌，摆放好各类工具，清空垃圾箱。

员工打扫完毕后与店长（副店长或收银员）交接，并由店长（副店长或收银员）对各区域卫生进行检查评比，并登记在《工作考核二十项》第二条中。

b. 店长分配完工作后到检查店面卫生之前的时间里，对银台设备及卖场硬件设施进行检查，看其是否正常营运。

7. 针对卖场货品清点、销售及存货情况，由组长汇总补货单给仓管员，进行卖场货品的补足。库管要按照卖场补货单对卖场进行补货。

每日闭店流程

1. 店长安排员工盘点当日货品和现金。

a. 收银员进行结算工作，包括结算销售量和销售额，核对销售小票、清点现金及其他票据；整理好收银箱内的票据（包括货品排行、业绩排行、POS结算单、费用单），确保账物合一，在收银箱内留580元备用金后，与店长交接。

b. 收银员还要统计全天人员的个人业绩，并将数据输入"航海里程"。把当天工作发现的问题和自己班次（早班或晚班）的个人业绩提报给店长，以便店长开会时总结。

c. 导购清点货品和道具，再由店长或组长复核清点，做到账物相符。

2. 店长安排各员工进行卖场的清理。其中收银员整理好银台货品，并打扫银台地面卫生。导购根据清点情况进行补货，整理卖场，打扫自己负责区域的卫生（包括货品和货架），并把门外地毯拿回来。

3. 此时，店长进行业绩检视，包括：完成目标与设定目标相对比进行核实；分析有效的与无效的行为；针对以上情况制定对策，准备召开晚会。

4. 做好清理工作后，店长（或主管）召集所有员工召开晚会。晚会具体流程包括：第一，听取员工的意见；第二，分享本日完成业绩、个人销售成果、目标对策情况、库存实际状况；第三，进行员工评比，填写《明星评比》，评比内容包括：服务之星、活跃精灵、勤劳使者、迎宾高手、魔法精灵、审核高手、智能超人；第四，人员表现总结、相互激励、经验总结；第五，制定宣布次日工作对策。

5. 晚会后，导购填写《明星评比》，打下班卡，换工服，从收银员处取回手机，收银员帮助其取回手机并在《手机放置登记表》中签字。店铺不允许带走店内所有物品（如手提袋、包装袋、物料等），不允许借用、挪用店内货品或营业用具，导购在店长（或主管）检查完所有员工的手袋后，方可离店。

6. 库管检查库房所有的门和窗是否关好，如果下雨是否有漏雨的地方，做好防护；检查库房电源和所用的灯是否关好；整理好所有单据给收银员；之后打下班卡，换装，如带手袋则通过检查后离店。

7. 收银员等剩余人员打下班卡，换工服。收银员关闭银台内相关电源（注意：总电源、电话、更夫灯、卷帘门开关不可关闭）。店长（或主管）关闭其他所有电源，检查卖场及仓库的所有门、窗、水、电等，并确保全部关闭，检查店外是否有遗忘物品，有的话进行收回。收银员进行协助。

8. 确保所有人员离店后，收银员协助店长关门，店门上锁。店长最后检查出入口，卷闸门，确保没有问题后，收银员和店长离店。

周营业任务清单

1. 周一

   a. 店面工作：换脏挂件，补货

   b. 店长任务：主抓业绩

   　换挂件：人员安排、换的标准、注意事项、时间计划检视

   　主抓业绩：调整个人状态、个人业绩、总体业绩分析

   　商品动向：畅销商品、滞销商品、新品、促销活动效果

   　人员表现：服务检视、状态检视

   c. 财务工作：汇款

   d. 库房工作：货品补充

2. 周二

   a. 店面工作：换模特

   b. 店长任务：分析销售总结

   　换模特：人员安排、换的标准、注意事项、时间计划检视

   　分析、总结：本周的销售货品、卖场陈列、员工销售指标、重点销售商品

   c. 财务工作：无

   d. 库房工作：无

3. 周三

   a. 店面工作：换模特

b. 店长任务：主抓业绩、员工培养销售技巧

业绩：人员合理安排、时间合理安排

培养：新人：产品知识、基础销售技能、工作流程、设定目标

老人：个人心态、个人的素质提升、强化服务标准、激励信念

c. 财务工作：无
d. 库房工作：无

4. 周四

a. 店面工作：调卖场
b. 店长任务：主抓业绩、员工培养销售技巧

业绩：人员合理安排、时间合理安排

培养：新人：产品知识、基础销售技能、工作流程、设定目标

老人：个人心态、个人的素质提升、强化服务标准、激励信念

c. 财务工作：汇款
d. 库房工作：无

5. 周五

a. 店面工作：补货、动员会、看一天卖场做微调
b. 店长任务：主抓业绩、陈列调整

业绩：跟进人员分配、调整个人状态

货品：货源的充足、货品规划

陈列：工作事项计划、人员分划安排

卖场陈列分析：主打款、应季款、主推款的货品

c. 财务工作：
d. 库房工作：

6. 周六日

a. 店面工作：辅助销售
b. 店长任务：主抓业绩、提高店铺业绩

设定明确目标

激励员工

调整员工状态

主抓服务

提高员工气势

提高团队气氛

注意卖场细节

协助员工销售

旺场、淡场安排

时间目标检视

c. 财务工作：无

d. 库房工作：出库

月营业任务清单

1. 月前准备内容

a. 目标计划

b. 人员计划

c. 货品计划

d. 卖场陈列

2. 月中

a. 目标检视：(每周检视一次)检视目标达成和未达成

b. 人员检视：人员状态

c. 货品计划：货品销售量

d. 卖场陈列：陈列调整

3. 月末

a. 盘点货品

b. 召开月大会

c. 收集竞争对手有关信息

d. 月末陈列调整

e. 账目清理

f. 销售分析

g. 下月目标计划

4. 节假日注意事项

a. 节日提前10天计划：安排货品及物料到位、安排人员及兼职人员、对节日期间做计划及销售目标宣导

b. 节日期间：每天监控目标达成、人员及货品及时调整、客流较大的情况做好货品防盗计划

c. 节日3天后：总结节日期间销售及人员安排各项工作、安排人员轮休、调整卖场陈列

3.3 门店沟通销售方式

销售商品需要与顾客沟通,让顾客知道门店存在、知道门店有他需要的商品、知道商品能够更好地满足他的需求,沟通促进销售。门店有五种方式与顾客进行沟通销售,如图 3-5 所示：包括广告、促销、宣传、店内气氛以及人员销售。

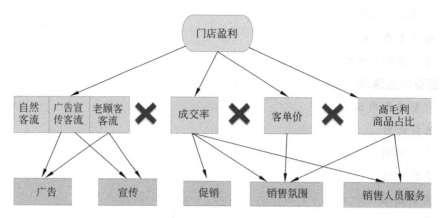

图 3-5　门店五种沟通销售方式示意图

3.3.1　门店五种沟通销售方式

1. 广告

广告就是通过将门店或商品相关信息注入大众传媒与顾客进行沟通的方式,传媒包括:报纸、电视、广播、网络、微博、微信、抖音等。门店或者零售企业会在目标顾客群经常接触的媒体上投放广告,在顾客靠近门店之前就建立沟通关系。例如:很多城市的地铁里都有当地的早报免费发送,苏宁、国美等电器卖场会在早报上做大幅的广告,告知顾客新店开业、节日促销活动等信息。

2. 促销

促销就是通过向顾客提供超额的价值和奖励,以使其在特定的时间段内光顾商店或者购买商品。最常见的促销方式是减价销售,但是单纯的减价销售很容易与其他竞争对手同质化。为了吸引更多的顾客进店,也就是跟更多的目标顾客建立沟通,门店不断地在创新自己的促销方式,包括特定的事件、店内的示范表演、商品优惠券以及销售竞赛等。例如:知名的服装零售企业优衣库,就避开传统的节假日打折、减价销售,而是采用某款商品的限时特价,既能带动某款商品的特价,又能在非节假日吸引更多的顾客进店。

3. 宣传

宣传就是在公共传媒中通过对有关零售企业的大规模介绍来传递信息的方式。例如:知名的国内或国际品牌在某个城市落户的时候,公众媒体会当做新闻事件来报道,这样也能将门店的信息传递给顾客。宣传也可以从个人角度出发,老顾客将自己的购物体验或商品使用体验告诉亲戚朋友,或公布在网络上,这种传递信息的方式被人们叫作"口碑相传"。例如:很多位置不佳,广告、促销少的门店依然门庭若市,依赖的就是"口碑相传"。

4. 店内气氛

店内气氛是综合了店内的各种物理特征,比如门店的建筑风格、布局设计、店内标识和商品、陈列、色彩、灯光、温度、声音以及气味等。这些因素综合在一起,使商店在顾客的心目中树立一种形象,传递有关商店服务和定价及其商品的流行式样方面的信息。例如:很多销售茶叶的店面,建筑风格都是古色古香的,陈列商品的架子和店内使用的家具都是传统的中式风格,灯光不会过于明亮,一般是暖黄色,气温适中不会太暖和,空气中弥漫着茶叶的香气,这一切被营造出的店内气氛,都能让进店、甚至靠近门店的顾客被吸引,并愿意了解、购买。

5. 人员销售

门店销售人员是向顾客提供个人沟通方式的主要途径。人员销售是一个信息沟通的过程,在这个过程中销售人员通过面对面地沟通信息来帮助顾客以满足其需求。人员销售能够为顾客提供更深入、更详细的个性化信息。很多高技术支持度的商品,例如电脑,这类商品的技术含量相对较高,顾客无法从广告、促销中了解到全面或者适合自己的信息,需要销售人员一对一的讲解、推荐,才能更顺利地找到适合自己的商品,并完成购买。

3.3.2 门店与顾客沟通的五种方式的特点

我们通过两个维度对沟通方式进行分类,一个维度为免费/付费,另一个维度为一对多/个人。

(1) 从图 3-6 中可以看出,左上角的区域属于支付费用的公共沟通方式,包括广告、促销和商店气氛;这种方式费用相对较高,往往需要提前支付,但却能够覆盖大多数目标顾客群体。其中广告、促销在顾客未到达门店时就能与顾客建立沟通关系,让顾客了解,引起顾客的兴趣。而商店气氛在顾客靠近、进入门店时能让顾客了解门店和商品,并产生购买欲望,增加进店的客流量。

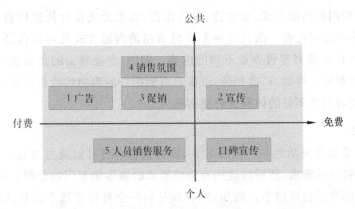

图 3-6 门店与顾客沟通的五种方式的特点矩阵图

(2) 图中左下角的区域属于支付费用的个人沟通方式,主要是指人员销售。相比公共沟通方式,这种方式费用相对较低,但个人沟通方式覆盖面积小,同一时间往往只能进行一对一的沟通,算起来也是一笔不小的开支。值得注意的是,对于很多细分行业,例如:珠宝、化妆品、保健品、数码产品等人员销售在这五种沟通方式中是无可替代的,顾客被吸引进入门店,最终转化为购买行为很大程度上还是要靠人员销售来推动完成。

(3) 图中右上角的区域属于不支付费用的公共沟通方式,主要是指面向公共的宣传。这样的方式也可以达到广告的目的,而且往往会取得更好的效果。广告的目的性太强,再加上现在公共媒体上的广告铺天盖地,人们难免会产生抵触心理。宣传一般是借由新闻事件,或者受关注的社会活动,这样人们会卸下防备,认真地关注宣传内容或参与宣传活动,反而达到了更高的沟通效果。

(4) 这里我们还应关注一种不需支付费用的个人沟通方式,就是图中右下角区域内的口碑相传。这种沟通方式也是宣传的一种,虽然不能达到公共宣传的目的,但沟通效果很好,老顾客介绍来的新顾客往往都会购买,而且忠诚度较高。

这五种沟通方式中,商店气氛、人员销售、宣传、口碑相传等方式,都是店长能够控制决策的,而广告促销是店长可以向区域主管或者总部负责人提出建议的。

3.3.3 五种沟通方式的效果

五种沟通方式中,哪种沟通方式更好呢?使用四个重要的衡量指标:可控性、灵活性、可靠性和成本,对比分析五种沟通方式的优点和不足,具体如下。

1. 可控性

零售企业在运用支付费用的沟通方式时,比使用不支付费用的沟通方式拥有更大的可控制权。当运用广告、促销和商店气氛等支付费用的方式时,零售企业有权决定这些信息的内容及其传递的时间。虽然零售企业会对销售人员进行统一化的培训,但因为地域和个体等差异,不同的销售人员都传递着不同的信息,因此同其他支付费用的沟通方式相比,零售企业对于人员销售的可控性相对较低。

而不支付费用的沟通方式,如宣传、口碑相传,商家无法设计传递内容和控制传递时间,所以几乎不存在可控性。而且这种不支付费用的沟通方式既可以传播对零售企业有利的内容,也可以传播对零售企业不利的内容。例如,企业领袖的负面新闻,会影响企业声誉,减少门店客流。再如,口碑相传,顾客有可能把好的购物体验告诉亲戚朋友,但大多数情况,顾客更习惯把不好的体验告诉更多的人。

2. 灵活性

人员推销是最为灵活的一种沟通方式,因为销售人员可以通过与每一位顾客交谈发现顾客有哪些特殊的需求,然后向这些有特殊要求的顾客做专门的介绍。与之相比,其他几种沟通方式的灵活性则较小。例如,广告只是向一个目标市场中的巨大顾客群体传递了同样的信息,这样有可能吸引顾客,但不能满足每个顾客不同的需求。

3. 可靠性

与可控性相反,不支付费用的沟通方式更具有可靠性。由于宣传和口碑相传是通过独立的渠道来进行沟通的,因此通过这种渠道传递的信息,就比通过支付费用的沟通渠道传递的信息更加可靠。例如,比起广告,顾客肯定更相信自己的朋友,顾客一般会将朋友和家庭成员视为高度可靠的信息来源,近年来,社群电商规模增加,和这一点很有关系。销售人员的介绍和广告,顾客一般会持有怀疑态度,因为顾客感觉零售企业是为了销售他们的商品,信息的可信度不高。

4. 成本

支付费用的沟通方式成本会更高,但宣传和口碑相传也是需要一些成本的,因为宣传和口碑相传虽然被划分为不支付费用的沟通方式,但零售企业为激励各种媒体和顾客为其进行有力的沟通确实发生了成本。对于零售企业来说,营造一个能够值得新闻媒体大量宣扬报道的事件是要付出高昂代价的。比如零售企业会赞助某个社会活动,现在很多门店都会鼓励老顾客邀请新顾客,新顾客参加了门店组织的某种活动,或者发生了购买行为,门店都会给予老顾客礼品或者优惠券。

支付费用的公共沟通方式一般来讲是经济的,与之相反的,人员推销的沟通方式虽然比广告更有效,但是其代价却更高。而不支付费用的沟通方式虽然可靠性高、成本低,是最佳的沟通方式,零售企业却无法控制。

总体来看,每种沟通方式各有利弊,并没有一种沟通方式能够绝对地胜出。零售企业必须组合使用,结合门店的具体情况调整每一种方式所占比例和沟通内容,这样才能扬长避短,发挥出每种方式的优点,与顾客建立最好的沟通关系。

3.4 门店销售——广告宣传促销

零售企业制定和贯彻广告宣传促销计划的流程分为四个步骤。

第一步是设定目标,首先零售企业要为广告宣传促销计划设定目标,目的有两个,(1)执行计划的方向;(2)评估计划效果的基础。有些广告宣传促销计划是长期的,比如零售企业为了营造或改变自己在目标顾客心中的形象或者定位。其他广告宣传促销计划则致力于改善短期的销售业绩,比如增加门店在周末的客流量,打折销售以吸引更多的顾客购买。

第二步是决定预算。广告宣传促销预算就是为了达到设定目标,把一段特定时间内广告宣传促销活动所需开支的费用详细列明,并用具体金额体现出来。通俗来讲,就是要花多少钱,得先有个数。广告宣传促销预算是一项费用,也可以说是一种投资,费用过低,会影响效果;过高又会影响企业的正常利润。

第三步是分配促销预算。在这个步骤中,零售企业需要在商品种类、地理区域之间分配预算,还需要根据长期和短期目标分配预算。

第四步执行促销计划。当执行一个促销计划时,零售企业必须形成广告信息,选择特定的媒介来传递这些信息,并确定这个信息传播的频率和时间。

3.4.1 设定目标

目标包括三个层面:长期目标、短期目标、促销目标。

1. 长期目标

长期目标被认为是零售企业或门店的定位。定位是通过一个零售广告宣传促销计划的设计和执行,从而在顾客心目当中营造出这个零售企业的形象。一种定位目标通常会把零售企业与一种特定类型的商品,或是与顾客心目中的一种具体的利益联系在一起。大家都知道,定位并不唯一,每类零售企业追求不同的定位目标。主要包括以下四个方面:

(1)商品类型。定位最常见的方法是宣传自己在某种类型的商品方面颇具盛名。例如,提到苏宁,大家就知道是卖电器的,有电器方面的需求就去苏宁,提到屈臣氏,女孩都知道,日用洗护类的商品非常丰富,逛街的时候发现家里日用品缺少,就会集中去采购。

(2)价格或质量。比如,北京的燕莎、南京的金鹰、广州的友谊,都将自身定位在出售高价格和高品位的商品上。而沃尔玛则打出"天天低价"的口号,承诺提供低价格的商品和服务,以及良好的商品质量。

(3)特定的标志或益处。比如7-11便利店,它的便利性是大家公认的,顾客总能在短时间内找到便利店,并买到自己想要的商品。

(4)生活方式或活动。还有一些零售企业将自己与某种特定的生活方式或活动结合起来,比如上岛咖啡,为顾客提供喝咖啡和良好的聊天环境;浩沙健身,为顾客提供健身器材、健身教练和良好的健身环境。这样的零售企业就与一种生活方式联系在一起,这种生活方式会与环境产生更多的交互作用。

2. 短期目标

短期目标也被称为销售目标。常见的短期目标就是在一个特定的时间段内增加销售额。比如,很多商家会在节假日推出买赠活动,或者部分商品打折销售,吸引顾客到店购买。

3. 沟通目标

沟通目标是指一种特定目标,关系到促销计划如何影响顾客的决策过程。零售企业要设定与顾客做出决策过程的各个阶段相关的目标。顾客的决策过程被分为4个阶段,如图3-7所示:(1)知道了解;(2)产生有利的态度;(3)光顾门店;(4)重复光顾。顾客的决策过程,对应着不同的沟通目标,决定了零售企业应该强化哪一种沟通方式。

首先,想要扩大门店的知名度,也就是让人们知道有这个店,了解这个店销售什么样的商品,最有效的沟通方式就是门店外面的标牌,强调门店名称和地址的广告以及关于门店的宣传活动等。

其次,通过门店员工的行为、形象广告以及建立良好的门店气氛等沟通方式,就很容易让顾客形成对门店有利的态度。

图 3-7　沟通要素与顾客决策过程示意图

再次,想要顾客真正光顾门店,并产生购买。特定的促销活动、展示商品的卖点以及人员销售等沟通方式可以起到很好的作用。

最后,门店还希望更多的顾客可以重复光顾,并带朋友来。针对门店定位的沟通、颇具影响力的广告以及销售人员与顾客建立联系,都能促成顾客不断地惠顾,甚至产生对门店的忠诚度。

3.4.2　决定促销预算

零售企业要决定促销预算,预算一定程度上决定着计划的成败,常用决定预算的方法有四种:

1. 目标—任务法

这种方法以目标为导向,实现促销目标需要采用相应的特定任务。使用这种方法时,零售企业首先要确定一系列促销目标,然后要决定相应的任务及其成本。执行这些任务所带来的所有成本的总和即是促销预算。举个简单的例子,某省零售企业的促销目标是要在季末清理库存,那就要让人们知道这个信息并被吸引来门店购买,相应的任务就是在本省三大报纸上各登一个整版的广告,连续 3 天,执行这项任务的成本是 15 万,那促销预算就是 15 万。

2. 可承受法

这种方法更加现实,使用这种方法时,首先要预测在制定预算期间,企业的销售额和费用支出,同时剔除促销支出。预期的销售额减去支出的费用,再减去必需的利润额就是促销预算。可承受法的最大问题是,促销支出被视为一种商业成本,所以它假设促销支出不会促进销售和利润的增加。如果销售额低于预期的销售额时,企业随时会削减"不必要的"促销支出从而增加销售额。

3. 销售额比例法

这种方法很好理解,促销预算是预期销售额乘以一个确定的比例。这个比例可能是零售企业历史上曾达到的比例或者是为同类零售企业所使用的平均比例。使用销售额比例法时,要谨慎选择比例,要充分考虑自己的优势以及市场的具体情况,避免预算造成太大误差。比如,一个零售企业计划今年在全国开设更多新店,那就需要在顾客中为这些新店创造更大知名度,这种情况下,促销预算的比例就应该比往年大得多。

销售额比例法和可承受法的一个共同的优点就是支出不会超过收入,因为销售额决定了支出的水平,只有销售额上涨时,预算才会增加。光景好的时,这种方法运行良好,不过销售额下降时,促销费用就会被削减,这可能又会加速销售额的下降。

4. 公平竞争法

这种方法要考虑整个行业的促销水平,零售企业支出的促销费用的份额等同于它的市场份额。举个例子,一家美容院在当地美容服务行业市场份额为13%,如果它采用公平竞争法,那它的促销预算就是全行业促销预算总额的13%。这种方法不允许零售企业利用自己在一个市场中面临的独有的机遇。如果所有的竞争者都使用公平竞争法来设定促销预算的话,他们的市场份额将长期停留在同一水平。这种情况适用于成熟的零售行业和地区,通过行业协会共同约定并遵守,不过一旦有人打破公平竞争,其他人也一定不甘示弱,这样方法就失效了。

3.4.3 分配促销预算

确定了促销预算的规模后,就需要分配这些预算。但是,商品部的各品类,或者每个地区都想尽量多争取一些促销预算,如何有效分配?有两个常用方法。

1. 平均分配法

将预算费用在每个地理区域或者在每个一种商品类型之间平均分配。但显而易见,这种分配原则很可能不会带来最大的利润,各地区的销售额、市场空间不同,不同产品类型的利润、畅销度也不同,针对一些商品类型或一些区域的促销佳话,对于其他的商品类型或区域可能并不会有效。刚进入市场的零售企业可能会采用这种方法,测试每种商品类型或区域,适合什么样的促销计划和力度,在获取一些经验的时候,就可以使用第二种方法。

2. 运用经验法

一方面,参考之前的促销计划,在各产品类型和区域之间采用过的分配比例,来分配本次促销预算。可以完全一致,也可以根据今年的销售计划来调整。另一方面,根据不同区域或不同商品类型所作出的贡献,这些贡献包括销售总额和利润等指标,按照贡献的比例来分配预算。分配预算还有可能在长期目标和短期目标之间发生,这个就更加复杂,不仅要结合经验,还要考虑公司近几年的战略目标和计划。

3.4.4 执行计划

最后零售企业需要贯彻促销计划,并对结果进行评估。广告、宣传和促销的具体方法存在不同。

3.4.4.1 执行广告计划

第一步,要形成广告信息,大多数的零售广告信息只有一个很短的生命周期,并且被设计的有一种即时的效果。这种即时性要求快速抓住读者的注意力。一个好的广告要有：

(1) 用一个醒目的标题来强调零售企业所提供的主要好处。

(2) 用一个醒目的真实的要素来吸引读者的注意力。

(3) 用一个简洁的版面设计来引导读者的视线，让他浏览整个广告。

(4) 提供信息，品牌、价格、尺寸等，消费者决定是否光顾门店时所需。

(5) 门店的名字和地址。

第二步，有了广告信息，在广告制作过程中还需要外界的协助：包括协同广告、广告代理机构和地方媒介。

(1) 协同广告，是指供应商支付零售企业部分广告费用，这样零售企业就能够投入更少，但获得更大的广告效果。

(2) 广告代理机构，零售企业经常使用广告代理机构为宣传门店形象设计广告，他们更加专业，对读者更加了解，知道什么样的设计更吸引读者的目光。

(3) 地方媒介：除了常用的报纸、电视、网络，不同地方还有一些特殊的媒介，对当地更具效果。零售企业也会区域性的使用。

第三步，选择媒介。零售广告所使用的媒体包括报纸、杂志、直接邮递、广播、电视、户外广告、购物指南。

(1) 报纸：阅读的人群广泛，不过现在正在被网络新闻所取代，不过并不影响零售企业，企业依然可以在网络新闻上发布广告。

(2) 杂志：相比报纸，杂志的针对性更强，并且会被反复查看。

(3) 直接邮递：这种方式现在能够针对特定的顾客，不过现在使用的人过多，很难见到效果。

(4) 广播：广播针对特定的人群，比如司机。

(5) 电视：电视同时从听觉和视觉向观众传播广告信息，是最佳的广告形式，不过费用较高。现在视听媒体逐渐崛起，抢走了一部分电视观众，广告也随之转移了，相信大家在网络上观看视频之前都不得不看20~60秒的广告。

(6) 户外广告：广告牌针对的也是特定的人群，小区里的广告针对就是这个小区的居民。机场的户外广告就是针对经常出差的商务人士。

(7) 购物指南：购物指南是在特定的地区散发给所有住户的一种活页纸广告。这种媒介对于那些想要渗透进某一特定贸易地区的零售企业来说，是特别有用的。

第四步，确定广告的应用范围、播出频率和播出时间。

应用范围很好理解，江苏的《扬子晚报》有全省版和南京版，如果零售企业只在南京有门店，或者只有南京进行促销活动，就只用在南京版上发布，当然费用肯定是不一样的。播出频率和时间也非常有讲究，现在越来越多的人用微博、微信发布广告，掌握好频率和时间，你的广告的阅读率和转发率都会更好。

第五步，评估效果，执行了广告计划，还需要评估广告所带来的效果，并为以后的广告计划提供经验。有效的评估要围绕着沟通目标,目标就是一开始发布广告时,你期望达成的效果,如果你的沟通目标是提升门店在周边的知名度,广告结束后,店长可以实施一个成本低廉的调查活动,了解门店知名度的提升。如果你的沟通目标就是促进某类商品的效果,你可统计这类商品的销售数量和销售额,同比和环比是否有相应的变化。

完成评估的计划,才是一个完整执行的计划。评估对比最初设定目标,达标说明成功;有偏差,要找到导致偏差的原因,下次制订计划的时候要相应改进。

3.4.4.2　执行宣传计划

广告和促销都是要支付费用的,但宣传有时是免费的,那我们来看看几种常见的宣传方式。

1. 新闻报道

新闻报道大家都很熟悉,是对实时新闻或者是社会焦点的纪实陈述。例如,汶川大地震之后,加多宝迅速响应捐款1个亿,多家媒体铺天盖地的报道,提升了这个品牌在人们心中的形象。

2. 记者招待会

这种形式现在越来越常见,零售企业召集新闻记者,发布重要的信息。

3. 署名文章

这种文章多是在商业杂志上发表,发表的文章大多是在某零售企业中工作的内部专家撰写的,这些文章一般都会围绕行业热点话题发表观点,并借此展示公司的专长,达到宣传公司的目的。

4. 演讲

演讲是最有影响力的一种宣传方式,零售企业能够在公开场合演绎自己的观点。马云在各种高峰论坛上的演讲一定让大家印象深刻,不仅增强了合作者的信心,也提升了阿里集团在消费者心中的形象。

3.4.4.3　执行促销计划

零售企业的门店广告宣传促销计划里面,不会只有广告一项,还是要与促销、宣传组合才能获得预期的效果。以下是几种常见的促销方式。

1. 特卖会等销售活动

零售企业通过特定的销售活动来增加门店的客流量以减少库存,比如很多服装零售企业对去年的某些款式进行特价销售,吸引顾客进店,再促使他们了解并购买更多高利润的新品。众所周知,优衣库的限时特价,既增加了客流,也不会让顾客感觉打折的都是没人要的老款。

2. 商品秀

零售企业运用商品演示来激起店内顾客,以及经过门店的顾客的热情,并对所演示的商品产生兴趣。例如,厦门中山街上,有一家时尚珠宝店,就请真人模特在橱窗展示璀璨的珠宝饰品,吸引路过的顾客围观,更多人进店,并且询问所展示的珠宝。

3. 购物奖励

购物奖励是指以降低价格甚至是免费提供所推销的商品来鼓励顾客购物。屈臣氏就会定期推出满额换购的活动,如购买金额满79元就能10元换购5片燕窝面膜,很多女性为了凑满79元钱,换购这5片超值的面膜,购买了很多不一定需要的商品。

4. 商品优惠券

商品优惠券可以为购买店内特定商品种类时享受价格折扣,是一种常见的促销工具。比如,同事送我一家餐厅一张100元的优惠券,消费满200元就可使用,限午餐使用。这家餐厅晚上排队,中午时常坐不满,用这样的促销手段吸引更多的人中午来用餐。

5. 游戏、抽奖及竞猜

这种活动跟其他促销手段的不同就是只有少数顾客能够得到奖励,获胜者是由运气决定的。但是,如果运用恰当,也能鼓励顾客更多的消费。比如,抽奖的门槛低,奖品诱人,即便是中奖率低,也会有大量的顾客积极参与。

3.4.5 【范例】【企业 DIY】现场活动

1. 提高进店率之门面

图 3-8 中的图(a),某店实行的 VIP 回馈活动。在于门面装饰上,分别采用了花式拱门、捧花、横幅、墙壁海报、红毯铺垫等装饰,起到了很好的吸引进店的作用。

图 3-8 中的图(b),某店感恩节橱窗及室内装饰。采用心形气球,立体不干胶玻璃贴字,图案装饰元素。营造了很好的节日氛围。

图 3-8 中的图(c),某店为提升业绩在门口树立的拱门,非常美观有吸引力。

(a) 门口　　　　　　　　(b) 橱窗、室内装饰　　　　　　　　(c) 门口

图 3-8　促销活动的门面装饰效果图

2. 提升进店率之音乐

欢快动感的音乐能够提升店铺的存在感,渲染销售气氛,吸引进店。音乐结合商品广播组合播出更能提升进店率。广播类型:季节广播(新款上市),活动广播(打折、促销、换购、积分),温馨提示等。

图 3-9 中图(a)是某店的外置音箱;图(b)为某店的可移动音箱。

(a)　　　　　　　　　　　　　(b)

图 3-9　门店促销之音乐氛围渲染效果图

3. 提升进店率之地贴

地贴也是提升进店率的方式之一。地贴装饰在室外起到很好的指引作用,造型大方可爱,可以潜意识指引顾客进店。台阶贴体现了细节的优质,适当加入欢迎语,让顾客感受贴心服务。图 3-10 中的图(a)和图(b)是门外地贴;图(c)是台阶贴。

(a)　　　　　　　　　(b)　　　　　　　　　(c)

图 3-10　门店促销之地贴氛围效果图

4. 提升进店率之人物行为

图 3-11 中的图(a)是某店导购手拿活动牌进行门迎,手拿活动牌能够让顾客直观看见活动内容,将活动推广更到位。图(b)是专卖店进行的人偶门迎,人偶道具能够吸引一些儿童和年轻女士的目光,近几年使用的越来越多,不仅让店铺气氛更生动,而且极大程度吸引注意力。图(c)是专卖店在分发海报,分发海报的意义不仅在于暂时吸引顾客进店,更长远目的在于可保存性。顾客回家后依然可以拿来阅读,为后续销售做了铺垫。以上三种人员行为能起到很好的吸引进店作用,三种方法可错开使用,既保持新鲜感,又有效。

(a)　　　　　　　　　　(b)　　　　　　　　　(c)

图 3-11　门店促销氛围之人物行为效果图

3.4.6　【范例】【企业 DIY】促销活动计划书

促销活动计划标准流程

计划书大纲

1. 活动概述
2. 活动目标（说明促销的数据化目标）
3. 活动重点工作（本次促销的重点工作）
4. 员工培训（员工培训的岗位、培训目标、培训内容）
5. 宣传
6. 顾客意见收集
7. 流程（促销期间的排号、购买、收银、赠品发放等工作流程）
8. 后台活动前准备（门店后台的工作准备）
9. 员工激励方案
10. 需要的资源

1. 促销活动概述

项目：说明（某数码产品连锁零售商示例）

主题：够底价，才购快乐

时间线：11.24—12.2

促销重点：以主动的低价策略为主，借助积压件清仓，营造低价杀手形象，以服务策略为辅，消除消费者的购买之忧

促销人群：全人群，重点是价格敏感人群和对服务较看重的人群

促销形式：

苹果劲爆底价（苹果全系产品及附件＋体验＋附加服务）

手机刷新底价（新品潮品＋千元智能机＋专享服务折扣＋以旧换新）

相机击穿底价（5 折低价＋单反大礼包＋体验）

PC颠覆底价(爆品特价,利润品与爆品组合特价)

重点产品:通信、Apple、数码、pc全品类(主要用以营销低价策略),积压件,延保产品为辅

2. 活动目标

KPI数据:将每天的销售指标及各项的KPI数据的完成情况做成表格(表3-4),张贴在墙上,每天汇总,让管理层清晰知道每天的指标及每天的完成情况。

表3-4 活动目标分析

	销售额	客单价	联单率
总体			
××区域门店			

黄金SKU的库存情况:在(××日期)制定出各部门的TOP 20主件商品的清单,张贴在War Room内,部门每天跟踪该商品的库存及到货情况,及时通知部门。

3. 活动重点工作

3.1 三个关注点

3.1.1 培训

(1)员工培训要求对所有参与"十一"销售的员工,进行SSV销售技能、快速接待顾客技巧、演讲式销售、安全防盗等全面培训。

(2)交叉培训。

3.1.2 人员定岗定位。

(1)保证所有员工了解自己的定岗定位。

(2)保证所有员工准备好且熟练了解掌中宝。

(3)保证员工掌握整体解决方案的销售方法。

3.1.3 快速成交

(1)做好快速接待顾客技巧、演讲式销售的培训和演练。

(2)落实现场价格修改人员,快速为顾客解决问题。

(3)挖掘顾客的需求,给予完整的解决方案(附件、延保、服务)。

3.2 活动重点工作——部门岗位工作内容

3.2.1 销售部门

促销方案沟通并落实到位,(××日期)前各销售部门制定出套餐搭配方案给到采购,与采购进行相应沟通。

确保员工全部培训到位,按照培训计划完成所有培训,并在(××日期)前完成所有抽查工作。

有效控制现场销售,达成预算目标。

在(××日期)前两周,完成所有销售主管的新一轮培训。

3.2.2 物流中心

确保库存商品的及时出样与补货，安排好负责出样及补货的人员，作针对性培训。

确保小仓主件发货有序，账目清晰，无串号发错，(××日期)前完成小仓相关员工的SOP发货流程抽查。

确保整个卖场环境整洁，陈列符合公司原则。

3.2.3 行政部门

行政物资确认并落实到位，销售单据等办公用品准备；员工的水和小点心的准备；员工现场激励小奖品的准备。

收银设备检查，并培训人员确保正常运转。

(××日期)前周溪昉负责服务台退换货流程及商品售后政策的培训和检查。

3.2.4 安全损管

门店安全事故为零。

(××日期)前在晨会上组织全店员工进行活动的安全培训，如现金安全&信用卡欺诈、商品安全防盗培训等实现杰出的损耗控制。

(××日期)前完成公司文化及防损理念分享、安防系统的检查及维护、商品保护设施的检查、外来人员出入的登记及检查及时有效处理突发事件。

3.3 活动重点工作——竞争对手

4. 培训

4.1 解决方案培训

SSV销售技能培训；假日销售技巧培训(一对多演讲&快速成交)。

(××日期)前部门完成员工培训。

(××日期)确保所有员工检查完毕。

4.2 员工职责、指标及站位培训与抽查

(××日期)前部门完成员工培训。

(××日期)确保所有员工清晰。

所有销售员必须明确自己的销售任务(销售任务，主附件搭配任务，延保销售金额及会员卡张数)。

明确自己的销售区域。

明确吃饭时间。

所负责的风险库存清单。

4.3 促销信息培训

(××日期)前部门完成促销信息培训

(××日期)完成抽查

4.4 话术培训(惊爆机、延保、附件、服务等话术)

(××日期)前部门完成员工培训

(××日期)确保所有员工清晰

5. 宣传

5.1 店面活动：《跨年底价专区》《比价擂台》《××底价，任你喊》

5.2 微博活动：互动体验：《加微信！疯抢宏利券》《黄金商品 集"赞"底价得》《分享××底价 赢现金》

5.3 话题营造：《屌丝PK土豪系列》《咱们结婚吧系列》《黄金大劫案系列》

5.4 公关活动：《秒杀电商价！××××跨年抄底开启》《"真正0元购"××××遭抄底疯抢》

6. 顾客调研

活动调研——出口访谈计划

访谈人员：每日安排人员完成

访谈数量：每日20个

活动一周：关注顾客对活动活动的期待；关注顾客的购买意向；

活动中：关注顾客对促销活动的反馈，店长及时对反馈做出判断是否需要跟进成交，并给予门店相关信息；收集顾客意见；

活动后：关注顾客投诉及抱怨内容；收集顾客意见；

7. 流程

7.1 流程——限购商品预案

7.1.1 每个惊爆机点位两名人员维护现场秩序，保证顾客有序排队。对排队的顾客进行登记，顾客姓名、手机号码、购买商品种类。

7.1.2 两名人员合理分配。一名在促销入口控制顾客，观察卖场顾客购买情况，每次喊名字（手机号码），进入3~5位顾客进行购买，保证顾客在收银台购买商品正常有序、不拥挤，让销售人员能很好地为顾客介绍商品、附件搭配销售、延保服务。另一名在外面维持顾客排队秩序，在维持秩序的同时，为顾客推销会员卡。当商品销售临近尾声时，在张贴促销商品信息牌下面张贴已售完提示，站在队伍的最后控制不要再让顾客排队。

7.1.3 突发事件控制。促销排队突发事件、服务台突发事件等第一时间通知店长。（如出现滋事顾客，合理相劝无效，并扰乱正常的秩序，马上进行报警。）

7.1.4 销售部门在每条排队线安排2~3名销售人员推荐附件和延保，提前准备好附件，拿在手上给顾客做好演示；准备好销售单、延保单，对有意向购买的顾客在排队线上就给他们开好单，让他们拿在手上。

7.1.5 规范用语

（1）欢迎大家光临×××，我们为尊贵的您准备了丰富、优惠的商品。请大家不要拥挤，排好队，我们会及时为你登记，发放购买券，有专业的销售人员为您做全面的商品介绍。

（2）领到购买券的顾客请不要离开，请有序地耐心等候；没有拿到购买券的顾客可以到店内看一下其他的商品，同样有优惠。非常感谢大家光临×××。

7.2 流程——客户投诉处理流程

7.2.1 耐心倾听顾客叙述并根据退换货流程快速给予顾客解决方案。

7.2.2 如果顾客拒绝则立即在第一时间给予第二套解决方案,并尽力安抚顾客,避免顾客情绪激动。

7.2.3 在多种方案顾客都无法接受导致投诉升级,则请顾客至会谈室休息,然后迅速通知当班 MOD 赶至服务台接待顾客,同时告知投诉的内容,顾客的要求和已经给到顾客的解决方案以及处理进程。

7.2.4 如果商品完好、包装未拆,顾客需要退换货,或者附件是低价值商品,则尽量给予顾客换货;如果顾客实在不需要则直接退货快速处理。

(1) 投诉处理力求快速解决,满足顾客的需求。

(2) 在服务台顾客较多,由客诉专员将其请至服务台旁边的投诉房间。

7.3 流程——安全及风险控制预案和流程

1. 紧急、突发事件处理的培训与宣传。
2. 五种安全行为的培训和检查。
3. 消防安全及设备的培训和检查。
4. 消防疏散演习。
5. 商场展台及货架的安全检查。
6. 制定应急小分队。

7.4 流程——销售流程

7.5 流程——销售流程(开机瑕疵)

7.6 流程——销售流程(高风险)

7.7 流程——样机/开箱机销售

7.8 流程——门店配送流程

7.9 流程——小仓发货商品销售流程

8. 后台活动准备

8.1 后台活动前准备——收银

8.1.1 每个区域选择一名员工关注现场秩序状况,如有排队等状况,引导顾客去其他机台结账,分散客流。

8.1.2 每个收银台、会员卡台、返券台都有延保/会员卡宣传单页以及该区域适用延保协议。

8.1.3 按主管为单位,分配会员卡指标并统计会员卡数量定时报给店长。

8.1.4 明确每一位收银员的延保、附件指标。

8.1.5 关心员工销售及时将好行为和好业绩告知店长,及时表扬。

8.1.6 (××日期)分部门完成惊爆商品的扫描,以确保开店收银线通畅。

8.1.7 (××日期)每天抽查确保每位员工对活动计划以及执行情况的掌握,员工熟记所有促销活动,了解买单时的优惠种类,保证收取优惠销售单的规范。

8.2 后台活动前准备——活动前损耗控制准备,节前十日内完成

8.2.1 公司文化及防损理念分享

8.2.2 安防系统的检查及维护

8.2.3 商品保护设施的检查

8.2.4 商品的日盘点

8.2.5 外来人员出入的登记及检查

9. 员工激励方案

……

10. 需要的总部资源

……

3.5 门店销售——人员服务

3.5.1 人员销售

人员销售对于门店吸引顾客和销售商品至关重要,店长做好人员销售的管理,就能为门店创造更多的忠实顾客,为企业创造更好的销售业绩,图 3-12 使人员销售与门店盈利之间的关系。

3.5.1.1 人员销售的作用

从门店盈利出发,人员销售能够改善自然客流进店率、老顾客复购、成交率、客单价和高毛利商品占比。

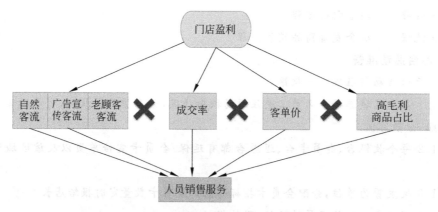

图 3-12 人员销售与门店盈利之间的关系

1. 自然客流进店率

顾客走过门店,只是人流,让更多的人流变成客流,进入门店,销售人员能起到重要作用。销售人员热情的迎宾,可以感染顾客,让顾客感觉到一种活力,一种友好的氛围,更加愿意走进这家门店。销售人员的专业能力也可以增加进店率,销售人员可以结合路过顾客的不同类型,采用不同的话术迎宾,吸引顾客进店。例如:看到打扮时尚的女性,可以跟顾客说有新款到店,进来看看。这些都能增加门外人流的进店率。

2. 老顾客复购

人流包括自然人流和老顾客,销售人员对老顾客的再次光临有促进作用。销售人员专业的能力和热情的态度,会让顾客印象深刻,顾客获得良好购物体验,就可能再次光顾。销售人员与老顾客进行客情维系,与顾客建立起亲近的关系,通过促销,或新款上市的吸引,邀请老顾客再次光临,以及引导老顾客转介绍更多新顾客。

3. 成交率

进店顾客只有一部分会购买商品,销售人员对成交率的提升也有促进作用。销售人员可以通过了解顾客的需求,为顾客推荐更适合的商品。销售人员还可以在顾客犹豫不决的时候,帮助顾客下定决心,这也能促进成交率的提升。

4. 客单价

销售人员可以引导顾客了解价格更高、更适合顾客需求的商品,这样销售额就要高出顾客本来的预算。还有,销售人员具有专业知识,可以结合顾客的情况给顾客推荐一整套解决方法,比如销售服装,可以给顾客搭配一整套衣服;销售电子产品的,可以给顾客搭配整套产品,包括电脑、鼠标、耳机等;销售保健品的,也可以从使用人身体的角度出发,给顾客搭配帮助顾客身体保健的一整套保健产品,这样可以极大地提升客单价。

由此可见,人员销售,对人流、进店率、成交率、客单价都能产生积极的促进作用,最终提升销售额。人员销售这么重要,店长该如何进行有效管理呢?

3.5.1.2 人员销售管理

人员销售对销售业绩起到至关重要的作用,但只有店长进行良好的人员销售管理,才能发挥最大的作用。要高效实现人员销售管理,店长需要做到三点:(1)充足的人力;(2)充沛的士气;(3)充盈的能力。打个比方,店长如果是将军,销售人员是士兵,就要做到有士兵作战、士兵愿意作战、士兵有能力作战。

1. 充足的人力

人员销售的特点就是一对一的服务,所以必须保证有充足的人力,才能确保顾客获得优质的服务,但是我们需要克服两个困难:

(1)门店对人力资源的需求在年、月、周、日都会发生变化;

(2)销售人员的离职率也是动态变化的。

因此,店长需要在人力资源需求与供给的动态变化中寻求平衡,让门店时刻都有充足的人力来接待顾客。变化有其规律,店长把握了规律,提前做好招聘、培训,以及人员调度安排,就一定能够在顾客到来时,拥有充足的人力。

2. 充沛的士气

有了充足的人力还不够。每位销售人员要有足够的工作热情,也就是士气,积极的士气对销售业绩有很大的促进作用。事实证明,一位积极、热情的新手,能比一位经验丰富、态度消极的老员工创造更高销售业绩。但是士气并不是与生俱来的。

（1）士气需要店长有效激励才能产生；
（2）士气需要店长持续关注才能维持。

让门店员工士气维持在较高水平，店长需要具备能力激励销售人员，让他士气充沛。每天早上，门店都要开早会，一个重要的目的就是激励员工，让员工一天拥有最好的精神状态，团队拥有最好的士气。在销售过程中，如果发现哪位员工士气不足，店长要询问情况，沟通一下，鼓励员工。不仅在工作上，店长还要关心员工的个人问题和家庭情况，这些问题也会导致员工心情不好，士气下降。所以，店长要时刻关注士气，有效激励，让门店拥有最充沛的士气。

3. 充盈的能力

有了充足的人力，拥有了充沛的士气，每个人满满的都是斗志，还是不够的，还得让士兵会打仗，否则冲到战场上，也可能白白送死。所以要让员工掌握足够的能力，销售人员的销售能力对销售业绩有非常大的促进作用，但是：

（1）能力需要培训才能具备；
（2）能力需要教练才能持续提高。

这就需要店长自己具备培训和教练的能力，进而让销售人员拥有充盈的能力。新员工入职，店长能够对其进行培训，使其掌握基本的销售技巧和产品知识。对老员工，店长能够针对其技能短板，使其有针对性地改善提高。

3.5.2 顾客服务

随着产业发展成熟，产品趋于同质化，导致顾客服务对消费者忠诚度影响力不断增加。消费者对于一个品牌、一个产品或者一个公司的认知，已经从简单的产品质量好坏，转变为更加关注体验。

顾客服务就是使顾客购物更加方便、更有价值的活动和计划。任何能提高顾客满意度的内容都属于顾客服务的范畴，顾客满意度是顾客感受和顾客预期之间的差距。通过提供好的顾客服务，零售企业可以提高顾客再次来购买的机会，建立起持续的竞争优势。

RMK32 顾客服务

顾客服务种类很多，包括：各种新支付方式、商品 7 天无理由退货、商品包装、儿童看护措施、儿童娱乐区、送货上门、商品体验、24 小时营业、免费停车、挑选商品的个人购物顾问等。

3.5.2.1 服务的特殊性

服务不同于产品，看不见摸不着，因此服务有其特殊性，包括：无形性、变动性、标准化、用户个性化。

1. 无形性

大多数服务是无形的，顾客既不能看见也不能触摸。无形性使人难以明了顾客究竟需要什么样的服务，以及他们如何评价零售企业的服务质量。无形性也使得提供和保持高水平服务变得更困难，零售企业在顾客接受服务之前无法对其计算、衡量和检查。

2. 变动性

流水线制造使得大多数商品之间存在一致性。但是零售企业服务质量对于不同的商店，甚至同一家商店不同顾客之间，也存在巨大差别。这是因为大多数服务是由人来完成的。对零售企业而言，很难控制提供服务员工的工作表现。正是由于在提供稳定不变的优质服务时会遇到很大的困难，因此，能够做到这一点的零售企业，就能够创造可持续的竞争优势。

3. 标准化

标准化方式包括要求服务提供者在提供服务时遵循一整套规则和程序。通过这些程序的严格执行，服务的变动性被减少。

4. 用户个性化

用户个性化服务方式，鼓励服务提供者根据每位顾客的个人需求来制定服务。这种方式可以使顾客享受到超级服务，但由于服务的提供，有赖于服务提供者对顾客的判断及其服务能力，导致这种服务具有很大的变动性。

3.5.2.2 影响顾客满意度的四个差距

顾客满意 ＝ 实际服务水平 ＞ 顾客预期水平，当顾客对所接受服务的感觉超过顾客预期时，顾客就会满意并且认为零售门店服务很好。

顾客不满 ＝ 实际服务水平 ＜ 顾客预期水平，当顾客的期望超过他们对所接受服务的感觉时，顾客就会不满并且认为零售门店服务低劣。

服务差距就是顾客期望与顾客服务感受之间的偏差。深入分析，服务差距的产生，是由图 3-13 中四个差距产生的，即认知差距、标准差距、传递差距和沟通差距。

(1) 认知差距——顾客期望与零售企业对顾客期望的认识之间的差别；
(2) 标准差距——零售企业对顾客期望的认识与其制定的顾客服务标准之间的差别；
(3) 传递差距——零售企业的服务标准与实际提供给顾客的服务之间的差别；
(4) 沟通差距——提供给顾客的实际服务与零售企业促销计划中承诺的服务之间的差别。

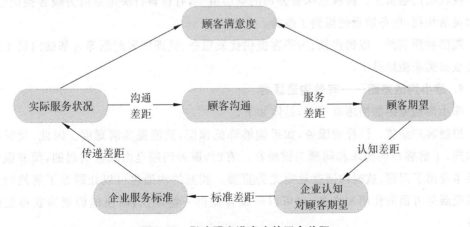

图 3-13 影响顾客满意度的四个差距

减少这四个差距就能够缩小服务差距,改善服务质量,提高顾客满意度。具体方法如下。

1. 减少认知差距——收集顾客需求

提供良好服务的第一步就是要知道顾客需要什么。通过进行顾客调查,增加顾客和商店管理者的交流,改善管理者与提供服务的员工之间的沟通,从而更好地了解顾客的期望,零售企业就能够缩小认识差距。

2. 减少标准差距——制定服务标准

零售企业收集了关于顾客服务的期望和感受的信息之后,就要利用这些信息来制定标准,减少标准差距。

减少标准差距,需要自上而下。管理层制定标准,以及相应的考核激励措施,持续关注推广。店长是执行标准的关键,但店长需要方向、指导和激励。因此,企业需要建立门店顾客体验评估体系,不断对门店进行检查评估,帮助门店认识到差距和问题所在,以及改善方法。同时,对门店进行考核激励,促进门店服务改善。

3. 减少传递差距——提高服务质量

零售企业收集了关于顾客服务的期望和感受的信息之后,还要利用这些信息建立传递优质服务的系统。通过培训、减少冲突、授权和物质奖励等四个方面,能够提高服务质量。

培训。关于所提供的商品的知识与顾客的需要一样都可以使员工能够回答顾客的问题并给出有关商品的建议。它还可以增加员工解决服务问题需要的信心和竞争的感觉。通过人际交往能力的培训,零售企业教给员工怎样提供更好的服务和应付由不满的客户引起的压力。

减少冲突。在提供顾客服务时,员工经常面对顾客需求和企业内部制度之间的矛盾。必须制定清晰的方针措施和服务政策,减少这一类冲突。同时要解释这些措施的基本缘由,让员工了解执行政策给企业带来的利益。

授权给门店员工。授权意味着公司的基层员工,有权自行决定如何为顾客提供服务,更加灵活快捷,服务质量便得到了改善。

提供物质刺激。以销售额、为顾客提供优质服务、处理顾客问题等为基础向员工发放奖金或嘉奖来激励员工。

4. 缩小沟通差距——有效沟通顾客

缩小沟通差距的措施有三点,具体如下。

控制客户期望。同样的服务,如果能够降低预期,就能提高满意度。因此,及时与客户沟通,了解客户的需求和问题关键所在。有时,服务问题是由顾客引起的,而非服务或商品本身出了问题,这时沟通就显得尤为重要。相互的沟通也可以让顾客了解他们自己在接受服务方面的作用和义务,也可以向顾客提供一些建议,以使他们能够获得更好的服务。

不要过度渲染的服务。提供过度渲染的服务将会提升顾客的期望,但如果零售企业不能实现承诺,期望超过了实际感觉的服务,顾客就会感到不满。过高地期望可能在初期会带来更多的顾客,但也会造成不满并减少重复购买。

改进部门间的沟通。提供高质量的服务要求在一家零售企业不同部门之间进行良好的沟通,就如同商店与顾客之间的沟通一样。各部门间的不良沟通会导致广告行为与门店实际提供的服务不相匹配,给顾客带来不好的体验,降低效率。

3.5.2.3 【范例】【企业DIY】顾客服务标准

一、个人仪容仪表

1. 面部

注意个人卫生,保持面部及身体各部位干净整洁。男员工应刮干净胡须,不得蓄胡须,并整理好容貌。女员工应做到妆容干净、美丽整洁。化妆时应抓住要点,以眼睛、嘴唇、面颊为化妆的主要部位。唇膏颜色应以自然为宜。

2. 头发

头发整洁,不黏在脸上,无异味。女员工长发齐肩须束起,露五官。男员工头发不能长及衣领后位。两鬓不能遮住耳朵。

3. 手部

双手保持洁净。指甲修剪整齐,不藏污垢。

4. 口腔

注意口腔卫生,保持口气清新。请勿食用可能会带来较重气味的食物。

5. 制服

男员工:请按各自岗位要求,穿着整套及合身的制服。制服整洁平整,衬衣纽扣应该全部扣好。上衣须束在裤子内。使用黑色皮带并系好领带。正确佩戴名牌,确保名字清晰,可以被顾客看清楚。并保持名牌的整洁,完好无缺。钥匙链等物品不能外露。

女员工:请按各自岗位要求,穿着整套及合身的制服。制服整洁平整。正确佩戴名牌,确保名字清晰,可以被顾客看清楚。并保持名牌的整洁,完好无缺。钥匙链等物品不能外露。

6. 鞋袜

男员工:上班时应着系带或船形黑色皮鞋。保持鞋子的干净光亮,无破损。男袜须为黑色或深蓝色。

女员工:应穿着黑色包头皮鞋,鞋跟不能超过2.5厘米。保持鞋子的干净光亮,无破损。应穿着肉色丝袜,并随时注意检查袜子是否有抽丝,脱线等现象。

7. 饰物

佩戴饰物以不夸张为准。

上班时可以佩戴样式简单的戒指、手表或耳饰,每种以一件为宜。上班时请勿佩戴胸前饰品。

笔直站立,请勿倚靠柜台、墙壁、货物架等物。不应双手交叉于胸前站于卖场内。需要引领顾客到指定专柜或货架时应单手掌心向上,五指并拢往前伸,做出指引手势。请不要在卖场内讨论与工作无关的事宜。

二、员工行为

问候——三大黄金服务法则之一

1. 迎客

用微笑和友好的方式来欢迎顾客。无论身在店里何处遇到顾客,都应热情主动与顾客打招呼,语气温和、态度自信。

使用如:早上好/下午好/晚上好/欢迎光临/您好等礼貌问候语。

微笑迎客,并注意眼神交流。

与顾客打招呼时要注意保持端正的站姿。

2. 致意

注意顾客的身体语言和接近顾客的时机,不要在顾客专注于其他事物的时候接近顾客。

若顾客停留在店员前面或身旁一米以内选购商品,应暂停手上的工作,向顾客问好。

当站立在附近的顾客将注意力转移到员工身上并考虑接近时,应暂停手上的工作,看顾客是否需要协助。

当要经过顾客时,必须从顾客身后走过,尽量不从顾客之间或顾客和货架之间的通道穿行。

完善沟通技巧的一个很好方法就是注意人们的身体语言,尤其是他们的面部表情。他们可能会说,"别担心,我真的不介意等候!"但他们的面部可能会表露出不同的想法。身体语言极少出现假象,所以,一定要留心你所得到的身体语言信息(同时也要注意你自己的身体语言所表露出的信息)。

3. 主动递购物篮

当顾客手中持 2 件或以上较大较重的货品时,员工主动提供购物篮。

一手执篮耳,一手托篮底,微笑着将购物篮递给顾客,并协助顾客将货品放入篮内。

如货品体积大、重或顾客要求,可协助将货品搬到收银台。

接待——三大黄金服务法则之一

1. 聆听

专心倾听并能重复顾客所询问的事情。

不要中途打断顾客的询问,应等待顾客把话说完。

能够确定顾客的需要。

员工通过顾客的肢体语言可以注意到以下情况

(1) 顾客正在寻找什么产品

(2) 顾客需要帮助

我们主动向顾客提供帮助,主动提出开放式问题,如

(3) 有什么需要帮忙吗?

(4) 您需要什么产品吗?

（5）您想要找什么类型的护肤品呢？

2. 反应

主动热情接待顾客，对顾客提出的问题迅速提供正确的解决方法、建议或指引。根据顾客的需求，主动引领他们到正确的货架或专柜选取商品。

若因客观因素而无法满足顾客的需要，我们需要诚恳地向顾客致以歉意，可用如"麻烦您稍等，我帮您咨询一下其他同事"等话语。

3. 专业销售技巧

耐心回答顾客的问题，做出细致的解释。对顾客所提的问题应以正常的语速给予热情地回答。

应尝试向顾客提供有效意见，主动积极向顾客推荐其他相关产品。

熟悉产品的特点和优点，清楚指出各产品之间的不同之处，保持品牌中立意识，并能向顾客推荐一种以上的产品，不能用诋毁其他品牌的方式增加销售。

员工应根据顾客的需要推荐合适的产品。

在已推荐顾客所需产品的基础上，应主动告知顾客其他适合他们需要的产品。

推荐其他产品同时，应提及或重点告知顾客当期促销产品。

顾客拒绝店员的推荐时，不得表现出不悦神色，应使用礼貌用语，如，"不好意思，打扰了。"

4. 处理顾客的反面意见

当顾客发表反面意见时，应仔细聆听，不得表现出不悦神色。

处理顾客的反面意见时，应表现出衷心感谢，让顾客知道员工乐意、并随时为顾客服务。

处理顾客的反面意见时，不应表现出生气，不耐烦或受挫折的样子。如需要，应主动向顾客道歉，态度及语气应保持温和。

送别——三大黄金服务法则之一

1. 收银台服务

保持微笑及友善的眼神接触。当顾客来到收款台前，员工应口头打招呼，如"您好，欢迎光临"等。

双手接过货品，并询问"请问您有没有会员卡"。

收款员在收款柜台前向顾客推荐当期换购产品。

询问顾客是否需要购买购物袋，如"请问您需要购买购物袋吗？"

员工能专心并快速地进行结账。

员工用适中的音量读出顾客消费的总金额，双手接过顾客的现金、付款卡或礼券，并读出收款金额。

员工将零钞和小票递到顾客手上，并读出找零的金额。

员工小心地将顾客所购产品放入购物袋，并用双手将货品递给顾客。

收银员必须将顾客已购的货品消磁。

尽量控制每个收款台少于 4 位顾客，队列超出 4 人在等候时需增开新的收款柜台。如果顾客在等候付款时花费了较长时间，收银员在为顾客结账时，应先行道歉，说，"很抱歉，让您久等了！"。

2. 送客服务

当顾客离开收款台时，收银员应面带微笑，目送顾客离开。

收银员必须使用如"感谢惠顾，欢迎下次光临"的结束语。

当顾客离开店铺时员工面带微笑与顾客道别。

店员应使用以下礼貌用语与顾客道别，如"谢谢光临""再见""欢迎有时间再来选购""欢迎再次光临"，等等。

3.5.3 处理投诉

只要开店营业，就可能会有顾客投诉，顾客投诉的情况各有不同，有时候是因为商品质量，有时候因为销售人员的服务，有时候顾客脾气急躁，小题大做提出投诉。顾客投诉的时候，一般都来势汹汹，直奔主题，情绪激动，音调高昂，处理不好的话，顾客轻则离店再不光顾，重则发生口角、肢体摩擦。处理得当的话，不仅大事化小，小事化了，甚至还能跟顾客建立更密切的关系。处理客户投诉需要技巧和方法，如何处理投诉，才能取得更好的效果？

RMK33 处理投诉

3.5.3.1 投诉的意义

图 3-14 研究表明，平均每位不满意的顾客会将自己的不满传给 11 人，而这 11 个人，每人又会将不满传给 5 个人，这就会有 67（1+11+55）人对连锁店不满，由此可见不满意顾客的影响之大？不满意顾客投诉，对门店的生意有何影响？我们再来看一组数据。

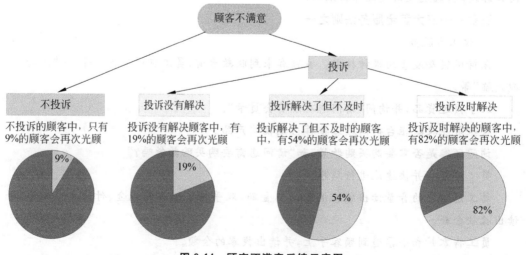

图 3-14　顾客不满意反馈示意图

（1）对商品或服务有问题，但选择不投诉的顾客只有9％会再光顾门店，也就意味着剩下91％不会再来，我们在完全不知情的情况下，就损失了91％的顾客，而且对他们不再回来的原因一无所知。

（2）选择投诉的顾客中，投诉没有得到解决的顾客，有81％不会再光顾门店。然而值得注意的是，还有19％的顾客会再次光顾门店，很大程度上说明不少投诉的顾客是认可门店和商品、服务的。

（3）选择投诉的顾客中，投诉得到解决但不够迅速的顾客，再次光顾的比例是54％，相比投诉没有解决的19％有大幅增加。还有46％不会再来，说明解决和不解决之间有质的变化，解决了，能够促使更多投诉顾客再次光顾门店。

（4）选择投诉的顾客中，得到迅速解决的顾客有82％的顾客会再次光临门店，相比迟缓解决的54％有大幅增加。这组数据证明，投诉不可怕，没有解决或者拖延解决才可怕。

甚至可以说：没有投诉更可怕，因为我们需要顾客的投诉，通过投诉，就能知道问题所在。投诉后能得到满意解决的顾客，多半会成为忠实顾客，并会告诉他们的朋友圈。所以有投诉是一件对门店具有积极意义的事，处理好了更会给门店带来额外的收获。这就是处理投诉的意义。

3.5.3.2 投诉的解决流程

我们知道处理好顾客投诉非常重要，那怎么做才能处理好投诉呢？投诉处理五部曲（图3-15）能够帮助你更好的处理顾客投诉。

图3-15 顾客投诉处理步骤

1. 倾听

但有些销售人员接待投诉顾客后，听到顾客的投诉，忙于解释，却发现是火上浇油。顾客听到你没有经过深思熟虑的解释，更加愤怒，越说越着急，气氛变得更紧张了。这时候，你应该做的就是——倾听，一开始顾客情绪激动，什么也听不进去，最好少说，认真地倾听，顾客反而会被你耐心的态度所感染。

2. 道歉

大家都听过两句话，一句顾客是上帝，还有一句顾客永远是对的。但实际中，往往会忘掉这两句话，要站在顾客的角度思考，想到顾客能来投诉，一定是门店有哪些方面让顾客不满意，所以要勇于承担，诚恳道歉，让顾客感受到你认真为他解决问题的态度。

3. 感谢

来势汹汹的顾客投诉，经过第一步和第二步，基本上情绪已经相对平稳了，这时候，你还要感谢顾客。顾客不辞辛苦，大老远地来门店投诉，说明信任我们的门店和商品，相信我们能给予良好的解决。所以我们要真诚地感谢顾客，为我们提出宝贵的意见。让顾客感受到我们处理问题的态度是非常积极的，更加信任我们。

4. 解决

顾客这时候怒气已消,所以要及时地帮助顾客解决问题。前面几步是为了平复顾客的情绪,让顾客愿意听你的解释和解决方案,解决问题才是处理投诉的核心。针对问题,找到解决方案,提供给顾客,让顾客接受才是重点。

5. 跟进

不要认为解决了问题,就万事大吉了。后面的跟进也十分重要,能够让顾客真正满意,并且避免问题再次发生。

按照处理投诉五部曲操作,投诉就能够更好地解决。

3.5.3.3 【范例】【企业DIY】处理投诉

顾客投诉处理指引:

1. 除当值经理以外,店铺内任何人员无权私自处理顾客投诉事件;

2. 无论在何种情况下,当值经理及其他店铺员工必须保持友善和礼貌的态度,不得与顾客发生冲突。

3. 当店铺接到顾客投诉时,邀请客户到一个比较安静地方(如办公室)。这可以避免造成阻塞,以及受喧闹环境的影响。

4. 店铺经理/当值经理应确保投诉案件需由没有涉及投诉的独立人员进行调查。

5. 当店铺经理/当值经理无法在店铺内解决顾客投诉时,请详细记录事件发生经过、顾客诉求及该顾客的联系方法,通知区域经理,并在两个工作小时内联系顾客服务热线,并填写《顾客投诉登记表》传真至指定分机。

6. 客服热线负责人将在8个工作小时内联系顾客。客服热线将负责遵循客服热线程序处理顾客投诉(请所有相关部门,包括采购、营运、保安部,在此期间提供必要的协助)。

7. 客服专员将投诉通知当地公关主任,并在必要时报告全国公关经理。

规定

1. 在未与采购部、营运部、客服部以及相关的职能部门有适当的沟通并得到相应的批准前,任何人均无权以金钱方式解决顾客要求赔偿或其他要求的投诉。该规则适用于顾客有额外的赔偿或其他要求,若顾客只要求货物的退换,请依照退换货交易执行。

2. 在顾客无法提供有效证明(包括已购买的产品,购物小票,病历等)时,即使顾客强烈要求赔偿或有其他要求,在未与采购部、客服或公关部有适当的沟通前,任何人均无权以金钱方式解决顾客投诉。

3. 在公司与顾客商讨并取得一致解决方案后,客服或公关部,抑或店铺将与消费者签订和解协议。

3.5.4 消费者权益保护法

零售企业应该认真地履行自己的职责和义务,从源头上避免销售纠纷,并认真地为顾客解决售后问题。顾客服务要做到合情合理,而底线是不违反法律。做到这一点,首先要了解消费者权益保护法。

3.5.4.1 消费者权利

消费者权利是消费者保护法的核心制度之一,消费者权益保护法第二章的内容即是消费者权利。消费者权利是:在消费领域消费者能够作出或不作出一定的行为,以及其要求经营者相应作出或不作出一定行为的许可或保障。

消费者拥有 9 项权利,具体包括:安全权、知情权、选择权、公平交易、依法求偿权、结社权、获得知识权、人格尊严和民族风俗受尊重权、监督权。以上 9 条消费者权益,在门店处理售后服务方面,经常涉及依法求偿权和监督权。

消费者的依法求偿权,实质上是一种民事索赔权,求偿权的赔偿范围及实现包括以下两个方面。

1. 人身损害

(1) 造成消费者或者他人人身伤害的,应当支付医疗费、治理期间的护理费、因误工减少的收入等费用;

(2) 造成残疾的,还应当支付残疾者生活自助费、生活补助费、残疾赔偿金以及由其扶养的人所必需的生活费等费用;

(3) 造成死亡的,应当支付丧葬费、死亡赔偿金以及由死者生前扶养的人所必需的生活费等费用。

2. 财产损害

修理、重做、更换、退货、补足、退款或赔偿。直接损失和间接损失都要赔偿,例如,消费者购买的衣服因其本身质量或者销售中存在问题导致消费者穿了衣服后引发皮肤病,这种因为衣服带来的身体疾病的间接损失也在赔偿的范围内。

《消费者权益保护法》(以下简称《消法》)第五十五条规定经营者有欺诈行为时,应三倍赔偿消费者受到的损失。因此门店在经营中要注意,不能触碰到法律底线,以免引起消费者的三倍索赔。《禁止价格欺诈行为的规定》公布的十种形式:虚假标价、两套价格、模糊标价、虚夸标价、虚假折价、模糊赠售、隐蔽价格附加条件、虚构原价、不履行价格承诺、质量与价格和数量与价格不符。

经营者赔偿责任的确定,《消法》第四十条做出了以下规定。

(1) 消费者在购买、使用商品时,其合法权益受到损害的,可以向销售者要求赔偿。销售者赔偿后,属于生产者的责任或者属于向销售者提供商品的其他销售者的责任的,销售者有权向生产者或者其他销售者追偿。

(2) 消费者或者其他受害人因商品缺陷造成人身、财产损害的,可以向销售者要求赔偿,也可以向生产者要求赔偿。属于生产者责任的,销售者赔偿后,有权向生产者追偿。属于销售者责任的,生产者赔偿后,有权向销售者追偿。

(3) 消费者在接受服务时,其合法权益受到损害的,可以向服务者要求赔偿。例如:顾客买的鞋子质量出了问题,此时依据法律规定顾客有权向售鞋店要求赔偿,鞋店应在赔偿范围内先予以赔偿，事后再向鞋子的供货商追偿。

3.5.4.2 零售企业三包责任

基于消费者的权利，在售后服务中，经营者责任内容最重要的部分就是其三包责任。具体条文如下。

1. 销售者应当履行下列义务

不能保证实施三包规定的，不得销售目录所列产品；

保持销售产品的质量；

执行进货检查验收制度，不符合法定标识要求的，一律不准销售；

产品出售时，应当开箱检验，正确调试，介绍使用维护事项、三包方式及修理单位，提供有效发票和三包凭证。

妥善处理消费者的查询、投诉，并提供服务。

2. 修理者应当履行下列义务

承担修理服务业务；

维护销售者、生产者的信誉，不得使用与产品技术要求不符的元器件和零配件。认真记录故障及修理后产品质量状况，保证修理后的产品能够正常使用 30 日以上；

保证修理费用和修理配件全部用于修理。接受销售者、生产者的监督和检查；

承担因自身修理失误造成的责任和损失；

接受消费者有关产品修理质量的查询。

3. 生产者应当履行下列义务

明确三包方式。生产者自行设置或者指定修理单位的，必须随产品向消费者提供三包凭证、修理单位的名单、地址、联系电话等；

向负责修理的销售者、修理者提供修理技术资料、合格的修理配件，负责培训，提供修理费用。保证在产品停产后五年内继续提供符合技术要求的零配件；

妥善处理消费者直接或者间接的查询，并提供服务。

4. 三包有效期

三包有效期自开具发票之日起计算，扣除因修理占用和无零配件待修的时间。

三包有效期内消费者凭发票及三包凭证办理修理、换货、退货。

产品自售出之日起 7 日内，发生性能故障，消费者可以选择退货、换货或修理。退货时，销售者应当按发票金额一次退清货款，然后依法向生产者、供货者追偿或者按购销合同办理。

产品自售出之日起 15 日内，发生性能故障，消费者可选择换货或者修理。换货时，销售者应当免费为消费者调换同型号同规格的产品，然后依法向生产者、供货者追偿或者按购销合同办理。

在三包有效期内，修理两次，仍不能正常使用的产品，凭修理者提供的修理记录和证明，由销售负责为消费者免费调换同型号同规格的产品。

在三包有效期内，因生产者未供应零配件，自送修之日起超过 90 日未修好的，修理者应当在修理状况中注明,销售者凭此据免费为消费者调换同型号同规格产品。

因修理者自身原因使修理期超过 30 日的,由其免费为消费者调换同型号同规格产品。费用由修理者承担。

在三包有效期内,符合换货条件的,销售者因无同型号同规格产品,消费者又不愿调换其他型号、规格产品而要求退货的,销售者应当予以退货。有同型号同规格产品,消费者不愿调换而要求退货的,销售者应当予以退货,对已使用过的商品按本规定收取折旧费。折旧费计算自开具发票之日起至退货之日止,其中应当扣除修理占用和待修的时间。

换货时,凡属残次品,不合格产品或者修理过的产品均不得提供给消费者。

换货后的三包有效期自换货之日起重新计算。由销售者在发票背面加盖更换章并提供新的三包凭证或者在三包凭证背面加盖更换章。

在三包有效期内,除因消费者使用保管不当致使产品不能正常使用外,由修理者免费修理(包括材料费和工时费)。

对应当进行三包的大件产品,修理者应当提供合理的运输费用,然后依法向生产者或销售者追偿,或者按合同办理。

在三包有效期内,提倡销售者、修理者、生产者上门提供三包服务。

5. 属下列情况之一者,不实行三包,但是可以实行收费修理:

(1) 消费者因使用、维护、保管不当造成损坏的;

(2) 非承担三包修理者拆动造成损坏的;

(3) 无三包凭证及有效发票的;

(4) 三包凭证型号与修理产品型号不符或者涂改的;

(5) 因不可抗拒力造成损坏的。

修理费用由生产者提供。修理费用指三包有效期内保证正常修理的待支费用。

销售者负责修理的产品,生产者按照合同或者协议一次拨出的费用,具体办法由产销双方商定。

生产者,销售者,修理者破产、倒闭、兼并、分立的,其三包责任按国家有关法规执行。

处理方式:消费者因产品三包问题与销售者、修理者、生产者发生纠纷时,可以向消费者协会、质量管理协会用户委员会和其他有关组织申请调解,有关组织应当积极受理。

3.6 门店销售——陈列氛围

门店气氛是店内的各种物理特征的综合,这些物理特征能被消费者看到、听到、闻到、摸到、感知到,包括:门店的风格、布局、标识、商品、陈列、色彩、灯光、温度、声音以及气味等。这些因素综合在一起,所营造出的门店气氛,让顾客想进店、让顾客想体验、让顾客想购买,从而提高门店盈利。

当零售企业感到在商品、价格、促销和地理位置方面很难获得差异化的竞争优势时,店铺本身便提供了创造差异化竞争优势的机会。如今,消费者已经拥有了除商店以外的多重购物选择。网购等更多购物方式正在取代传统的购物模式。因此,零售商必须运用创新的推销技术,构建令人兴奋的实体店铺,吸引人们走出家门体验购物。

设计或是重新布局一家商店时,管理者必须考虑两个目标:

(1) 门店气氛应与店铺的形象和整体策略相一致。

(2) 好的店面设计应有助于影响顾客的购买决策。

实现第一个目标,零售商必须设定目标顾客,然后设计一个满足这些顾客需求的店铺,本章的门店销售气氛将阐述这一部分内容。实现第二个目标,零售商则要集中精力在店面布局和空间利用上,本章的门店陈列将阐述这一部分内容。

3.6.1 门店销售气氛

气氛是指通过视觉沟通、灯光、颜色、音乐和气味,设计一种环境刺激顾客的知觉和情感反应,并最终影响他们的购买行为。许多零售商都发现,营造商店的优美气氛可以带来许多微妙的作用,它可以补充商店设计和商品方面的不足之处。

门店的销售氛围可以分为视觉氛围和感受氛围,视觉氛围就是我们眼睛能直接看到的,如陈列、商品、灯光氛围等;感受氛围是视觉氛围之外的其他氛围因素总和,包括音乐、气味、服务态度、感觉等。

3.6.1.1 视觉沟通

视觉沟通是指运用图案、标牌等视觉图像来达到剧院般的效果,它既可以设计在商店内部,也可以设计在外部、橱窗。它的作用是通过提供某些产品的信息和建议来促进销售额增长,标牌和图案还会帮助顾客找到特别的商品品类和具体的商品,图案可以为商店形象增加个性、美丽和浪漫的气息。

零售商在运用视觉沟通策略时,应考虑以下几点:

1. 商店形象的协调性标牌和图案

标牌和图案应充当商品和目标市场之间的桥梁。标牌和图案的颜色和色度应是对商品的补充,与整个背景不协调的颜色会从视觉上破坏商品的演示并且会分散顾客对商品的注意力。颜色组合应吸引特别的目标顾客,或突出特定的商品。

2. 为顾客提供信息

信息丰富的标牌和图案会令商品更加诱人。很多时候顾客不只是为购买商品本身而焦虑,他们更关心的是问题的解决或者产品带来的满意程度。图3-16为以顾客为中心的店内沟通系统——价签/功能签/补充标签示例。

3. 运用标牌和图案作为道具

运用道具的标牌和图案是统一商品主题、展示商品整体吸引力的重要方式。

4. 保持符号和文字鲜明

符号和文字应与展示的项目相关,并且当展示品被移开后,符号和文字不应被留在商店或橱窗里。被遗忘的、褪色的和充满污点的标牌将会贬损商店的形象,而且不利于出售

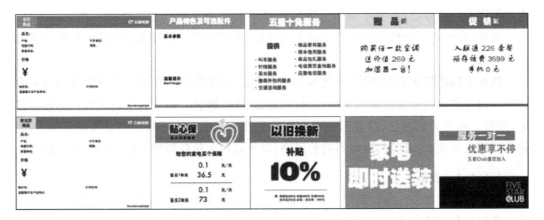

图 3-16 店内沟通——价签/功能签/补充标签示例

商品,而且,新符号也暗示着新商品。

5. 合理运用标牌的印刷字体

不同的印刷字体传递着不同的语气和信息。运用合适的印刷字体对标牌的成功来说是非常重要的。书写不应使用复杂的、难以阅读的字体,以免给顾客造成辨认障碍。

6. 创造剧院般的效果

为了提高商店的兴奋感和增强商店形象,零售商借鉴了剧院的设计,布置包括了某些超越其他要素,并与其他要素相协调的特殊效果。

3.6.1.2 灯光

一家商店里的良好灯光设计,涉及的不仅仅是简单的照亮空间。灯光可以用来照亮商品、造型空间和捕捉一种增强商店形象的心境或感情。灯光还可以用来减少人们对缺乏吸引力又无法改变的特征的关注,如图 3-17 所示,两个场景的灯光,给人的感觉是有很大的区别。

图 3-17 门店灯光对销售影响的效果图

3.6.1.3 颜色

创造性地运用颜色可以加强零售商的形象,并且有助于制造一种气氛。研究表明,暖色调会令人产生与冷色调相反的生理和心理效果。暖色调会吸引顾客的注意力,但他们也可能因此造成分心,甚至不愉快。暖色调更适合那些希望产生兴奋感的商店,如快餐店。相反,冷色调对于那些销售价格昂贵的商品、需要顾客仔细考虑的商品的零售商可能更为有效。

按照中国零售企业的经验,颜色运用要与商品本身色彩相协调。店内的货架陈列台必须为商品的销售提供色调的支持,以衬托商品,吸引顾客。商店为了确定统一的视觉形象,应设定商店的标准色,以显示商店的独特个性。但在商店不同的楼层或商品部位,色调的使用又必须有所区别,形成不同的风格,以唤起顾客的新鲜感,减少视觉与心理疲劳。

3.6.1.4 音乐

音乐可以增加也可能转移零售商的整体气氛。如果想要提高顾客的购买速度,必须采用流行的甚至嘈杂的音乐,减少顾客在店里的徘徊时间,这样的店铺是靠人流的不断更替来完成销售业绩的。在客流相对较少的时候,为了不使店里显得太空旷,会适当将音乐的节奏和音量放下来,让顾客多停留一段时间。

3.6.1.5 气味

大多数购买决策都是建立在情感基础上的。在人类的所有感觉中,嗅觉对人的感情最有影响力,嗅觉也是改变人们行为最快的方式。因此,根据目标市场精心地设计香味来增强购物氛围是非常有效的营销方式。

3.6.2 门店陈列

店铺陈列是店铺带给大家的第一直观的感受,店铺陈列的美观与否,是否直白,能否让顾客一目了然,都会直接影响店铺的业绩。同时商品的陈列更是为了达到美化店面、刺激消费者购买的作用,而不是把商品简单地摆放在一起。良好的商品陈列布局不仅可以营造出"精品"的氛围,还可以突出商品的量感和一目了然的特点,便于消费者寻找和提取。

RMK42 门店陈列

陈列是形成让顾客满意的、符合零售商品类战略的、能高效利用空间的、最终能帮助销售和毛利提高的商品展示和空间利用。因此,陈列的价值——提高盈利、提高效率;陈列规划——空间规划、品类规划、出样陈列;陈列约束条件——顾客需求和门店面积;陈列操作方法——数据分析、陈列规范。

3.6.2.1 陈列价值

对于顾客、门店和商品部门,陈列有多重价值。顾客是零售生意存在的基础,商品是门店满足顾客需求的手段,陈列是展示商品的方式,通过商品陈列,呈现满足不同细分顾客群需求的商品组合。顾客总能找到满足需求的商品,需求得到满足,就能够提高顾客满意度。

对于门店,陈列能够提高销售额和商品毛利;通过卖场多件商品出样、仓储式陈列,能够提高补货效率,这在高客流人手紧张时尤为重要;通过陈列调整,能够保持销售与库存的平衡。同时,陈列对不同的主题之间,产生的价值也是不一样的,如表 3-5 所示。

陈列可以提高门店销售额与毛利率,以及提高售罄、加快存货周转。

从图 3-18 可以看到,门店陈列改善进店率、成交率、客单价和毛利率。

表 3-5　陈列对不同主体间的价值体现

主体	价值
顾客	提供最佳商品结构和门店展示,提高顾客满意度、顾客忠诚度
门店	销售和毛利得到提高,门店人员的补货变得简单化,避免断货和库存溢出

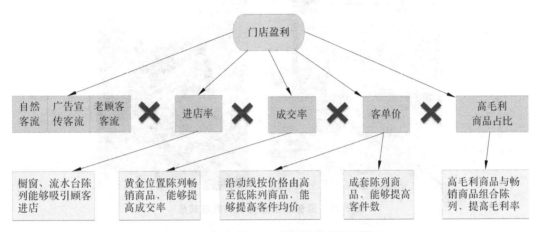

图 3-18　陈列对各 KPI 指标的影响的逻辑图

1. 进店率

门店在橱窗和流水台陈列符合顾客需求的商品,能够吸引顾客进店。符合需求分为几种情况:畅销商品、高性价比商品、非常独特的商品等,这几种商品都有可能引发顾客关注,从而吸引顾客进店。畅销商品意味着符合更多顾客的需求,提高进店率;性价比极高的商品,再配合宣传海报说明性能与价格,能够引发更多顾客关注,吸引顾客进店;独特的商品可以吸引顾客注意力,引发顾客的好奇心,吸引顾客进店。

2. 成交率

在黄金位置陈列畅销商品,能够提高成交率。畅销商品意味着符合更多顾客的需求,黄金位置能够被更多顾客注意到,因此就能够提高进店顾客成交率。

3. 客单价

沿动线按价格由高至低陈列商品,顾客看到商品的顺序是从高到低,顾客会优先选择价格较高商品,提高件均价和客单价;按照顾客的需求成套陈列商品,服装零售门店,可以按照某个风格成套陈列价位段接近的商品,当顾客选择其中的单款时,成套陈列的其他商品会引发顾客的注意,推动其成套购买,从而提高客件数和客单价。

4. 毛利率

商品根据销售数量、毛利率、价格敏感度分为 ABC 商品,A 类是畅销低毛利商品,C

类是人无我有的高毛利商品,通常高毛利商品的价格较低,高毛利商品与畅销商品组合陈列,能够提高毛利率。3C 数码产品零售行业,延长保修服务是 C 类高毛利商品,笔记本电脑、手机是 A 类低毛利商品,提高毛利要将延保服务宣传物料和笔记本电脑一同陈列,并且要突出延保服务,图 3-19 为延保服务宣传物料摆放规范,正确的是将物料放置在电脑左边,放置在后面就是错误的陈列。

图 3-19　延保服务宣传物料摆放规范

从商品角度,陈列可以加快存货周转,提高商品售罄率,降低存货周转天数。

商品可以根据销售速度、库存数量分为四种,如图 3-20 所示:畅销高库存、畅销低库存、滞销高库存、滞销低库存。畅销高库存要给予更好的陈列位置、更多的陈列空间,增加其出样数量,扩大销量。畅销低库存,在补货到达之前,要陈列在次要位置、减少出样,让销售与库存平衡;滞销高库存商品是要应对的麻烦,需要低成本的减少其库存,可以增加出样,将其与畅销商品成套陈列,用畅销带滞销;滞销低库存商品,无足轻重,可以尽快出清,将其陈列在偏远位置、减少出样数量。通过这些措施就能够加快存货周转,提高商品售罄率。

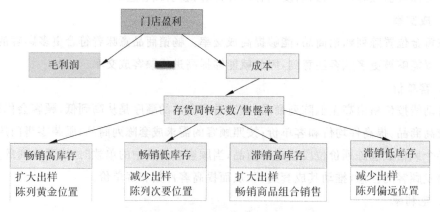

图 3-20　陈列与商品周转之间的关系图

3.6.2.2 陈列规划

门店的陈列规划从整体到细节分为三步,(1)空间规划,对一间房屋进行规划,使之成为门店,满足顾客的需求;(2)品类规划,门店区域进行品类划分,确定各个品类的位置与面积;(3)出样陈列,各品类区域根据销售确定出样单款商品。

门店空间规划示意图(图 3-21),门店规划设计图纸和从箭头方向的门店视觉效果图(图 3-22)

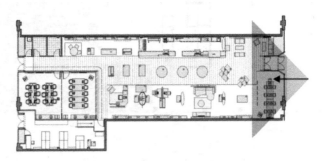

图 3-21 门店空间规划示意图

图 3-22 门店视觉效果图

图 3-23 为某企业品类规划示意图。

图 3-24 为企业货架陈列商品信息表。

3.6.2.3 陈列的约束条件和操作方法

陈列的约束条件是顾客需求和门店面积。

门店陈列应以顾客需求为指引,商品是为了更好地满足顾客需求,陈列是展示商品的方式。店长需要牢记,门店陈列商品是为了满足顾客的需求,基于顾客需求调整品类、单款的陈列位置、陈列面积、陈列方式。

门店陈列商品增加,有助于吸引客流扩大销售,但门店面积是有限的,陈列位置和面积是一种资源。因此,门店需要提高出样效率和单位面积销量。定期分析评估各品类、各单款的陈列效率,秉承货架公平原则,调整陈列规划。

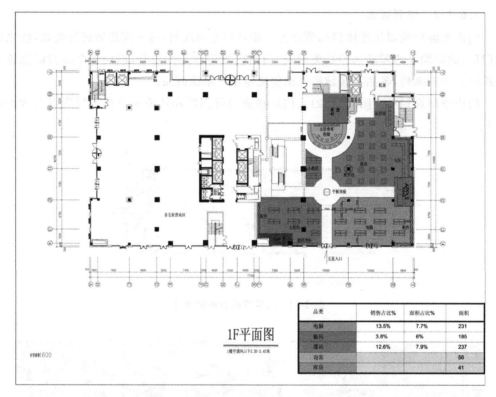

图 3-23 企业品类规划示意图

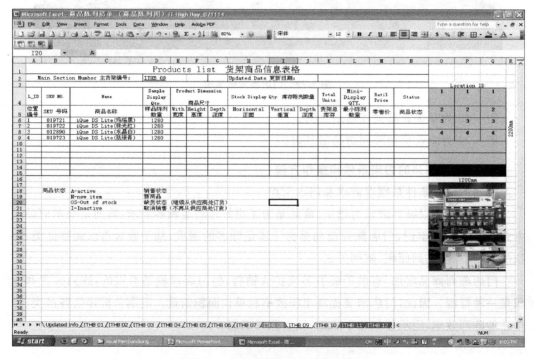

图 3-24 企业货架陈列商品信息表

陈列规划需要基于数据分析,分析各品类各单款的陈列效率,确保各品类各单款的货架分配公平。陈列效率＝销售占比/陈列占比,如果效率大于1,就说明分配陈列面积小了,需要增加陈列面积、提供更好的位置;如果效率低于1,说明分配陈列面积大了,需要减少陈列面积、调整至偏远位置。表 3-6 为某企业一个门店月度陈列数据分析示意,G 类 W 类陈列面积大但是陈列效率低,需要考虑减少陈列面积;M 类销售占比 48%,陈列效率是平均值的两倍,需要增加出样面积。

表 3-6 门店月度陈列效率分析表

品类	陈列组数	高架	地架	货架占比	每组业绩	总业绩	业绩	业绩占比	陈列效率
A	1.5	0.5	1	4.41%	2 942	141 780	4 413	3.1%	71%
B	2	1	1	5.88%	6 231	141 780	12 462	8.8%	149%
G	8.5	6.5	2	25.00%	2 734	141 780	23 247	16.4%	66%
H	2		2	5.88%	1 924	141 780	3 848	2.7%	46%
L	2	1	1	5.88%	6 074	141 780	12 147	8.6%	146%
M	8.5	8.5		25.00%	8 140	141 780	69 186	48.8%	195%
N	2	1	1	5.88%	269	141 780	537	0.4%	6%
W	5.5	3.5	2	16.18%	2 410	141 780	13 252	9.4%	58%
X	2	1	1	5.88%	1 344	141 780	2 688	1.9%	32%

具体陈列需要根据企业的陈列规范进行操作,确保商品陈列美观生动。以下是从消费者角度评估陈列效果的四个指标。

1. 方便

方便,是指站在消费者的角度,商品陈列要做到易观、易取、易体验,充分考虑卖场动线和磁石点,选定不同商品的陈列位置和陈列方式,同时注重关联产品就近陈列,方便顾客选择,促进关联产品销售。

2. 丰满

丰满,是指商品陈列过程中必须注重商品的陈列数量和陈列规模,陈列场地的有效利用和规划。但是,空柜却是连锁店商品陈列的大忌,导致消费者对连锁店经营实力和规模的怀疑。

3. 美观

美观,是指商品陈列必须充分利用色彩、空间、光线等美化手段,结合商品的体积、特点,从视觉营销、视觉刺激的角度,开展美化陈列工作,坚决杜绝粗放式陈列,简单堆砌,导致店面陈列风格的不统一、不协调。

4. 流畅

流畅,是指连锁店商品陈列过程中一定要结合人们的视觉习惯,注重陈列的层次,充分展示商品,给消费者营造宽敞舒适的购物环境,降低消费者的视觉疲劳,节省消费者购物时间。

图 3-25 为某企业的陈列规范培训,提供陈列规范,能够指导员工进行陈列,提高陈列效果。

图 3-25　企业的陈列规范培训

3.6.3 【范例】【企业 DIY】陈列标准

一、店铺环境

保持店铺入口及通道的通畅及整洁。

维持店铺的卫生标准,包括天花板、地面、墙壁、收银台区域、货架、货品等。保持地面清洁干爽。

注意维护专柜形象,并保证试用品的良好状态。

确保营业区内灯光明亮,光线充足。确保所有灯光正常,没有因损坏而不亮的灯或有灯在闪烁的现象。

确保营业区域内温度适中,通风良好。

确保店内各音响设备音量适中。

时刻保持店铺通道及消防通道通畅无阻。勿乱堆放货物,以免堵塞通道。

勿将层架和玻璃等物料藏放于货架底部。

商品类别所在位置的标识清晰可见。顾客容易根据品类标牌,找到某种商品类别所在的位置。

确保营业区域内物料完好没有破损。

确保所有的促销标志摆放清晰,并与促销主题一致。没有其他货品挡在广告牌前。

货物排列整齐,客人随意摆放的货物及时放回原位。

保持货品及外包装没有破损,洁净没有积尘。

保持货架和专柜的整洁,不可出现空架情况。

墙面和柱面的贴画应保持完好，不可出现边缘翘起或明显的破损现象。

二、平面图

每间店铺都有一张店铺平面图，平面图的设计符合顾客的购物习惯，同时让他们方便在店内行走和购物，另外还要根据顾客的购物逻辑来进行商品布局。

平面图指导店铺如何安排以下店内布局：

(1) 陈列图陈列区域。

(2) 非货架陈列区域。

(3) 收银台区域。

(4) 化妆品区域。

(5) 药房区域。

(6) 店铺后方区域。

店铺必须妥善保管最新版的平面图，店内的陈列应严格按照平面图的设计执行，不得擅自改动。如果有疑义，必须先向陈列部门的同事申请更改，通过陈列部门的人员进行修改。

三、陈列图

公司使用陈列图系统来规划和规范商品在店铺中所摆放的位置，每张陈列图代表一米货架。

陈列图编号

陈列图编号由 8 位数字和一个大写字母组成。数字分别代表区域代号＋部门代号＋陈列图级别；大写字母代表这米货架在此级别陈列图中所处的位置。

货架陈列标准

(1) 陈列货品、货架及其附属品干净、整洁、无损坏。

(2) 较高的货品放置于货架顶部时，不得高于货架上方 10 厘米。

(3) 所有陈列图货架必须 100% 按照最新的陈列图进行陈列。

(4) 每米陈列架以首层最左端货品为第一个货品，以货品为单位依次编号。先从左到右，后从上到下。货品排列与陈列图一致，物价牌编号连续，并一一对应每个货品。

(5) 物价牌陈列于价格胶条中，物价牌左端与货品左端排成一条直线。

(6) 货品陈列丰满，以不能见到货架玻璃为标准。

(7) 货品清洁无灰尘，面朝顾客，前后一致呈直线摆放。

(8) 若有商品缺货，必须使用"对不起，暂无此货"标签覆盖物价牌。并用临近的货品补充缺货排面。

1. 直身货架系列

用于陈列本身较重的货品，如：日用品、保健品；

上层货架与下层陈列货品之间应留有一定空间，方便顾客拿取货品；

货品高度不超过货架顶端，以免阻挡顾客的视线，影响店铺通透性。

2. 斜身货架系列

斜架有很好的陈列效果，清晰、整齐，可减低货架存量。

陈列体积小及轻巧，小包装等货品，适用于糖果、药品及一些饰物层架陈列。

斜身货架货品前面应该用前挡胶防止货品滑落。

货品要把货架玻璃完全覆盖。

3. 挂钩陈列

用于陈列袋装货品；

双支价格钩与双支价格牌一起使用，标示出货品的价格，若某个货品是两个牌面，只需要左边的双支价格钩上标示价格牌。

4. 胶兜（地台）陈列

用于货架最下层陈列体积较小，软包装的商品；

胶兜（地台）陈列的物价牌陈列在胶兜自带的物价牌胶条中，与每个胶兜中左端边成一条直线。

非货架陈列标准

所有非货架阵列，如果使用POP标示货品价格时，请确保POP与物价牌配套使用。

所有活动的非货架陈列与货架或其他非货架阵列之间的距离至少为0.7米。方便顾客走动。

食品至少应放置于距离地面15厘米处。

1. 收银台区域

收银台区域每米货架最多陈列两种不同货品；

按促销陈列指示陈列促销POP；

收银员在空闲时清洁收银台区域，通过广播通知卖场内员工协助将非收银台区域的货品放回卖场内，并把收银台区域的陈列加满。

2. 专柜

卖场内专柜的位置必须按平面图上的位置陈列，不得任意摆放，擅自增加减少或移动位置；

所有专柜必须完好，背景灯亮并且不闪烁；

所有专柜及所陈列货品必须保持清洁无尘；

所有专柜内陈列货品必须确保足够库存，并确保试用装（如有）完好。

3. 堆头

卖场内的堆头必须按平面图上的位置陈列，不得任意摆放，擅自增加、减少或移动位置；

堆头的货品摆放及POP的朝向必须面向顾客或入店的顾客流走向；

堆头用来陈列促销的罐装、盒装或瓶装货品，请根据陈列指示陈列货品，并用卡板固定和分隔每层货品；

堆头可以与小胶兜、大胶兜配合使用，大胶兜中使用当期促销主题的大挂牌；

每个堆头只能摆放同一品牌、同一系列、同一价格的货品,保持商品在同一高度,第一层货品要品种齐全,最高不超过鱼眼牌,最低不少于(离地面)90厘米;

可从任何方面看到陈列在堆头上的商品的正面;

堆头上货品的颜色呈垂直间色,即垂直方向上货品颜色保持一致。

将打印好的 POP 左上角贴上物价标签后(或根据 POP 上标示的物价牌粘贴位置),面对货品方向插进鱼眼座。

(1) 单支堆头

单支堆头陈列于相关的或指定的货架或收银台旁,用于陈列促销货品增加销售机会;

当货量不足时,单支堆头可配合大胶兜使用,大胶兜中使用当期促销主题大挂牌,且必须与堆头陈列货品的促销主题一致。

(2) 三连堆

三连堆通常摆放于主通道中,同一方向的堆头应陈列同一品类,同一包装形式或同一促销主题的货品,或根据陈列指示陈列。

当货量不足时,单支堆头可配合大胶兜使用,大胶兜中使用当期促销主题大挂牌。且必须与堆头陈列货品的促销主题一致。

(3) 超级堆头

座板长一米,一个超级堆头最多陈列两个系列的货品,用于陈列季节性、销量大或体积较大的货品。

使用超级堆头专用分隔板进行固定和分隔。

4. 胶箱堆头

当需要用堆头陈列软包装或不规则包装的货品时,就要使用胶箱堆头。

一个胶箱内只能陈列一个系列的货品。

第一层胶箱内的货品用堆头牌和物价牌显示价格,下层的货品用 9 cm 价格牌和物价牌显示价格。

5. 促销胶箱

胶箱以组为单位陈列,一般陈列在货架终端。

每格胶箱内必须摆放同一系列、同一价格的货品;主要用来陈列袋装或不规则包装的促销货品。

每格胶箱内货品不能放得太满(占胶箱的 1/2~3/4),若货品数量不够。可以用胶箱架垫在底部,货品放在上面。

每格胶箱底部的货品需整齐同色摆放,表面不用太整齐,但必须货品正面面向顾客;

促销胶箱按照店铺每次促销陈列指示摆放。若无陈列指示应遵循以下原则:

(1) 同一促销主题集中陈列;

(2) 同一部门集中陈列;

(3) 胶箱从上到下遵循货品体积从小到大陈列。

价格牌插在 U 型架中,固定在每格胶箱前方。用螺丝固定胶箱上方的大型胶夹,用以摆放当期促销大挂件。

6. 热卖焦点

选定某些陈列图的货架顶层用作陈列指定促销货品，或租用给指定供应商作促销陈列。

只能陈列同一系列主推货品

用9 cm价格牌显示价格，插在每种货品的中同位置。

7. 墙身架陈列

可陈列同一种或同系列的货品，适合体积较大，包装较有吸引力的货品，货品必须垂直摆放陈列，面朝顾客。

迷你直传牌(POP)使用U型架挂在中间层架上。

如果为通透型店铺，注意墙身架上最内层货品应面朝店外橱窗，并以同样方法向店外橱窗陈列迷你宣传牌。

维护时应注意，在调换层架上的货品时，应先清洁货架、胶条和背板。

8. 椭圆桌陈列

放置小件的化妆品或者日用品。

每格放置不同的货品，货量以调格为准。

9 cm价格牌插在货品前方的胶条中，位于货品中间垂直位置。

9. 侧网陈列

侧网高度不能高于货架项。

使用短支挂钩，第一行挂钩应设在侧网由上面顺数下来第4行上。

每种货品需有物价牌。

商品种类垂直摆放，每个侧网架上不得阵列多于2种货品。

货量应适中，不能半满也不能太满。

10. 四面屏风

使用四面屏风专用玻璃、货架及长支挂钩。

用于陈列独家新品或者出租给供应商做某商品的展示。

用于陈列独家新品时，在顶部有机玻璃陈列"独家新品"堆头牌，货架上陈列"独家新品"短条。

11. 雨伞架

雨伞的陈列要在垂直方向上保持同一颜色。

在下雨天时应把雨伞架放在门口显眼位置。

用正确的物价牌表示雨伞现价。

12. 挂条陈列

从当期促销货品或清货货品中选出可以悬挂的货品。

产品被陈列在一个小的塑料挂条上，促使顾客产生冲动性消费。

挂条陈列是主促销的补充。

选择价格低廉的产品,每个挂条只能陈列一种商品。

与货架上陈列的商品必须相关,但不能陈列相邻陈列图中的货品。

每 2 米使用一个挂条。

13. 冰箱

冰箱应放在合适的位置上,如收银台附近或饮料货架附近,并摆上季节性商品。

冰箱中货品的陈列应面朝顾客,前后一致,并呈直线摆放。

时刻保持冰箱里面有充足的货量。

在相应的商品前面,应有正确物价牌。

14. 拉链

适合陈列体积较小及重量较轻便,但数量较多的商品,尤其是毛绒玩具等。

商品颜色垂直间色,正面面向客人。

价格牌应该放在拉链正上方,字迹清晰。

拉链陈列的时间一般为节日,尤其是圣诞节或中国新年期间。

15. 供应商陈列架

供应商陈列架只能陈列该供应商的货品。

每种货品需有物价牌。

陈列架及货品的陈列按照市场部或采购部相关的指示摆放。

了解店铺的平面图,合理放置供应商陈列架。

注意供应商陈列架的陈列时间,注意公司下发的指引,不应放置过季或过于陈旧的陈列架。

16. 购物篮

购物篮应陈列在店面入口处,收银台区域,如果店铺面积很大,也同时陈列在店铺中段方便顾客提取的角落。在客人有需要时,应主动递上购物篮。

每组购物篮叠放不可超过 1.4 米,即不能多于 15 个。篮柄应朝向同一个方向。

购物篮只能用作顾客购物装货用途,不可用于其他用途,如坐、踩等。

保持购物篮清洁,不要让购物篮中有纸张、传单、杂物等。

3.7 门店人事管理

3.7.1 门店人事管理的内容

零售企业,人是重要生产要素,零售业平均人效 30 万元,这就意味着每亿元销售规模,需要 300 名员工。同时,门店的人员流失率居高不下,尤其是导购,平均在职时间 6~12 个月。店长的人事管理能力尤为重要,运行良好的人事管理不仅是门店运营的基本保障,还能提高门店运营效率和盈利。

RMK51 门店人事管理

人事管理工作从选、育、用、留、送五个方面进行。只有有效运用激励机制,才能调动员工的积极性、创造性和工作热情,让员工全身心地投入到门店各项工作中,为门店创造更大价值,进而提高门店盈利。

门店人事管理有五项工作,包括:(1)招聘员工;(2)培训教练员工;(3)激励门店员工;(4)考评门店员工;(5)奖惩员工。

3.7.2 门店客流变化趋势和人力调度

门店的员工数量相对稳定,而客流是动态变化的。店长要根据客流量的不同进行人员的调度,以实现业绩的最大化。同时,也要随着客流的不同及时调整门店的工作重心。

门店客流变化体现在月周日。从年度来看,12 个月的客流各不相同,但变化有其规律。客流变化受顾客需求的影响,各省份区域、各行业、各企业的变化规律各不相同。每月 30 天门店客流也在不断变化,从变化趋势可以看出,客流是周期性变化的,每周客流的变化与节假日密切相关。从门店一天的客流变化趋势可以看出,一天之内客流变化有高峰和低谷之分。

店长通过人员的招聘、调休、排班来应对客流的高峰,尽量保证顾客能够得到最好的服务。

月度客流变化应对手段主要是人员招聘,图 3-26 中可以看出门店变化的规律,这个规律每年基本一致。因此,门店要在旺季来临之前,做好员工招聘工作,应对旺季的销售。可以通过暑期工、实习生、小时工等弹性的人力资源供给应对。

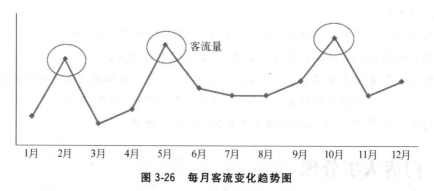

图 3-26 每月客流变化趋势图

图 3-27 是每月的日客流变化趋势。每周客流变化应对手段是人员调休、临时工,每周客流的变化和是否是工作日密切相关。需要做好人员的调休,保证员工不在客流大的时候进行调休。同时组织临时工资源,在忙碌的节假日安排充足的人手。

图 3-28 是每天的每个时间段的客流变化趋势,每天高客流时段应对手段是人员排班、小时工。门店一天的客流变化趋势可以看出,一天之内客流变化有高峰和低谷之分,通过排班要保证在客流连续高峰的时候全体员工都在上班。还可以增加高峰时段的小时工,确保高峰时段人手充足。

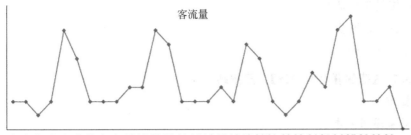

图 3-27 每日客流变化趋势图

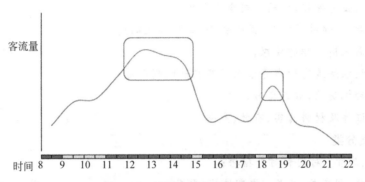

图 3-28 每时客流变化趋势图

3.7.3 【范例】【企业 DIY】人事管理

3.7.3.1 【范例】【企业 DIY】人事管理制度大纲

1. 人力资源部的流程

1.1 入职流程

1.2 离职流程

1.3 人事变动流程

1.4 请假流程

1.5 特殊事项申请流程

1.6 工装申请流程

2. 新员工管理

2.1 招聘面试管理

2.2 人员培训

3. 员工排班考勤

4. 各岗位人员工作职责

4.1 店长工作职责

4.2 副店长工作职责

4.3 店助工作职责

4.4 收银员工作职责

4.5 库管工作职责

4.6 导购岗位职责

3.7.3.2 【范例】【企业DIY】人员招聘

招聘要求

招聘对象通用要求

1. 年龄在18周岁以上（以二代身份证为准），性别不限；
2. 性格开朗、思维正常，能承受一定的工作压力；
3. 能服从公司安排，认同公司企业文化；
4. 无传染性、精神性疾病，无心脏病、癫痫病及病史；
5. 符合需求岗位招聘要求；
6. 非正被依法追究刑事责任人员及在狱服刑人员；
7. 求职动机明确，心态良好；
8. 个人证件及材料真实、有效、齐全。

招聘人员分类

1. 导购、库管：对内和对外招聘；
2. 收银员、副店长、店长：内部选拔、晋升；

店铺员工招聘标准

招聘导购员的标准

a. 男女不限，18～35岁，五官端正，身材适中；
b. 性格热情开朗、活泼，善于沟通，喜欢与人打交道；
c. 吃苦耐劳，乐于奉献，不计较；
d. 喜欢零售行业，有强烈的销售意识；
e. 其他：根据各店实际情况而定。

招聘方式

1. 店内独立招聘

a. 招聘牌：在店铺编制内的缺编可由店铺自行进行招聘，并且在橱窗显著位置悬挂公司统一设计的招聘牌以增加招聘信息曝光率，如有应聘者到店里进行面试需由副店长以上级别的人员接待并且进行面试。

b. 员工内部推荐：除对外招聘外，公司也鼓励各位同事进行内部推荐。

2. 人力资源科参与招聘

a. 如店铺需要人力资源科协助招聘需在OA上填写《招聘申请表》，招聘专员以《招聘申请表》为准进行招聘。

b. 人力资源科对外地店铺的招聘方法以网络招聘为主，根据每个城市的现实情况使用不同的招聘套餐，并负责每天刷新招聘信息及与店铺沟通招聘进展情况，制作招聘报表。

c. 所发布的招聘信息留店铺的座机号码或店长及区域督导的手机号码,必须由店长级别以上人员与求职者进行电话沟通。

d. 若与求职者达成初步的意向则约求职者来店铺进行进一步的面试。

e. 所接到的求职电话,包括只是询问情况、有意向来面试但是最终没来的、达成试岗意向但是没来试岗的、来试岗但是没有通过试岗期的,都必须详细记录电话号码,以备人力资源科进行回访。

面试方法

1. 面试时的注意事项

a. 面试时间:10分钟以上;

b. 面试前记得把手机静音或关机;

c. 说话时要面带微笑,有亲和力;

d. 说话语速不要过快。

2. 填写简历:目测一下求职者,若基本符合要求则必须要填写一份《员工入职信息登记表》再进行面试,而不是试岗3天之后再填写此表。

3. 岗位介绍:面试合格之后要告知求职者以下信息:

a. 收入:底薪、提成、月平均工资可达到多少;

b. 试用期:试用期期限、试用期薪资;

c. 福利待遇:工龄奖(重点强调)、保险、全勤奖、节假日奖金及福利、培训等;

d. 公司概况:公司地点、规模、品牌发展等。

4. 入职邀约:与求职者约定入职时间,如果在约定的时间没有来上班,需要电话沟通一下原因,做好统计以便能及时了解求职者心态以及店铺需要改进的地方。

相关文件

《招聘申请表》;

《员工入职信息登记表》。

相关记录

《一线员工内部推荐管理办法》。

相关流程

1. 面试流程

2. 人力资源科招聘申请流程:店长填写《招聘申请表》——区域经理助理或总店长审核——区域经理审批——招聘专员执行。

3.7.3.3 【范例】【企业DIY】排班考勤

假日时间安排

1. 元旦,放假1天(1月1日);

2. 春节,放假3天(农历除夕、正月初一、初二);

3. 清明节,放假1天(清明当日);

4. 劳动节,放假1天(5月1日);

5. 端午节,放假1天(农历端午当日);

6. 中秋节,放假1天(农历中秋当日);

7. 国庆节,放假3天(10月1日、2日、3日)。

员工排班

1. 店铺销售人员实行倒班工作制,每月两天公休。

2. 具体上班时间依据各店铺实际情况进行安排,公司不做统一规范。店内营业时间变动需上报人资科备档。

员工考勤

1. 店铺人员需每天按时打卡4次,具体时间以各店铺规定交接班时间为准,店长或店长指定人员需及时制作当日电子《考勤表》,于月末汇总后,每月1日前将《考勤表》上传OA,通过OA流程上交人力资源科。

2. 如因特殊情况未按时打卡,需填写《漏打卡登记表》,直属上级确认签字与《考勤表》一同回传人力资源科,否则按迟到或旷工论处。

迟到早退:

1. 员工在规定的上班时间后打卡均为迟到,于规定下班时间前打卡均为早退。

2. 如有特殊情况应办理相应手续,否则以迟到、早退论处。

3. 如一个月内,第一次迟到乐捐5元;第二次10元;第三次50元;第四次自动离职。迟到早退30分钟以内处罚1元/分钟,迟到早退超过30分钟未补办请假手续记旷工半日处理,超过4小时按旷工1日处理。

旷工

1. 有下列情况之一者以旷工论处,并给予相应处罚:

a. 未按规定办理手续而擅自离岗者或请假期满无续假手续而未按时上班者;

b. 不服从工作调动,未按公司规定时间到岗报到者;

c. 用不正当手段骗取病假,长期病假不能提供病假证明者;

d. 员工因公外出或出差,无故拖延返回时间者;

e. 迟到早退30分钟以上者。

2. 旷工扣款:扣旷工天数的三倍薪资

即扣款金额=基本工资÷当月应计工资天数×旷工天数×3

3. 连续旷工3日以上而未做任何联络通知者,按自动离职处理,员工工资暂停发放,待员工亲自交接工作后,方可发放。

请假管理规定

1. 请假类别

a. 事假:指员工本人在工作日有重要事情必须亲自处理,可请事假;

b. 病假:指员工因病不能上班,凭市、区级以上医院(非疗养院、体检中心类)开具的病假证明可申请病假。

c. 婚假:员工达到法定结婚年龄,经民政局登记注册结婚后可申请婚假。

员工达到法定结婚年龄（男 22 周岁，女 20 周岁），凭结婚证可申请婚假 3 天，符合晚婚条件的初婚者（男 25 周岁，女 23 周岁），凭结婚证可申请奖励，婚假延长至 7 天；婚假必须在开具结婚证明后 6 个月内一次使用完毕，如因工作需要不能休假应上报上级领导提出延期申请填写《特殊事项申请表》，按请假审批权限审批获准后，OA 上报人力资源科存档，否则视同自动放弃休假处理。

2. 请假手续

a. 员工请假必须事前办理请假手续，如遇突发事件无法亲自办理请假手续的应电话报备上级领导，征得同意后方可休假，上级领导代办手续，本人复工后确认签字。

b. 假期满不能按时上班工作的，应在假期未满之前办理续假手续，经上级领导批准后方可续假。如无法亲自办理的应电话报备上级领导，征得同意后由上级领导代办手续，否则按旷工论处。

3. 假期计算

a. 公司安排的公休，不予扣款。

b. 员工带薪休假当月不得超过 4 天，因公外派员工不得超过 6 天。

c. 请假标准以 0.5 天为最小计假单位，不足 0.5 天以 0.5 天计，超过 0.5 天不足 1 天以 1 天计。

d. 事假扣款：扣除事假时间的薪资。

即事假扣款金额＝基本工资÷当月应计工资天数×事假天数

注：周六、周日及法定节假日请假扣双薪

e. 病假扣款：疾病或非因公受伤，当月累计病假在 7 日以内的（含 7 日），按日薪资的 30% 扣款，7 日以上者按事假论。

即病假扣款金额＝基本工资×30%÷当月应计工资天数×病假天数

4. 请假流程

a. 员工提出申请，填写《请假申请单》；

b. 直属负责人审核无误，签字确认，转权限审批人进行审批；

c. 权限审批人审批后按 OA 流程报备人力资源科；

d. 人力资源科 OA 收到审批人审批的《请假申请单》后，回复店铺批假情况。

5. 攒假串休

a. 为了体现公司的人性化管理，因公外派的员工可以攒假串休回家探亲，串休审批应执行请假流程，审批权限同请假审批权限。

b. 串休应尽量避免节假日及旺销期，避免影响目标达成。

6. 法定假日补助

法定假日在岗工作，公司将根据国家相关法律给予补助。

3.8 门店财务、货品管理

零售企业运营需要资金流、物流和信息流的支撑。物流从工厂流向门店,满足顾客需求,顾客购买之后的销售收入流回总部、工厂。没有物流、资金流,零售企业就不能运转。

3.8.1 门店财务管理

门店想要正常运转必须要有资金的有序流动。在经营过程中,各个方面都会有资金的出入,这个过程往往十分繁杂,这就需要对资金流入流出进行财务管理。

一个门店如果财务管理工作不到位,店内将会陷入一片混乱,比如乱账、假账、钱财的滥用等,员工们辛苦一天的销售额到头来却"缺斤少两",公司的盈利和正常的运转将不能保障。因此,财务管理作为维持门店正常运转,保障店内及员工利益的基础秩序,是门店管理重要的组成部分,并始终贯穿于门店管理的全过程。

财务一直以来都是最容易让人犯错的地方,也是所有工作人员的安全红线,任何时候都不能触碰。规范店面的财务行为,加强财务管理是保证门店财务不受损的行之有效的方法。

那么,门店财务管理都有哪些内容呢?

(1)日销售收入管理,在零售终端店铺财务管理中最先提到的应该是日销售收入管理,销售收入是门店重要经营指标,将日销售收入管理得井井有条是店铺良性运转的基础。

(2)备用金管理,门店备用金,以备不时之需,对于门店财务管理也是必不可少的内容。

(3)费用管理,收入和支出作为财务管理重要的分类,开源的同时注重节流,把费用支出掌握在可控的范围里。

(4)单据管理,门店每天涉及的发票、销售小票不仅是顾客消费的凭据,更是进行财务管理和售后服务的凭证,因此需要进行标准化管理。

(5)店铺交接管理,对于财务管理来说,还有个不容忽视的环节,那就是店铺交接管理,这个环节往往涉及很多人的更换和钱的对接,因此不容忽视。

3.8.1.1 日销售收入管理

对于日销售收入的管理,并不仅是收银员每天下班前对当日的金额进行核对,现金存入银行那么简单。我们将从四个方面对日销售管理进行详述。

1. 现金管理

门店的顾客在购买商品时会支付现金,那么,对于门店现金管理都要做到哪些呢?

(1)店长、收银员每天必须要核对系统金额与银箱金额是否相符,账面金额与实际金额是否相符。

（2）应保证库存现金的日清日结，月末应编制银行存款余额调整表，以保证银行日记账账实相符。货款现金必须送存银行，不能坐支（坐支是指从门店收入的现金中直接支付现金）。

（3）库存现金超过核定定额后，现金应该及时送存银行，保证现金安全。

2. 收银安全

为了保证收银安全，要预防以下几点。

防假钞。案例：一家酒店的收银员收到一张百元现金，因为验钞机坏了，收银员摸了钞票感觉没什么问题，就把钱收起来了，一小时后才发现是一张假钞，这时客人已不愿承认，损失也无法挽回。因此，收银员要接受相应的货币鉴别培训，保证鉴别准确率，对于大数额的钞票必须使用验钞机，才能避免门店遭受损失。

防诈骗。案例：两位顾客在结账时，故作熟识，给收银员造成一种二人认识、一起结账的假象。当扫描了一半时，前一位顾客将一部分已装袋的商品拎走，当收银员结束扫描正要收钱时，后一位顾客说收银员多结账，他与前一位顾客根本就不认识，他没买过账单上半部分的商品。

3. 交接班

门店一般会有多名收银员轮换收银，交接班时发生财务金额差错的情况时有发生，这时可能出现责任人难以确定。因此交接班时，需要核对清楚账款，双方签字确认两班次单独存放，必须两人以上在场，以避免不必要的账目问题发生。

4. 日结

收银系统必须每天日结。

（1）财务人员必须时刻锁好现金抽屉，做到人离现金抽屉锁，防范意外事件发生。

（2）日销售收入必须有专门登记。登记清楚现金、刷卡金额及活动情况。每天日结后，现金应附上"营业额日报表"。"营业额日报表"应由门店负责财务的人员填写，门店店长签字确认。

（3）财务人员对门店营业额日报表及有关送款单据应认真复核，确认无误。

（4）店铺每日按时存款，保存好银行单据。存款时除收银员外，还需至少一名店铺管理人员一同前往，存款后要将银行已收款确认单交给当班负责人，并留存。

3.8.1.2 费用管理

费用管理分为定期费用管理和不定期费用管理。

1. 首先门店经营在每个月或季周期都会有一定的固定费用支出项目，这些费用要记入门店经营成本中，因为其本身周期的固定性，门店可以将这些费用记录为周期性定期费用，便于更清晰地进行财务管理。

这些费用主要包括以下内容：

（1）门店每月定额国地税；

（2）水电费用；

（3）员工报销，对于员工电话费的报销则需要财务部与信息部进行沟通，核对费用支出属实后从财务支出；

（4）员工的社保费用，根据人力资源部门提供相关信息，最终由财务负责支出；

（5）必要的企划用品支出。

2. 除上述五项内容之外，其余的费用为不定期费用，门店可以根据具体的项目支出进行安排。

3.8.1.3 备用金的管理

如今家庭中都会存有备用金，是作为用于疾病或突发事件的应急资金。对于门店来说，也需要这样一笔金额以备门店不时之需，这样既可以较快地解决问题，也能避免临时支出与销售收入金额混淆出现其他财务问题。

备用金是门店直接财产，店长直接保管，不得转借，其主要用于应对购买找零和日常零星开支事后需要报销的款项。

在使用备用金应注意以下几点：

（1）备用金金额的控制。备用金是公司的直接财产，任何个人都没有权利去私自占有，在因公的情况下可以使用，已使用的备用金必须保存好相应的单据。

（2）备用金报销时间。备用金代垫发生的费用，必须在当月报销，注明店铺的名称，并在票据后注明发生费用的相关的详细情况。如有发现不符合实际情况的票据，将直接扣除费用由自己承担。备用金代垫费用报销必须当月报销，以确保备用金的完整。

（3）备用金交接核对。店铺店长离职或调任，店铺进行整盘，如备用金有差异，由该店长立即赔偿差额。

3.8.1.4 单据管理

门店每日有大量的发票、销售小票、入库单（交货单）、调拨单、报销单据、其他出库单和退库单，这些单据必须保存完整，以便核对。

1. 发票管理

（1）所有店铺费用支付时，店铺要填写好费用申请单，将发票（或收据）粘贴于费用申请单后面，并在费用申请单上编号。

（2）所有费用申请单的金额要与申请单后面粘贴的发票（或收据）的合计金额一致。

（3）财务部相关人员每月负责将收到的费用申请单与会计凭证的金额核对是否一致。

2. 销售小票

销售小票必须是当天打印，并且要求按日期、顺序粘贴好，不允许出现窜号、涂改的现象。【案例】某企业门店销售人员将其销售的特价鞋子在销售时以原价销售、事后私自修改销售小票和销售日报表并将多余的钱归为己有，门店应该谨防类似事件的发生。

发生退货时，要求顾客必须持消费时使用的信用卡（或销售小票），同时在销售小票上面必须有店长、收银员、当时销售的营业员以及顾客的签字，才可以退货，缺任何一项都不生效。在退货时,如果是刷卡购买的,则货款退回刷卡账户。

在换货时,如果有找差价的,销售小票上面必须有店长、收银员、营业员和顾客的签字,并要求留有顾客的电话号码。

3. 入库单

入库单的管理应遵循下列程序,公司将货品送至店铺指定地点,并与店铺员工共同对货品进行清点,所有货品全部清点完毕后,双方签字确认,凭交货单在系统中进行确认。出现差异及时与公司商品部取得联系,填写到货差异单。

4. 调拨单

所有调拨必须在系统中真实反映,填写外部纸制调拨单,由调出方自调拨发生2日内上交公司备案,3日内调拨双方在系统内确认完毕,月末结账期间发生调拨,只完成外部调拨手续,在接到财务部通知后,方可在系统中进行处理。要尽量避免结账期调拨。

5. 退货单

由公司统一安排,店铺必须分类(正品、脏品、残品)整理商品,正确填写明细。由公司开具手工收条,自退货7日内,必须在系统中确认完毕。

3.8.1.5 店铺交接管理

加强店铺交接管理的目的是树立良好的交接秩序,做到凡事有据可依。交接的形式分为:口头交接和文字交接两种形式,两种交接形式必须同时进行。店铺交接管理时需要注意的主要有:

1. 账款核对

必须核对实际现金、刷卡是否与账面相符,一旦完成交接之后,再出现什么问题直接找现任店长。

2. 商品核对

换新库管时,必须盘点库房所有商品,店长与新库管一起交接,再出现库房失货问题,由店长和库管同时承担相应责任。

3. 证件核对

检查各种证件,确保证件的完整。

最后还要注意,如在店内出现资金短缺超过一定数额,公司可以走司法程序,由相关部门介入解决此类事件。

3.8.1.6 【范例】【企业DIY】门店财务管理制度大纲

2 收银
 2.1 简介
  2.1.1 前期准备
 2.2 各种交易类型具体操作
  2.2.1 现金交易
  2.2.2 信用卡、储蓄卡

2.3 促销录入
　　　2.3.1 买一赠一
　　　2.3.2 满 X 元加 Y 元换
　　2.4 修改交易
　　2.5 取消交易
　　2.6 系统查询
　　　2.6.1 整单备注查询
　　　2.6.2 现金、刷卡及总汇
　　　2.6.3 制作并保存
　　　2.6.4 AB 类销售排行
　　　2.6.5 员工销售排行及打印
　　2.7 日结操作
……
4 销售收入管理
　　4.1 现金管理
　　　4.1.1 门店备用金
　　　4.1.2 门店换零钱流程
　　　4.1.3 收银机清点
　　　4.1.4 长短款处理
　　　4.1.5 保险箱内现金
　　　4.1.6 汇款
　　　4.1.7 费用申请
　　　4.1.8 员工工资发放
　　4.2 银行卡管理
　　　4.2.1 汇款
　　4.3 发票管理

3.8.2　收银员职责

　　无论在大型商场、购物超市,还是街边的普通小店、农贸市场的菜摊果铺,凡有商品销售的地方都会有收银工作。收银工作是门店与顾客的重要接触点,是体现公司形象的重要部门。在门店中收银员每天接触的顾客很多,在顾客眼中,他们就是公司的代表,作为门店中与消费者最亲密接触的收银员,一言一行非常重要,与顾客接触多,其碰到的问题也会很多,收银员的各项素质也就要求更高。

　　收银台是门店的服务窗口,一名收银员应该如何工作?下面就让我们来一起学习收银员的相关工作职责。包括:岗位职责、营业前准备、收银流程、附加销售和营业结算几个部分。

3.8.2.1 岗位职责

(1) 严格遵守财务保密制度。收银员不得向无关人员和外界泄露公司的营业收入情况、资料、程序及有关数据。店长是可以知道的,对于门店内部销售人员和普通员工,有些信息也是不能透露的。

(2) 不得在收银工作中营私舞弊、贪污、挪用公款,损害公司的利益。这几点都是完全不允许的,是违反公司制度,甚至是违反国家法律的。

收银员管理着门店的日常营业收入,如果要把公款据为己有或挪作私用,有很方便的条件和较多的机会,对此产生任何思想或行动上的歧念,都是一种犯罪的行为,是触犯法律的。也是对自己人格品质的贬低。所以,保护货币资金的完整和账目的清晰无误,是收银员的神圣职责。

(3) 不得在上班时间中途随意离开岗位,这一点相信对每个工作岗位都有要求,但收银岗位,尤为重要,因为他涉及钱款的保管。必须暂离岗位,需经负责人同意,比如说店长,或者门店管理组的其他负责人,同时应注意钱款安全,随时锁好抽屉和钱柜。

(4) 不得在收银台前与任何人闲谈,非工作人员不许进入收银台。

(5) 严禁在收银台存放与工作无关的私人物品。

(6) 爱护及正确使用各种机械设备,并做好清洁保养工作(常用的设备如电脑、发票机、计算器、验钞机等)。

3.8.2.2 营业前准备

俗话说,不打无准备之仗,那么收银前的准备工作都有哪些呢?下面我们从以下五个方面来展开学习:

(1) 整理仪容仪表:每天开业前要按时到岗,整理好自己的仪容仪表。

(2) 准备辅助收银工具:做好营业前的准备及清洁工作,整理款台,开机登录,准备好各项备品,备好放在收银机内的定额零钱,检查收银机是否在联网的状态下,能否及时、准确、无误地收取款项等。

(3) 准备业务知识:丰富的业务知识指日常工作中必须具备的一些专业知识,比如要对产品的款号、价格等比较熟悉,以及知道如何开具发票等,这些业务知识是做好收银工作的基础,必须熟练地掌握。此外,还要熟记当日门店的活动,能够为顾客做好向导,排解顾客的疑难。

(4) 熟练操作技能:掌握收银操作技能,比如要会使用电脑、发票机、计算器、验钞机、收银系统等相关设备;要熟练掌握现金、信用卡等不同的结账程序;工作中做到准确、快捷无误、严格按照收银操作程序操作,最大限度地满足顾客需求。

古语云:"三人行必有我师","敏而好学,不耻下问"。所以在日常工作中,要不断跟同事交流分享工作经验,勤学好问,多学、多练,可以让业务水平不断提升和熟练,从而有效地控制错误率,提升工作效率。

(5) 准备积极的心态：要有一个放松的心情，饱满的精神状态迎接新一天的工作。

3.8.2.3 收银流程

收银过程分为六个步骤：

(1) 主动与顾客问好。当顾客来到收银台前，首先要向顾客礼貌地打招呼，笑脸相迎，顾客看到我们热情的笑脸，才会有亲切感，这样即使在结账服务中，遇到一些不愉快的事，相信再怎么无理取闹的顾客也会压住脾气。

(2) 核对信息。要想能准确、快速地做好收银结算工作，首先顾客购买产品的款号、单价、件数等信息一定要与销售人员核对清楚。

(3) 主动报价。收银员在操作过程中一定要清晰告知顾客总件数以及总金额，顾客清楚后方可进行下一步。

(4) 唱收唱付、双手交接。在为顾客结算商品款项时要做到唱收唱付，认真核对销售小票上的金额与 POS 机打出的收款结算单是否一致。将结算单与销售小票一并订好和所找零钱一起双手递交顾客，同时要注意检验钞票真伪，钱款当面点清。发现假钞应立即退还，熟练掌握面额现钞的鉴伪技术及验钞机的使用方法，防止伪钞收入，不错收、漏收客人款项，对签单及挂账者，必须依据充足方可。

(5) 附加推销。会员卡办理，以及小件物品附加、换购等促销活动。

(6) 顾客道别。扫视收银台确认收银台没有顾客遗忘的物品，说礼貌用语，微笑目送顾客离开。

3.8.2.4 附加销售

虽然为顾客提供结账服务是收银员的基本工作，但这并不是收银员工作的全部，不能简单地把收银工作等同于结账工作。收银员收取了顾客的钱款后，也并不代表整个销售就此结束，因为在整个收银作业的流程中，还包括了对顾客的礼仪态度和资讯的提供，产品的附加、促销活动的推广，损耗的预防等各项前置和后续的工作。下面我们来具体看一下如何做好附加销售。

收银员要主动推动顾客办理会员卡；先询问顾客是否有会员卡，如果没有就要引导顾客办理会员卡。

收银员应熟悉公司特色服务的内容，促销活动等讯息，收银员在推广促销活动中，除正常收银作业以外，应特别注意做好宣传告知工作，告知内容主要包括以下三项：

(1) 小件商品附加。结合顾客结算找零的钱款或者是钱款差额，要适时推进顾客购买小件商品，如：顾客本次消费 335 元，可以提示顾客说我们的袜子 15 元一双，您带一双吧，刚好凑个整数，350 元。

(2) 得到优惠或赠品的条件。门店促销方式各种各样，顾客在进店选购商品时也许没能看清楚参加促销的附加条件，这时收银员要能正确理解促销的各种限制要求，正确告之顾客。

(3) 促销活动类型。本次促销是限时促销、还是买赠、折扣促销，促销方式的不同给顾客的感受也不一样，特别是有的门店做的满多少减多少的促销活动，要能帮助顾客来核算最佳购买量。

3.8.2.5　营业结算

营业结算主要包括以下五方面的内容：

1. 核对当日营业收入款

收银员在营业结束后，应认真核对好当日营业收入款，必须认真核对报表数与实收数是否一致，如出现短（长）款，应及时查明原因，如属收银员自身造成短款，由当日收银员全额赔偿，属其他原因造成的或未查明原因的，报财务部，经财务部查明后处理。

2. 现金收入及时上交

严格遵守财务制度，每天的现金收入必须及时上交，特殊情况需向管理人员汇报，做到款账相符。

3. 非现金要按时转账/汇款

4. 整理好每日账单，避免单据遗漏

收银员应认真整理好每日账单，避免单据遗漏。每日终了，将钱放入钱柜中，并做好当日营业报表。

5. 认真填写营业后的交款单据，须做到账物相符

每日按规定时间跟负责人交清一天的营业报表。

3.8.2.6　【范例】【企业 DIY】收银员工作职责

收银员主要工作职责为收银、广播和提升气氛。

早班：

收银前：

1. 收银员提前10分钟到店：

a. 安防系统先解防，开店（保安看店铺需向保安收回卷帘门钥匙），先换好工装后再打卡；

b. 开银台灯，试衣间灯及卖场部分灯；

c. 开电脑、POS 机、打印机，放轻音乐，登录收银系统、腾讯通、OA、邮箱，大小电视播放花絮；

d. 核对银箱内金额；

e. 期间监督员工换工装、打卡、上交手机（手机处于静音或是关机状态）；

f. 提醒员工仪容仪表，工牌佩戴；

g. 帮助员工进行彩妆跟进（节假日进行）。

2. 打扫前台卫生。

标准：银台表面及内部干净整洁，电脑、收银箱、电话机、POS 机、小票打印机、扫描仪、音响干净无灰尘，银台垃圾箱内无垃圾，地面清扫彻底无死角，物品摆放整齐。

3. 督促员工进行卖场卫生清扫工作，协助店长或是副店长检查卖场卫生。

4. 早会：准时参加早会（收银员带班店铺需提前准备早会内容），积极配合，会议中如有顾客进店，要以客为先。

收银中：

1. 收银前准备

   a. 开启全部大灯；

   b. 放嗨曲；

   c. 做问早广播激励员工；

   d. 督促员工进行区位整理并进行检查。

2. 收银

   a. 第一步主动与顾客问好

   点头示意，面带亲切的微笑；

   针对性的目光接触；

   态度亲切、语气音量适中。

   b. 第二步与导购口号配合

   例1：收银员收款，加油、努力、再接再厉；

   例2：收银员收款，GO GO 加油；

   例3：take money, happy happy, 谁最 happy, 我最 happy；

   例4：收银员恭喜，发财发财，同喜同喜。

   c. 第三步与导购核对工号、款号、价位、件数

   例：员工"001 打包 2 件 LL300 一件，AL896 一件"，收银员"LL300 一件 126 元，AL896 一件 160 元，一共两件商品 286 元，导购 001 对吗？"，员工"对"。

   d. 第四步主动报价

   例：您好，两件商品一共 286 元。

   e. 第五步唱收唱付、双手交接

   例：收您 300 元整，请稍等；找您 14 元。请您拿好（把小票和零钱双手交到顾客手里，钱的正面朝上）。

   f. 第六步附加推销：

   例1：这是我们最新上市的腰带，配您的裤子正合适，您试戴一下。

   g. 第七步送客道别：

   例：祝您购物愉快。

3. 店铺财务管理

   a. 看好银箱，不收款时要将银箱钥匙随身携带；

   b. 不在顾客视线范围内清点现金；

   c. 店铺人员需用公用资金时要找店长确认，店长同意后方可将资金支付给该人员；

   d. 收款时需要识别真假币，收到假币由本人负责；

   e. 小店每天汇款一次，大店每天汇款两次；

f. 银箱内不可超于现金 1 万元,多余 1 万元需交由店长放入店铺保险箱内;

g. 所有钱款交易时必须当面点清,并做好记录。

4. 广播

a. 外线广播:

音调:亲切、自然、柔和;

笑容:目光面对顾客,面带笑容;

语速:略慢,注意节奏;

b. 内线广播:

音调:亲切、自然、激情;

笑容:目光面对顾客,面带笑容;

语速:略快,注意节奏;

c. 春夏六点左右将卖场部分射灯关闭,门外牌匾灯打开。

5. 对外沟通

a. 电话沟通:来电话时需要在第二声响后第三声响前接起,采用礼貌用语,语气柔和甜美,例如:"中午好",如是店内人员电话要及时知会,有重要事情要做好记录并及时通知相关人员;

b. 政府机构:礼貌问候,了解来电目的,第一时间与店长沟通,如店长不在则回答:"不好意思,我是新来的,不太清楚这件事,您方便留下联系方式吗,店长回来后跟您取得联系。"

收银后:

1. 打扫卫生,并整理好银台物品(同早上打扫标准)。

2. 把当天工作发现的问题及早班员工业绩反馈给店长,用于晚会总结。

3. 晚会:准时参加晚会,并积极配合。

4. 晚会后,把手机交还给导购,并协助店长查包。

5. 交接:晚会后与晚班收银员进行银台工作事项及销售金额交接,并填写收银员交接单。

晚班:

1. 提前 10 分钟到店。

2. 辅助卖场销售,进行附加捆绑工作。

3. 晚上客流量小时进行卖场点账工作。

4. 进行晚班收银工作(标准同早班)。

5. 根据店铺营业时间进行关店工作。

a. 核对银箱现金、POS 机明细是否与系统一致,无误后进行店铺日结(包括收银系统日结,POS 机日结);

b. 打印出当日销售业绩、销售明细、POS 机当日汇总单;

c. 跟进当日现金账;

d. 关闭店铺电源（注意：总电源、安防系统、卷帘门电源不可关闭）；
e. 检查店铺是否有安全隐患；
f. 安防系统设防，关闭卷帘门并上锁（有更夫的将卷帘门钥匙交与更夫）。

3.8.3 防诈骗

无论你的门店是二三十平方米的小店，还是上千平方米的大卖场，防损工作都不容忽视，而且防损会占门店经营的很大一部分，做好防损可以有效地减低门店经营损失。

以下是防诈骗的几条经验：

（1）顾客交款更换零整钱时，保持头脑清醒；
（2）已清点的钱款一旦离手，再次收到时再次清点；
（3）已经扫码但还没结账的商品不可离开自己的视线范围。

3.8.3.1 案例一

【过程描述】一位顾客拿了一件12元的小商品来结账，当他付给收银员100元整钞并在收银钱箱打开时，说有零钱并将这张百元纸币拿了回去。经过一番寻找后，该顾客说不好意思，没有零钱，那你找吧。然后就等收银员找零。如果收银员一大意，就会在没有收到钱款的情况下直接"找零"，若后来收银员发现问题后，顾客会说他的钱已经给了收银员。

【正确应对】首先收银员应该时刻保持清醒的头脑。其次，当发生该类事情时，在顾客零钱没有找出来之前，不要将整钞交还给顾客。

3.8.3.2 案例二

【过程描述】一位顾客买了很多商品，结账时，他先点了一遍现金然后交给收银员，当收银员也点了一遍且辨别了真伪后，该顾客又说好像不能确认，要求自己再点一遍。当他再次清点时，趁收银员不注意，迅速换了一张假钞进来或抽掉一张。而后装作很不好意思的样子说对的。当收银员再次收到这笔钱款时，误以为没问题，刚刚才点过无需再复点，便将这笔有问题的钱款大意地收下了。

【正确应对】收银员当然不能拒绝顾客再次清点的要求，但一定要记住：已清点的钱款一旦离手，再次收到时一定要不怕麻烦，再次清点。

3.8.3.3 案例三

【过程描述】两位顾客在结账时假装熟识，给导购和收银员造成一种两人一起来结账的假象，当扫描了一半时，前一位顾客将已经装袋的一部分商品拎走，当收银员结束扫描正要收钱时，后一位顾客说收银员多收钱了，他与前一位顾客根本就不认识。

【正确应对】收银员在结账时，已经扫码但还没结账的商品不可离开自己的视线范围，并要注意随时询问"请问您二位是一起的吗？"

3.8.3.4 案例四

【过程描述】A 与 B 两位顾客一起来购买结账,A 顾客声称没有现金且银行卡损坏,提出要到别处去取钱,留下另一位 B 顾客照看商品。当 A 顾客去"取钱"的时候,B 顾客趁员工不注意之时带着商品离开。

【正确应对】收银员必须严守一手交钱一手交货的原则,没有结账的商品切不可脱离收银员或导购。

3.8.4 门店货品管理

规范门店货品管理,针对门店货品出入库、残次、销售等业务,制定统一规范的管理流程,高效解决门店货品问题,提高终端店铺货品管理严谨度,加大对店铺货品管理监控力度,降低货损及失货率。

门店货物管理的核心思想是——预防损失,产生货品损耗有四种情况。

(1) 员工内盗,员工内盗的情况在国内的零售企业中频频发生,甚至有些企业,这一原因是货品损失的主要原因。

(2) 失窃,很多偷窃者看着就像是正常的顾客,但实际上却是熟练的小偷,他们装扮成顾客进行偷窃。

(3) 员工记录错误,在销售记录和货物盘点的时候发生记错货品名称,或者点错数量。

(4) 供应商或者物流中心错误。例如:发货记录和实际到货商品有出入,这种情况比较少见。

大多数情况下,我们都认为装扮成顾客的偷窃行为是非常严重的。但实际上,有调查显示,43%的货物损耗是由于员工内盗,30%是因为顾客偷窃行为,23%是因为员工的工作错误,4%是因为供应商的原因。所以前三项是我们需要加强管理的。

3.8.4.1 减少员工偷窃

内盗对门店的经营是一个非常严重的威胁。国内,很多零售企业都表示,影响门店实现利润目标的最大障碍,也可以说是造成经营损耗的最主要因素,就是员工偷盗造成的损失。员工偷窃对门店经营造成如此大的威胁,那怎么才能有效地减少员工偷窃呢?

1. 考察应聘者

很多零售商在招聘时,都会通过各种手段检验潜在的员工偷窃问题,进行背景调查,比如从申请者之前的同事、领导那里了解他的情况。

2. 鼓励诚实和廉洁

这一种方法正在被越来越多的门店所采用,因为其他的方法只是警告、发现或制止,而鼓励诚实和廉洁则可以更好地预防,甚至影响有类似想法的员工打消念头,转变成一个诚实的好员工,而且这样的理念会被不断传播下去,发扬光大。当门店建立起一种相互信赖的氛围时，员工感觉自己是团队里受人尊敬的一员时，他们就会按照企业的目标确立自己的目标。

3. 建立安全政策和控制系统

比如进出仓库要接受类似扫描一样的检查，确保拿出的产品类型和数量跟登记的内容是一致的；还有一些企业规定，每个员工负责不同的柜面，必须对本柜商品进行整理和归位工作，如果在随机的大检查中，发现有非本柜商品，或者商品缺少时，按内盗进行处理。另外，信息系统可以检查门店的异常活动，比如说门店可以通过分析交易过程，来确定是否存在没有票据的退货，或者没有登记的销货退回。

4. 设立内部举报制度

有些门店为了防止内盗设立了举报和奖励制度，设立举报电话、员工信箱，鼓励员工实名检举偷盗行为，并给予奖励，调动员工的积极性，建立起一种全员防盗氛围。这样形成内部制约，也能非常有效地减少内盗行为。

3.8.4.2 预防失窃

首先我们要打破一个观念，就是偷窃者一定是贼眉鼠眼，光天化日就会原形毕现，但事实却是相反的，很多偷窃者都是职业的装扮顾客偷窃者，他会把自己装扮得跟真的顾客一样，而且与目标顾客十分贴切，甚至看起来有相当的购买力。例如，一家销售高档男装的门店，职业偷窃者会穿着精致的男装，衣服打理得非常干净、整洁，甚至发型和面容也是精心修饰的，你根本没办法把这样的顾客跟偷窃者三个字联系起来。这么具有迷惑性的外表，我们是不是就没招了，当然不是，那如何来探查，并且防止偷窃呢？有以下4种方式。

1. 商店设计

商店内部的设计不能有太多的迂回，或者死角。尽可能让员工站在某一个位置，就能观察到周围所有的情况。在门店的入口、试衣间的门口，都需要倍加防范，比如说，不能在进出门店的地方放置容易被偷窃的商品，比如珠宝或者小件但价格昂贵的物件。服装店试衣间的门口一定要开阔、明亮，一眼就能看到所有试衣的顾客，这样员工就很容易观察带着商品进进出出的顾客。很多服装店会把收银台和试衣间安排在相邻的位置，这样收银员就能兼顾试衣间，防范损失。

2. 员工培训

员工可以成为防范装扮顾客偷盗行为的最有效的手段。为什么这样说呢？有一位曾经的门店偷盗者跟大家分享说，"我不会走进一家店铺去偷盗只有一种理由，他们有一个能让你发疯的销售人员站在你的旁边，这个人尽力地想卖一些东西给你，你无法摆脱他。"这说明良好的服务有助于销售商品，并能够减少货物损失。除此之外，门店可以训练员工，通过培训和模拟练习，让员工更加警觉，更容易观察到顾客偷窃的情况或者是征兆。

3. 安全措施

基础的安全措施也是必不可少的，比如说观察镜，用来监控的摄像头，电子防窃标签，保安等。一些特殊的零售企业尤其需要，比如大型的超市，人流量非常大，你没办法让员工去盯住每一位顾客,摄像头、立在出口两侧的报警器、门口检查购物小票的员工都是必要的安全措施。而销售高价值商品的门店,如珠宝类,方便携带又价格高昂的商品对偷盗者有很大的诱惑力,就需要强壮的保安。但需要注意的是,门店管理者要在这些安全措施的成本和偷盗可能产生的损失之间取得平衡,可能产生1万元的偷盗损失,安全措施上的费用不能高于1万元。

4. 起诉

用通俗的话就是拿起法律的武器来保障自己的合法权益。不仅是这样,对偷盗者进行起诉,偷盗者有可能面临赔偿或者牢狱之灾,这些都对其他想进入门店作案的偷盗者有一定的震慑作用。这里还需要注意,门店虽然可以在法律的框架之下采取一些行动,但这些行动不能危害顾客的合法权益。

3.8.4.3 加强货物管理

盘点是加强货物管理的一项有力措施,盘点能做到以下几点?

1. 确定现存量

营业过程中,销售工作繁忙,取货时间短,经常会发生多记、误记、漏记的现象,导致库存的记录不并完全属实。同时,商品损坏、丢失,验收时也会造成数量有所出入,员工经验不足,盘点方法不当,产生误盘、重盘、漏盘等。以上这些情况时常发生,所以必须定期盘点确定库存数量,发现问题并查明原因,及时调整。最终要核对现有库存商品实际库存数量,并通过盈亏调整使库存账面数量与实际库存数量一致。

2. 确认企业资产的损益

库存商品总金额直接反映企业流动资产,也就是现金流的使用情况,库存量过高,也就是本来可以流动的现金,都以货物的形式存放着,这样企业流动资金的正常运转将受到威胁,而库存金额又与库存量及其单价成正比,因此为了能准确地计算出企业实际损益,必须进行盘点。

3. 核实商品管理成效

盘点不仅仅是为了查数,员工通过盘点可以发现工作与管理中存在的问题,并通过解决问题来改善作业流程和作业方式,提高人员素质和企业的管理水平。如果每次盘点都出现同样的问题,就说明门店的货物管理存在很大的漏洞。

3.8.4.4 盘点方法

盘点对于门店货品管理至关重要,下面我们来详细学习一下盘点的具体流程。

1. 确定盘点人员

盘点人员的确认主要是选定总盘人,也就是总负责人,一般会由仓储部经理担任,店面小的则会由店长担任,总盘人负责盘点工作的总指挥,督导盘点工作的进行及异常事项的裁决,制作盘点表,按品牌分类,分货位号打印好;给盘点人员分组,给每个小组布置具体工作。初盘人,有时候也叫会点人,进行初次的点数工作;复盘人,也叫填表人,负责第二遍,也就是复查的点数工作,抽查人,也叫监控人,由财务部或者各部门主管对复盘数据进行抽检确定最终数据,并且记录抽检结果,盘点录入人员,核对实际盘点结果和盘点表是否一致,并将盘点结果录入,录入人员要确保货号是准确的。准备盘点工具:使用盘点机进行点数和信息录入,它是将条码扫描装置与数据终端一体化,带有电池可离线操作的终端电脑设备。

2. 确定盘点时间

首先要确定不同货物的盘点频率。建议使用A、B、C分类法:A类主要货品:每天或每周盘点一次;B类货品:每二三周盘点一次;C类较不重要货品:每月盘点一次即可。一般情况下,盘点的时间选择在:

(1)财务决算前夕——这样更方便计算损益,并表达财务状况。

(2)淡季进行——淡季储货量较少,盘点容易,人力的损失相对降低,调动人力也比较方便,因为旺季的时候员工要参与销售。

3. 确定盘点方法

4. 培训盘点人员

(1)认识仓库培训,员工要了解仓库分区,不同商品的存放方法、存放位置,仓库的出入管理记录等。

(2)盘点方法培训,充分了解了仓库之后,就要学习盘点方法,清晰盘点的方法和要领,才能进行准确、有效的工作,而且盘点需要充分的协作,需要每个员工对盘点方式十分熟悉。

5. 清理盘点现场

清理盘点现场就意味现场盘点工作的开始,一般来说,需要一片空地,可能需要摆放许多货品和表格。

6. 盘点作业

时间、人员、方法、场地都有了,现在就要开始盘点作业了。首次要设置盘点办公室,也就是以总盘人为核心的办公组织,初盘人、复盘人从总盘人那里领取盘点单,开始点数,进行盘点,初盘、复盘结束后,回收盘点单,抽检人抽检盘点结果,盘点录入人员填写盘点表,核对结果。

7. 差异因素分析

当盘点结束后,发现所得数据与账目资料不符时,应追查差异的主因。着手的方向有以下几个:

(1)是否因为记账员工作能力问题,导致货品数目不准确。

(2)是否因为货物进出处理制度上的缺点,导致货品数目不准确。

(3)是否因为盘点制度的缺点导致货账不符。

(4)盘点所得的数据与账簿的资料,差异是否在容许误差内。

(5)盘点人员是否尽责,产生盈亏时应由谁负责。

(6)是否产生漏盘、重盘、错盘等状况。

(7)盘点的差异是否可事先预防。

8. 处理盘点结果

盘点的结果无非三种，盘盈、盘亏，账货一致；出现盘盈、盘亏的情况应该迅速处理，并且防止以后再次发生。该如何处理呢？

（1）依据管理绩效，对分管人员进行奖惩。

（2）对废次品、不良品减价的部分，应视为盘亏。

（3）存货周转率低，占用金额过大的库存物品，应设法降低库存量。

（4）呆滞品比率过大，应设法研究，致力于降低呆滞品。可采取打折出售，与其他公司进行以物易物的方式相互交换、修改再利用、调拨给其他单位利用等措施进行处理。

（5）商品除了盘点时产生数量的盈亏外，有些货品在价格上会产生增减，这些差异在经主管审核后，必须利用商品盘点盈亏及价格增减更正表修改。

3.8.4.5 【范例】【企业 DIY】库存管理规范大纲

1. 收货流程
   1.1 自有车辆配送式
   1.2 通过运输公司配送货品流程
2. 退仓流程
   2.1 店铺需求退仓
   2.2 店铺季末退仓
3. 店铺间调拨
4. 仓库管理
   4.1 仓库整理
     4.1.1 仓库制度管理
     4.1.2 仓库安全管理
     4.1.3 仓库货品整理及补货管理
     4.1.4 将系统中的库存导入到差异报备
     4.1.5 一调二
   4.2 出入库货物管理
     4.2.1 出库货物管理
     4.2.2 入库货物管理
5. 日盘点
6. 周盘点
7. 月盘点

3.8.5 库管工作职责

门店的工作有序开展，库管的工作是相当重要的，库管主要的职责是卫生、安全、货品及制度的管理四个方面。

1. 卫生管理

（1）打扫仓库卫生，库房内要求干净、整齐。地面无灰尘，墙面无灰尘，垃圾及时处理；

（2）整理仓库货物，货品按照一定的分类标准进行整理，分门别类后的货品摆放整齐。

2. 安全管理

（1）意外事故防范；

（2）及时检查火灾隐患，做好防火、防盗、防爆工作；

（3）严禁在仓库内吸烟、用火和乱接使用电器；

（4）上下班前应做好门、窗、电、水的开关工作；

（5）仓库货物安全管理；

（6）定期检查存货，防止存货遗失、损坏等。

3. 出入货管理工作

（1）入库

- 严格执行入库手续；
- 入库的物料和成品应分类放整齐；
- 及时入账，准确登记。

（2）出库

- 部门领货，领用货物部门应开具领货单，库管应按审核无误的货物单和先进先出的原则发货；
- 成品出库，须按发货单发货，手续不全不予发货；
- 货物出库应及时登记。

（3）盘点

- 库管应坚持日清月结；
- 要时刻保持仓库内货账相符；
- 随时了解仓库的储备情况；
- 定期上报不合格存货资料，并根据有关规定及时处理。

4. 制度管理

- 库管必须坚守岗位，不准擅离库房；
- 配合前场工作：与前场保持良好的沟通，空闲时配合前场工作；
- 硬件物品应及时检查存量；
- 外来人员不得私自进入库房。

3.8.5.1 【范例】【企业DIY】库管岗位职责

库管主要工作职责为负责库房卫生、整理库房、满足卖场货品需求、调货发货，确保与账目相符。

营业前：

1. 按时到店打卡。
2. 按补货单补货，及时出货到卖场。
3. 打扫卫生。

标准：地面、窗台、货架干净无死角，办公桌整齐无杂物，工具摆放整齐，垃圾箱内干净无垃圾。

营业中：（以配合卖场补货为先）

1. 按卖场需求进行货品的出入库工作，并准确记录在《×××出库记录本》中。
2. 库房整理。

   a. 将散货中断码的货品补全，方便更快地拿出货品，辅助卖场及时销售；

   b. 整理货品时，仔细看款号及尺码，确保无串款、串色、串码情况，且货品摆放整齐；

   c. 整理库房，所有商品必须摆放在架子上，商品能根据实际销售季节合理安排摆放位置，物料摆放整齐有序；

   d. 改裤脚：能够按照顾客的要求进行修改，修改时间为5~10分钟；

   e. 协助前场销售，前场有需要时，经店长安排，到前场辅助销售；

   f. 在前场点账前，与收银员核对出库记录本，并制作出当天账页；

   g. 若有商品出现断码情况，第一时间告知店长，避免因为断码影响销售。

3. 收货：

   a. 总公司发货验收标准及具体操作：检查外包装是否完好无损，有破损第一时间进行拍照留下证据，并要求送货人签字，找店长进行沟通处理；无破损，进行接收并验货，根据箱内详单一一核对，无差异将详单交给银台，有差异找店长进行再次核对；

   b. 区域物流中心发货验收标准同总公司发货，需要注意的是收到货品需要第一时间验收并告知店长到货时间，有无差异，以便店长能及时回复基地物流部；

   c. 收取其他店铺货品时，检查好外包装之后进行验收，并将详单交给银台，告知有无差异；

   d. 验收货品结束后进行上架工作，数量多的需要进行打捆（一般同款同色同码5个为一捆）。

4. 发货：

   a. 调货到基地，按照要求进行装箱，并填写《×××装箱单》，数量和款号与装箱单一致，由店长确认签字后进行打包封箱工作。（封箱时，纸盒箱外需套上袋子，用缝针缝好口，用打包器打包好）；

   b. 调货到其他，按照要求进行装箱，并填写《×××装箱单》，数量和款号与装箱单一致，由店长确认签字后进行打包封箱工作。（封箱时，纸盒箱外需套上袋子，用缝针缝好口，用打包器打包好）。

注：无吊牌的商品、需要升级的商品、次品不允许进行调拨，无吊牌的可以向基地申请条形码，粘贴后方可进行调拨。

5. 盘点：

按照公司通知时间按时进行库房盘点工作，每次盘点能按时完成。

营业后：

1. 打下班卡。

2. 库房安全管理。

  a. 调货到基地，按照要求进行装箱，并填写《×××装箱单》，数量和款号与装箱单一致，由店长确认签字后进行打包封箱工作。（封箱时，纸盒箱外需套上袋子，用缝针缝好口，用打包器打包好）。

  b. 库房要做到人走灯熄，电源关闭，门要锁好，库房钥匙要随身携带。

  c. 库房要防腐、防潮、防鼠、防盗、防火。

  d. 外来人员不得私自进入库房。

3.9 门店内外部协作

  门店在社会环境经营，每天会有很多人进入门店，大的零售企业的会员都有上千万，这些潜在消费者光临门店，除了购物体验之外，还有很多可能。门店不但需要与顾客互动，还需要与内部各职能部门沟通协作，与外部的政府机关沟通协作，店长尤其需要关注与政府机关的沟通协作，正确应对。

3.9.1 门店突发事件处理

  门店在日常经营过程中，极可能遇到一些突发事件，这时就要求店长店员有能力积极应对，每个门店都应该有一套完整的突发事件应对反馈机制，虽然此机制可能对业绩提升没有本质影响，但对最大限度减少损失，避免门店受损却是很有必要的。常见突发事件包括：顾客投诉、偷盗、火灾、停电、恶劣天气、突发疾病等。

1. 发现店内有人正在偷窃，你会怎么办？

你需要用语言应对，走进可能会偷窃的顾客，提出帮助：

（1）这件衣服需要我为您包装一下吗？

（2）付款在这边，谢谢！

（3）我帮您先放在收银台好吗？

（4）您是要这件衣服吗？

2. 火灾

你需要保持冷静，按以下步骤操作：

（1）拨打119，告知着火单位和地址、着火部位、燃烧物质；

（2）拿店里的灭火器扑火；

（3）有秩序地引导顾客离开。

3. 停电故障

你需要保持镇静,安抚顾客,可以说"正在抢修"、"小问题"、"很快就好"、"请稍等"。同时,站好自己的岗,防止丢失货物。

4. 恶劣天气

应付恶劣天气时,主要应以预防为主:

(1) 雨雪天气时,在店内铺设防滑垫,及时清理地面积水,防止顾客滑倒受伤,并为顾客准备应急雨伞;

(2) 酷暑天气,在店内准备好急救药品,防止有顾客因天气产生不适在店内发生意外;

(3) 雷雨天气时,要事先安排检查好门店内电器的使用安全。

5. 顾客突发疾病

你的应对措施

(1) 稳住顾客情绪;

(2) 报告直接上级,防止围观;

(3) 寻求周围医生顾客的帮助;

(4) 若情况常见、有把握,可进行紧急医治;

(5) 送往就近医院。

3.9.2 【范例】【企业DIY】店铺紧急事件处理范例

1. 收银系统故障

电脑系统损坏时,收银员用笔记录销售,并完成收银工作,同时及时和公司信息科联系维修。

2. 刷卡机故障处理

(1) 如有现金,则请顾客用现金支付;

(2) 如顾客无现金,则告知最近的自动提款机位置,若店铺不忙时,可安排人员引领顾客至最近自动取款机处提款;

(3) 如顾客不愿取现金时,则告知顾客该产品先为其保留,其随时都可提取。

3. 火警

(1) 小型火灾,及时找到灭火器对准火源下方进行灭火。

(2) 较大火灾,及时关闭电源,疏散人员,并拨打119。如内部有专业人员,可先用灭火器灭火(如电起火,则不要用消防栓)。

灭火器的使用方法:将灭火器提到起火地点附近站在火场的上风头;第一步,拔下保险销;第二步,一手握紧喷管,另一手捏紧压把;第三步,喷嘴对准火焰根部扫射。

4. 停电

(1) 白天停电,则关闭电源,收银员用笔记录销售,并完成收银工作。由店长查找停电原因,导购把橱窗的模特移开;如局部停电,则向上级汇报;如区域停电,问清周围店铺来电时间,并向上级汇报。

(2) 晚上停电时,至少两位店员立即到门口保证店铺财产安全,其他人员跟好身边顾客,由店长查找停电原因,如局部停电,则向上级汇报;如区域停电,问清周围店铺来电时间,并向上级汇报。

5. 意外伤害事故应对

(1) 店铺基础设施碰到顾客:先观察顾客,看其是否受伤:

a. 如未受伤,立即道歉,并及时、周到地安抚顾客;

b. 如受伤,先道歉,并视伤势酌情及时就医,同时报区域经理申请相关款项支取,征得同意后,向财务部报备支取。

(2) 冬天顾客在店铺摔倒:先上去搀扶顾客,并关心顾客的情况:

a. 如未摔伤,立即道歉,并及时、周到地安抚顾客;

b. 如摔坏,视伤势酌情及时就医,同时报区域经理申请相关款项支取,征得同意后,向财务部报备支取。

6. 抢劫偷窃事件处理

如卖场出现小偷偷卖场货品,则让其交款(方法"顾客看好这件衣服吗?请到钱台交下款"),如不交款,则拿回衣服(方法"那你再看看别的,这件衣服我先收回了?"语气缓和、自然、坚定)切勿激怒小偷;如偷其他顾客东西,则间接地告诉被偷顾客(方法:可以拿衣服让被偷顾客试衣)。

7. 设备意外故障

(1) 库房漏水:先把货品移开,再查找漏水原因,进行修补。如无法修补,及时上报工程科说明漏水原因,并征询其修补意见,工程科自行维修或请当地专业人士付费上门维修。

(2) 暖气冻裂:因天气寒冷,暖气突然冻裂,如流水,则先关闭阀门(可咨询工程科水阀位置),把暖气水放净,同时上报工程科;如无水,则直接上报工程科(同时说明原因)。

(3) 水管冻结:因天气寒冷,水管冻结,报区域经理同意后,找当地专业维修人员进行维修。

(4) 烟感器及喷淋自动报警:先把货品移开,咨询工程科人员,再进行相关处理找当地消防科人员处理。

8. 顾客意外事件

(1) 顾客在店铺丢东西:先安抚顾客,了解情况并帮忙在店铺查找。如未找到,则要和顾客耐心解释并劝其离开,可请顾客留下电话号码,如物品贵重或顾客无理取闹,则拨打110。

(2) 顾客在店铺产生纠纷:

a. 顾客吵架:先劝架,如无法解决则拨打110;

b. 顾客打架:先拉架,如无法解决则拨打110。

(3) 裤子改短了:先道歉安抚顾客,如可修补,则进行修补,如无法修补,则换一条裤子,裤子的费用由店铺自行承担,不得当次品返回,一经发现,按照货品单价的双倍赔偿。

(4)换货时,当顾客不满意无理取闹:先安抚顾客,然后将顾客引至安静处了解情况,并尽量满足顾客要求。如果顾客提出了明显过分的要求,则要具体判断情况:

a. 如果顾客只是想借机占一些小便宜,愿意让步,可以用给顾客赠送小礼品,赠送满减券等方法安抚顾客,以求解决;

b. 如果顾客完全是无理取闹,任何条件下都不准备和解,或是和解的要求会给店铺带来巨大损失,则拨打110报警。

(5)找错钱:找多了,如顾客还在店内,则礼貌地向顾客说明情况,并帮忙核对钱款;如顾客已离开店铺,则收银员自己赔偿。找少了,如顾客还在店内,则先道歉,再把钱退给顾客;如顾客走了,先将钱款保留两天,如没有人认领,则入账。(无论以上两种情况哪种发生,都需先跟店长汇报)

(6)顾客碰坏我们的产品:先了解情况,要其索赔或购买本件货品,如顾客态度强硬,不赔付,则不要与其正面冲突,可拨打110,让警察来处理。

9. 其他

(1)精神病患者进入卖场:引导其离开;如未离开,则拨打110。

(2)黄金时间销售应急事项处理注意问题:

a. 安全:保证人员和货品的安全,顾客过多时,提醒顾客带好贵重物品;导购提高警惕,确保店铺货品的安全。

b. 人员配置:黄金时间前一天,店长合理安排黄金时间人员配置;导购负责销售,其他人员协助做销售。

c. 货源充足:提前一周备足仓库货品,提前一天备足卖场货品,黄金时间及时补货。

第4章
教练型店长

4.1 教练型店长概述

4.1.1 教练型店长的价值

同一门店的员工,业绩相差巨大,表 4-1 是一家服装零售企业门店员工日绩效数据,我们可以看到员工的销售额、销售笔数、客单价、件均价各不相同。

表 4-1 门店员工日绩效数据分析表

姓名	销售额	笔数	件数	件均价	客单价	客件数
朱丽	6898	7	21	328	985	3
宋奎艳	6447	8	21	307	806	2.63
李冬雪	8486	10	22	386	849	2.2
李雪	8650	6	24	360	1442	4
张寒	5510	8	16	344	689	2
陈彤	5785	12	36	161	482	3
张圆福	7156	7	24	298	1022	3.43
叶江凯	6419	8	25	257	802	3.13
孙晨旭	6638	7	21	316	948	3
庄艳	4499	5	24	187	900	4.8
洪超	5897	5	19	310	1179	3.8

分析下各指标数据(表 4-2),销售额最高 8 650 元、最低 4 499 元,相差近 1 倍。销售笔数最高 12 笔、最低 5 笔,相差近 1.5 倍。客单价最高 1 442 元、最低 482 元,相差近 2 倍。件均价最高 386 元、最低 187 元,相差近 1 倍。客件数最高 4 件/单,最低 2.2 件/单,相差近 1 倍。员工轮流接待顾客,为什么面对同样的顾客群,销售数据相差如此之大?原因在于员工技能短板。

表 4-2 员工各 KPI 指标之间的差距分析表

	销售额	笔数	客单价	件均价	客件数
最高	8 650	12	1 442	386	4
最低	4 499	5	482	187	2.2
差距	92.3%	140%	200%	106%	81%

员工能力提高,门店盈利能够提高多少?答案是门店销售额提高 31%。也就是说,如果所有门店员工都达到销售冠军的水平,门店销售额可以提高 31%。对于大多数零售企业来讲,门店销售额同比提高 10%,就是一个令人满意的结果了。从数据分析来看,仅

人员能力提高一个环节,门店营业额就有同比提高30%的潜力空间。

如何提高员工能力?员工能力提升流程如图4-1所示:

(1)新员工岗前培训。新入职员工能力不足,对绩效影响很大,因此需要快速提升新员工能力,使其达到合格水平;

(2)老员工在岗绩效持续改善。在岗员工能力参差不齐,需要根据每个人的能力短板进行有针对性的改进,提高了员工的能力,就能提高员工绩效,最终提高门店绩效。

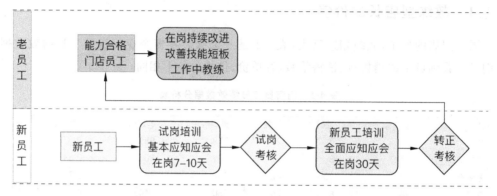

图 4-1　员工能力提升流程图

店长具备了初级教练能力,就能快速将一名新人培养为能够初步胜任岗位的员工。店长具备了中级教练能力,就能够不断提高在岗员工能力,改善员工绩效,从而提升门店销售额。

因此,一名教练型店长需要具备初级教练、中级教练能力(表4-3)。不但能够快速培养能力合格的新员工,还能够不断改善在岗员工绩效,从而提高门店盈利。

表 4-3　初级和中级教练能力评估表

	初级教练	中级教练
对象	新员工	老员工
工作成果	员工能力,帮助新人达到合格水平	员工绩效,帮助员工提升技能短板来提升绩效
方法工具	启动会 模拟演练组织、评分和点评 训练动作技能 训练沟通技能 知识点讲解	绩效改进流程 绩效分析规范 技能评估规范 绩效谈话 三种技能短板的改进方法
个人价值	个人职业生涯的发展,培养出合格新人的成就感	持续提升门店和员工的绩效
企业价值	快速复制合格的新人,应对组织的发展和人员流失	发育持续提升门店盈利的核心竞争力

4.1.2 教练型店长学习内容

本书内容分为教练理论知识案例和企业 DIY 定制规范两部分,教练理论告诉我们应该是什么、为什么,教练案例告诉我们具体如何做,规范我们操作具体方法。

教练理论知识和案例包括以下形式内容:

(1) 文本知识。

(2) 视频课程与测验:微信扫描书中的二维码,深入学习 21 个相关微课,完成测验,更好地理解销售理论。

(3) 案例:以一个珠宝企业的门店作为案例,分析门店导购的绩效、行为,制订改善计划。

企业 DIY 定制规范部分,我们给出了目录、大纲和示例,如表 4-4 所示,但不同的细分行业存在差别,需要企业根据自身特点进行修改、优化和开发,改善提升员工培训效果。所有的企业 DIY 部分,本书都已进行了标注。如果希望更好地开发 DIY 定制规范部分,也可以进一步咨询本书作者,获得帮助。

企业 DIY 定制规范包括以下形式内容。

表 4-4 初级和中级教练课程匹配及企业 DIY 规范表

岗位	微课	企业 DIY 规范
初级教练 10 个微课	PSC01 SSV 教练 PSC02 SSV 学习原理 PSC11 启动会 PSC12 模拟演练 PSC13 模拟演练点评 PSC14 知识点讲解 PSC15 训练沟通技能 PSC16 训练动作技能 MSC21 成人学习者特点 MSC22 激发学习者动机	【范例】试岗 3 天培训计划——学员 【范例】试岗 3 天培训计划——教练 【范例】模拟演练情景卡 【范例】模拟演练评分表
中级教练 11 个微课	MSC01 中级教练角色 MSC10 绩效改进流程 MSC11 员工绩效数据分析 MSC12 员工技能评估 MSC13 绩效改进计划制定 MSC14 绩效改进计划执行 MSC23 技能短板分析 MSC24 如何学习知识 MSC25 如何提升技能 MSC26 如何改变态度 MSC27 绩效谈话技巧	【范例】员工上月绩效分析 【范例】员工下月绩效目标分析 【范例】员工技能分析评估表 【范例】员工技能改善方法分析表 【范例】门店月度计划表 【范例】员工个人绩效改进计划表 【范例】员工绩效谈话表

4.2 胜任新员工培训——初级教练

零售企业基层员工流动频繁，行业平均在职时间 6～12 个月。对于一个营业额 1 亿元的零售企业，如果店效 150 万、人效 30 万元/人，企业门店 66 间、员工大约 300 人。如果平均在职时间 6 个月，每年新入职员工就有 600 人，平均每月 50 人，平均每间门店 10 人，这也意味着每年店长需要培养 10 名新员工。

如果这些新员工转正时的能力不佳，员工成交率客单价就不好，拖累门店的盈利。改善培训效果不难，难的是如何又便宜、又快又好地培训新员工，也就是如何低成本大批量培训能力合格的新员工。

最有效的新员工培训组织方法——店长在门店培训新员工，企业开发相应的培训手册，并培训店长具备培训教练能力。本书销售型店长部分就可以称为门店的培训手册，行业通用内容已经完备，企业只需要完善优化【企业 DIY 开发部分】内容就可以。本章内容就是培训店长具备在门店培训代教转训新员工的能力。

4.2.1 导购初级教练

教练和导购存在很大不同，在工作对象、个人技能、工作成果等方面都存在差异，图 4-2 所示的差别，进一步导致了个人价值、企业价值存在巨大的差距。

教练以新员工作为工作对象。个人技能方面，教练需要教练新人的技能。教练的工作成果，是不断将新员工培养成为热爱企业、销售技能合格的优秀销售顾问。

教练能够复制更多的销售顾问，帮助企业提高单店盈利。成为教

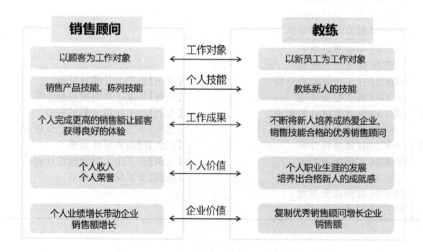

图 4-2　销售顾问与教练之间的区别

练收获巨大,教练作为新员工的老师、师傅,在中国文化中有着不同寻常的荣誉。

成为一名初级教练,需要具备以下能力

(1) 能够召开启动会,向新员工说明培训过程,知道在不同的时间点应该做什么;

(2) 能向员工解释说明案例、话术、微课、测验、线下练习、模拟演练的作用;

(3) 能够组织员工进行线下练习并考核、组织员工模拟演练;

(4) 能够进行模拟演练点评、线下练习评分、跟进学员学习进度等操作。

4.2.2　销售技能学习原理

SSV 销售技能的学习原理主要讲述了学习的路径、学习的考核、学习资料形式、学习内容的构成,结合学习手册、在线课程等贴近实际销售过程。

SSV 销售技能的学习资料包括:书和微课(扫码学习)。本书最后一章——销售型店长部分就是销售技能的学习教材,书中学习内容包括:情景故事、理论知识、企业 DIY 规范、对应微课的二维码。微课包括视频微课和测验。

情景故事呈现了导购销售的全部过程,并说明导购在其中使用了哪些方法、技能。同时情景故事是一个融合性学习素材,帮助学习者对单个销售技巧建立整体的联系。

企业 DIY 规范,本书提供了范例,如表 4-5 所示。企业可以根据范例,开发本企业的操作规范和话术,新员工按照规范操作,能够快速养成。

表 4-5　销售部分的企业 DIY 规范范例表

销售环节	企业 DIY 规范	
	员工规范和话术	教练部分
整体	销售情景故事、销售情景视频 企业文化、公司制度	试岗 3~7 天培训计划 新员工 30 天培训计划 模拟演练背景资料和评分表
售前准备	售前准备事项,包括:门店环境卫生必备、商品陈列必备	
接近要领	迎宾规范、自我介绍、观察客户信息点、引发客户谈话的话术	
探询需求	需要了解的顾客信息点和对应问句、顾客转交规范	
产品介绍	企业亮点、产品 FAB 话术、转单操作规范	
顾客体验	顾客体验操作规范	
处理回应	常见顾客正负面回应和应对话术	
缔结	缔结的目标和对应的句子	
客情维系	客情维系操作规范、顾客转介绍规范与话术	

微课和测验,销售技能部分大约有 20 多个微课和测验,帮助导购学习理解销售理论知识,学习为什么这样做,同时微课和测验在企业移动商学院后台有进度显示,能够方便

企业控制员工学习进度。

员工掌握销售技能的过程分为死记硬背、纯熟运用、灵活运用三个阶段，先从单个销售环节学习，再到融合性对话练习，最后进行整体模拟演练，如表4-6所示。

表4-6 员工销售技能掌握过程推进表

培训类型	培训教练目标	书	微课	教练支持
单项练习	愿意这样做这样说	故事	微课视频	教练一对一沟通
	理解原理	流程图 知识点 故事	微课 视频 测验	教练的讲解
	记住话术行为规范	话术 行为规范		组织线下练习
	判断什么时候该说什么话、做什么事	故事		模拟演练点评
融合练习	根据销售流程熟练运用多个知识模块内容			教练组织进行（融合性）线下练习
整体融合	熟练运用全部模块内容完成整体销售	故事		教练组织模拟演练，回放点评、评分

新员工培训分为3～7天试岗培训和30天完整培训。新员工刚来非常不稳定，流动性很大，有时上午来了，下午就走了。通常试岗新员工不签订劳动合同，工资日结，进行最基本的培训，同时进行观察，判断该员工是否适合。进行3～7天的试岗培训之后，对新员工进行评估考核，评估合格开始走流程签订劳动合同，再进行30天的完整培训。

30天完整培训，要深入培训员工的销售技能，可以利用本章最后提供的学习计划表，制订学习计划，指导员工进行学习。

试岗培训的目标有以下几个：

（1）尽可能帮助新员工融入；

（2）了解店铺基本管理制度；

（3）能够迎送宾；

（4）能够介绍商品服务。

这几点比较容易掌握，不影响顾客体验，新员工能够独立进行工作。试岗培训内容具体如表4-7所示。

表4-7 员工试岗培训学习计划表

目标	内容
新员工融入	介绍周边环境、安排一名师父（教练）、介绍门店周边环境、举行欢迎仪式
迎送宾	训练迎宾规范、送宾规范
店铺基本制度	了解店铺基本制度，包括营业时间、着装要求、举止行为要求等

续表

目 标	内 容
理货、摆台	能够帮助老员工整理货品、摆台（服务业）
店内日常操作	门店卫生清洁、门店物品道具整理、门店设备使用操作
介绍产品	畅销商品卖点、主要服务特点

4.2.3 启动会

启动会的目标是激发学员的学习热情、说明学习培训的内容和安排。

启动会是鼓舞学员士气的方式，启动会是开展一项活动前必要的步骤。开展培训活动之前的启动会可以提高学员的学习积极性、主动性以实现培训的目标——提高销售业绩。

启动会介绍培训计划。启动会集中参与培训活动的人员，通过启动会可以全面、系统地介绍整个培训的安排，使学员对培训流程有一个整体的认识，便于个人根据培训安排分配、调整个人时间，以顺利完成培训。一般启动会包含表4-8中的几个步骤。

PSC11 启动会

表4-8 启动会流程说明表

步 骤	作 用	方 法
1.说明学习目的	引发兴趣	分析学员的需求，结合需求介绍培训的目的 举出身边优秀员工的学习案例，来说明学习是为了更好地自我发展、提高收入
2.模拟演练点评	产生愿望	结合模拟演练前测的结果来说明学习的必要性 引导学员意识到自己的不足和问题 请几位学员谈自己的感受
3.说明学习过程	了解详情	说明学习具体目标 说明学习内容 说明学习的时间安排 说明考核标准
4.分组	互相帮助 督促竞争	全体员工分为2~3组，每组不超过7人 每个组推选出组长，并且制定队名、队呼、队歌 每个组制定本组的学习目标和学习制度公约
5.结束语	激励	再次激励大家，说明学习对大家的帮助，包括增加收入、职业发展、个人和小组荣誉 进行小组分享活动 大家一起喊口号、鼓掌结束

4.2.4 模拟演练

模拟演练(role play)是贴近实战的训练方式,通过模拟真实场景的训练来融会贯通分项技能,提高综合销售技能,也是客观准确的销售技能考核方式,能够准确地反映出导购的能力与进步。

PSC12 模拟演练

1. 模拟演练有两大作用

(1) 训练销售技能的方式

模拟演练是贴近实战的训练方式,通过模拟真实场景的训练来融会贯通分项技能、提高综合销售技能。

(2) 考核销售技能的方式

模拟演练是客观准确的销售技能考核方式,能够准确地反映出导购的能力与进步。通过对模拟演练的评分,能够反映出导购的技能水平;通过对学员前后评分的变化,可以知道其进步的速度;通过与其他学员的横向对比,可以知道其进步空间。

2. 模拟演练分为四步

(1) 准备背景资料

模拟演练背景资料,包括:顾客扮演者资料、导购扮演者资料,模拟演练背景资料中有许多可选项,教练可以根据情况通过不同选项来设定演练背景资料。需要注意的是顾客扮演者资料和导购扮演者资料需要保持一致,根据学员的情况设定相应难度的演练背景资料。

(2) 分配人员

安排学员分别扮演销售、顾客,尤其需要注意的是顾客的扮演者。扮演顾客比扮演销售的难度更大。首次模拟演练建议由教练来扮演顾客,这样比较容易控制演练的标准和结果,在后续的演练中,可以尝试由学员扮演顾客。

为了保证顾客对于导购的难度一致,需要预先给定顾客若干个正面回应、负面回应。同时还要设定几个顾客存在的真正的异议,要求顾客扮演者必须说出其中的一部分。

(3) 演练评分

顾客扮演者按照背景资料体会人物的内心活动,结合现场情况来决定自己的反应,顾客扮演者可以根据自己的感觉提前结束演练。

教练和其他学员使用模拟演练评分量表来进行评分,以此来评估学员的销售技能掌握情况。需要注意的是,评分也是一种训练方式,有的学员打分的准确性不够,因此教练需要参与打分以保证评分的准确性。

进行员工销售技能评估,需要员工行为评估表。员工行为评估表需要根据企业的具体情况进行开发,员工行为评估表也可用于神秘顾客调查。

(4) 回放点评

对模拟演练过程需要录像,如果条件不允许也必须要录音,演练结束后教练回放录音、录像,找到学员在模拟演练中表现好的地方并给予肯定和鼓励,同时指出需要改进的地方并给予正确的指导。

我们有很多沟通的错误方式和习惯自己在平常发现不了,这样通过在模拟演练结束时回放录像或录音,让销售顾问扮演者来观摩自己与顾客的沟通情景,以此来发现自己平常没有注意到的不足之处,从而进一步提高自己。

4.2.5 模拟演练点评

回看模拟演练视频进行点评,能够帮助员工照镜子,帮助其发现很多平时无意识的错误,还能够让其他员工对照学习,发现自己身上的不足,从而进一步提高自己。如何进行模拟演练点评?

PSC13 模拟演练点评

首先要进行准备,准备环节分为四步。

(1)观看视频:回放视频,仔细地观看,不要漏掉每一个细节,如果以前没有进行过类似销售视频点评的工作,请反复观看,找出视频存在的所有问题。

(2)找出点评点:在观看视频的同时找出点评点,也就是哪些内容是需要点评的,包括好的地方和不足的地方。

(3)准备点评稿:根据点评点来准备点评稿,内容包括需要点评的时间点、销售阶段、客户的状态、导购使用的销售技巧、导购的处理是否适宜?如何改进?

(4)准备问题:这一项是非常重要的,在实际进行现场点评的时候很多内训师都反映学员不参与互动,无法进行讨论。这其实很大程度上是内训师的提问技巧不足,学员听不懂问题,不知道怎么回答。所以内训师要事先准备好提问的问题,确保提问能引导学员思考,给学员提供思考的方向。另外,关于问题还要准备好自己的答案,如果提出问题后学员没有回答,可以说出自己准备好的答案,来一步步引导学员说出更多的想法。

【范例】【企业 DIY】模拟演练点评(表 4-9)

表 4-9 企业 DIY 部分——模拟演练点评

时间点	销售阶段	顾客状态	导购使用的销售技巧	导购的处理是否适宜?如何改进?	准备问题
0:05	接近要领	顾客刚进店,比较戒备,不接导购的话	问候顾客后,与顾客保持一定距离一边打理产品,一边观察顾客动向	适宜,非常好	请问这时顾客是什么表现?导购是怎么处理的?处理方法你感觉有哪些好的或者不好的地方?
1:20	探询需求	顾客有些厌烦,不愿意回答导购的问题	不断询问顾客的需求,连续问了4个句子	不适宜,有改进空间,应该使用一些问句铺垫,同时跟顾客边聊天边询问需求	请问这时导购问了顾客几个问题?都包含哪些信息点?此时顾客有哪些表现,为什么会有这样的表现?如果你是导购,你会怎么处理呢?

现场进行点评,分为以下五个环节。

(1) 回放视频,组织学员在一起观看模拟演练视频,根据准备的点评稿,在需要点评的地方暂停。

(2) 提问,暂停后根据视频的内容向学员提出问题,一位学员分享后,可继续提问:"还有哪位同学有不同看法?"

(3) 鼓励,要对分享的学员予以鼓励和肯定,点评学员需注意:及时性、针对性、以鼓励和肯定为主。

(4) 说明答案,学员分享讨论后,要明确问题的答案,包括哪些做法好或者不好,不好的如何改进。

(5) 总结,在整个模拟演练点评结束后,总结视频中导购的总体表现、优点和不足之处,提出要求和期望。

现场点评时,员工分享后一定要给予肯定和鼓励。最后对视频中员工技能进行整体评估时,也一定要以肯定为主。因为对员工评估和考核的目的,并不是为了"考倒他",而是了解员工技能水平,帮助他提高。所以不管员工的技能水平高低,我们都要给予鼓励式的评价,目的在于帮助学员建立维持自信、获得学习的满足感和明白问题所在。

我们就来看几种具体的评价话语,例如:他的表现非常差,原来的评价可能是"太差了",学员听到这样的评价会感觉到自己太差了,很可能丧失学习、提高的动力。所以初级教练在评价学员的时候要尽量避免负面的词汇,多使用肯定的语句,如可以把"太差了"换成"你这次表现与合格标准相比还有较大的差距需要提升",这样的说法大家会不会感觉更好呢?让学员意识到自己通过提升就能够达到合格标准了,这样能够更好地建立自信,获得学习的满足感和成就感。这样的评价方式需要接受认可、勤加练习,从现在开始评价别人的语句都开始改变方式,渐渐地就能够熟练掌握了。

4.2.6 知识点讲解

讲解知识点的作用是帮助员工认同,理解和明白相关的知识、流程和原理,帮助员工在实际工作中运用相关的知识、流程和原理。其步骤如表 4-10 所示:分为开场、讲解、分享、训练、总结等。

表 4-10 知识点讲解步骤

步骤	作用	方 法
1. 开场	引发兴趣	准备开场白,并设计提问环节,引导员工思考: 讲故事:与知识点有相关寓意的故事 举实例:举出相关的销售案例或店面曾经发生的真事 提问题:根据知识点列出一系列问题,请员工分享答案
2. 讲解	讲解内容	说明主题,开始今天的讲解: 强调知识点的重要性,运用好能为工作带来什么样的好处 举例说明实际工作中什么时候会用到这个知识点 举例说明在实际工作中怎么运用这个知识点

续表

步骤	作用	方　　法
3. 分享	推动思考 检查效果 表扬激励	鼓励员工分享： 请员工来分享她的收获和感悟 主讲人肯定鼓励这位员工的分享，再进行补充说明
4. 训练	将知识转化为行为	练习所学内容： 进行相应的科目训练 给予情景或题目，请员工来进行模拟运用
5. 总结	强化记忆 推动运用	总结所学内容，鼓励在工作中运用： 总结回顾内容要点 鼓励大家在工作中运用

4.2.7　训练沟通技能

销售技能是训练出来的，如表 4-11 所示，首先是死记硬背；其次是熟练运用；最后才是灵活运用。因此训练沟通技能，从死记硬背开始。

PSC15 训练沟通技能

表 4-11　销售技能训练过程

	方法	说　　明
死记硬背	背句子	学习者先熟悉话术语句库中的句子，达到大部分能够背诵的程度。
熟练运用	对话练习	进行对话练习，按照不同的顾客、时机和场景的运用规则，训练运用话术中的句子，让学员对于句子的运用从简单到复杂、从生硬到熟练。
灵活运用	模拟演练	通过接近真实销售场景的模拟演练，对句子和使用规则进行整合练习，最终达到灵活运用。

初级教练训练沟通技能的训练科目如表 4-12 所示。

表 4-12　初级教练沟通技能训练科目学习表

模块	类型	名　　称
导入	融合训练	模拟演练前测
售前准备	单项训练	门店营业准备训练
接近要领	单项训练	迎宾、自我介绍、观察顾客、引发谈话
探询需求	单项训练	提示信息点背问句
产品介绍	单项训练	给出商品背出产品特征、优点和利益
	融合训练	探询需求介绍产品练习
顾客体验	单项训练	顾客试穿试戴练习
处理回应	单项训练	背诵负面回应对话练习、顾客正负面回应对话混合练习

续表

模块	类型	名称
缔结	单项训练	缔结背诵练习
	融合训练	缔结回应综合练习
附加销售	单项训练	送宾、客情维系练习
客情维系	单项训练	转介绍练习
结业考核	融合训练	结业模拟演练

4.2.8 训练动作技能

动作技能是员工动手操作的技能,可以用眼睛观察得到。零售企业有很多动作技能,服装零售企业的动作技能包括:叠衣服、理货、给模特换装、擦玻璃、裁裤脚。服务零售企业就更多了,包括:摆台、制作咖啡、制作果盘、制作糕点等。这些动作技能我们需要培训员工掌握,训练动作技能分为六个步骤。按照这六个步骤就能够训练新员工掌握动作技能。

PSC16 训练动作技能

1. 我说你听

任何动作技能的学习需要熟记步骤、每步骤操作要点、每步骤注意事项,因此训练动作技能,首先要讲一遍操作步骤,也可以将分解动作制作成微课,让员工先自行浏览。

分解动作讲解需要说明总体的步骤,针对每个步骤需要说明操作方法、使用的工具、注意事项等。

2. 你说我听

员工操作动作技能的前提,首先要记住动作技能的过程、要点与注意事项。让员工说一遍过程,能够帮助其加强记忆,并检查其记忆是否正确。如果员工记忆不准确、不完整,教练可以纠正,让其多次复述,帮助其记忆过程。

3. 我做你看

员工记住步骤之后,教练就可以演示每个步骤的操作动作,边演示边讲解说明,让员工知道并记住如何操作。

4. 我们一起做

员工看完演示之后,首次操作,教练与员工一起进行操作,尤其是可能产生风险的动作技能。让员工在教练的保护下完成操作,来确保安全。当教练确认员工可以独立安全操作之后,再由员工独立练习。这就如同驾校训练,开始的时候需要教练在旁边看护,共同操作。

5. 你做我看

员工具备能力独立操作之后,就由员工自己独立操作,教练在旁边观察评估,对员工动作进行纠正、指导,最终确保员工操作达到标准。

6. 我们一起总结

训练完毕之后,教练和员工一起总结学习过程,学员分享心得体会,教练对学员的学习过程进行指导,以鼓励肯定为主,增强员工信心。

4.2.9 成人学习者特点

教练需要掌握员工的学习心理,根据员工的心理特点选择正确的培训教练方式,从而取得更好的效果。

企业员工作为一名学习者的时候,有明显的心理特征,这些特征属于学习心理学——成人学习者范畴。

成人学习者有四个特点:
(1) 抱有很强的目的性;
(2) 需要实用技能;
(3) 成人学习者自我意识强;
(4) 有丰富的个人经验。

教练需要根据成人学习者的特点,有效地选择培训教练沟通方式,提高教练培训效果。

1. 成人学习者抱有很强的目的性,因此在培训教练时需要注意以下事项

(1) 告知员工培训教练的目标;
(2) 告知员工培训教练的知识,在工作中的实际应用价值;
(3) 培训后跟踪培训所学在实际工作中的应用。

2. 成人需要的是实用的技能

他们处在工作环境中,迫切需要提高工作技能,适应工作和企业的要求,从而保证自己的收入来源稳定,并逐步提高,满足自己物质生活的需要。

3. 成人学习者自我意识强

自我意识强是指成人都有以往工作、生活中形成的意识,会对培训内容进行筛选,筛选之后进行学习与记忆。当学习者自己的观点与培训内容不一致时,就需要培训者付出更多的关注,对培训内容进行相应的调整,否则学习者可能不会接受培训内容。

4. 成人学习者有丰富的个人经验

一般成人的学习会参照以往的学习经验模式,如果培训师只是一味地按照对待学校里面的学习方式来进行,培训效果就会事倍功半。

教练应该如何对待培训教练对象?有以下注意事项。

(1) 学员是与我们一样的成年人

他们不是小孩子,也不是啥也不懂的愣小子、毛丫头,他们需要得到充分的尊重。这一点要求教练要有平等的心态,别拿"老师"的帽子来抬高自己,压低学员。教练需要时刻明白自己的宗旨是——帮助这些员工学习,而不是要教育他们的教员。这一点很重要,处理好了这点,就不会出现诸如傲慢、自以为是、填鸭式训练、语言枯燥呆板、动不动教训学员等背离科学培训的诸多弊端。取而代之的将是平等、亲切、随和、谦虚、引导式训练、鲜活有趣的对话等。

(2) 学员是有着丰富生活经历的

学员的生活经历是巨大创造能力的宝藏,他们有强烈的分享欲望和强大的创造力。教练或者培训师要善于利用学员的生活经验,将它们与培训内容有机结合起来,促进对培训内容的理解和接受。因此,培训师要适时创造机会让学员分享他们的东西,发挥学员的经验与才智。培训师要创造条件激发学员的创造能力,成为学习的主人。

(3) 每位学员都是带着明确的问题来到培训现场的

学员要求问题得到解答,这也是我们调动学员积极性的有利因素,训练中我们要围绕学员的具体问题组织训练,过程中让学员找到明确的解决方法。这种情况下,最忌出现的现象是培训师只管按预先设计的授课流程展开训练,而不理会学员真实而动态的需求。有些时候,学员可能不清楚自己应该在培训中寻求哪些问题的解答,非自愿参加的培训较容易出现这个问题,培训师要善于引导学员梳理并清晰表达他们的学习愿望。

(4) 成人学习者存在很大的个体差异

成人学员年龄不一、经验不同、性格各异,他们期望以自己偏好的方式参与培训。这就要求我们要能处理好整体与个体的关系,具体的就是要把握好培训的节奏,依据现场学员的情况随时调整训练节奏。

(5) 每个人都有学习的必要

每个人都有自己的盲点,都有学习的必要,他们需要认识到自己有学习的必要。这一点告诉我们要有自信,不能被比我们年长的,比我们职位高的,比我们声望大的,比我们外形好的学员给吓住。我们要明白,在我们所讲的主题上,一定有对他有帮助的东西。

(6) 学员当中可能有吸引你的异性学员

学员当中可能有比较吸引你的异性学员,留意你的表现,不要过分,保持平静和自然;否则,对你的培训有极大的伤害。此种状况下,培训师要自觉提醒自己主导者的身份,你的职责是对每一位学员负责。

(7) 留意那些富于斗争精神的学员

有些学员可能会给培训师带来些难堪或挑战。碰到这种情况,培训师首先要接受这样一个观点,可能有些方面需要改善,而且马上改。同时,要保持冷静和克制,无论如何不能跟学员有正面冲突。另外,要站在学员角度看问题,提醒自己没准真实的情况是"说者无心,听者有意"。

4.2.10 激发学习者动机

任何培训教练都需要员工主动参与配合,否则将一事无成。员工的主动参与配合,是由员工的学习动机驱动。激发学习动机可以运用 ARCS 模型,模型包括:注意、关联、自信心、满意感四个方面。首先是吸引学习者的注意力开始学习;其次是通过将学习内容与学习者需求相结合,维持注意力;然后保持适度的自信心来稳定保持学习动机;最后是让学习者产生满意感,加强学习动机。

ARCS 学习动机模型(图 4-3)是由美国佛罗里达大学的约翰·M.科勒(John M Keller)教授于 1987 年提出,在国外 ARCS 学习动机模型的有效性已被证明,将 ARCS 学习动机模型应用于学习培训是十分必要和可行的,它将对学生学习动机起到一定的促进作用,进而提高学习效率。

图 4-3 ARCS 学习动机模型

1. 注意

有效学习的前提之一是集中注意力,关注学习。因此,激发学习者动机的第一步是吸引学习者注意,并在以后的教学中维持注意力。

吸引学习者注意的具体方法包括:有冲击力的标题、让学习者好奇的行为、有趣的故事、引发学习者思考的提问、激发学习者好胜心的一个挑战等。

2. 关联

成功地吸引了学习者的注意力之后,如果学习者觉得其后的学习与自己没有多大关系,要想长久地维持这种注意力就很困难了,学习者可能会问:我为什么非要学习这些内容?

维持学习者注意力,就需要说明要学习的内容与他们的关联,来维持其注意力。具体方法是以利诱之,说明学习对其工作和生活的帮助。

3. 建立自信心

持续维持学习者的注意力水平,还需要帮助学习者建立自信心,也就是让他意识到——我能够掌握这些知识技能、我能够达到优秀员工的水平、我能够提高业绩。如果忽视这一点,员工进行了一些努力之后,觉得非常难,觉得自己难以掌握培训教练的知识技能,他们可能会放弃学习,导致培训教练失败。

4. 产生满意感

员工学习是有目的性的,希望被认可、希望知识技能提高、希望岗位晋升、希望收入增加,付出了就希望有回报,如果迟迟看不到回报,就会导致失望放弃。因此,培训教练需要不断满足员工的需求,让学习者在学习过程中体验到满意感,维持其学习动机。

满意感来自外部的鼓励,让学习者感觉到自己的进步。具体方法包括:让学习者感觉到自己的进步、对学习者进行夸奖、对学习者进行奖励等。

4.2.11 【范例】【企业 DIY】

4.2.11.1 【范例】【企业 DIY】新员工培训计划——学员（图 4-4）

新员工入职培训指引

姓名：_____   入职日期：_____

　　欢迎您加入ABC休闲装公司，请您在师傅陪同下，按照下表完成所列事项，并由师傅每天签字确认。

第一天

- ☐ 参加店面的欢迎仪式
- ☐ 引见师傅，师傅：_____
- ☐ 领取易简成移动商学院账号
- ☐ 观看【视频】走进ABC
- ☐ 师傅带领了解卖场
- ☐ 师傅介绍周边生活环境
- ☐ 师傅带领引见其他同事
- ☐ 学习【课件】产品基础知识
- ☐ 完成【在线测验】产品基础知识
- ☐ 观看【视频】衣挂区分
- ☐ 观看【视频】挂件整理—棉服篇
- ☐ 观看【视频】挂件整理—裤子篇
- ☐ 观看【视频】挂件整理—T恤篇
- ☐ 协助师傅整理挂件
- ☐ 协助师傅迎宾
- ☐ 协助师傅送宾

员工签字：_____   师傅签字：_____   完成日期：_____

第二天

- ☐ 学习【课件】终端规章制度
- ☐ 领取SSV手册
- ☐ 阅读销售流程和销售故事
- ☐ 观看【视频】叠装标准
- ☐ 协助师傅理货—整理挂件、叠衣服
- ☐ 熟记产品的货号和价位
- ☐ 协助师傅迎宾
- ☐ 协助师傅送宾

员工签字：_____   师傅签字：_____   完成日期：_____

第三天

- ☐ 学习【课件】店面销售的访前准备
- ☐ 学习迎宾规范
- ☐ 学习引导性问题 ☐ 学习送客道别 ☐ 熟记产品的货号和价位
- ☐ 协助师傅理货—整理挂件、叠衣服
- ☐ 协助师傅接待顾客—迎宾、初步探询顾客需求、送宾
- ☐ 告知店长你的手机号，申请开通你的个人账号

员工签字：_____   师傅签字：_____   完成日期：_____

图 4-4　企业 DIY 之新员工培训——员工计划表

【范例】【企业 DIY】新员工培训计划——教练（图 4-5）

新员工试岗期教练任务清单：

	工作事项
第一天	1. 店长举行一个简单的欢迎新员工仪式，互相介绍认识。
	2. 店长给新员工安排一个师傅，师傅和新员工正式见面，可以有个引见的小仪式
	3. 新员工关注易简成公众号，扫码学习《新员工试岗课程》中【微课】走进ABC
	4. 和新员工沟通，了解他的关注点，为他答疑，强化他对公司的认同
	5. 师傅带领新员工了解卖场区位，并再次认识各位家人
	6. 师傅为新员工介绍周边的生活情况，如交通、饮食等相关情况
	7. 安排新员工扫码学习《新员工试岗课程》中【微课】产品基础知识
	8. 在卖场为新员工解答关于产品基础知识的疑问，考核新员工的产品基础知识
	9. 安排新员工扫码学习《新员工试岗课程》中挂件整理的四个微课
	10. 在卖场让新员工协助整理挂件
	11. 新员工开口对顾客说"欢迎光临ABC休闲装！""慢走，欢迎下次光临！"等迎宾和送宾语
	12. 师傅对这一天新员工的表现做出评价，店长签字确认
第二天	1. 安排新员工扫码学习《新员工试岗课程》中【微课】终端规章制度
	2. 新员工阅读《复制超级店长系统》销售流程和销售故事
	3. 询问新员工看完故事的感受
	4. 安排新员工扫码学习《新员工试岗课程》的叠衣服的相关微课
	5. 让员工在卖场协助理货——整理挂件和叠衣服
	6. 帮助新员工熟悉产品——记价位和货号
	7. 新员工开口对顾客说"欢迎光临ABC休闲装""谢谢光临"等迎宾和送宾语
	8. 师傅对这一天新员工的表现做出评价，店长签字确认
第三天	1. 安排新员工登录移动商学院学习，进入《新员工试岗课程》开始第三天的学习内容
	2. 师傅考察发现这名新员工基本可以进入试用期，此时收集他的手机号上报给公司开通易简成移动商学院账号
	3. 组织新员工熟悉产品练习
	4. 让新员工协助理货——整理挂件、叠衣服
	5. 新员工能够初步接待顾客，并进行送宾
	6. 师傅和新员工沟通，对前三天做一个简单的评估，给出是否试用的意见，店长签字确认

新员工试用期教练任务清单：
- 提供《超级店长训练系统》作为教材。
- 为员工的学习答疑。
- 组织员工进行每个环节的线下练习，背诵SSV手册上的话术。
- 对员工进行线下练习的考核。
- 让员工每两天背诵一款衣服的FABE。
- 中期组织员工拍摄模拟演练视频。
- 结业时，组织员工拍摄结业模拟演练视频，并进行点评。

图 4-5　企业 DIY 之新员工培训——教练计划表

表 4-13 新员工入职培训记录表

区域：_____ 门店：_____ 员工姓名：_____ 入职日期：_____

新员工试岗期记录： 最终意见：是否转为试用期员工　　是 □　　否 □

	事项	记录人	评语
第一天	新员工参加店面的欢迎仪式		第一天师傅对新员工的评语：
	引见师傅		
	关注易简成微学公众号		
	新员工观看【视频】走进ABC		
	和新员工沟通，了解他的关注点，为他答疑，强化他对公司的认同		签名：　　　　日期：
	师傅带领了解卖场		店长对师傅和新员工的评语：
	师傅介绍周边生活环境		
	师傅带领引见其他同事		
	新员工学习【微课】产品基础知识		
	完成【在线测验】产品基础知识，分数：		签名：　　　　日期：
第二天	新员工观看挂件整理的四个视频		第二天师傅对新员工的评语：
	新员工协助师傅整理挂件		
	协助师傅迎宾、送宾		
	师傅和店长询问新员工第一天的感受		
	新员工学习【微课】终端规章制度		签名：　　　　日期：
	学习销售流程和情景故事部分		店长对师傅和新员工的评语：
	新员工阅读销售流程和销售故事		
	新员工观看【视频】叠装标准		
	协助师傅理货——整理挂件、叠衣服		
	熟记产品的货号和价位		签名：　　　　日期：
	协助师傅迎宾、送宾		第三天师傅对新员工的评语：
	师傅和店长询问新员工第二天的感受		
第三天	员工学习【微课】店面销售的访前准备		
	员工学习迎宾规范		
	员工学习引导性问题		
	员工学习送客道别		
	组织员工熟悉产品——记货号和价位		签名：　　　　日期：
	收集员工的信息为即将试用的员工申请开通易简成移动商学院账号		店长对师傅和新员工的评语：
	协助师傅理货——整理挂件、叠衣服		
	协助师傅接待顾客——迎宾、初步探询顾客需求、送宾		
	和新员工沟通，对前三天做一个简单的评估		签名：　　　　日期：

4.2.11.2 【企业 DIY 规范】导购 30 天培训时间计划表（表 4-14）

表 4-14　企业 DIY——导购 30 天培训时间计划表

模块	类型	内　　容	成绩	起始时间	教练任务
导入	微课	RTS03 销售流程			1. 为员工答疑，每两天检查一次学员的学习进度。 2. 组织员工进行接近要领的练习。 3. 对员工进行线下练习的考核。 4. 组织员工每天背诵一款衣服的 FABE。 教练评语：
	融合训练	模拟演练前测			
售前准备	微课	RTS11 售前准备			
	单项训练	门店营业准备训练			
接近要领	微课	RTS21 接近要领			
	单项训练	接近要领			
探询需求	微课	RTS31 探询需求			1. 为员工答疑，每两天检查一次学员的学习进度。 2. 组织员工进行问句线下练习。 3. 对员工进行问句线下练习的考核。 4. 组织员工每天背诵两款衣服的 FABE。 教练评语：
	微课	RTS32 问句的作用			
	微课	RTS33 三种问句			
	微课	RTS34 问句的正面性			
	微课	RTS35 问句使用方法			
	微课	RTS36 顾客转交			
	单项训练	提示信息点背问句			
产品介绍	微课	RTS41 产品推荐			1. 为员工答疑，每两天检查一次学员的学习进度。 2. 组织员工进行介绍产品练习、顾客体验。 3. 对员工进行线下练习的考核。 4. 组织员工每天背诵三款衣服的 FABE。 教练评语：
	微课	RTS42 产品介绍			
	单项训练	给出商品背出 FAB			
	融合训练	探询需求介绍产品练习			
	微课	RTS43 转单			
顾客体验	微课	RTS51 顾客体验			
	单项训练	顾客试穿试戴练习			
处理回应	微课	RTS61 分辨两种顾客回应			1. 为员工答疑，每两天检查一次学员的学习进度。 2. 组织员工进行回应练习。 3. 对员工进行线下练习的考核。 4. 组织员工每天背诵两款衣服的 FABE。 教练评语：
	微课	RTS62 处理正面回应			
	微课	背诵正面回应对话练习			
	微课	RTS63 处理负面回应			
	单项训练	背诵负面回应对话练习			
	单项训练	正负面回应对话混合练习			

续表

模块	类型	内 容	成绩	起始时间	教练任务
缔结	微课	RTS71 缔结的概念			1. 为员工答疑,每两天检查一次学员的学习进度。 2. 组织员工进行缔结练习。 3. 对员工进行线下练习的考核。 4. 组织员工每天背诵一款衣服的FABE。 5. 组织员工进行结业模拟演练,并进行点评。 教练评语: 最终意见: 是否能转正　　□是　　□否
缔结	微课	RTS72 缔结的方法			
缔结	微课	RTS73 缔结使用的技巧			
缔结	单项训练	缔结背诵练习			
缔结	融合训练	缔结回应综合练习			
附加	微课	RTS74 附加销售			
客情维系	微课	RTS81 客情维系			
客情维系	微课	RTS82 转介绍			
客情维系	单项训练	送宾、客情维系练习			
客情维系	单项训练	转介绍练习			
结业	融合训练	结业模拟演练			

4.2.11.3 【范例】【企业DIY】模拟演练背景资料

情景卡

1. 一位年轻女性

一位25岁左右的女性,商圈附近的上班族,穿衣风格比较时尚,喜欢ONLY等时装品牌,在逛街无意中看到ABC品牌,是第一次看到这个品牌,出于好奇进店观看,属于无明确购买意向。

2. 一位年轻男性

一位25岁左右的男性,本地人,平时穿衣风格比较休闲,注重衣服的保暖性和实用性。

以前有朋友穿过ABC品牌的衣服,觉得不错,所以今天来看看,想买一件当季穿的上衣(卫衣/针织衫/冲锋衣/棉服),对价格不敏感。

3. 一位老年女性

一位65岁左右的阿姨,退休在家,就住在附近,想买件外套,打算平时参加社区活动和锻炼身体的时候穿,观念比较保守,不想要太亮的颜色,注重衣服的保暖性和实用性,越便宜越好。

4. 年轻夫妇

一对30岁左右的年轻夫妇,本地人,工薪阶层,周末经常来市中心逛逛街,尝尝美食,见过ABC的店,但从来没进店,觉得橱窗里陈列的服饰颜色都很亮丽,不适合自己。近期打算出去旅游,两人想买身冲锋衣裤,觉得专业的品牌贵。老婆占主导意见。

5. 带小孩的年轻夫妇

一对30岁左右的年轻夫妇,带着5岁的女儿,工薪阶层,以前没来过ABC的店面,这次来主要是给孩子买。孩子非常活泼好动,喜欢颜色鲜艳的衣服;爸爸话比较少,妈妈比较有主见,也比较尊重孩子的意见,给孩子买衣服,对价格不敏感。

6. 一对年轻的情侣

一对20岁左右的年轻情侣,是附近学校的大学生,两个人谈了一段时间了,正处于热恋,女孩子之前逛过ABC的店面,对情侣装比较痴迷,希望跟男友拥有一套情侣装。但男友比较有主见,一直不太愿意,在这种情况下来到店面。

4.2.11.4 【范例】【企业DIY】模拟演练评分表(表4-15)

表4-15 企业DIY——模拟演练评分表

员工技能分析评估表	
员工: 职位:	
评分量表	
销售阶段	**是/否**
员工表现 - 以"是"或"否"回答下列问题进行评测　　非粗体字用于指导。	
接近要领	
是否在顾客进店时喊出迎宾语,并主动问候顾客	
是否介绍公司、品牌、产品等企业亮点	
是否在顾客戒备度高的情况下,保持一定距离,观察顾客并寻找机会接近	
是否在顾客较多的情况下,留意其他无人接待顾客的动向和需求	
是否始终微笑表示友好	
是否使用生活性话题,让顾客放松融入,拉近与顾客之间的距离(如天气、运动、时尚、社会热点话题)	
探询需求	
是否提出2~3个引导性问题,锁定顾客基本需求	
1. 使用人:您两位今天给男士看,还是给女士看呢? 2. 品类:您今天想看个棉服还是羽绒服啊? 3. 款式:您喜欢宽松些的款式还是修身些的款式呢? 4. 颜色偏好:您喜欢哪种颜色呢?	
是否使用生活性问题,深入了解顾客需求,运用顾客的回答来推荐产品、介绍产品	
产品介绍	
是否根据顾客的需求和外形特征,推荐1~2款适合的产品	
是否说明产品的特征、优点和利益	
是否结合顾客的使用场合,说明产品的使用方法、搭配方法	
试衣体验	
是否使用语言和行为推动顾客试穿体验	

	续表
是否熟悉门店的货品陈列，能够迅速找到符合顾客需求的产品	
是否为顾客同行者提供贴心服务，并通过聊天，拉近关系	
是否在顾客试穿后，观察顾客属于三种反应中的哪种，做正确处理	
是否在客流量高时，与同事配合完成多组顾客的选衣、试衣、购衣等销售环节	
试衣规范：	
1. 是否快速取衣，并拿准适合顾客的尺码 2. 是否引领顾客至试衣间，或在顾客较多时，安排同事引领 3. 是否在引领顾客途中，解开衣服纽扣、打开拉链，将衣服调整至可以直接试穿的状态 4. 是否为顾客打开试衣间的门，将衣服挂在试衣间内，或递于顾客手中 5. 是否提示顾客注意插好门闩，保管好贵重物品等注意事项 6. 是否在顾客试穿后，第一时间为顾客打理衣服和裤脚等	
处理回应	
处理正面回应：是否认可、赞美顾客，并积极运用正面回应，推进销售（推动试穿或购买）	
处理负面回应：是否认同、理解顾客，对负面回应进行澄清和解释说明，并通过转移话题转移顾客注意力	
缔结	
是否识别并把握缔结时机（如试穿2~3件衣服时，顾客正面回应时，顾客挑衣服毛病时）	
是否试图推动顾客购买	
是否在顾客拒绝或沉默时，寻找时机使用不同缔结方法进行反复缔结	
是否推动连带销售	
售后	
是否按照要求包装产品，双手递于顾客手中，并告售后服务和保养方法	
是否推动顾客留下联系方式，并推动顾客转介绍朋友、家人	
是否感谢并欢迎顾客再次光临，并送宾至店面门口	
销售思路	
是否有明确的销售思路，能够主动去了解顾客需求，引导顾客选衣试衣，推动顾客购买	
其他	
员工的产品知识是否足够	
员工是否清楚地知道当日的活动细则	

评　语

导购有哪些优点？	导购有哪些不足？

导购主要的 1~2 个技能短板及造成原因	改善导购技能短板的训练方法

4.3 胜任员工绩效改善——中级教练

在岗员工能力参差不齐，需要根据每个人的能力短板进行针对性的改进。提高了员工的能力，就能提高员工绩效，最终提高门店绩效。店长具备了中级教练能力，就能够胜任前述工作任务，提高门店盈利。

4.3.1 中级教练角色定位

中级教练是企业绩效持续增长的关键动力，中级教练能够做到不断改善员工的销售技能，不断提升员工的业绩，同时中级教练能够运用绩效改进流程，分析销售顾问的销售数据，评估销售技能和态度，通过提高销售能力来提升销售业绩。

4.3.2 绩效提升流程

绩效提升流程如图 4-6 所示：分为绩效评估、行为评估、制定方案和执行方案四个过程。

【案例分析——珠宝企业】

以某珠宝企业 1 号门店 8 名导购某月销售数据为例，进行绩效提升改善，具体如下。

图 4-6　绩效提升流程图

1. 评估销售业绩和过程指标

【内部对标分析】，其结果分析如图 4-7 所示。

（1）销售额第 1 名和第 2 名的销售额计算平均值 156 743 元，作为内部标杆；

（2）经计算该门店销售额有 68 万元的提升潜力，相当于该门店当

月销售额的 113%。

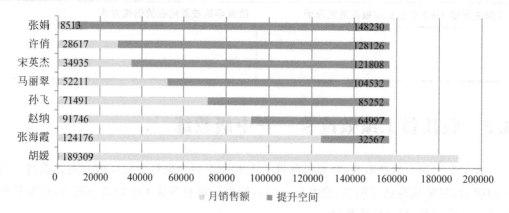

图 4-7　门店导购月销售数据内部对标分析图

【外部对标分析】，某珠宝企业三个门店的月度销售数据进行分析，结果如图 4-8 所示。

（1）3 个门店的人流量、顾客消费潜力基本相同，进行横向对比；

（2）1 号店的标杆最高，2 号店、3 号店的内部标杆与 1 号店相比分别相差 22 567 元和 65 959 元；

（3）2 号店与 3 号店的优秀员工的能力也有较大的提升空间。

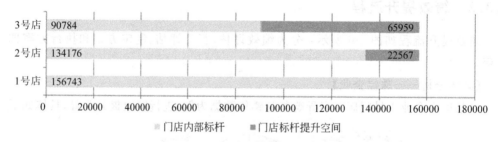

图 4-8　门店月销售数据外部对标分析图

【过程指标分析】，对某珠宝企业 1 号店某月导购的销售指标进行分析。分析指标包括：销售额、客单价、成交率。经过分析我们发现导购的销售业绩与客单价正相关，如图 4-9 所示。普通导购和优秀导购的差别，主要体现在是否具备提高客单价的能力。

2. 评估人员行为

【行为评估】对某珠宝企业 1 号店导购的技能和出勤状况进行评估，如表 4-16 所示。

3. 制定改进方案

【改进方案】经过对某珠宝企业 1 号门店的评估和分析之后，制定了以下改进方案。

（1）激励方案。在门店内部举办为期 3 个月的客单价 PK 赛，激励员工提高能力提升客单价，设置客单价之王、客单价最快进步之星奖和金牌教练等奖项。

（2）工作中指导。门店管理层和优秀员工分工，每个人帮扶一名员工，针对员工的技

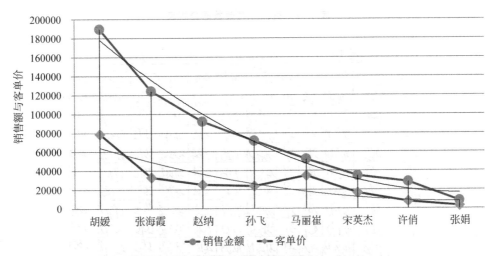

图 4-9　企业 1 号店月导购的销售指标分析图

表 4-16　企业 1 号店导购技能和出勤状况评估表

姓名	销售潜力	接待顾客组数	技能短板		
			高价位引导能力不足	产品介绍缺少利益	其他
胡媛		138			对于已购买的顾客不能很好地保持联系
张海霞	32 567	147	存在		与顾客聊天的能力不足
赵纳	64 997	143		存在	连带销售的时机有时把握不够好
孙飞	85 252	174	存在		很少运用产品利益
马丽翠	104 532	97	存在	存在	
宋英杰	121 808	145	存在		挑顾客,感觉顾客没有购买能力和意愿的就不认真接待
许俏	128 126	113	存在		受情绪影响大,尤其是付出很多努力客户没买
张娟	148 230	154	存在		喜欢扭转顾客的想法,与顾客争辩;没有缔结的习惯

能短板制订训练计划,被帮扶员工如果获得最快进步奖,帮助教练即可获得金牌教练奖项。

4.3.3　【范例】【企业 DIY】绩效改善流程实操

1. 绩效数据分析

如表 4-17 所示。

2. 分析下月绩效目标

如表 4-18 所示。

表 4-17　员工日绩效数据分析表

店铺：	中街店			时间：11.1			制定人：姜晨			
			结果			分析			分析	
工号	能量	笔数	出勤	日能量	日笔	日联率	联率	标杆	改进潜力	差距
040	1308.69	365	30	436.23	12.17	4.57	37.53%	比正	37.81%	1213
044	17八.77	472	30	579.23	15.73	5.43	34.52%	比正	-0.03%	-184
054	1008.24	306	29	3476.69	10.55	3.14	29.74%	比正	60.37%	2099
055	1075.54	298	29	303.24	10.28	3.24	32.55%	比正	62.43%	2212
057	1013.55	285	29	349.43	9.83	3.24	24.04%	比正	69.67%	2085
060	828.13	246	29	285.56	8.48	3.14	26.89%	比正	95.25%	2720
061	962.72	281	29	332.72	9.69	3.24	33.44%	比正	67.96%	2056
067	1051.72	457	31	582.16	14.74	4.35	36.33%	比正	3.59%	183
068	1128.13	310	29	374.86	10.69	4.14	28.71%	比正	42.07%	1851
平均	1187.37	336	29	403.31	11.41	3.97	34.87%	比正	46.19%	1582

表 4-18　月绩效目标分析表

店铺：	中街店		时间：11.1		制定人：姜晨		
类型	名称	标杆	改进潜力	改进方向	下月增长目标		
					日能量	笔	联率
店铺	中街	比正	46.19%	提升联单率附加技巧	266.67	60	40%
小组	A组	比正	40%	速度、成交率	133.34	30	40%
	B组	比正	40.3%	成交率、附加意次技巧、速度	133.34	30	40%
导购	040	比正	37.81%	临场时机把握	285.7	7.5	40%
	044	比正	-0.03%	标杆好	285.7	7.5	40%
	054	比正	60.37%	服务技巧、赞美触动	285.7	7.5	40%
	055	比正	62.43%	探听需求和附加	285.7	7.5	40%
	057	比正	69.67%	速度提升、测丽度	285.7	7.5	40%
	061	比正	67.96%	整体销售技巧加强	285.7	7.5	40%
	067	比正	3.59%	标杆好	285.7	7.5	40%
	068	比正	42.07%	中心情营状态忽略	285.7	7.5	40%

3. 分析技能短板

如表 4-19 所示。

表 4-19　员工技能短板分析表

店铺：￤街店　　时间：11.1　　制定人：李昂		
姓名 / 入职时间	工作中具体的行为表现	技能短板描述
张本 / 4月	整体工作中积极对顾客很有耐心、热情，工作中曾付出没有怨言。	附加推销不足，不会引导顾客，无法识别时机，进行准确附加。
高格	整体工作中积极性不太好待改进，同时个人心态待调整，但速度还是很快的。	生活性话题太少，不知如何切入生活性话题。
阮光佳	整体工作中认真负责，待顾客也很热情，有耐心，但失营太少。	在销售中找不到顾客的亮点、赞美、重点话术太少。
姜美子	整体工作中有担当对团队很负责任，在销售中对顾客服务热情，沟通特别好，但对目标不太明确待调整。	缔结少，在销售中说的比较多，但缔结的话术和行动很少，待改进。

4. 分析训练改善方法

如表 4-20 所示。

表 4-20 导购训练改善执行表

姓名	技能短板	学习目标	目标类型	训练方法	
				操作说明	考核方法
张	附加推销不足	100%附加率组里没止的顾客都没有附加的句子	技能类	1.请店里附加推销做得最好的员工会议分享附加推销的时机和方法的剧情同时自己角色扮演一组自己注加的成功案例。	一周之后，进行一次模拟演练考核是否能够在合适时机进行附加。
高	生活性话题少	熟记生活性话题的内容每组顾客都必须有生活话题的话术	态度类	1.首先让他知道生活性话题能给自己带来哪些好处。2.每天背诵SSL手册中的生活话题1个帮助意达同时会议解演练。	给出不同类型顾客请导购说出不同的生活性话题的话术。
王文	赞美少	熟练热情真诚地赞美顾客	技能类	1.每天背诵SSL手册中的赞美的话术2个 2.每天会议分享个赞美顾客的案例包括如何赞美和顾客的回应反应在。	随机跟进两天里每位顾客都有赞美的语句。
美	缔结少	掌握缔结时机并熟练技巧运用缔结话术	技能类	1.请店里缔结做的好的员工分享缔结给她来的好处和方法 2.进行会议演练训练如何把握缔结时机和的种缔结方法的灵活巧妙结合运用。	随机抽出两天做的检视确保每组顾客都进行了主动缔结。

5. 确定月度绩效目标，制订门店月度计划

如表 4-21 所示。

表 4-21　月度绩效目标与计划制定推进表

6. 制定月度重点帮扶对象改善计划

如表 4-22 所示。

表 4-22 月度重点帮扶对象改善计划表

姓名：张[redacted]					姓名：高[redacted]				姓名：陈[redacted]			
指标	日能量	联率	日笔	店铺整体排名	日能量	联率	日笔	店铺整体排名	日能量	联率	日笔	店铺整体排名
上月	4362	37.5%	12.17	3	3319	33.4%	9.69	8	3476	29.7%	10.55	5
本月目标	2857	40%	7.5	3	2857	40%	7.5	5	2857	40%	7.5	4
本月实际												
完成率												

已进步： 处理正负面回应的方法应对。	已进步： 如何介绍产品的利益和好处有进步	已进步： 询问、问句的应用有明显进步。
待进步： 附加推销不足 不会引导顾客，无法识别时机进行准确的附加。	待进步： 说的比较多，但生活性话题很少。	待进步： 赞美少，在销售中找不到赞美的话术
改进计划： 1.请店里附加最好的员工分享附加时机和方法的案例，同时自己也分享一组因自己主动附加成功的案例总结 2.和附加好的员工数据对比连带数，让导购自己意识到自己损失了多少。	改进计划： 1.首先找到沟通让他知道生活性话题能给自己带来哪些好处，有什么帮助。 2.每天背诵SSV手册中的生活性话题的类型，例如：老年人、青秋、情侣，每一种类型的指南。同时在会议中分享自己销售中因主动聊话题成功的案例。	改进计划： 1.每天背诵SSV手册中赞美的话术，同时根据顾客的类型和亮点熟练地的赞美顾客。 2.每天会议中分享一个赞美顾客的案例，包括如何赞美和顾客有哪些反应

7. 进行绩效谈话

绩效谈话需要用表 4-23 所示表格记录。

表 4-23 绩效谈话记录表

4.3.4 绩效评估

员工绩效改善分为四大步,即绩效评估、行为评估、制定方案和执行方案。

绩效评估如图 4-10 所示:包含结果指标和过程指标,结果指标包含销售额、利润,通过内部对标,确定教练对象的绩效改进潜力;过程指标包括出勤天数、成交率、客单价等。

找出绩效不足的具体原因,需要对指标进行针对性分析。分析结果指标,采用内部对标分析方法,来分析确定员工的绩效改进潜力。过程指标分析,分析员工的过程指标,找出哪个过程指标产生了员工绩效缺口。

MSC11 绩效评估

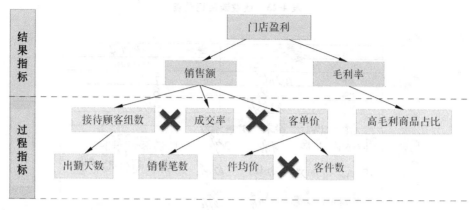

图 4-10　绩效评估指标改善

内部对标分析的原理。能力的差距造成了员工销售额的差距，其他条件不变，通过提升员工能力可以大幅提升销售业绩。同一个门店员工之间销售额相差很大，但销售产品的条件相同、接待的客户数量相同，可以判断销售额的差距完全是由个人能力的差距造成。门店内部普通员工相比优秀员工的销售业绩差距之和，就是门店员工通过提高技能所能提升的销售业绩。

内部对标计算方法，具体如下：

(1) 以门店销售业绩前20%员工的平均销售额作为内部标杆；
(2) 每个员工销售业绩提升潜力＝标杆销售额－个人销售额；
(3) 门店销售业绩提升潜力＝(标杆销售额-平均销售额)×人数

内部对标对门店盈利改善的具体作用：

(1) 计算门店通过提升员工的能力能够提升的销售金额；
(2) 分析每名员工的绩效提升能力，确定每名员工的教练优先级和绩效改进策略；
(3) 业绩提升潜力大的员工，是门店业绩提升的主要方向，应该重点关注他们的能力提高；
(4) 业绩提升潜力小的员工，应以鼓励和维持为主，辅以技能的自我提高。

当某个门店的员工整体水平接近，这样内部对标计算出的业绩潜力就会失真，这时就需要进行外部对标分析。

外部对标是横向市场环境相同门店的内部标杆，以销售目标完成率前20%门店的内部标杆平均值作为公司标杆，校正各门店的内部标杆还有多大的提升潜力。

外部对标能够更加准确地评估门店销售业绩提升潜力，避免出现因为标杆失真出现评估失真。门店外部对标应该按照市场环境分组进行，将市场环境相同的门店分为一组进行对标分析，市场环境包括：客流量、消费能力。

4.3.5　员工行为评估

能力的差距造成了员工销售额的差距，其他条件不变，通过提升员工的能力可以大幅提升销售业绩。

导致绩效不足的原因很多，包括：员工态度、员工能力、业务流程和操作标准等，中级教练主要解决员工态度与能力，但态度与能力包括许多细分维度，需要进行针对性的改善才能有效果。而找到员工技能短板进行针对性的改善，首先需要进行员工行为评估。

员工行为评估分为两种，一种是实际工作中的评估，另一种是模拟演练评估。

实际销售评估具体操作方法是，店长在绿色、黄色客流状态时（具体识别判断参见店长时间管理），观察员工工作行为进行评估。其优点是非常真实，注意事项是评分时不要影响顾客体验。存在的问题是你无法选择顾客和场景，也不太方便录像，不能让员工反复观看，帮助其认识到问题。

模拟演练评估，其优点有三

（1）顾客背景和场景可控，可以针对性地练习和评估；

（2）可以录像反复观看评估和点评；

（3）难度接近于实际销售，有时大于实际销售。

模拟演练评估需要注意，顾客扮演者需要较高的能力才能保证真实性。需要避免出现的问题是，顾客扮演者不认真会完全脱离实际。

4.3.6 制定改进方案

员工绩效改善第三步是制定改善方案，制定绩效改进方案又分为三步。

（1）分析绩效和行为数据，找出员工绩效不足的原因。

（2）制订月度业绩改进计划，制订教练对象的绩效改进目标和训练计划。

（3）进行绩效谈话，共同确定目标和行动方案。

找出员工绩效不足的原因，需要分析绩效差距和产生问题的原因，列出态度和技能短板，如图4-11所示，之后制订针对性的训练计划。

制订月度业绩改进计划，需要综合考虑门店和员工的同比环比销售额，以及门店下月目标销售额，来制定员工下月的绩效改进目标。

绩效谈话，中级教练和员工进行互动沟通，和员工交流绩效分析、技能评估的结果，取得员工的认同和支持，和员工共同商定下月的绩效目标，以及技能提升计划，鼓励员工建立信心，共同努力提升技能、改善绩效。

4.3.7 执行改进方案

员工绩效改善第四步是执行方案。执行改进方案就是运用教练技能，通过知识点的讲解、训练技能、员工个人指导等方式帮助员工提升技能，从而提高员工绩效。

执行改进方案，中级教练需要具备的能力包括：员工技能评估能

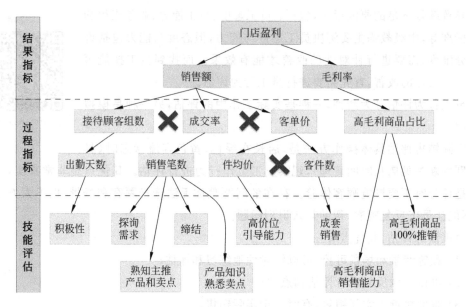

图 4-11 员工绩效不足原因分析图

力、模拟演练视频点评能力、员工技能短板分析能力、员工训练计划制订能力、知识类短板改善能力、技能类短板改善能力、态度类短板改善能力、员工绩效谈话能力、晨会组织执行能力。

同时,中级教练需要有效的时间管理能力,能够根据门店的红黄绿三种客流状态,在合适的时间进行员工教练活动。

4.3.8 分析技能短板和学习任务

员工绩效不足的原因是技能不足,知识技能很多,需要针对性改善,这就需要分析员工短缺的知识技能具体是什么,是知识、技能和态度中的哪一种,出现在哪个方面。针对性设置学习任务,针对性改善。

什么是知识?知识是从事一种工作或者执行一项任务最基本的事实和信息,如门店销售产品的卖点、产品编码的含义、本公司的品牌内涵等。

什么是技能?技能是能够完成工作任务的能力,技能分为软技能和动作技能,动作技能包括:餐厅摆台、制作咖啡、裁裤脚等。软技能是指智慧技能,包括:分辨识别概念、按照程序执行、根据原理预测分析、分析解决问题。

什么是态度?态度是学习者倾向于选择某种行为方式的心理状态,比如员工不敢或者不愿意向顾客推荐高价位商品。

员工行为评估的结果,可能对应着知识、技能、态度三个方面的短板,接待顾客的时候介绍产品的 FABE,将有助于顾客了解产品,激发购买愿望。但在行为评估中我们会发现,有些员工产品 FABE 介绍得很少,具体的原因是什么?知识、技能、态度三个方面会存在哪些可能的

MSC23 分析
技能短板和学习任务

短板？具体示例见表 4-24。

员工培训内容可能会同时包含知识、技能和态度三种类型的学习任务，大家都知道销售需要推动顾客购买，帮助顾客下决心，这就是缔结。缔结的学习内容，也包括知识、技能、态度三方面。其表现形式如表 4-25 所示。

表 4-24　知识技能态度三个方面问题点分析表

行为评估	产品 FAB 介绍的很少	不能快速地找到顾客需要的商品
知识类短板	是否熟练能够说出某个产品的 FABE	是否知道名称对应的产品 是否知道每个产品的存放位置 是否知道产品型号和尺码的标注位置
技能类短板	在销售过程中，是否能够识别说出产品 FABE 的时机 是否知道什么是 F（特征）、什么是 A（利益）	是否能够快速找到产品
态度类短板	是否愿意（认为有必要）向顾客介绍 FABE	是否觉得快速找到产品是重要的事

表 4-25　三类技能在缔结学习中的应用

学习内容	缔结
知识类	理解什么是缔结； 给出缔结目标，背出手册中缔结句子。
技能类	在销售过程中识别缔结使用的时机； 识别判断自己或别人缔结的句子是否正确； 缔结一次不成功能够使用不同的缔结句子进行缔结。
态度类	愿意或者敢于使用缔结句子； 一次缔结不成功，愿意或者敢于持续缔结。

4.3.9　知识类学习任务的学习方法

知识是"知道"某件事，或者"理解"某一内容，教练需要能够分辨员工知识类短板，以便制定知识类学习任务，表 4-26 列出了知识类短板和知识类学习任务的范例。

表 4-26　知识类短板和知识类学习任务的范例表

类型	知识类短板	知识类学习任务
范例	说不出正确的处理顾客回应的句子； 说不出探询顾客需求的句子； 说不出产品的 FABE； 没有记住货物存放的位置，需要花较长的时间才能找到货物； 顾客询问服装的洗涤说明的图案含义时回答错误。	向顾客说明某个信息； 向顾客解释我们的服务政策； 熟练说出顾客负面回应处理话术； 熟练说出探询顾客需求的句子；

知识类内容分为三类：名词解释、事实和信息、文章语段。如表 4-27 所示。

表 4-27 知识类内容分类

分 类	说 明	示 例
名词解释	解释某个名词	什么是 HDMI？HDMI 接口能传送声音信号吗？客单价、件均价、高毛利商品占比等经营指标的含义
事实和信息	需要理解的信息内容	售后服务信息——我们可以免费更改裤脚
文章语段	需要复述的文章内容	企业品牌故事，商品的特征、利益和效益

知识类内容的学习方法——通过复述练习、持续学习，才能形成最终记忆。需要注意的是，每天一小时持续一周，相比一天七小时只学一次有更好的效果。需要大量的练习，甚至是过度练习，才能形成"肌肉"习惯，在工作中脱口而出。

知识类内容多，学习过程枯燥，如何才能事半功倍提高效果？具体方法如表 4-28 所示。

表 4-28 提升知识类技能的方法

分 类	示 例
名词解释	将名称分组分类，方便记忆，范例：产品分类，服装分为上衣、裤子等；将名称变成一个句子，方便记忆，范例：cpu 就是笔记本的大脑。
事实和信息	将内容分组分类，方便记忆，范例：使用关键词进行区分。
文章语段	说明性结构，采用对内容标记结构的方式来助记，范例：超级店长分为销售型店长、教练型店长、管理型店长和经营性店长；图表组织，将内容变成图表来助记，范例：将每个产品的介绍制作成 FABE 表。

4.3.10 软技能类技能短板的改善方法

技能是能够完成工作任务的能力，技能分为软技能和动作技能，软技能是指智慧技能，它的特点是运用过程不可观察。参考范例如表 4-29 所示。

表 4-29 技能运用过程范例

类型	技能类短板	技能类学习任务
范例	在错误的时机进行附加销售；附加销售选择的产品不适合顾客；对顾客给出的正面回应没有识别出来。	识别判断顾客说的话是否为正面回应；识别判断正面回应处理是否正确；识别判断附加销售的时机；选择适合顾客的附加销售的产品。

同时软技能分为四种，如表 4-30 所示：分辨识别概念、按照流程执行、原理规则、分析解决问题。

表 4-30　软技能分类说明及范例

分类	说明	示例
分辨识别概念	概念帮助我们简化学习,将大量有相同特征的事物分为不同的组,组名就是概念的名称	辨别顾客说的话是正面回应还是负面回应
按照流程执行	完成某项工作的步骤	销售的流程的七个步骤,包括:售前准备、接近要领、探询需求、产品简介、试穿体验、处理回应、缔结等;门店经营月清、周清、日清流程
原理规则	原理规则帮助我们预测某个结果,可以用"如果……,那么……"来表达	探询需求,如果我们能够全面了解顾客的需求,那么我们选择推荐的产品就更加符合顾客的需求;使用哪种缔结更合适;提高客单价,需要提高件均价或者客件数,提高客件数,需要成套销售能力
分析解决问题	对多种规则的选择和运用能力	制订绩效改进实施计划

4.3.11　态度类学习任务的学习方法

态度是学习者倾向于选择某种行为方式的心理状态,态度将影响学习者的选择。其短板如表 4-31 所示。

表 4-31　态度类短板分析模板

类型	态度类短板	态度类学习任务
范例	某员工不愿意在门口迎宾 某员工不愿意作自我介绍 某员工不愿意带胸牌	愿意进行附加销售 对公司满意,充满自豪

改变员工的态度有三种方法,示之以榜样、晓之以理、诱之以利,如表 4-32 所示。

表 4-32　改变员工态度的方法

方法名称	说明
1. 榜样示范	让学习者越相信的榜样,就越有说服力。
2. 说服性信息	可信性越高的资源越有说服力; 论证得越有道理就越有说服力; 陈述理论,不要让学员自己下结论会更有效; 重复的帮助产生更大的效果。
3. 激励措施诱导	学员受激励措施的诱导改变自己的态度,但当他觉得激励措施的力度不大时,还有可能改回去。

改变学习者态度的过程有其规律,可以分为接受行为、实践行为、强化行为三步。如表 4-33 所示。

表 4-33 改变学习者态度的步骤

步骤	接受行为	实践行为	强化行为
说明	由受尊敬的榜样人物示范行为；进行说服性沟通交流。	进行角色扮演练习；进行小组讨论交流。	精神与物质的奖惩来拉动。
示例：提高客单价	树立优秀导购榜样，说明他的客单价是多少，以前是多少，如何进步的，让员工理解接受高客单价，通过努力是可以达成的。	进行高价位引导练习；进行成套销售练习。	通过门店、区域客单价比赛，提供精神鼓励和物质奖励。

4.3.12 绩效谈话

学习需要主动性。员工技能得以改善，首先需要员工自愿改变，否则不会产生变化。让员工意识到自己存在的问题、对自己的影响，产生改善的愿望，需要绩效谈话。通过绩效谈话，激发员工的意愿与主动性，才能帮助员工提高。

绩效谈话过程分为六个步骤

(1) 准备：准备谈话内容；
(2) 了解员工：了解你的员工，创造良好氛围；
(3) 工作评价：通过对员工的表扬来强化员工好的行为；
(4) 目标和行动：让员工思考如何通过具体的行动计划来达到工作目标，提高业绩，与员工共同制订行动计划，帮助员工达成目标；
(5) 反馈建议：鼓励员工提出建议和想法；
(6) 回顾总结：双方确认。

1. 准备

(1) 分析员工上个月的绩效数据、技能短板和训练方法；
(2) 初步确定下个月的绩效目标和行动计划；
(3) 回顾员工的工作表现，找出几点可以表扬之处；
(4) 创建一个合适的沟通环境，不要被经常打扰或打断。

2. 了解员工

(1) 要有亲和力与沟通技巧，建立员工对你的信任度，与员工建立良好的人际关系；
(2) 了解员工这部分内容，请勿涉及工作方面的问题，而是围绕员工个人展开；
(3) 使用员工比较容易接受的问题开场，把握好问题的深度和广度；
(4) 不要询问可能会引起员工个人反感或与当地的文化及风俗习惯相抵触的问题；
(5) 在你和员工沟通中注意观察员工的反应，适时地停止和转换话题。

3. 工作评价

(1) 对员工做得好的方面进行肯定和表扬；

(2) 提出可改进之处,与员工沟通;
(3) 做得好的内容要比可改进之处多,多余的可改进之处放到下个月;
(4) 使用三明治沟通方式——两条做得好的内容之间加一条可改进之处。

4. 目标和行动

(1) 分析上个月的绩效数据和技能短板;
(2) 制定下个月的销售目标;
(3) 制订行动计划。

5. 反馈与建议

(1) 鼓励员工让他们提出自己的建议和想法;
(2) 在沟通的过程中始终鼓励员工提出建议和想法,而不仅仅是在最后;
(3) 如果员工表达的意愿不强,可以使用问句引导员工思考反馈建议。

6. 回顾总结

(1) 回顾谈话内容;
(2) 在绩效面谈记录签字确认;
(3) 感谢员工参与。

4.3.13　销售技能自学时间计划表

读者可以用表 4-34 制订学习计划。

表 4-34　销售技能自学时间计划表

模块	类型	内容	成绩	起始时间计划
导入	微课	RTS03 销售流程		
	融合训练	模拟演练前测		
售前准备	微课	RTS11 售前准备		
	单项训练	门店营业准备训练		
接近要领	微课	RTS21 接近要领		
	单项训练	接近要领		
探询需求	微课	RTS31 探询需求		
	微课	RTS32 问句的作用		
	微课	RTS33 三种问句		
	微课	RTS34 问句的正面性		
	微课	RTS35 问句使用方法		
	微课	RTS36 顾客转交		
	单项训练	提示信息点背问句		

续表

模块	类型	内容	成绩	起始时间计划
产品介绍	微课	RTS41 产品推荐		
	微课	RTS42 产品介绍		
	单项训练	给出商品背出 FAB		
	融合训练	探询需求介绍产品练习		
	微课	RTS43 转单		
顾客体验	微课	RTS51 顾客体验		
	单项训练	顾客试穿试戴练习		
处理回应	微课	RTS61 分辨两种顾客回应		
	微课	RTS62 处理正面回应		
	微课	背诵正面回应对话练习		
	微课	RTS63 处理负面回应		
	单项训练	背诵负面回应对话练习		
	单项训练	正负面回应对话混合练习		
缔结	微课	RTS71 缔结的概念		
	微课	RTS72 缔结的方法		
	微课	RTS73 缔结使用的技巧		
	单项训练	缔结背诵练习		
	融合训练	缔结回应综合练习		
附加	微课	RTS74 附加销售		
客情维系	微课	RTS81 客情维系		
	微课	RTS82 转介绍		
	单项训练	送宾、客情维系练习		
	单项训练	转介绍练习		
结业	融合训练	结业模拟演练		

第5章

销售型店长

5.1 销售型店长概述

5.1.1 销售型店长的价值

零售企业有很多门店只有 3~4 名员工,销售额 100 万~200 万元。这种规模的门店,店长的销售能力,将直接影响门店的盈利目标达成。此类门店,客流较小,每周五六日销售占比达到 60% 以上,一天中 10:00—20:00,销售占比也能达到 60% 以上。如果店长自身销售能力强,在这些时间段当班,善于助销导购,就能稳住门店 60% 以上的营业额。学习本章内容,能够有效提高店长的销售能力,提高门店销售业绩。

对于员工数量在 5~20 人的大店,由于客流大,门店销售目标的达成更多依赖于员工的销售技能。这种类型门店,店长培训能力就更为重要。但是,培训员工,店长首先要熟练掌握销售技能。学习本章内容,能够有效提高店长的销售能力,助力店长教练员工,提高门店销售业绩。

店长地位高,店长助销,更能获得顾客的重视,利于销售达成。店长在旁观察顾客,配合店员,利于销售达成。因此,店长有意识、有技巧地帮助导购销售,能够提升门店业绩。

销售技能体现在你与客户沟通时说的话和你的行为。本章不仅包括理论知识,还包括具体销售规范和话术。销售理论告诉我们应该怎么说和怎么做,以及为什么要这样做,销售规范和话术告诉我们,应该说什么和做什么。

5.1.2 销售型店长学习内容

本章内容分为销售理论和销售实操两部分,销售理论告诉我们应该怎么说和怎么做,以及为什么要这样做,销售实操部分的规范和话术告诉我们,应该说什么和做什么。

本章给出了珠宝行业、服装行业的实操规范和话术,但不同的细分行业存在差别,需要企业根据自身特点进行修改、优化和开发,改善提升员工培训效果。所有需要企业 DIY 部分,本章都已进行了标注,企业可以针对性本企业的特点进行 DIY 开发,以取得更好的效果。如果希望更好地开发 DIY 定制规范部分,也可以进一步咨询本书作者,获得帮助。

1. 销售理论知识包括以下形式内容

(1) 文本知识:以销售步骤为主线陈述的销售理论知识。

(2) 视频课程与测验:微信扫描书中的二维码,深入学习 22 个相关微课,完成测验,更好地理解销售理论。

2. 企业 DIY 定制规范包括以下形式内容

（1）销售情景案例：两个以成功销售为主线的销售情景案例，并有旁白说明导购所使用的销售技巧，帮助你深入理解销售理论如何在实际工作中运用，销售该怎么做。其中一个珠宝零售案例，完整地呈现在销售流程章节中；另一个休闲装零售案例，分别在每个销售环节呈现。

（2）企业 DIY 销售规范：说明导购在销售七个步骤的具体操作方法，开发背景是一个休闲装零售企业。

（3）企业 DIY 销售话术：列出了销售七个步骤中的具体话术，熟记这些句子，纯熟运用这些句子，可以让我们快速具备销售技能，开发背景是一个休闲装零售企业。

销售理论微课与企业 DIY 规范内容汇总，如表 5-1 所示。

表 5-1 销售理论微课与企业 DIY 规范范例

模块	微课数量	微课	企业 DIY 规范
店长助销	1	RMK91 店长助销	
整体导入	1	RTS03 销售流程	销售情景故事 销售情景视频
售前准备	1	RTS11 售前准备	售前准备事项，包括：门店环境卫生必备、商品陈列必备等
接近要领	1	RTS21 接近要领	迎宾规范、自我介绍、观察客户信息点、引发客户谈话的话术
探询需求	6	RTS31 探询需求、RTS32 问句的作用、RTS33 三种问句、RTS34 问句的正面性、RTS35 问句使用方法、RTS36 顾客转交	需要了解的顾客信息点和对应问句、顾客转交规范
产品介绍	3	RTS41 产品推荐、RTS42 产品介绍、RTS43 转单	企业亮点、产品 FAB 话术、转单操作规范
顾客体验	1	RTS51 顾客体验	顾客体验操作规范
处理回应	3	RTS61 分辨两种顾客回应、RTS62 处理正面回应、RTS63 处理负面回应	常见顾客正负面回应和应对话术
缔结	3	RTS71 缔结的概念、RTS72 缔结的方法、RTS73 缔结使用的技巧	缔结的目标和对应的句子
附加	1	RTS74 附加销售	
客情维系	2	RTS81 客情维系、RTS82 转介绍	客情维系操作规范 顾客转介绍规范话术

5.2 店长助销技能

门店的业绩取决于每一个进店顾客是否购买、购买的金额,因此努力促进每一个进店顾客购买,推动顾客购买更多金额的商品,将有助于门店销售额的提高。但是细致观察每个进店顾客的销售过程,我们会发现导购有很多需要帮助之处。

当销售陷入僵局,导购与顾客沟通了好几个回合,却不见销售有任何进展,谁来助导购一臂之力?

当销售初见眉目,顾客对心仪的产品爱不释手,却突然急转直下,想要离开,谁来挽留顾客,挽救这一单?

当大批顾客到来,导购已经忙不过来,谁来排兵布阵,让销售工作井井有条,顾客服务毫无怠慢?

毫无疑问,这些问题的答案只有两个字——店长。

店长,尤其是小店的店长对销售起到关键性的作用,这一章我们就来学习店长如何更好地辅助销售。

5.2.1 为什么需要店长助销

店长工作繁忙,为什么还要辅助销售?销售是门店的关键任务,只依靠导购是无法完成销售目标,达到销售业绩最大化的。就好像战场上,即便每个士兵都非常骁勇善战,如果没有将军的指挥或支持,战斗一样是会失败的。

在适当的时候,店长参与销售、辅助导购是非常必要的。那店长辅助销售,能带来哪些好处呢?

1. 提升成交率

一方面,店长经验丰富,能够利用销售技巧有效推动成单,提升成交的可能性;客流量大的时候,也能守住顾客成交的关键区域,提升成交率。另一方面,店长的身份特殊,相对导购是另一个角色,从顾客的心理角度来说,更容易接受店长的建议和交流。因此,店长的助销有助于提升成交率。

2. 提升客单价

相比成交率,提升客单价需要拥有更好的销售技能,因为顾客购买更高价格商品或者购买多件时,心理要承受更大的压力,而且更倾向于多家对比,冷静思考再选择。这时候店长的能力和经验能起到非常重要的作用,如接到大单时,或者顾客有消费能力也有意愿时,店长辅助销售会引导顾客选择高价位商品或成套购买,也有利于留住顾客在门店选购,而不是离店比较。所以,店长的助销有助于提升客单价。

3. 提升门店士气

店长辅助销售,不仅对销售结果有影响,对团队士气也有非常大的促进作用。举个例子,客流量大的时候,导购忙不过来。或者,一组顾客接待了很久,另外很多顾客没有人手接待。忙碌了半天,但客流没抓住,因为大家阵脚乱了。此时,店长参与销售,辅助导购守住顾客成交的关键区域,让一位导购可以同时接待好几组顾客,这样能有效提升门店士气。

5.2.2 店长何时助销

店长助销有这么多好处,店长如何助销呢？店长也有自己的工作,并不需要参与所有的销售,销售的主力还是导购,那么店长应该在何时助销？店长助销有四个重要的时机。

1. 门店客流高峰时

门店客流高峰是一个关键时机,这是最需要店长助销的时机。门店销售依赖客流,客流高峰是门店抓住销售业绩的重要时刻。但是,客流量大的时候,导购忙不过来。此时,店长需要参与销售,辅助导购守住顾客成交的关键区域,提升成交率,把握销售业绩。

2. 销售进程停滞不前时

销售进程停滞不前是店长助销时机,这时销售卡在某个环节,导购无法继续推进,甚至还有可能倒退。这时,店长要及时出手,推动销售走出僵局,继续向前发展。否则这种情形时间越长,导购越容易失去耐心,就会丢单。而且,在一单上花费的时间太长,也不利于继续接待其他顾客。

3. 导购接大单时

大单包括店内高价位的商品,或者顾客一次购买较多的商品。导购接到大单时,店长必须及时发现,参与销售,辅助导购搞定这一单。导购销售大单的经验不足,甚至没有接触过,高价位的商品与普通价位商品的销售完全不同,专业知识、销售技巧都要更高,店长的助销非常关键。

4. 有意向顾客欲离店时

有意向购买的顾客准备离开门店的时候,店长使用门把缔结可以为门店挽回不少即将损失的销售机会。

5.2.3 店长助销技巧

店长要具备优秀的销售技能,才能有效助销,帮助导购成交。当然,其中也有取巧之处,这就是店长助销四项必杀技。

必杀技1——快速挖掘需求:三两个问句梳理顾客需求;

必杀技2——熟知产品FABE:一句产品卖点直戳顾客心窝;

必杀技3——赞美:一句恰当赞美让顾客心花怒放;

必杀技4——缔结:适时一句巧妙的缔结拿下订单。

这四个技巧,在同样的销售技能水平下,能够帮助店长抓住关键点,提高助销成绩。

5.3 销售步骤流程图

在学习开始之前,我们先来了解店面销售七步骤,如图5-1所示。销售分为店面销售和老客户维护两个阶段。店面销售的探询需求、产品介绍、处理回应和缔结四个环节围绕着顾客体验进行。

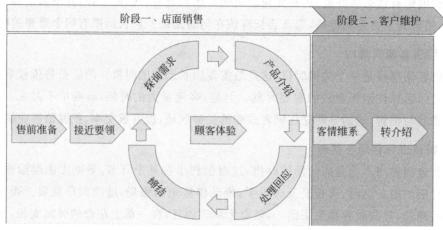

图5-1 销售步骤流程图

销售案例以一次成功销售为主线,说明门店销售的整体过程,配有旁白说明导购所使用的销售技巧,帮助你深入理解销售理论如何在实际工作中运用,销售该怎么做。

【1 售前准备】

时间回到了那年的情人节,刘梅早9点就来到了华美金饰专柜。她跟同事们一起打扫了卫生,按照公司的要求把饰品陈列在柜台里,然后依次调整了饮水机、柜台灯光、DVD机等柜面设备,保证在商场开门之前,所有设备都正常运转。

←售前准备,做好准备才能抓住每个销售机会,促进更多的购买

快到9点半,商场一会儿就进顾客了,刘梅提醒同事们检查自己的仪容仪表,两人一组相互练习一下微笑,以最饱满的热情和状态迎接今天来到华美金饰的顾客。

←导购积极的状态是售前准备中非常重要而又容易忽略的一个环节

【2 接近要领】

商场开门不久,刘梅注意到一对情侣牵着手乘电梯上楼来,朝着华美金饰柜台方向走过来,于是她热情地喊出迎宾语:"黄金水晶第一次的完美结合就在华美金饰。欢迎光临香港时尚品牌华美金饰。"

←热情地喊出迎宾语能吸引更多的顾客靠柜了解产品

这对情侣走过华美金饰的柜台,听到这么特别的迎宾语,就停下来看了看,女孩发现他们家的首饰挺时尚的,就拉着男孩靠

近了柜台。

刘梅发现刚才的迎宾语吸引了这对情侣,于是她就进一步介绍道:"我们华美金饰是第一家采用千足金的黄金镶嵌水晶,饰品设计非常时尚,而且款式丰富,两位可以看看。" ←抛公司亮点,介绍产品的独特设计吸引顾客深入了解

女孩俨然是被丰富的款式吸引住了,一直看着柜台里的饰品,男孩则抬起头听着刘梅的介绍,说:"哦,这样子啊。"

【3 探询需求】

刘梅看这对情侣已经被饰品所吸引,继续问道:"今天两位是给美女看还是想看情侣款啊?" ←引导性问句:确定饰品的佩戴对象

女孩:"你们家还有情侣款呢?"

刘梅:"是的,我们家有很多情侣款,设计非常时尚大方。"

男孩:"情侣款就算了,给她看看吧。"

刘梅:"帅哥,您对您女朋友真好。" ←使用赞美法,让顾客尽快放松融入

女孩调皮地看了男孩一眼,

男孩接着问道:"你们这个牌子是哪的啊?之前没听说过!" ←顾客负面回应

刘梅:"哦,您没听说过啊,我们华美金饰是来自香港的时尚品牌,在香港已有 19 年的历史了,在全国有很多家分店,而且我们还获得过很多奖项。您看,这是我们今年获得的香港珠宝大奖,是特区行政长官亲自授予的。" ←抛公司亮点:让顾客了解品牌信任品牌

这对情侣好奇地看着,点了点头。

刘梅说:"今天两位想看个吊坠还是手链,还是戒指呢?" ←引导性问题:确定顾客购买的品类

男孩:"给她看个吊坠吧。"

女孩:"嗯,看看吊坠。"

刘梅:"看吊坠是吧,我们这边吊坠款式非常丰富,有经典系列、时尚系列,还有生肖、星座等很多系列,上百个款式,您看上哪款,我拿出来给您试戴一下。" ←推动顾客试戴,顾客试戴后会转移注意力,更加放松融入

一旁的张晓静搬来两个座椅,边说边用手势引导顾客入座:"今天挺冷的吧,两位坐着暖和暖和吧,也挑挑喜欢的款式。" ←推动顾客坐下用贴心服务和生活话题法让顾客放松融入

女孩:"对呀,情人节还这么冷。" ←顾客正面回应

这时,沏好茶的张晓静端着两杯茶走来,笑着说:"呵呵,对呀,情人节还这么冷,我特意给两位沏了上好的台湾乌龙茶,既解渴又暖胃,您慢慢品尝。"男孩微笑着接过茶杯,女孩双手捧过茶杯放到鼻前闻了一下说"好香啊,你们服务蛮贴心的!" ←处理正面回应认同、赞美顾客

←顾客正面回应

张晓静:"能为您这么漂亮的女孩服务我也很高兴,我们家的乌龙茶是来自台湾阿里山的茶叶,无污染所以特别清香。" ←处理正面回应认同、赞美顾客

女孩有点害羞,低头捋着头发开始看柜台里的首饰,男孩则是欣赏地看着女孩。

刘梅打量着这对情侣,女孩是个标准的气质美女,身材高挑,皮肤白皙细嫩,瓜子脸,高鼻梁,留着长长的直发。男孩身材高大,看着很踏实很和善。刘梅心里已经根据女孩外貌特点为她挑选了几款饰品,还需要再问问女孩喜欢的风格特点,于是问道:"您有喜欢的款式吗,我给您拿出来试戴一下吧。" ←观察顾客,根据顾客特征为其挑选产品

女孩:"你们家款式好多,我挑花眼了。" ←顾客正面回应

刘梅:"您看得挺仔细,确实,我们的吊坠有数百款,各种风格的都有。不知道您比较喜欢简约大方的,还是时尚夸张的呢?" ←引导性问句:确定顾客偏好的款式风格

女孩:"最好是时尚点的,颜色不要太亮了。"

刘梅:"哦,您不喜欢太亮的颜色是吧,那您看我们的水晶颜色也非常丰富,您更喜欢冷色系还是暖色系啊?" ←引导性问句:确定顾客偏好的颜色系列

女孩:"冬天还是带暖色系的吧。"

刘梅:"您对颜色搭配真的很专业,您的肤色也更适合暖色系,会显得您更加有气质。" ←用赞美法,接近与顾客之间的距离,提供专业选型建议让顾客更加信任自己

女孩:"没有啦,经常逛街喜欢买衣服鞋子什么的,时间长了就有心得了。"

男孩:"她最喜欢逛街了。"

刘梅:"看您打扮得这么精致,就知道您平时很关注时尚,喜欢逛街。"说完接着面向男孩,"帅哥,女孩爱逛街还不是为了打扮得更靓丽,您女朋友这么漂亮还这么会打扮,您太有福气了。" ←赞美顾客

男孩不好意思地笑了笑。

刘梅觉得顾客的信息基本上了解得差不多了,而且顾客靠柜也有一会儿了,还没有中意的款式,可以根据顾客的需求为她推荐一款适合的饰品,留住顾客。

【4 产品介绍】

刘梅:"您刚才也说了喜欢时尚的款式,最好是暖色系的,结合您独特的气质,我给您推荐这款王妃吊坠,您看看。" ←复述顾客的需求,并结合顾客的特征为其推荐产品

女孩用手指着:"这款吗?"

刘梅:"是的,这是我们刚到的新款,很多老顾客都十分喜欢。" ←利用新款和第三方影响力吸引顾客

女孩:"暖色系的,我觉得水晶颜色很好看。" ←顾客正面回应

刘梅："姐，您真有眼光，这款水晶的颜色是今年流行的主打色。" ←处理正面回应认同、赞美顾客

刘梅接着说道"我们的水晶全都是采用奥地利进口的高级水晶，它的颜色很有意义，代表了一种心情，您带上自己喜欢的颜色感觉也不一样，相信这个颜色的水晶一定可以给您增添不一样的光彩！" ←产品FAB

刘梅接着说道，"我拿出来，帮您试戴一下吧。" ←推动顾客试戴

女孩有点犹豫："嗯，不用麻烦，我先仔细看看。"

刘梅："没关系，我拿出来给您仔细看一下，饰品要戴起来才能显出更好的效果，我觉得您这么白皙的皮肤配上我们王妃吊坠香槟色的水晶一定会显得非常高雅，衬托出您最特别的气质！来，我帮您戴上吧。"说着，刘梅戴上黑色手套把吊坠从柜台中拿了出来，将吊坠展示在女孩面前。 ←推动试戴：介绍产品效益，同时用赞美法吸引顾客试戴

男孩："喜欢就试一下吧。"

女孩："嗯，好吧。"

【5 顾客体验】

见女孩点了点头，张晓静戴上手套将产品拿起来，又看了看女孩子脖颈的粗细，调整好了皮绳的长度，将皮绳解开，小心的帮女孩挽起长发，将吊坠戴上。 ←注意佩戴前操作规范，给顾客展示产品最好的一面

在张晓静帮助女孩佩戴的过程中，刘梅继续介绍："我们家的黄金打破了传统的金饰设计，这款王妃吊坠是我家的主打款，纯手工制作的三角形黄金款型，水晶的颜色以香槟色为主，切割方面也是采用了钻石的切割工艺。" ←介绍产品的独特工艺

"戴好了，看看效果。"张晓静捋顺女孩的长发后说道。同时刘梅拿来柜台上的镜子，放在女孩面前，并将镜面微微扬起，调整镜子至最佳角度。 ←注意佩戴后操作规范，给顾客展示产品最好的一面

女孩看着镜子，蛮喜欢的样子，转向男孩，"你觉得怎么样？"

男孩："我觉得挺好。"

女孩："你就只会说挺好。"

刘梅："您男朋友很有眼光呢，您戴上真的特别有气质，跟您的肤色和发型都很搭呢。" ←赞美顾客试戴认同同行者看法，拉近与顾客、同行者的距离

女孩："这是黄金吗？" ←顾客异议

刘梅："是的，王妃吊坠采用4个9的千足金条制作而成。质量特别好。我们很多老顾客都专门来买这款的！我觉得皮绳更适合您这样乖巧漂亮的姑娘，所以专门给你选的皮绳，除了皮绳我们还有K金链，您如果想换成K金链也可以哦！" ←处理顾客异议，认同、解释后转移话题来推进购买

女孩欣赏着镜子中的自己,说"嗯,我觉得这个皮绳戴着挺舒服的。就是不知道结不结实。" ←顾客负面回应

刘梅:"有些顾客也会有您这样的疑问,这种皮绳质量很好,非常结实,您平时洗澡、睡觉的时候把它摘下来 就不会有什么问题。如果皮绳有任何问题,您都可以随时拿过来,我们都会免费帮您维修的。" ←处理负面回应,介绍产品使用方法和售后服务,降低顾客购买的风险

男孩:"皮绳看着挺时尚,金链子太老气了。"

"那倒是。"女孩看了看吊坠,"这个挺好,我还想再看看别的款式。"

"这款您戴着确实好看,您先戴着,可以再挑挑,适合您的款式还有很多。"刘梅转向男孩:"帅哥,您也可以帮您女朋友挑几款啊。" ←认同顾客,利用销售经历让顾客产生共鸣,接着缔结,推动顾客购买多件

女孩:"就是啊,你帮我选选嘛。"

男孩好像早就给女孩看上了一款,听刘梅和自己女朋友都这么说,就大胆指着一款皇冠造型的吊坠:"我觉得这个不错。"

女孩一看说,"这个是蓝色的,我想要暖色系的。"

刘梅:"帅哥您挺会挑饰品的,这款尚皇是这个月刚到的新款。"接着面向女孩,"虽然是蓝色系的,但您看这款精致的皇冠设计更加凸显水晶的亮度,而且宝石蓝象征高贵,跟真的宝石一样闪亮,您戴起来肯定特别高贵有气质。" ←产品FAB:介绍产品效益,为顾客描述佩戴场景

男孩:"对呀,我觉得这个你戴上肯定好看。"

刘梅:"我拿出来给你戴上试试吧,对比一下嘛。"

女孩看是男友给挑的,刘梅也说比较适合自己,心想试试也不花钱,戴新款式心情也好,就对男孩说"好吧,带给你看看。"

戴上后女孩感觉还不错,比放在那儿看着好,对着男孩:"造型好特别呀,你还蛮会挑女生的东西的嘛。"

刘梅:"您男朋友真的非常有眼光。" ←认同、赞美同行者看法

刘梅接着讲道:"这款吊坠的皇冠造型结合蓝水晶的设计非常特别,既时尚又百搭,可以和您衣柜里不同风格的衣服搭配出不同的效果,您出门时再也不用发愁搭配什么饰品了。" ←产品的FAB:包括搭配服装的方法

女孩:"哦。"

刘梅说:"这款颜色的水晶,搭配我们独特的黄金设计,整体显得更精致、大气,看您今天穿得这么大方、得体,再戴上我们的这款尚皇,绝对是最与众不同的。" ←产品FAB

女孩:"确实比刚才那款要好搭衣服。但我还是喜欢刚才那款王妃,更适合我一些。" ←顾客正面回应

刘梅："两款都非常好看,这款尚皇更加百搭一些,那款王妃可以戴着出席朋友的PARTY,肯定会给您气质加分,您一定会成为全场的亮点,独一无二。" ←对比两款产品介绍不同的优势和穿戴场合

【6 处理回应】

女孩："刚才那款多少钱?"

刘梅："那款王妃是吧,4818元。"

女孩有点接受不了价格："有点贵了吧。我戴的这款呢?"

刘梅："这款尚皇3810元。"

女孩："这款也不便宜。"

男孩这时也说："确实有点贵,你们这有什么活动或者折扣吗?" ←顾客异议

刘梅："我们确实没有折扣,看您二位这么有品位,其实也不在乎那一点折扣,只是希望买个实惠。我们饰品的品质非常好,加上我们独特的设计,绝对会给您气质加分。您买东西就是为了买个喜欢,您说对吗?" ←处理顾客异议,认同、赞美顾客,通过转移话题的方式推进购买

女孩："喜欢是喜欢,但确实不便宜。" ←顾客负面回应

刘梅："我们是会员制的管理,有卡才有打折,所以您放心,我们全国都是统一的售价,您如果买贵了,可以来找我,我叫刘梅。"

女孩："别的品牌款式跟你们也差不多,他们还打折呢,你们怎么没有啊?" ←顾客异议

刘梅："您在别的品牌看到的产品可能和我们的款式差不多,但是我们的用料更讲究,而且是纯手工制作,可以说每件产品都是独一无二的。我们的售后服务也更加完善,并且完全免费,绝对是物超所值的。" ←处理顾客异议,抛售后亮点,为顾客降低购买风险,增强购买信心

刘梅接着问,"刚才两款都挺适合您,您更喜欢哪款呢?" ←二选一缔结

女孩："我还是更喜欢那款王妃的感觉。"

刘梅又拿起王妃递给女孩,女孩子有些犹豫,但是看得出来她确实很喜欢这款王妃吊坠,女孩问道："这款吊坠上的水晶是天然的吗?" ←顾客异议

刘梅："我们的水晶都是等级最高、切割最完美的高级奥地利人造水晶,您可以看一下我们这个水晶的亮度,非常耀眼。虽然我们的水晶不是天然的,但可以让您戴出天然的感觉。" ←处理顾客异议

女孩："人工的水晶质量不如天然的好吧,会不会坏掉啊?" ←顾客负面回应

刘梅说："我们购买饰品时都会有这样的顾虑,只要不是故意摔它或是受强力挤压,水晶是不会轻易坏掉的,如果您真的不 ←处理负面回应,认同、理解顾客,为顾客解释售后服务,降低购买风险

小心弄坏了也没关系,我们都可以帮您维修保养,而且是终身免费的。所以您完全可以放心购买。"

男孩:"你们这边售后保养会不会等很久?" ←顾客异议

刘梅:"我们维修时间大概在十五个工作日左右,我们会尽快维修好您的产品,请您放心!" ←处理顾客异议

【7 缔结】

刘梅见男孩子有要买的意思,接着说"这款吊坠真的很适合你女朋友的气质。而且今年这款戴腻了,以后每年的 6 月都可以来以旧换新,都是免折旧费的,而且每年她生日的时候,我们还会精心的为她准备一份精美的礼物。您就带上这款吧。" ←利诱缔结:推动购买

男孩听了有些惊讶:"什么?每年 6 月都可以来免折旧费换新款吗?"

刘梅:"是的,每年 6 月您都可以来我们的柜台免折旧费换取同等价格的新款产品。你花一款的钱可以每年佩戴不一样的款式!" ←抛公司亮点,吸引顾客购买,降低购买风险

女孩:"这种服务没见过!" ←正面回应

刘梅:"您真的很有眼光,我们这种免折旧费的以旧换新,每年一次,而且是终身的,别的品牌都没有的,是我们公司对老顾客的一种回馈。" ←处理正面回应

男孩:"你们说以旧换新,会不会哪天我来你们这想换款式,结果你们柜台没了?" ←负面回应

刘梅:"您放心,我们在香港有 19 年的历史了,在大陆也有 33 家店了,信誉是绝对有保证的。我们每年的以旧换新都是免费的,您到全国各地都可以换,这种服务也只有我们公司可以做到。我们的顾客 80% 都是老顾客,给您的承诺和保障都是一辈子的。" ←抛公司亮点,增强顾客购买信心

刘梅接着说道,"您就拿这款吧,一会儿我给您留一下我的联系方式,以后有什么问题,您就可以直接找我。" ←直接缔结:推动购买

女孩有些犹豫,"嗯,你们家的售后确实不错,就是产品价格确实有些贵。"

男孩好像在等女孩的决定。这时刘梅说:"我觉得这款王妃坠的水晶颜色以及整体设计都好像是为您量身定做 的一样,和您真是太配了!您刚才也说了很喜欢这款王妃的感觉,你就拿这款吧!" ←摘要缔结

女孩子看了看男孩说:"我觉得样式挺好,但是那款比这款贵了 1000 块呢,你说呢?"

男孩说:"没关系,你喜欢就行!那就拿那款香槟色的吧!"

"嗯,好的,我这就帮您包起来。对了,我们家这两款耳环卖得很好,很多老顾客专门来买这两款。而且和您的吊坠也很搭,您戴起来,和这个吊坠搭配试试吧。" ←推动顾客试戴 利用第三方影响力推进附加销售

"不用了,今天就想买个吊坠。"女孩回答。

"哦,没关系,您试试看。女孩子戴耳环显高贵,像您这么漂亮的女孩要是再配上个耳环一定更引人注目。"

女孩:"改天再来看吧。"

刘梅:"好的,下次您来,应该还会上一些新款,我一定给您最精心的搭配!"

"美女,来,我帮您把吊坠摘下来吧。"张晓静开始为女孩摘吊坠。

"就拿这款吧,您是刷卡还是现金呢?"刘梅问。"刷卡。"男孩说着站起身来。 ←二选一缔结

【8 客情维系】

"嗯,好,我带您去款台,您这边请。"张晓静将吊坠放回托盘后引导着男孩向款台走去。 ←提供贴心服务

刘梅和女孩聊起天来:"美女,你男朋友对你真好,我真羡慕您。" ←生活话题:与顾客建立更亲密的联系

女孩:"还好啦,我们是高中同学。"

刘梅:"那更羡慕您两位了,这么多年的感情,一定非常幸福。"

女孩不好意思地笑了笑,这时晓静和男孩一起回来了,张晓静取出包装盒与包装袋,检查包装是否完整无破损,并双手递给刘梅。刘梅打开包装盒,让情侣确认产品完好无损,确认无误将包装盒的盖子盖上。然后连同购物小票等物品一同放入包装袋内,递给了女孩,"您的吊坠已经包装好了,小票您要收好哦。" ←包装流程规范

女孩子接过包装袋:"你们的服务不错!" ←顾客正面回应

刘梅:"能为您这么漂亮的女孩服务我们也很愉快,您以后穿丝质的衣服,整理完衣服后再佩戴我们的产品,这样就不会勾到衣服。您洗澡时要把吊坠摘下来,因为皮绳不能长期用水浸泡,还有沐浴液会对黄金有腐蚀性,包括您家里的首饰也尽量不要戴着洗澡,以免会有损害。" ←处理正面回应认同、赞美顾客

女孩:"嗯,记住啦!"

刘梅:"对了,您留下您的姓名和联系方式吧,我给您办张VIP卡,以后到您生日了我会提醒您来领取生日礼物的!" ←利诱缔结:留下顾客电话

女孩："嗯,好,我叫黄梅,号码是158xxxx5927。"

刘梅："嗯,好的,已经登记完成了,这是您的VIP卡,请您拿好。"刘梅双手将金卡递给男孩接着说:"我叫刘梅,她叫晓静,以后在佩戴过程中有什么问题,您就来柜台找我俩,我俩会竭诚为您服务的!" ←客情维系规范

男孩接过金卡说:"嗯,以后还会来您这买东西的,服务太好了!" ←顾客正面回应

"嗯,好的,期待您下一次的光临!"刘梅和张晓静送走了情侣心里也很开心。

之后每次商场或品牌有活动时、过节时刘梅都会发短信告知情侣,女孩生日前一周刘梅打电话给女孩提醒她记得来拿生日礼物,并送上了真诚的生日祝福。 ←客情维系:活动通知、节日祝福

两年后的一天,刘梅已经升为店长,张晓静也是副店长了,正在培训新员工产品知识时,这对情侣再次来到了柜台,不过这次女孩怀里抱着一个娃娃,原来情侣已经有了小孩,这次来是专门为小孩挑个生肖的吊坠求平安的。 ←客情维系:长期建立的老顾客联系能够带来更多销售机会

刘梅与张晓静让情侣坐下,与他俩亲切地拉起了家常,此时这四个攀谈的人再没有了最初的陌生与防备,刘梅和张晓静代表着华美金饰见证了这对情侣从谈恋爱到结婚到有了爱情的结晶这些生命中最重要的时刻,他们现在时不时就会分享彼此生活中的事情,已经由普通的导购与顾客的关系升华到真诚可靠的朋友关系。

5.4 售前准备

知道了店面销售的七步骤。那么接下来展开每一步骤的具体学习。第一步就是售前准备,如图5-2所示。那什么是售前准备呢?顾名思义,售前准备就是我们在开始正式销

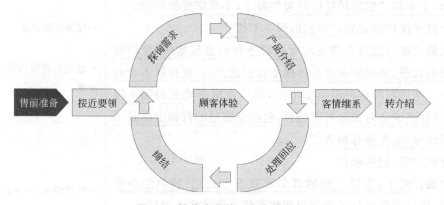

图5-2 销售步骤第一步售前准备

售前需要做的准备。

【销售案例——服装行业——售前准备】

来 ABC 休闲装已经三个月了,这一天,丽丽像往常一样早早地来到店里,她检查好工号牌和鞋子、衣服,准备参加每日的晨会。

晨会上,店长热情地问好,并宣导了企业的文化。接着让家人们互相检查仪容仪表,丽丽在家人的提示下再次整理了刘海,让自己看起来更加精神。这时,店长回顾了昨天的工作,丽丽业绩完成得不错,在会上受到了表扬,这让她非常高兴。在同事分享成功销售案例的时候,丽丽也学习到了不少销售技能。

店长还对昨天出现的问题进行分析,启发大家一起讨论解决。接着进行专题训练,对今日主推款的卖点进行介绍,然后制定了今日销售目标和会员卡目标并分析达成方法。之后,店长安排了今天的工作,最后大家聚在一起,手搭手大声喊出:"加油!加油!加油!"还一起跳了企业舞蹈,让自己有一个饱满的精神状态去面对顾客。跳舞的时候,丽丽就在想自己平时学习了那么多的销售案例,还经常和同事做模拟演练,为的就是抓住每一次的销售机会,自己一定要再加把劲,创造一个更好的业绩!

晨会结束后,丽丽迅速地将自己负责的卫生区域打扫干净,把卫生死角,包括壁画和墙面、门头还有橱窗都清理得干干净净。收拾好店内卫生后,她开始整理卖场的货品,按照商品品类、规格大小、颜色由浅至深搭配;然后整理陈列区域的货品,主要是更换正挂,按照色彩、库存、畅滞销来调整,给人焕然一新的感觉,而且保证尺码齐全。

整理好一切后,丽丽觉得今天又会是美好的一天,调整一下自己的状态,对着镜子给了自己一个灿烂的微笑,让自己感觉很开心,做好随时接待顾客的准备。因为店长说过,顾客能听出导购是否愉快,所以,一定要发自内心地去欢迎顾客,这样顾客才能感受到你的真诚。

◀售前准备:做好准备才能抓住每个销售机会,促进更多的购买。

◀导购积极的状态,是售前准备中非常重要而又容易忽略的一个环节

5.4.1 为什么要进行售前准备

每一个光临店面的客户都是公司花了费用请来的,其中费用包括:媒体广告费、门头广告费、店面租金。

只有做好售前准备才能从容地接待客户,让客户有一个良好的第一印象。

充分的准备能够提高导购对每个客户的销售成功率。

5.4.2 【范例】【企业DIY】售前准备事项

1. 货品陈列必备

(1) 货品及道具等整洁、无污渍、无灰尘；

(2) 及时补货，无空货架、空衣架（顾客试衣时除外）；

(3) 每件商品都应有相应的吊牌，吊牌按规定统一外露；

(4) 服装上不得有明显的折皱痕、线头；新品必须陈列在主要陈列区，以展示新品信息；

(5) 侧挂缺口方向标准统一，保持间距均等；

(6) 出样货品纽扣符合标准；

(7) 正挂件数量按照挂通设计可挂数量挂满（正挂如果是外套，必须要有内搭）；

(8) 叠装商品的尺码应遵循由上到下，由小码到大码。

2. 店面环境必备

(1) 门店外围卫生区域和门口脚垫保持整洁，卖场地面整洁干净；

(2) 门头字不得有反装或损坏现象，门头无蜘蛛网，灯箱、音箱保持干净、明亮、无破损；

(3) 电子显示屏使用正常、规范；

(4) 有背景音乐，曲目和音量符合公司播放要求；

(5) 橱窗区域地面、玻璃、模特、商品展示台、地台、装饰点缀道具干净、明亮、无灰尘。

5.5 接近要领

我们已经做好了接待客户的售前准备，下面就进入店面销售的第二步——接近要领，如图5-3所示。

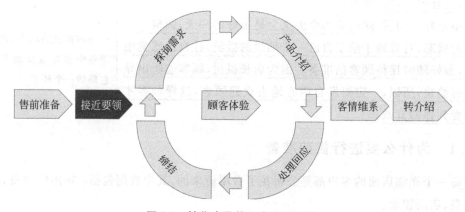

图 5-3 销售步骤第二步接近要领

什么是接近要领呢？接近要领就是吸引更多客户进店，帮助客户放松心情，拉近与客户的心理距离，创造购买氛围。

本章节内容包括：

(1) 接近要领概述；

(2) 顾客进店的应对规范；

(3) 观察顾客的信息点；

(4) 引发顾客谈话。

【销售案例——服装行业——接近要领】

因为是周末，今天逛街的人特别多，开门后陆续有顾客从店门口经过。这时，一对中年夫妇从店门口路过，丽丽热情地喊出迎宾语："早上好，欢迎光临 ABC 休闲装！我们店今天来了几款新品，两位进店里瞧瞧。" ←真诚、热情地说出欢迎语能引起顾客的注意和好感

二位听到声音后停下了脚步，看了一眼 ABC 休闲装的店面，丽丽抓住机会把顾客往店里面引："两位这边请。"她觉得这对夫妇看着面生，应该是第一次来，进一步介绍道："我们 ABC 休闲装是全国十大休闲装品牌，全国有几百家专卖店，我们的理念就是让每一位男士都拥有物超所值的时尚服饰，希望你们今天购物愉快！"两位点了点头，应该是对我们品牌有了一点认可。 ←抛亮点，介绍品牌优势吸引顾客深入了解

两位顾客进店后，丽丽端了两杯水给这对夫妇，"今天天气挺热的，两位请喝杯水。我们的产品很丰富，有衬衫、T 恤、休闲裤、牛仔裤，每种产品也有很多不同的系列。您想先看上衣还是裤子？"他们四周环顾了一下，说了一声："没事，我们自己随便看看。" ←贴心服务，用贴心服务法让顾客放松融入，建立良好沟通氛围

丽丽心想：我不能马上跟过去，跟得太紧顾客会觉得有压力，我在旁边先观察着顾客，看他们关注什么产品。同时说道："好的，有需要您叫我。我叫丽丽。" ←自我介绍，给顾客留下良好的第一印象

丽丽仔细观察了一下顾客，男士约 35 岁，身高 175cm 左右，肤色偏暗，上身穿衬衫，下身西裤，脚下穿一双皮鞋，手里还拿着车钥匙，是大众的车子。随后她观察到女士穿一件红色连衣裙，脚上穿一双高跟凉鞋，拎着一款黑色包包。通过观察丽丽发现他们应该是经济条件不错的顾客，心想等会儿可以尝试给他们推荐一些档次和价位较高的产品。 ←观察顾客，初步判断顾客基本信息和购买意向，为了解顾客需求做准备

丽丽发现顾客在衬衫的区域停留了一会儿之后，觉得是时候上前与顾客沟通了。于是她走上前去说道："两位天气热，先喝点水。"

"嗯，好。谢谢。"

丽丽接着说道:"你们现在看的这边是我们的衬衫区域,款式种类都很齐全。现在男士穿衬衫都非常讲究,如果工作穿的话要求正式简洁一些,如果休闲娱乐穿的话要求款式独特一些。两位想要什么类型的?我帮你们推荐。" ←引导性问句,确定顾客偏好风格

5.5.1 接近要领的目的

(1)吸引更多顾客进店;
(2)帮助客户放松心情、拉近与客户的心理距离,创造购买氛围。

5.5.2 客户心理分析

(1)很多客户进店并没有明确的目的,热情且有吸引力的迎宾能够吸引更多的客户进店。

(2)有些客户刚进入一个陌生的环境会产生戒备心理,通常他们不愿意回答导购的问题,不愿意多说话,他们担心说得太多会落入导购的圈套。

(3)而少数客户的心理戒备强度比较低,不需要进行心理调适,一进店就愿意接受导购的近距离沟通。

5.5.3 接近要领的步骤

1. 【范例】【企业DIY】迎宾语,如图5-4所示。
- 顾客进店后,导购用微笑的表情和亲切的语气问候顾客。
- 进店迎宾语:"您好!欢迎光临ABC休闲装。"
- 问候之后注意观察顾客,不要问顾客问题,不要向顾客介绍产品。
- 与顾客保持距离,不要跟随在顾客身后,或者离顾客很近。

图5-4 接近要领的步骤流程图

2. 自我介绍
(1)要点

清新悦耳、吐字清晰
与顾客有眼神交流

(2)例句【范例】【企业DIY】

"您好,欢迎光临ABC休闲装。我是您的形象顾问张丽。"

3. 观察顾客
(1)离顾客距离不远不近,在工作的同时用眼角余光观察顾客。
(2)不能让顾客感觉你在观察他,这样顾客会感觉有压力,从而有逃离的想法。

(3)观察顾客关注哪些产品。

4. 引发谈话

(1)抛亮点:介绍品牌或产品亮点,引发顾客兴趣,进一步了解或询问。

(2)话题法:结合观察顾客的基本情况,通过话题引发与顾客的谈话。

(3)直接介绍产品:顾客在关注产品或广告时,直接介绍顾客感兴趣的产品。

(4)赞美法:结合观察顾客的基本情况,通过赞美顾客,让顾客产生好感,进一步引发谈话。

【范例】【企业 DIY】观察顾客信息点,如表 5-2 所示。

表 5-2　观察顾客信息的观察点和判断标准

观察点	可能的选项	运用分析
年龄	18-22/22-28/28-35	初步判断适合的款式,接受的价位
肤色	黑/白/黄	初步判断其适合的衣服颜色
性别	男/女	判断自买还是赠送
体型	胖/瘦、高/矮	判断顾客适合的尺码和服装类型
气质类型	时尚型/普通型	根据气质类型初步判断其适合的衣服款式、层次
职业类型	农民工/工薪阶层/官僚阶级	分析其职业类型,定位不同价位和风格的衣服
着装类型	商务/休闲/运动/居家/时尚	观察着装类型,初步判断适合的款式
距离感	有距离感/无距离感	观察问候之后的回应方式和感觉,分析态度、辨别性格
主导者	男方/女方	分析谁更有购买决策权,为销售做准备

【范例】【企业 DIY】引发顾客谈话,如表 5-3 所示。

表 5-3　引发顾客谈话的范例表

可能遇到的情况	引发谈话的句子
年轻女性,比较随和	(赞美法)您好,今天这么热的天您还出来逛街,看来您很爱您的家人呀!那今天是给老公选衣服呢,还是给老爸选呢?
年轻女性,给父亲挑衣服,询问导购的意见	(直接介绍产品)美女,您眼光真好。这件衣服是我们店里的畅销款,比较适合 40~60 岁的男性,简单大方,面料也很舒服。您比比看。
35 岁左右的女士,直接向卖场衬衣区域走去	(直接介绍产品)女士,您好。是想给老公买衬衫吗?需要什么款式的呢?我可以为您介绍一下。
一对年轻夫妇,自己讨论,导购插不上话	(赞美法)天挺热的,您喝杯水解解渴。美女,您这条裙子是今年的新款吧,真好看,特别适合您,在哪买的啊?

5.6　探询需求

客户为什么要购买我们的产品的呢?因为我们的产品能够满足客户的需求,为客户带来价值。为了更好地介绍产品,需要我们主动探询出客户的需求,才能在推荐产品时,结合客户需求介绍产品,从而打动客户。

这一节我们来学习销售步骤的第三步——探询客户需求,通过观察和询问了解客户的基本信息和需求,为更好地推荐产品做准备,如图 5-5 所示。

本节内容包括:

(1)探询需求理论知识;

(2)探询客户需求的句子。

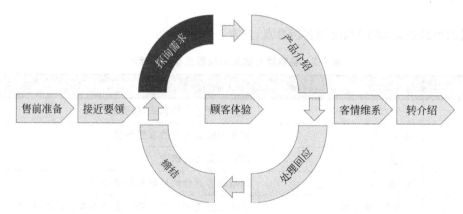

图 5-5 销售步骤第三步—探寻需求

【销售案例——服装行业——探询需求】

听到丽丽如此爽朗又饱含热情的声音,夫妇心想:这家的服务还挺不错的。这时,男士说:"下周去旅游,看件新衣服。"丽丽看到顾客的反应,感觉顾客已经慢慢放松下来了,刚才的紧张感稍微消除了一些,马上回应道:"原来是一家人出去旅游,太太还陪着一起逛街,一看就知道两位感情很好。最近天气这么热,出去玩玩也挺好的。两位是打算去哪里玩呢?"　　←生活性话题,拉近与顾客之间的距离

男士:"我们打算去海边。"

丽丽:"这个季节去海边,正合适呢。您看这边是商务装,偏正式点儿的;这边是时尚休闲装,相对随意一些,您更倾向于什么风格呢?"　　←引导性问句,确定顾客偏好风格

男士:"难得去旅游,休闲的吧。"

丽丽:"嗯,出去玩的话确实时尚休闲的比较合适。您喜欢宽松一点的款式,还是修身一点的呢?"　　←探索性问句,确定顾客偏好款式

男士:"修身的。"

丽丽:"嗯,修身板型的衣服显身材呢,您看这边几款,风格符合您的需求,都比较时尚大方,还是修身版的。像男士买衣服都看重质量和舒适度,您对面料有哪些要求?"　　←引导性问句,确定顾客偏好的面料

男士:"棉的吧。"

丽丽感觉对顾客的基本需求了解得差不多了,脑海中已经浮现出几款适合这位男士的衬衫和裤子,边想边拿过一件蓝色条纹的短袖衬衫递给男士。

5.6.1 探询需求

(1)很多客户只是在逛街时路过门店随便看看,并不确定自己的真正需求,我们可以通过询问结合观察来充分挖掘客户需求。

(2)通过询问充分了解客户需求,帮助客户理清思路,确定客户需求的真假,以便更好地推荐产品。

5.6.2 客户购买的原因

顾客购买是因为需求得到满足,产品利益满足需求,产品特征产生产品利益,因此我们在介绍产品的时候,不但需要介绍产品特点,更重要的是说明产品对顾客的利益,这就是顾客购买的原因,如图5-6所示。

图5-6 顾客购买因素

5.6.3 问句的作用与使用次序

不同的问句有不同的作用,我们使用问句是为了了解顾客需求,但是很多时候顾客自己都说不清自己的需求,因此需要我们引导、理清和确认。通常首先用开放式问句(OEQ)了解顾客需求,再用选择式问句(CQ)引导顾客进行比较,理清思路,最后用闭锁式问句(CEQ)进行确认。

图5-7 问句的作用与使用次序逻辑图

5.6.4 问句的类型及使用方法

问句有三种类型,分别是开放式问句、选择式问句、闭锁式问句。

1. 了解客户需求要使用——开放式问句

5W		2H	
What	（什么）	How	（如何做）
Where	（哪儿）	How much	（花多少钱）
Who	（谁）		
When	（什么时间）		
Why	（什么原因）		

2. 帮助客户理清思路要使用——选择式问句

(1) 给客户两个正面的选择；

(2) 作用：提供信息、理清思路；

(3) 常见错误的 CQ——给出的两个选择中包含负面选择；

(4) 错误的例句：您是更倾向于我们的产品，还是别人家的产品？

3. 确定需求的准确要使用——闭锁式问句

什么是 CEQ？——答案只有两个的问句，并且其中一个答案是另一个答案的否定内容。

(1) 作用：用来确认信息和需求，而不是了解信息和需求；

(2) 使用 CEQ 偏多会让客户感觉不舒服，影响销售氛围；

(3) 常见错误的 CEQ——使用否定问句。

4. 问句使用技巧之铺垫

(1) 说明——铺垫能够打消客户回答问题的疑虑；

(2) 注意事项——铺垫在预感到客户可能会拒绝回答时使用；

(3) 例句

• 看您就是成功人士，您是做什么工作的啊？

• 看您挺注重生活品质的，穿衣服应该很讲究吧，您平时喜欢穿什么风格的衣服呢？

5.6.5 探询客户需求的句子

1. 引导性问题使用说明

顾客刚进入一个陌生的环境，心理戒备程度较高。如果导购询问了很多问题，恐怕不但没有获得想要的答案，反而会把顾客吓跑。

因此我们需要通过几个简单的问题快速判断顾客的基本需求，根据顾客的需求明确程度推荐一款基本符合顾客需求的商品，为顾客介绍产品，推动顾客试穿。

【范例】【企业 DIY】引导性问题——推荐产品之前必须获得的顾客信息点

表 5-4　如何利用引导性问题获取顾客信息点的范例

信息点	问句
使用对象	您是自己穿还是送人呢？（CQ）
品类	1. 您今天来是想看上衣还是裤子呢？（CQ） 2. 这边是 T 恤，那边是衬衫，您从哪边看起？（CQ） 3. 您是喜欢牛仔裤还是休闲裤？（CQ）
风格	1. 您这身非常休闲时尚，您今天想看休闲装还是商务装？（CQ） 2. 看您穿着挺正式的，您今天是想看正式一点的职业装还是平时穿的衣服？（CQ） 3. 您今天穿的简洁大方，不知道您对衣服图案有没有要求，是想看下纯色的还是条纹的？（CQ）
面料	1. 不同面料穿上在身上会有不同的感觉，纯棉的吸汗透气，丝光棉的顺滑凉爽，您更喜欢哪种？（CQ） 2. 这边的衣服弹性比较好，您喜欢衣服带一点弹性吗？（CEQ）

2. 探索性问句

顾客开始试穿之后，心情会趋于放松，沟通气氛会更加融洽。导购可以在顾客试穿过程中，深入询问顾客需求，全面了解顾客信息，为后续的产品介绍、缔结做准备。

客户的需求就像射击的靶子，结合客户的需求介绍产品才能最大限度地推动客户购买。全面了解客户需求需要使用问句进行询问，下面给出了希望了解的客户需求信息点，对应的了解客户需求的问句，客户可能给出的回答选项，以及你在介绍产品的时候如何运用客户回答的指导。

（1）信息点：你需要探询的客户信息。
（2）问句：用来了解信息点的问句。
（3）运用分析：运用客户回答推动客户购买的方法指南。

【范例】【企业 DIY】探询顾客需求的信息点，如表 5-5 所示。

表 5-5　探询顾客需求的信息点范例

信息点	问句	运用分析
使用对象	您是自己穿还是送人呢？（CQ）	锁定使用人
品类	1. 您今天来是想看上衣还是裤子呢？（CQ） 2. 这边是 T 恤，那边是衬衫，您从哪边看起？（CQ） 3. 您是喜欢牛仔裤还是休闲裤？（CQ）	了解顾客可能的购买主件
风格	1. 您这身非常休闲时尚，您今天想看休闲装还是商务装？（CQ） 2. 看您穿着挺正式的，您今天是想看正式一点的职业装还是平时穿的衣服？（CQ）	了解顾客的穿衣风格
面料	1. 不同面料穿上在身上会有不同的感觉，纯棉的吸汗透气，丝光棉的顺滑凉爽，您更喜欢哪种？（CQ） 2. 这边的衣服弹性比较好，您喜欢衣服带一点弹性吗？（CEQ） 3. 您喜欢面料厚一点的还是薄一点的？（CQ）	了解顾客对衣服面料的偏好，对应推荐

续表

信息点	问句	运用分析
送人对象信息	年龄：不同年龄的人穿衣风格不同，您是想给多大年龄的人买呢？（OEQ） 身形：1.为了帮您先生选到更合适的衣服，我想了解一下他有多高？体重大概多少？（OEQ）	了解顾客送人对象的信息，拿合适的尺寸，给出专业的搭配建议
颜色	1. 我们的衣服颜色很丰富，您更喜欢哪种颜色？（OEQ） 2. 您喜欢颜色亮一点还是素一点？（CQ） 3. 为了更好地给您搭配衣服，您家里的衣服主要是什么颜色的呢？（OEQ）	了解顾客对颜色的偏好，做对应的推荐
适用场合	1. 您是上班穿还是平时穿？（CQ） 2. 您是平时上班穿还是为参加重要场合准备的？（CQ）	了解穿衣场合，给出专业建议
款式	1. 您想要修身型的还是宽松型的呢？（CQ） 2. 看您个子高，不挑衣服，您喜欢宽松一点的还是修身一点？（CQ） 3. 我们的衣服有鸡心领还有圆领的，您喜欢穿哪种？（CQ）	了解顾客的款式偏好
预算	1. 您的预算大概是多少？（OEQ） 2. 您想买件什么价位的？（OEQ）	了解顾客的预算
职业	1. 您看着非常稳重，您是从事哪方面工作的？（OEQ） 2. 您上去好有朝气啊，是在读书呢还是已经参加工作了？（CQ） 3. 跟您聊天感觉特别舒服，您的谈吐很幽默，您是做什么工作的啊？（OEQ）	为附加销售做铺垫，拉近与顾客的关系

5.6.6 顾客转交

1. 为什么需要顾客转交

在门店工作中，导购接待的有些顾客的需求超出了导购的能力或者权限范围，为了更好地给顾客提供服务，导购就需要将顾客转交给别的同事来接待，在过程中还要确保顾客体验良好，所以就需要顾客转交。

2. 需要顾客转交的情形

（1）需要交给收银、客服及服务团队；

（2）团购顾客/商用顾客；

（3）跨部门的产品，顾客告诉你他还需要其他的产品，顾客可能还有其他购买需求；

（4）销售技巧不够娴熟或不熟悉的产品。

3. 顾客转交的流程，具体如下

（1）你需要了解顾客基本需求；

（2）对顾客说："我为您介绍更专业的导购为您服务。"

（3）为顾客和导购相互介绍；

（4）向顾客转交的导购复述顾客的需求；

（5）顾客说："接下来由×××为您服务……"

【范例】【企业 DIY】顾客转交规范

需要转交的情景：

（1）团购顾客转交店长；

（2）新员工，顾客咨询尚未培训的产品，转交给师父。

5.7 产品介绍

销售步骤的第四步——产品介绍，如图 5-8 所示。该如何向客户推荐我们的产品呢？如何介绍产品才能更好地打动客户，使客户有购买的欲望呢？下面就开始产品介绍环节的学习。本节内容包括：

（1）产品介绍的内容；

（2）产品介绍的方法；

（3）产品亮点；

（4）产品的优点和证据；

（5）针对客户需求的个性化利益。

RTS41 产品推荐

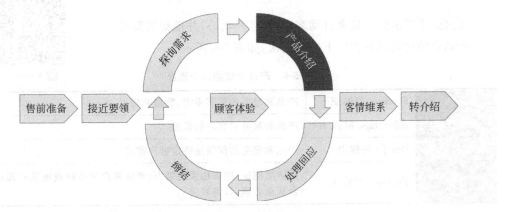

图 5-8 销售步骤第四步产品介绍

【销售案例——服装行业——产品介绍】

丽丽感觉对顾客的基本需求了解得差不多了，脑海中已经浮现出几款适合这位男士的衬衫和裤子，边想边拿过一件蓝色条纹的短袖衬衫递给男士。男士接过，先是犹豫了一下，然后前后翻看。丽丽："这款衬衫吸汗性强、穿着舒适，款式设计显得干练大方。两边腰身的收缩设计显得您身材更好，而且蓝色跟您的肤色也挺相配的。这边是试衣镜，您可以比一比，看看效果。"

←产品介绍：介绍产品的特征、优点，并推动比一比

男士听丽丽这么一说有点心动了，丽丽一直留意观察男士

的身材,觉得 L 号可能是适合男士的尺码,这时候看男士有点犹豫了,立马取下一件 L 号的。"您身材这么好,这件衣服您穿着肯定特合适。这边有镜子您先比比看。"边说着边引领男士走到试衣镜前。丽丽观察到男士比了衣服之后神情有一些变化,想着这时候应该推动顾客去试试,顾客只有试衣服才能真正看到效果;看到效果之后,顾客才会有购买的欲望。

←推动试穿,顾客试穿后会转移注意力,更加放松融入

"您看多合适,不过这样比是平面的,穿着才能更好地看到效果,您到试衣间试试吧!"

男士:"我试试,但是不一定买啊!"

丽丽:"您放心试试好了,买不买都没关系。您先看看穿着的效果,如果您觉得合适,就考虑看看。如果觉得不合适,我再拿更合适的款,关键要找到您穿衣的定位,以后就不用为穿什么衣服适合而烦恼了!"

男士:"那试试吧,给我拿个 175 的号。"丽丽:"好的,没问题。您请,试衣间在这边。"

5.7.1 产品介绍

通过介绍产品的好处来打动客户,使客户动心,并推动其购买。

产品介绍的内容分为以下四个层次,如表 5-6 所示。

表 5-6 产品介绍的四个层次

产品特征	Features 简称 F	产品和服务的客观事实、数据和特点
产品优点	Advantage 简称 A	产品和服务对客户的帮助
个性化利益	Benefit 简称 B	产品和服务如何满足特定客户需求
证据	Evidence 简称 E	具体的例证,用来加强说服力,消除客户的怀疑或敏感心理;迎合从众心理,口碑效应

5.7.2 产品介绍的方法

(1) 结合客户的需求说明满足需求的产品特征和个性化利益。
(2) 产品特征+利益+附加问句。
(3) 根据客户的回应确定是否陈述证据。
(4) 附加问句的作用——检查顾客是否认可。

常用的附加问句:
(1) 您觉得呢?
(2) 您怎么看?
(3) 您怎么考虑?

（4）您觉得哪些方面比较好？

例句

这款 T 恤从面料上讲，棉料穿着舒适透气，加了些莫代尔，活动起来不会感到紧绷。吸湿排汗，贴身舒适。采用黑灰相撞设计，通过领子、袖口撞色点缀加上胸前精致绣花，在视觉上带来空间感，最适合像您这么年轻又时尚的男士了。您觉得呢？

【范例】【企业 DIY】产品亮点，如表 5-7 所示。

表 5-7 产品亮点范例

亮 点	话 术
品牌推广	我们公司和交通网、电视台都有合作，而且还赞助了一个非常火的相亲的节目"我在这里，你在哪里"。
性价比高	相比其他品牌相同材质、款式的衣服，我们的价格更加实惠，能让更多的男士拥有自己的时尚衣橱。
免费办理会员	我们可以免费帮您办理会员卡，会员卡是全国通用的，全年享受优惠，消费积分还可以兑换礼品。如果您忘记带会员卡，报一下您的手机号码或姓名，可以帮您查到信息，同样可以享受 VIP 价格。
全直营模式	ABC 品牌采用统一管理的全直营模式，产品是厂商直接提供，没有中间代理商，把中间的费用节省下来直接让利给顾客，所以我们的产品在同等品牌、质量中价格是最实惠的。
标准化管理	所有门店都采用一个模式运营管理，从服装面料到风格产品，都经过严格检验。在售前、售中和售后的过程中，我们的服务和价格都是标准化管理。在全国任何一家门店您都可以享受终身免费的售后服务。

5.7.3 转单

1. 为什么需要转单

很多产品更新速度很快，有时候顾客想购买的产品已经停产了或者断货了。或者出于其他原因，需要给顾客推荐另外的产品。这时候就需要转单技巧，合理地运用转单流程，无疑会提高转单的成功率，转单的流程如图 5-9 所示。

图 5-9 转单流程示意图

2. 转单流程

说服顾客转单，导购需要先了解顾客考虑购买原产品的原因，以及顾客的需求，之后导购结合顾客需求和准备推荐产品的 FABE 进行介绍,推动顾客转单。

在说服顾客转单时需要注意的是,说服顾客改变想法和观念,直接说教会把自己置于顾客的对立面上,可能会让顾客觉得不舒服,假借其他顾客的想法和观念来介绍给顾客,这样既能达到说服顾客的目的,又能避免与顾客发生直接的冲撞。

【范例】【企业DIY】转单顾客导购对话示例,如表 5-8 所示。

表 5-8 转单顾客导购对话示例

	导　购	顾　客
1. 顾客原来想买的产品	您好,您今天来想看个什么产品?	你们这儿有联想 Z 系列的笔记本电脑吗?
2. 顾客欲购买原先产品的原因	有的,您对电脑挺了解的,联想 Z 系列确实是款非常不错的系列,您是出于什么原因想看这款电脑啊?	我觉得 Z 系列颜色很好看,联想这个品牌也不错,周围朋友都用的联想。
3. 顾客的需求	您挺细心的,联想品牌很过硬,您这次买笔记本主要有哪些方面考虑啊,比如品牌啊、价位啊?	我吧,之前那个笔记本送给人了,这次就想买个颜色好看一点的,品牌要大、知名度高的,联想就很好,周围朋友买的多,我放心一点。
4. 说服顾客转单	联想 Z 系列颜色确实不错,而且现在几个大品牌都出了带颜色的笔记本,蓝色、红色、白色都有,很多顾客都选购了 DELL 彩壳机,还有华硕彩壳机,他们也是很看重外观、颜色,像您一样,都是非常细心的时尚女性,我们还有几个同事用的也是 DELL 彩壳机,感觉都非常好。就在这边,你来看看吧。	这么多品牌都有彩壳机啊,我看看。

【范例】【企业DIY】产品 FABE

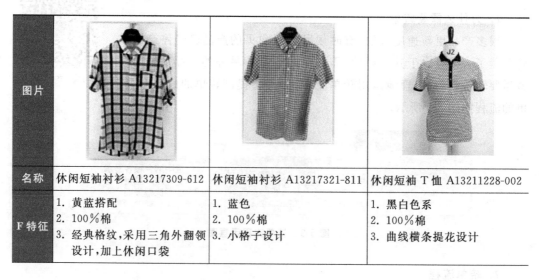

图片			
名称	休闲短袖衬衫 A13217309-612	休闲短袖衬衫 A13217321-811	休闲短袖 T 恤 A13211228-002
F 特征	1. 黄蓝搭配 2. 100%棉 3. 经典格纹,采用三角外翻领设计,加上休闲口袋	1. 蓝色 2. 100%棉 3. 小格子设计	1. 黑白色系 2. 100%棉 3. 曲线横条提花设计

续表

A 优点	1. 百搭、清爽 2. 柔软舒适,吸湿透气 3. 简单时尚,轻松自然,给人一种立体感	1. 清爽,给人亲切感 2. 柔软舒适,吸湿透气 3. 小格子设计搭配明亮的色彩,优雅而不失时尚	1. 经典清爽不过时 2. 吸湿透气,柔软舒适 3. 具有很好的修身效果,新颖高档,具有稳重商务气息
B 利益	1. 这款黄蓝搭配的时尚设计,穿上之后可以突出您的独特品位,亮丽的颜色搭配非常适合夏天,下身可以搭配浅色的牛仔裤,非常实用。 2. 这款衬衫是纯棉的,面料穿着舒服,吸汗透气。设计时尚、颜色亮丽,在夏天给人一种清凉的感觉。蓝色代表自信和清新,穿着大气干练,适合都市精英,让您在职场上更加自信从容。	1. 这款采用全棉的面料,穿着起来更加舒服、不粘身,而且是免烫型的,穿起来非常省心,不用每次都花时间熨烫,挺麻烦的。 2. 精致的小格子设计,穿着更显年轻,蓝色搭配感觉更加凉快、清爽。夏天的衣服主要追求清爽舒适,穿着出席任何场合都能给人一种亲切感,给对方留下美好的印象,自己也更自信了。	1. 这款面料非常好,吸汗透气,做工也比较精细,相当有造型感,领口和袖口采用黑色质地面料,耐脏耐磨,很适合您这种时尚男士。黑白相间的波浪纹既能搭配夏季浅色系裤子,又能在任何场合穿着,显得休闲时尚,让人眼前一亮。 2. 这款短袖T恤休闲时尚,既可以与休闲裤搭配,也可以与牛仔裤搭配,显得大方得体。搭配一条浅色棉质长裤更显得您优雅从容的风范,同时还可以搭配牛仔裤,显得简约大气,彰显您的青春活力。 3. 该款面料柔软舒适,抗皱性强,吸湿性好,夏天穿着既凉快又不用熨烫,可以为您这样工作繁忙的成功人士节省很多时间!

5.8 顾客体验

销售步骤的第五步——顾客体验,顾客在试穿时的体验非常重要,我们要以专业的技能和周到的服务,强化顾客满意度,如图5-10所示。

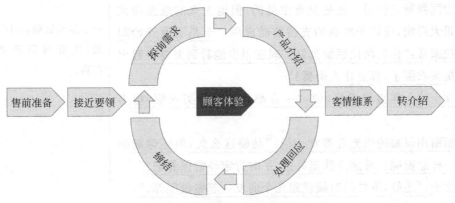

图 5-10 销售步骤的第五步客户体验

这一环节我们该如何做呢？客户体验这一章节就会有详细的介绍。本节内容包括：

(1) 顾客试穿操作规范；

(2) 顾客试穿后的三种反馈及应对处理；

(3) 试衣后的赞美；

(4) 生活性话题。

【销售案例——服装行业——顾客体验】

男士："那试试吧，给我拿个175的号。"

丽丽："好的，没问题。您请，试衣间在这边。"

丽丽记得培训的时候，店长反复强调要重点关注试衣服的对象，因为他们是最可能实现销售的，要适时赞美，并且要把衣物准备好，尺码一次性拿准，方便顾客能够直接穿上，不让顾客久等或反复试穿。

于是，丽丽礼貌地将顾客带向试衣间，站在顾客右侧方用右手引导。在引领顾客去试衣间的路上，丽丽一边解开衣服扣子，一边整理领口，对男士说："这款衬衫非常适合您，您穿上肯定非常精神。" ←试穿操作规范：试穿前

到了试衣间门口，丽丽轻敲三下门，确定里面没有人，然后打开门开启试衣间的灯，并且快速地检查了试衣间的卫生，把一块纸屑捡起，给顾客营造一个良好的试衣环境。丽丽把衬衫递给顾客的同时提醒说："这是您要试穿的衣服，注意吊牌小心划伤皮肤。我就在门口，有什么问题您可以随时叫我。"

丽丽轻轻地关上门，然后转身招待女士："美女，穿着高跟鞋逛街挺累的吧，这边休息区坐着等吧，还有一些杂志可以看看。我帮您把水端过来。"丽丽边说边把女士领到休息区，也把两杯水放到女士面前的茶几上。女士坐在沙发上翻了翻杂志，感觉这个导购服务还挺到位，对这家店的好感有所增加。

丽丽判断这位男士还是挺有主见的，但他太太的意见应该会有很大影响，应该争取她的支持推动成单。于是丽丽开始跟女士拉家常："你们两位感情真好！现在很少能看到夫妻一起出来逛街买衣服了，真是让人羡慕！" ←生活性话题，与同行者沟通，拉近与顾客之间的距离。

女士脸上洋溢着幸福，说："一直都是我陪他买衣服，很多年了。"

丽丽用羡慕的眼光看着女士说："结婚这么久，但还像新婚夫妇一样甜蜜呢！看您皮肤挺好的，平时肯定经常保养吧？"

女士："还好，不忙的时候就跟几个朋友一起做做保养。"

丽丽："难怪皮肤这么好。您手上这款包包好像是最新款，有您这么有眼光的太太真是先生的福气呀！您老公平时喜欢穿什么风格的衣服呀？" ←与同行者沟通促进顾客购买，拉近关系，了解顾客本人的购买需求信息，以及顾客和同行者喜好

女士："也没有规定的款式，只要穿着好看就行。"

丽丽："哦，您真体贴，又有眼光，给您先生选的衣服一定非常适合他！那您觉得您先生适合什么颜色的衣服？"

女士："我喜欢他穿亮一点的颜色。"

丽丽："嗯，亮一点的颜色显得人更加年轻有活力。"

这时候，男士已经换好衣服出来，丽丽马上走过去帮顾客把衣服的吊牌拿出来，边整理衣领边说："您穿这件衣服挺合身，这边有试衣镜您看一下。"男士对着镜子认真地看起来。丽丽见状轻声地问道："这款感觉蛮衬您的肤色，您觉得如何呢？"

男士皱着眉，摇了摇头："还行吧，不过没什么特点，而且颜色有点暗。" ←顾客负面回应

丽丽心想男士应该是不满意这款产品，于是作出补救："您很时尚啊，是不是喜欢亮一点的颜色，那您看看这边的款式。" ←处理回应：认同＋赞美＋转移＋推进

丽丽回想到女士刚刚提到喜欢亮一点的颜色，于是拿起一款衬衫说："您身材匀称，穿什么衣服都好看。刚才那一款不合适不要紧，我帮您推荐几款独特一点的衬衫吧。这一款短袖衬衫穿着舒适、时尚，能给人以清爽的感觉，同时可以提升您的气质。颜色方面采用黄蓝搭配，亮丽的颜色搭配非常适合夏天，下身可以搭配浅色的休闲裤或者牛仔裤，非常方便。" ←产品简介：介绍产品的特征、优点、利益

"您可以再试穿感觉一下，也可以征求一下您太太的意见。" ←推动试穿整套

男士回头望了一下女士，女士微微点头说："嗯，颜色确实不错。可以试试。"

男士："那好吧，我再试试。"

"我给您拿了175的号，因为衬衫颜色比较亮，为了让您更好地看到衣服效果，给您配上这条休闲裤和皮带一起试试吧，裤子给您拿了L号的。"

男士："我今天没考虑买裤子。" ←顾客对成套试穿的负面回应

丽丽："买不买没关系，衣服穿出的效果好都是搭配出来的，您可以试试看这款衬衫配这类裤子穿出来的效果，也为您回家自己搭配裤子做参考嘛。" ←巧妙降低顾客试穿承担的风险和压力，打消顾客的顾虑

男士："那好吧。"

丽丽把男士带到试衣间并把整套衣服递给他后，对女士说：

"您先生很尊重您的意见呢，平常对您一定也是非常体贴。看您的气质非常优雅，不知道两位从事什么工作呢？" ←探索性问题，了解职业，并使用问句铺垫

女士笑了一下："我们自己做生意。"

丽丽："自己做生意挺好的，时间比较自由。像我们这种打工的，都很少有自己的时间。你们平时去旅游挺方便的吧？都去了哪些地方玩了？"

女士："说是方便，但其实自己做生意凡事都要亲力亲为，忙都忙不过来，哪有时间啊。"

丽丽："也是啊，做生意也挺辛苦的。希望您和先生这次去海边，玩得开心点。两位平常如果没有时间出去旅游的话可以多过来我们家逛逛，买几件新衣服犒劳一下自己，心情愉悦一些也挺好的对吧。"

女士："是啊。"

顾客体验步骤，如图 5-11 所示。

图 5-11　顾客体验步骤

5.8.1　顾客试穿

1. 选型推荐

很多顾客自己也不知道哪款衣服适合自己，导购如果能够尽快找到一款适合顾客的衣服给顾客试穿，顾客试穿后自我感觉也很好，就会激发顾客的购买欲望，产生购买需求。如果顾客对试穿的前一两款衣服感觉不好，顾客就会缺乏耐心再继续试穿，大多数顾客会借口"我再看看"之后离店。因此导购需要很快找到适合顾客的衣服。

2.【范例】【企业 DIY】体验前

（1）礼貌地将顾客带到试衣间门口，站在顾客右侧方用右手引导；

（2）轻敲三下试衣间门，确定里面没人，打开门检查里面是否干净、灯是否开启；

（3）在顾客进试衣间之前，检查上一位顾客是否有遗留的贵重物品或商品，整理试衣间拖鞋、地面卫生等整体环境；

（4）对顾客说："您好，请稍等。我帮您打开风扇。"为顾客提供良好的试衣环境；

（5）确定拿的是顾客要的尺码，不能让顾客反复试穿，从而产生厌烦感，并对顾客说："您要试穿的衣服帮您放在试衣间了。"

（6）在引领试衣间的路上，快速整理好顾客要试穿的衣服，包括解好扣子、拉开拉链。

3.【范例】【企业 DIY】体验中

（1）在顾客试衣过程中，应在试衣间外不间断跟进，不可以忽略顾客的任何需求。

(2) 如果天气热的话，备点纸巾，等顾客出来时递给顾客擦汗。

(3) 提示顾客夏天的衣服可以直接贴身试，这样效果更佳。

(4) 如果顾客很长时间没出来，可以问一下："先生，是尺码不合适吗？我可以再帮您拿个大点/小点的过来。"

(5) 如果顾客在试穿裤子时，我们可以提示说："裤子长的话我们可以免费改边的，这个您不必担心。"

(6) 在顾客试穿衣服时，应该想到顾客试穿的相邻尺码，在顾客试穿3分钟左右的时间询问顾客尺码是否合适，感觉如何，出来看一下吧，赞美一下顾客。

同行者处理

贴心服务：将顾客的同伴领到休息区茶水招待、聊天交流，与同行者沟通促进顾客购买。

(1) 和他们聊天，拉近关系，了解顾客本人的购买需求信息，以及顾客和同行者喜好。

(2) 顾客与同行者意见不一致的情况

顾客自己有主见：在考虑到同行者看法的基础上，拉动同行者一起赞美、鼓励顾客，推动购买。

范例：情侣一起来的，男生比较认定自己的选择。"美女，这件衣服的颜色确实比较亮，不过您男朋友肤色这么好，身材也不错，穿起来特别能彰显他的气质，您看是不是？"

同行者的意见对顾客影响较大：在应对时，结合顾客和同行者的意见进行回应或者以同行者的意见为主。

(3) 顾客与同行者意见一致的情况

顾客与同行者对某些方面都很满意：对顾客和同行者的意见做出同样的肯定，让顾客和同行者都认可这些方面。

顾客与同行者对某些方面都不满意：将说服重心放在决策者身上。

范例：两位男同事一起来的，不满意服装的价格，同行者的意见对顾客影响大。先给同行者倒杯水，根据他们的行头询问职业，认同他们的职业，再给他介绍衣服的优点在哪里，为什么值那么多钱，拿出类似的衣服来对比，证明此款衣服的高性价比。

同行者的附加销售：

(1) 和同行者聊天了解同行者的喜好，推动其试穿。

(2) 如果顾客朋友拎着其他品牌购物袋，可以询问他购买的东西。如果是服装，可以给其搭配，做附加销售。

4. 体验后

(1) 顾客出试衣间第一时间检查试衣间是否有遗漏商品或物品。

(2) 试衣后顾客还在挑选衣服时候可以给顾客免费熨烫衣服。

(3) 试衣后注意防盗，以防衣物丢失。

(4) 试衣后拖鞋摆放整齐，保持试衣间干净。

(5) 询问顾客试衣后对衣服的一些意见和建议。

(6) 提醒顾客保管好贵重物品，拿出试衣间不需要的商品。

5.8.2 顾客试穿后的三种反馈及对应处理

顾客试穿后会有满意、犹豫和不满意三种反馈，导购需要识别判断，并进行针对性处理。

1. 顾客满意

当顾客有以下表现时，说明他满意试穿的产品。

(1) 直接表现：语言

① 直接肯定衣服："很喜欢，直接穿走。"

② 询问他人穿着效果，自己满心期待地等待建议或者肯定。

③ 询问衣服质量、价格、活动、售后服务等方面的信息。

(2) 间接表现：动作、神情

面露微笑，并且反复照镜子。

(3) 应对方法：及时赞美顾客，并用语言引导陪同人员一起肯定顾客 → 推动购买。

(4) 话术举例：

这条裤子穿在您身上，效果一下就出来了。板型、气质各方面都非常适合您，我帮您再配一件上衣吧，一整套穿出去效果更好。您觉得呢？

2. 顾客犹豫

当顾客有以下表现时，说明他犹豫试穿的产品。

(1) 直接表现：语言

① 用比较疑惑的语气询问陪同的意见，例句如下：

"您觉得我穿这件好看吗？怎么样？"

"这件我穿的怎么样，我自己感觉不怎么好。"

"这样的款式适合我吗？"

② 神情不定，看了下说："有没有其他款式了，拿来看看。"

③ 看了价格，说价格贵了，在犹豫。

④ 来回走动地说，可买可不买。

⑤ 怕穿回家，老婆说不好看，我倒是挺喜欢的。

⑥ 不知道我老公喜不喜欢这件，要不然过两天我带他一起来看吧。

(2) 间接表现：动作、神情

① 反复照镜子，试了好多件，不知道要哪一款。

② 脸上没有什么表情，但也没有要脱下来的意思。

③ 进店不试，喜欢把衣服一件件拿来看。

应对方法：及时赞美顾客，并用语言引导陪同人员一起肯定顾客 → 推动购买。

(3) 话术举例：

这条裤子穿在您身上，效果一下就出来了。板型、气质各方面都非常适合您，我帮您再配一件上衣吧，一整套穿出去效果更好。您觉得呢？

您看，不光我说好看，您爱人也觉得您穿这套衣服合身呢，您爱人的眼光肯定跟您一样好，您肯定也相信她的眼光吧。

3. 顾客不满意

当顾客有以下表现时，说明他不满意试穿的产品。

(1) 直接表现：语言

① 对于导购推荐的衣服，顾客看看后摇头，说再看看。
② 顾客逛一圈，导购询问顾客是否有需求时，顾客冷淡地说随便看看。
③ 导购询问尺码是否合适时，顾客直接说不喜欢。
④ 我感觉这款戒指跟我不搭。

(2) 间接表现：动作、神情

① 表情很不耐烦。
② 叹气、皱眉头。
③ 顾客试穿后，没出试衣间，直接换回原来的衣服。
④ 当导购询问是否需要试穿时，顾客摇摇头走开了。

(3) 应对方法：

询问顾客不喜欢的原因 → 推荐其他款式给顾客试穿。

(4) 话术举例：

"您对这款感觉一般是吧，我们这边还有很多其他的款式，您喜欢商务款的，还是运动休闲的？"

"您眼光真好，这是我们店里面短 T 恤中卖得最好的。您看，我们模特穿的也是这一款，您试一下看看效果怎么样？"

"您对这款不是很满意是吧，我们的款式非常多，您还可以试穿下其他风格的，一定要多试穿才能找到适合自己的衣服。您说对吧？"

5.8.3　试穿后赞美

针对不同的衣服顾客试穿后会有不同的赞美。我们只有先记住对顾客的赞美，这样我们在销售中才能灵活应用。

【范例】【企业 DIY】

(1) 您皮肤白，这款衣服比较衬您肤色，也好搭衣服。您看，穿上这件衣服是不是感觉特别利落。

(2) 这套衣服是今年的畅销款，穿在您身上，款型颜色都很适合您，很有时尚感呢，就像是为您量身定做的一样。

(3) 您照一下镜子，这套衣服穿在您身上效果马上出来了，很符合您的气质。回家您爱人肯定会夸您眼光好,直接穿着走吧,给您爱人一个惊喜!

5.8.4 生活性话题

我们在销售过程中,需要和顾客(购买者或者同行者)聊聊天、拉拉家常,以下是各种类型的顾客聊天的话题及对话范例,以后在销售中和顾客有话可聊,为拉近顾客关系提供方向。这些话题也可以在顾客比较戒备的状态下,引发其谈话,使顾客放松融入。

【范例】【企业 DIY】生活性话题,如表 5-9 所示。

表 5-9　企业 DIY 生活性话题范例

顾客类型	关注话题	交流内容
35 岁中年男人	工作	先生,看您蛮有气质的,您是做什么工作的呀?
	时尚	看您的包包和鞋子,都是今年的流行款呀!而且都是品牌的主推款。您一定是位时尚达人。
	品牌	像男士的衣服品牌有×××,您比较喜欢哪家的衣服类型啊?
	休闲	最近天气比较热!孩子也放假了吧,有没有打算去哪里玩啊?现在去××玩的比较多,可以考虑一下。
	生活	家里老人身体怎么样呀?最近天气热,要多提醒老人家注意防暑,保重身体呀。
35～45 岁女士	美容保养	导购:女士,您皮肤真好呀! 顾客:哪有,我都 42 了。 导购:是吗,完全看不出您的年龄。您看您的皮肤多紧致,眼角都没有皱纹。您有空得告诉我皮肤是怎么保养的,有时间也教教我呗。像我们 ABC 一直都在上新品,哪天您有空可以过来看一下。到时候帮您老公看看。
	家庭费用	现在都谈挣钱不容易,花钱如流水。家里什么都要开销,而且物价也在上涨。不过钱只有流动起来,人们才会有更大的动力去挣钱。不仅挣钱重要,理财也很重要。看您就很会过日子,是个贤妻良母。选择我们家的商品不仅物美价廉,而且可以得到更好的服务。
	孩子	导购:您孩子今年多大啊? 顾客:在读高中了。明年就高考了。 导购:现在读书也挺辛苦的,平时放假回家可以补补身体,放松放松,这样精力更充沛。到时一定可以考个好学校。

5.9 处理回应

只要客户在店面,就会对我们的产品和服务做出反应,这些反应中有正面的、负面的。我们要倾听和观察客户做出的反应,这就是销售步骤的第六步——处理回应,如图 5-12 所示。

客户做出的这些反应我们称为回应。针对不同的回应应该如何处理呢?那么开始处理回应这一章节内容的学习吧。本章节内容包括:

(1)回应辨别知识;

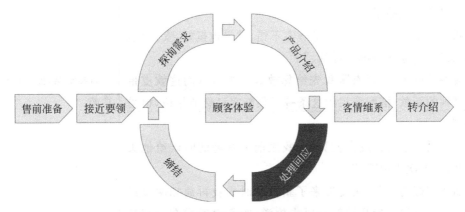

图 5-12 销售步骤第六步处理回应

（2）回应处理知识。

【销售案例——服装行业——处理回应】

这时男士试完衣服出来了，丽丽说："您穿上这款衬衫真是年轻帅气啊。您看这款黄蓝搭配的格纹衬衫，在稳重的普蓝中掺进略显萤火的黄色，颜色对比度强，所以给人层次分明之感。明亮的颜色在夏天里感觉比较清爽，也显得人更加年轻有活力。美女，您觉得穿上这件衣服是不是特别有魅力啊？" ←在考虑到同行者看法的基础上，拉动同行者一起赞美、鼓励顾客

女士略带微笑："嗯，感觉还挺好的。老公你觉得呢？" ←顾客正面回应

男士笑着说："你说好看那就好看。"

丽丽："您先生特别尊重您的意见，真让人羡慕！您再看看配的这款休闲裤，用的是全棉面料，穿着舒适，透气性好。卡其色是今年的流行色，搭配上身的黄蓝格纹衬衫非常合适。腰上配有红色的扣子，起到点睛之笔的作用，显得轻松随意。" ←处理顾客回应：认同、赞美顾客

丽丽接着说道："修身板型，裁剪合体，穿起来充满时尚感，特别适合外出旅游，今天就带上呗！" ←直接缔结

女士："这套配着效果确实还不错，但是加一起有点贵！" ←顾客负面回应

"一看您就很会理财。您第一次来我们家吧？我们现在有优惠活动，您来扫描一下我们的微信平台，您就可以免费帮您办一张会员卡，您今天买衣服就可以享受 VIP 价格。我们会员还能享受会员的四大权益和六大增值服务，这在其他家都是没有的。" ←处理负面回应：认同、赞美顾客，抛亮点解除顾客购买疑虑，增强购买信心

女士："你家才打 88 折呢，基本没打折。" ←顾客负面回应

丽丽："很多人说有些商家为了能给顾客更多的折扣，会先把价格抬高，您肯定也发现了吧。我们家的衣服性价比很高，物超所值。而且您买这么多衣服是可以积分的，下次您再买的时 ←处理顾客异议：认同、赞美顾客，抛公司亮点，吸引顾客购买，降低购买风险

候就可以兑换礼品了。"

两人想了想,觉得衣服质量确实不错,效果也挺好,女士说:"那就买呗,看你穿着挺好看的。"

丽丽:"好嘞,这套衣服我先给您放好。<u>先生试的这款皮带也是刚到的新款,搭配您买的这条裤子很能突显您的品位,也带上吧。</u>" ← 直接缔结,推动购买附加产品

女士摇了摇头:"皮带就算了,我之前去香港的时候给他买了好几条,下次再说吧。"

丽丽:"好的,那下次皮带来了新款的时候我再通知两位过来看。您刚刚说想看几件新衣服去旅游,咱们再看看有没有其他合适的吧!"

两位微微点头,继续看衣服。

丽丽:"两位看看我们家夏天主打流行的短袖 T 恤,面料柔软舒适,吸汗透气,款式休闲时尚,风格独特。看看这款灰色的喜欢不?"

女士:"<u>但是家里有一件跟这差不多的 T 恤。</u>" ← 顾客负面回应

丽丽:"您眼光独到,像这样的款式都是经典款,100%的精梭棉面料,吸汗透气,柔软舒适。像您先生这样成熟的男士很适合这样的款式,简单百搭,优雅有型,很能彰显您高贵的气质。您穿上看看效果吧。" ← 认同、赞美顾客,介绍产品特征、优点和利益,并推动试穿

男士:"也行,那就试试吧。"

丽丽:"您眼光真的不错,我看您今天穿的是西裤和皮鞋,跟 T 恤搭配效果没这么明显,配一条牛仔裤和一双休闲鞋试试吧。我们店最新款牛仔裤,您来看看。" ← 附加销售—缔结:推动成套试穿

男士有点不情愿,丽丽继续说道:"买不买没关系,关键是您试试看看整体效果,回家就知道搭配什么样的裤子了。"

说着取下牛仔裤给男士在身上比画,边比画边介绍:"这款牛仔裤是采用摩擦工艺,上面还有明线装饰,显得这款裤子简单时尚,全棉面料穿着也很舒适。板型修身,您身材这么好,穿起来显得更加挺拔帅气。" ← 产品介绍:介绍产品的特征、优点、利益

丽丽看到男士挺认真地在听她介绍,于是再次鼓励男士进试衣间:"您的腿很修长,穿我们这款牛仔裤效果一定特别好!来,这边试试。" ← 利诱缔结,推动试穿整套

男士进了试衣间,丽丽跟女士说:"牛仔裤的话,配休闲鞋效果会更好,您先生穿多大的鞋呀?"

女士:"哦,41 码的。"于是丽丽拿来一双 41 码的休闲鞋,解 ← 试穿中操作规范:为附加

开鞋带,松好鞋帮,方便顾客一会儿直接试穿。 　　　　　　　　销售—产品搭配做准备

　　男士试完衣服出来之后照镜子,感觉还挺满意,脸上露出微笑,丽丽迎上前去,帮男士打理裤脚,从下往上整理好裤子,然后夸奖道:"果然效果很好,这款短袖 T 恤穿着舒服,黑白相间的波浪纹经典大方,适合在任何场合穿着,显得休闲时尚,让人眼前一亮。这款牛仔裤不易变形,耐磨耐穿,深蓝色跟上身的 T 恤搭配显得十分精神,穿这套衣服走到街上肯定回头率100%呀。" ←附加销售—产品搭配:介绍特征、优点、利益

　　丽丽接着说道,"美中不足就是少了一双休闲鞋,您坐下试试这款鞋子吧,我给您拿了 41 码的。" ←附加销售—缔结:推动试穿

　　换完鞋子后,丽丽:"您看看一身的效果吧。"

　　男士照完镜子后露出非常满意的表情。丽丽:"看来还是您太太最了解您,鞋码刚刚好。这款鞋子面料柔软,穿着舒适,透气性强,非常适合外出旅游穿。跟这套衣服搭配是再适合不过了,平常跟朋友聚会的时候穿着也很方便。"

　　男士转头,面带微笑地看着女士:"你觉得怎么样?"

　　女士走到男士身边,摸了一下衣服:"这个 T 恤洗了之后会不会变形?" ←顾客负面回应

　　丽丽:"您真细心,不过很多顾客说棉质的衣服只要注意洗涤方法的话,基本是不会变形的,关键是棉质的衣服穿着最舒服。您看这身穿着多帅气啊,都可以给我们家当模特了,我去里面帮您拿套新的,一起包起来吧。" ←处理顾客回应:认同、赞美顾客,从专业的角度解释说明,解除顾客购买疑虑

　　女士:"你们卖衣服的肯定说自己家的衣服没有问题,我怎么知道你们说的是真的还是假的。" ←顾客负面回应

　　丽丽:"两位请放心,我们 ABC 休闲装是全国十大休闲装品牌,全国连锁,在我们店铺消费产品质量和服务质量都可以得到保障。这款 T 恤确实很不错,面料柔软,抗皱性强,吸湿性好,夏天穿着既凉快也不用熨烫,像您工作这么忙,能为您节省很多时间呢!" ←处理顾客回应:抛亮点,解除顾客购买疑虑,增强购买信心

倾听和观察客户回应的作用

(1) 判断客户对你所做的产品介绍是否有兴趣?

(2) 判断客户是否听明白你所介绍的内容?

(3) 处理真正的客户异议!

(4) 判断缔结的效果。

5.9.1 辨别顾客回应

两种客户回应——正面回应、负面回应,如表5-10所示。

表5-10 顾客回应的两种方式

正面回应	顾客对你所说的有兴趣时的表现 顾客对你所说的满意时的表现 顾客对产品满意或者感兴趣
负面回应	顾客对你所说的没兴趣时的表现 顾客有异议没有解决时的表现 顾客对产品有疑虑 顾客犹豫不决时的表现

顾客回应的表现形式

顾客回应的表现形式分为说话的内容、说话的语气、说话的表情和说话时的行为四种,如表5-11和表5-12所示。

表5-11 顾客回应的表现形式(一)

	客户说话的内容	客户说话的语气
正面回应	客户对你的公司、你的产品、你的观点表示肯定和支持。 客户就你刚才的陈述问些问题。 客户就你刚才的陈述加上一些信息。 客户没有继续谈你的建议,也没有表示不满意,谈了其他的一些问题或看法。	使用赞同的方式进行陈述。 客户的声调平和。
负面回应	客户对你所说的内容表示有疑问。 客户对你的公司、你的产品、你的观点表示否定和反对。 客户企图尽快让你离开。	使用犹豫不决的方式进行陈述。 客户的语速加大加快。 客户的语气有些不耐烦。 客户用反问句进行反驳。 客户多次打断你说话。

表5-12 顾客回应的表现形式(二)

客户说话的表情	你说话时客户的注意力	处理回应的方法
客户表情微笑	客户看着你。 客户看着你提供的图片、说明书。 客户眼睛不时看别的地方。	赞美+鼓励
客户的表情烦躁	客户借口做其他的事情,手上不停摆弄一些东西。	认同+赞美+转移+推进

5.9.2 回应处理方法说明

1. 正面回应处理

方法:赞美+鼓励

客户心理分析:受鼓励的事人人都愿意去做。

我们应该在客户肯定我们的时候鼓励客户,推动客户最终购买我们的产品。

【范例】【企业 DIY】正面回应处理,如表 5-13 所示。

表 5-13　企业 DIY——正面回应处理的范例

类别	正面回应	正面回应处理
质量	这件衣服面料挺舒服的。	一看就知道您对面料非常了解,您挑选的这件衣服是天丝和桑蚕丝混纺面料的,手感摸起来特别顺滑,而且桑蚕丝面料的衣服穿在身上轻滑、透气、吸汗,是夏日穿着的首选。您穿上试试。
设计	你们家裤子板型不错。	主要是您的身材好,穿着这条裤子非常有型,显得您更加成熟有魅力,这种板型的裤子非常适合您,这款还有两个颜色,您一起试试吧。

2. 负面回应处理

方法:认同+赞美+转移+推进

在处理客户异议的时候,首先要认同客户,站在客户的角度替他考虑,与客户产生共鸣,继而赞美客户,进一步拉近与客户之间的关系,之后可以将客户的注意点进行转移,根据客户需求重述产品的一到两个核心卖点吸引客户注意,或者使用开放式问句重新了解客户需求,最后用恰当的方法进行缔结。

客户心理分析:大多数客户的负面回应都是随口一说,如果您向客户解释很容易陷入辩论,无论辩论的结果是谁对都是你输。

最好的方法是答非所问,转移客户注意力,大多数情况下过会儿客户自己也忘了,如果客户反复提起我们再精心处理。

【范例】【企业 DIY】负面回应处理,如表 5-14 所示。

表 5-14　企业 DIY——负面回应处理的范例

类别	负面回应	回应处理
质量	牛仔裤会掉色。	嗯,您是我家老顾客了吧。确实很多人都说牛仔裤无论价钱高低多少都会有一点褪色。您第一次清洗的时候可以放一点盐在水里,晒衣服的时候翻过来晒,这样就不容易掉色。以后买深颜色的衣服都可以用这个小窍门。我再给您搭一件蓝色的上衣,您试试,看看整体效果。
款式	款式不适合我。	衣服刚穿上不会马上就有感觉,我帮您打一下,您再照照镜子。这款非常衬您的肤色,能显示出您优雅的气质。修身板型也能展示出您模特般的身材,就像给您量身定做的一样。我再给您搭条裤子,看看整体效果。

5.10　缔结

销售步骤的第七步是图 5-13 中的缔结,在前面的章节有提到缔结,那什么是缔结呢?缔结就是导购主动向客户要求购买时所说的话。销售的最终目的就是让客户购买我们的产品,从而提高我们的销售业绩。

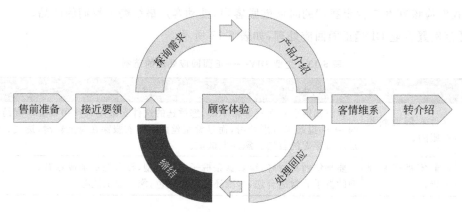

图 5-13　销售步骤第七步缔结

为了提高业绩,一定要在销售过程中多使用缔结。如何使用呢?我们又会用到哪些缔结句子呢?

本节内容包括:

(1)缔结知识。

(2)缔结目标。

(3)缔结的话术。

RTS71 缔结概念

【销售案例——服装行业——缔结】

看着女士有点犹豫,丽丽继续说道:"您是第一次来我们家买衣服吧。刚才给您办了会员卡,您之后就可以享受我们家的贴心售后服务,终身免费给您修改裤脚、免费熨烫衣服,不是在我们家买的衣服也可以。"

女士心想这间店的服务还是蛮不错的。丽丽觉得女士好像有些认同,说道:"这两套我都帮您包起来吧,以后我们店还可以帮您免费裁剪裤边和熨烫。您是刷卡还是现金?"　←利诱缔结,推动购买整套

两人想了想,女士说:"刷卡吧,连着鞋子和刚刚那套衣服。"

听到女士的回答,丽丽一颗紧张的心终于落下来了,为自己今天的第一单兴奋不已。但她还是平静地对女士说:"收银台在这边,您这边请。以后有活动或者新品,我第一时间通知你们。"

男士在柜台结账时,拿出票夹准备掏出信用卡,收银员微笑地说:"先生,您好。"男士点了一下头,"嗯。"

收银员:"看您这票夹品质非常好,应该用了挺长时间了吧。这是我们家新到的票夹,款式和皮质都非常好,最适合您这种商务人士了,它耐磨,韧性强,内衬也很牢固不易撕裂。这款票夹是三开的,可以放很多卡,正适合您这样的商务男士。您跟客户洽谈或吃饭的时候,掏出一款有品质的票夹,客户更认同您的品　←介绍产品优点、特征和利益,推动购附加产品

位和见地。带一个新票夹吧！"

男士低头看了看票夹，然后说："确实有点旧了。你们这票夹还不错。" ←顾客正面回应

收银员："您真豪爽，看您的做事风格就知道您和朋友出去玩的时候一般都是您抢着付账吧！像这款票夹您拿出来付账的时候肯定会羡慕死他们。您很幸运，这是我们最后一个了哦。我帮您一起包起来吧。" ←处理顾客回应：认同、赞美顾客，并推动购买

男士："好吧，一起刷了吧。"

顾客付款并填完信息之后，丽丽把小票、会员卡、衣服和保养手册双手递给了男士，将两位顾客送到店门口，真诚地说："欢迎您再次光临！祝两位旅途愉快！"

5.10.1 缔结知识

1. 缔结的目的
- 缔结的最终目的是获得订单。
- 而缔结的方法就是用不同的缔结方式，巧妙地反复缔结。

2. 错误的缔结

错误一、询问客户是否同意购买。

例句："您买一个吗？"

错误二、使用包含"是否""要不要""是否需要""买不买""可以吗"等关键词的闭锁式问句。

例句："您要不要买一个？"

例句："您不买吗？""您买一个不？"

3. 缔结方法

（1）直接法——直接向顾客提出购买要求。

（2）二选一法——采用一个选择式问句供顾客选择，向顾客提出要求。

（3）摘要法——将顾客在谈话中的正面回应内容重复一遍，然后再向顾客提出要求。

RTS72 缔结方法

（4）利诱法——提出顾客购买的利益或者不够买的损失，然后对顾客提出要求。

4. 缔结后客户回应的判断

场景一

客户表现：导购缔结之后，客户没有明确表示同意，但就这个产品说了些积极肯定的内容。

心理分析：客户肯定这个产品，这说明客户认可这个产品并同意购买，只是没有明确说出来。

应对方法：与客户继续讨论购买之后的事宜，继续进行缔结。

场景二

客户表现：导购做完缔结后，客户没有表示同意，但开始与导购讨价还价。

心理分析：与你讨价还价，这说明客户对这个产品有兴趣，有购买的打算。

应对方法：避开价格的讨论，假定客户默认购买继续进行缔结。

场景三

客户表现：导购缔结后，客户没有明确表示同意但问了些进一步的问题。

心理分析：客户询问进一步的情况，这说明客户对这个产品有愿望购买，他可能有些犹豫，也可能有些疑问。

应对方法：简单回答之后，假定客户默认购买继续进行缔结。

场景四

客户表现：导购做完缔结后，客户沉默。

心理分析：沉默说明客户有购买的打算，但也有可能有疑问或者犹豫不决。

应对方法：假定客户默认购买继续进行缔结。

5.10.2 缔结目标与技巧

人不能一口吃个胖子，同样，顾客从进店到购买多套衣服也需要经历一个过程，这个过程中导购不断地缔结推动将有助于顾客决定购买，缔结推动的目标也是从易到难。

RTS73 缔结使用的技巧

【范例】【企业 DIY】推动试穿，如表 5-15 所示。

表 5-15 企业 DIY 之推动试穿范例

缔结方法	话术
直接缔结	您皮肤比较白，这款短袖衬衫很适合您的肤色，您试一下吧！
	您身上的这件衬衫在哪里买的啊？您穿得真时尚，非常适合您的气质。刚好我们家有一款裤子跟您的衬衫很搭，您试一下吧。
	这款修身版的衣服剪裁得体，最适合您这样倒三角的完美身材了。穿上这件衣服，会把您的优势更好地体现出来，更加帅气。您试一下吧。

续表

缔结方法	话　术
二选一缔结	这两套是不同风格的,这套平时参加聚会可以穿,还有这套正式一点上班可以穿。您先试哪一套?
	这两件短袖风格不同,这款短袖T恤比较休闲,这款短袖衬衫更时尚一些。您看哪款更适合您? 试一下吧。
摘要缔结	您爱人刚才也说了,喜欢看您穿黑色的衣服,觉得您穿黑色特别有男人味。而且这款衣服面料上也很讲究是丝光棉的,在色彩和版型上都很适合您。上身试一下吧。
	您也说了咱家衣服裤子版型都很好,非常适合您。我拿个您的号,您试一下吧。
	您刚才也说了您朋友穿我家的衣服,大家都说质量和款式不错,我给您也拿一件试试吧。
利诱缔结	这款您穿上一定很好看,很符合您的气质。这一款非常畅销,只有这一个码了,很多连锁店已经断码了。您试试,看看效果。
	这一款包包我们店只发了一个,您真幸运,正好赶上店里搞活动,包包可以享受78折的优惠。您拎拎看。

【范例】【企业 DIY】推动购买,如表 5-16 所示。

表 5-16　企业 DIY 之推动购买范例

缔结方法	话　术
二选一缔结	像您上班需要穿正装,衬衫的款式特别多。这两条领带都比较好搭,这条简单干净,显得清爽大方,这条纹路更加细腻,显得您办事细心。您喜欢哪款? 还是两款都拿上?
	这两条裤子都是修身型的,米色的适合平时休闲穿,黑色的可以上班穿,您更倾向于哪款?
摘要缔结	前几天您朋友来了,选了几件新款,他的穿着和您一样有品位。他还说我们家服务好,质量也不错呢。您刚才也说这件穿起来很舒服,而且质量还不错,您就带上吧。
	还是您太太了解您,给您挑的这几款都很适合您,我给您包起来吧。美女,您这边请,填下会员资料,这样子就可以享受会员价,还能攒积分换礼品呢。
利诱缔结	这款衣服非常适合您的身型,卖得特别好,快断码了,您带上一件吧!
	这件衬衫是我们今年卖得最好的一款,就剩这一件了,我帮您包起来吧!
	您是我们家的老顾客了,穿上这款T恤显得您更有精神,您的积分加上这件的就能兑换礼品了,我帮您包起来吧!

5.11　附加销售

每个月每位导购接待的顾客组数都是一样的,在成交率相差不大的情况下,为什么有些导购的销售额高,有些导购却不那么理想呢? 我们都知道销售额＝进店顾客数×成交率×客单价,原因之一在于他们的客单价不同。要提高客单价就要做好附加销售。

想要达成附加销售的最终胜利,在每个销售环节都要做相应的准备或者推动。接下来我们来看看,在销售流程七步骤中,在不同的销售环节需要进行哪些工作,才能最终促成购买。

附加销售的流程,如表5-17所示。

表 5-17 附加销售流程

	准备工作	产品搭配	回应处理	缔结
售前准备	熟悉产品知识			
接近要领	观察顾客			
探询需求	询问顾客			
顾客体验	准备搭配服饰			
产品介绍		选择搭配商品进行产品介绍		
处理回应			处理顾客回应	
缔结				推动顾客购买
客情维系				收银二次推荐

5.12 客情维系

当客户进店逛了一圈之后,并没有购买,作为导购就眼睁睁看着他走吗?当客户决定购买,去交钱了,作为导购是不是就让客户自己去交钱,我们就不管了呢?

当然都是"不"。那我们应该做些什么呢?甚至客户已经离店了,我们又该做些什么呢?我们一起开始如图 5-14 所示的客情维系步骤。

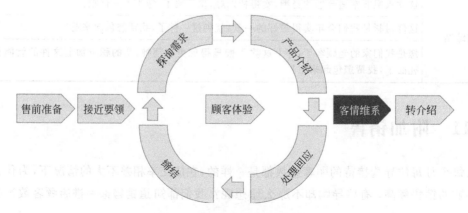

图 5-14 销售步骤之客情维系

1. 为什么要进行客情维系

提升客户对产品和服务的满意度,同时提升我们的企业形象,促使客户再次进店。

(1) 针对已购买客户

- 提升已购买客户对产品和服务的满意度;
- 促进客户重复购买;
- 促进客户转介绍身边的亲朋好友来购买。

(2) 针对未购买客户

- 给客户留下良好的印象,等客户决定购买产品时,会将我们作为优先考虑;
- 同时还可以留下客户的联系方式,这样就能够主动联系未购买客户,采用有效的方法推动客户再次到店购买。

【销售案例——服装行业——客情维系】

顾客离开后,丽丽心里非常满足,感觉自己的能力被人认可,并且利用自己的知识和能力帮顾客挑选到喜欢的衣服,而且还收获了一笔大的单子,心满意足地回到店里准备接待下一组顾客。

下午淡场的时候丽丽开始跟踪老顾客,给早上的李先生发了条信息"李先生,我是 ABC 休闲装导购丽丽,感谢您今天的惠顾!您的裤子如果觉得长了可以拿过来,我们免费帮您改裤脚。您今天买的裤子回家洗的时候,最好是低温手洗,不要用洗衣粉长时间浸泡,这样衣服会保养得更好。以后有什么关于衣服保养的问题,您可以随时联系我哦。祝两位幸福!" ←执行客情维系规范。

忙碌的一天过去了,丽丽整理好自己的销售笔记,算了算,今天的成绩不错,真为自己高兴,这个月的销售冠军很有希望了。心里暗暗鼓励自己:明天继续加油!

2. 客情维系的方法

(1) 针对已购买客户,如表 5-18 所示。

表 5-18 已购买客户客情维系方法范例

时间节点	类型	话术
购买当天	温馨提示	短信/QQ/微信通知:ABC 休闲装提醒您:纯棉面料的衣服要注意保养,用手洗,并且要反洗反晒,自然风干,切忌在太阳下暴晒。对于掉色的衣服可以用啤酒加冰泡一下,这样就不容易掉色了。具体的保养方法我们这边给您的保养手册上都有详细讲解,您有时间可以看一下。

(2) 针对未购买客户,如表 5-19 所示。

表 5-19　未购买客户客情维系方法范例

时间节点	类型	话术
离店时	了解未购买的原因	先生,您好,我想了解下您是基于什么原因没有购买呢?便于我们做出改进和给您提供更好的服务,也真心希望您能买到喜欢的产品。
离店时	转介绍	先生,不好意思,没有帮您选到合适的衣服。不过您可以帮我们介绍给您的朋友们或者家人,或许我们店铺有适合他们的衣服。

（3）送客道别

微笑道别,根据店铺实际情况,争取送客到门外,帮顾客掀门帘、开门,提示顾客慢走,欢迎下次光临。

针对不同顾客的送客话术

- 购物顾客

范例:下次买衣服再来找我啊,我叫××,因为您的风格、尺码我都知道,这样我们就能更好地为您服务了。我们家有适合您的新款我第一时间短信通知您。

- 试衣不成交顾客

范例1:帅哥,转一圈没有合适的再过来,我觉得××件真的挺适合您的气质的。我叫××,您能记住我吧,我很高兴为您服务!慢走,再见!

范例2:您眼光可真好啊,这款这号的就剩这一件了,我先给您留着啊,您转一圈再回来拿吧。

- 老顾客

范例:最近天气变冷了,要注意保暖啊!新年马上到了,提前祝您新年快乐,有时间和您的家人(孩子、对象)一起来看看啊。

- 闲逛顾客

范例:我们家的款式、颜色都是今年最流行的,相信总有一款适合您的,您转一圈回来我再帮您选。

3. 转介绍

顾客是稀缺资源,门店始终面临着一个问题:如何获取顾客。门店的选址、全渠道销售都是为了获取顾客,获取顾客还有一个渠道——顾客转介绍。

（1）为什么要进行转介绍

- 顾客转介绍是顾客开拓的最主要方法,具有耗时少、成功率高、成本低等优点,是导购最好用的顾客拓展手段。
- 每个顾客的背后都有9个准顾客,让你的顾客为你介绍新的顾客,然后让新的顾客再转介绍,你就再也不会为没有顾客而发愁了。
- 不要把顾客当作一桶油,而要当作一个矿,你将获得源源不断的油。

实践证明,转介绍比其他方法更容易获得高质量、有潜质的准顾客。

- 因为容易建立信任,销售成功机会大。

- 因为介绍人了解详情,所以转介绍顾客的质量好。

(2) 如何让顾客愿意转介绍——做到三个"多一点"

- 顾客对产品认可多一点——认可产品多一点顾客转介绍出去的价值也多一点。
- 服务比顾客的预期还要好一点——满意了才愿意给你介绍。
- 让你的顾客在转介绍中得到的回报多一点——有形的回报(在过节或者顾客过生日的时候可以给顾客送礼品)和无形的回报(亲朋好友体验产品服务后心里的满足)。

(3) 何时要求顾客转介绍

- 你的产品和服务表现不错,获得顾客的肯定时。
- 你为顾客额外做了一些事情,顾客对此表示赞赏。
- 当你与顾客之间的距离拉得很近的时候。
- 当你对于顾客的要求处理得很得当的时候。

【范例】【企业 DIY】顾客转介绍话术,如表 5-20 所示。

表 5-20　企业 DIY 之顾客转介绍话术范例

步骤名称	例　句
1. 获得介绍人的认同与肯定	导购:张女士,您觉得我们的金饰在哪些方面可以更好地衬托您的气质?
	顾客:给我带来一些时尚的气息,更好地装点衣服,引领黄金的时尚潮流,让我自己更有信心了。
2. 请求介绍人协助	导购:像您这么有品位的人,您身边也不乏像你一样有品位的朋友,您把您朋友介绍到我们店来,也让他们享受一下我们的服务,以及我们的金饰给他们带来的愉悦和时尚感,这样您既可以得到翻倍积分,还可以让您在朋友圈内引领时尚呢!
3. 提示转介绍的范围	导购:您周围有哪些朋友可能会喜欢我们的饰品?
	顾客:哦!我还真有几个同事喜欢你们的金饰,上次还问我在哪买的。
4. 缔结约定来访时间	导购:张女士,那您下次可以带她们一起来,您哪天来方便?我可以调整一下排班迎候您。
	顾客:周五吧,周五我们休息。